« J'AI PRIS DES DÉCISIONS DIFFICILES »

Éditions d'Organisation
Groupe Eyrolles
61, bd Saint-Germain
75240 Paris cedex 05

www.editions-organisation.com
www.editions-eyrolles.com

Chez le même éditeur

Hélène Constanty, *Warren Buffett*

Robert S. Kaplan et David P. Norton, *L'alignement stratégique*

Henry Mintzberg, *Le pouvoir dans les organisations*

Claude Sordet et Jean-François Wantz, *Paul-Louis Halley – De Promodès à Carrefour*

Jean-Claude Thoenig et Charles Waldman, *De l'entreprise marchande à l'entreprise marquante*

Pascal Viénot, Christine Blondel, Thierry Colatrella, Serge Gautier et Agnès Touraine, *La gouvernance de l'entreprise familiale*

Carly Fiorina

« J'AI PRIS DES DÉCISIONS DIFFICILES »

L'ex-PDG de Hewlett-Packard raconte

Traduit de l'américain par Marie-France Pavillet

EYROLLES
Éditions d'Organisation

L'édition originale de ce livre a été publiée aux États-Unis sous le titre *Tough Choices : A Memoir* par Portfolio, une filiale de Penguin Group (USA) Inc.

ISBN : 978-2-212-53765-9

À Frank,
cet homme merveilleux qui a changé ma vie

Table des matières

Prologue

En fin de compte, le conseil n'a pas eu le courage de me faire face. Les administrateurs ne m'ont ni remerciée ni dit au revoir. Ils ne m'ont expliqué ni leur décision ni les raisons qui les y avaient conduits. Ils ne m'ont demandé ni ce que je pensais, ni de participer à aucun aspect de la transition. Ils m'ont simplement demandé de venir à Chicago pour une réunion. Puis ils m'ont fait attendre plus de trois heures dans ma chambre d'hôtel. Le temps de comprendre que cette attente déboucherait sur un moment crucial.

En descendant les vingt-quatre étages en ascenseur, après le coup de téléphone qui m'appelait enfin, j'ai pensé à chacun des membres du conseil. Je ne savais pas ce qu'ils voulaient me dire, mais je pensais au moins les voir. Je ne m'attendais pas à entrer dans une salle de conférence vide. Seuls les deux porte-parole désignés et un avocat étaient restés dans la pièce.

Le président du comité des nominations et de la gouvernance m'a dit : « Carly, le conseil a décidé d'opérer un changement à la direction générale. Je suis vraiment navré. » Je savais qu'il s'était opposé à mon renvoi. Les administrateurs souhaitaient que je les aide à « positionner » l'annonce, m'a dit ensuite la nouvelle présidente. Il valait mieux, expliqua-t-elle, que je dise que j'avais moi-même pris la décision de partir parce que j'estimais le moment venu de « passer à autre chose ». Je lui ai demandé quand ils voulaient annoncer mon départ. « Tout de suite. » La réunion avait duré moins de trois minutes. J'ai demandé à réfléchir quelques heures et je suis sortie de la pièce.

Je crois qu'il est toujours préférable de dire la vérité, quelles qu'en soient les conséquences. Moins de deux heures plus tard, j'ai envoyé un message en ce sens à la nouvelle présidente : il fallait dire que le conseil m'avait mise à la porte. Au moment de l'annonce, j'ai simplement déclaré : « Si je regrette que le conseil et moi-même ayons eu des différends concernant la mise en œuvre de notre stratégie, je respecte sa décision. HP est une grande entreprise et je souhaite bonne chance à son personnel. »

Je savais depuis toujours que je risquais de perdre mon poste. Je jouais très gros jeu, devant des personnalités puissantes et des intérêts considérables, mais je ne pensais pas que cela se terminerait de cette façon. Je savais que nous allions très prochainement être récompensés pour l'immense travail que nous avions accompli ; je croyais que le conseil le savait aussi. J'aurais voulu rassembler mon équipe une dernière fois, pour lui dire à quel point j'étais fière de tout ce que nous avions réalisé ensemble. J'ai beaucoup souffert que l'on ne m'ait pas laissé dire au revoir aux gens de HP. J'avais appris à les aimer.

Je savais que l'annonce de mon départ ferait grand bruit. J'étais une femme, et même une femme audacieuse, et les choses avaient toujours été différentes en ce qui me concernait. On allait ressortir et me jeter au visage, avec un plaisir renouvelé, toutes les critiques dont j'avais fait l'objet : « Elle est tape-à-l'œil. » « Tout ce qu'elle sait faire, c'est du marketing, de la poudre aux yeux. » « Elle est trop autoritaire, elle veut tout diriger. » « Elle adore faire son autopromotion. » « C'est elle qui a voulu la fusion, et c'était une erreur. » « Elle est autoritaire, vindicative, le personnel ne l'aimait pas. » Les médias en feraient des gorges chaudes, et les critiques ne seraient pas contrebalancées par le rappel de ce que j'avais apporté à HP, des changements positifs que j'y avais accomplis. Ce serait moche et ce serait personnel.

Je savais tout cela alors que j'essayais de m'armer de courage avant l'annonce publique du 9 février 2005. La couverture médiatique s'avéra pire que ce que j'avais imaginé. Cela m'a blessée, mais cela a fait encore plus mal à ma famille et à mes amis. Je me suis sentie très seule, mais pas plus qu'au cours des six années qui venaient de s'écouler. J'étais profondément attristée que mes collègues du conseil d'administration, que j'avais connus et auxquels j'avais fait confiance, ne me témoignent pas assez de respect pour me dire la vérité en me regardant dans les yeux. J'éprouvais le sentiment d'avoir été trahie quand certains administrateurs, en s'exprimant en dehors de la salle du conseil, avaient bafoué la confiance que les autres et moi-même leur faisions.

Tout cela m'a paru pénible, mais je n'avais pas peur. J'avais fait ce que je pensais devoir faire dans l'intérêt de la société. J'avais tout donné pour une mission en laquelle je croyais. J'avais commis des erreurs, mais j'avais beaucoup apporté à HP. J'assumais sereinement les décisions que j'avais prises et leurs conséquences. J'avais encore mon âme.

1

Un cadeau de mes parents

La façon dont une histoire se termine tenant souvent à celle dont elle a débuté, il est naturel que je commence ce livre en parlant de mes parents. Ma mère, Madelon Montross Juergens, était la fille unique d'un ouvrier à la chaîne chez Ford et d'une jolie femme d'origine française, Clara Hall. Ils habitaient Rossford, dans l'Ohio, où s'étaient rassemblés beaucoup d'immigrants européens. Ma mère n'avait que douze ans quand Clara Hall fut emportée par un cancer de l'estomac.

Son agonie avait été douloureuse, et son décès a certainement causé un traumatisme profond à la fillette. Ma mère avait gardé le souvenir d'une femme belle, aimante, raffinée, pleine d'imagination, qui parlait souvent de la France et souhaitait que sa fille mène une vie cultivée. Son père ne partageait pas ce point de vue. Taciturne, opiniâtre, terre à terre, il n'a pas tardé à se remarier. Sa seconde femme, dont ma mère ne m'a jamais révélé le nom, n'était pas affectueuse et ne s'est jamais intéressée à la petite fille, dont l'enfance devint tout à coup malheureuse et solitaire. Elle ne nous parlait jamais de cette période, sauf pour dire tout le bien qu'elle pensait de sa mère. On eut dit que sa vie n'avait commencé qu'après qu'elle se soit échappée du domicile paternel.

Elle prit cette décision pour pouvoir poursuivre ses études. C'était la meilleure élève de sa classe, et la conseillère d'orientation avait expliqué à son père que si une seule élève devait absolument aller à l'université, c'était sa fille ; elle lui avait proposé de l'aider à obtenir une aide financière. Lui et son épouse avaient vite conclu que cette dépense n'était pas justifiée. Ni l'un ni l'autre n'avait fréquenté l'université, et puis c'était une fille. Ils décidèrent qu'elle resterait à Rossford et y travaillerait jusqu'à ce qu'elle se marie.

Ma mère avait d'autres projets ; aussi prit-elle l'autocar, un soir, et quitta la ville sans dire au revoir à personne. À l'âge de dix-huit ans, elle entra au Women's Army Corps, le WAC, comme on l'appelait pendant la Seconde Guerre mondiale, et se retrouva à Shepherd Field, une base aérienne située au Texas. Elle fit rapidement ses preuves et on lui confia un poste prestigieux : secrétaire du commandant de la base. C'est à Shepherd Field qu'elle rencontra mon père.

Ses études, ma mère les termina à plus de soixante ans, décrochant successivement une licence et une maîtrise en histoire de l'art. Elle s'était également mise à la peinture, presque à plein temps, et signa des centaines de toiles pleines de couleur, d'énergie et de vie qui décorent aujourd'hui les murs de ma maison.

Mon père, Joseph Tyree, était né à Calvert, une bourgade du Texas. Il avait à peine douze ans quand son père, Marvin Sneed, respectable propriétaire d'un ranch, mourut d'une congestion pulmonaire. Cet homme avait semble-t-il l'esprit d'aventure puisque, dès les années 1920, il traversait le pays en Ford T avec femme et enfants. Sa mort plongea sa famille dans de sérieuses difficultés financières. Comme si cela ne suffisait pas, moins de neuf mois plus tard, en septembre, Marvin, le frère aîné de mon père, mourait d'une infection virulente provoquée par une extraction dentaire effectuée dans de mauvaises conditions. Athlétique, charmant et beau garçon, Marvin était manifestement le préféré de ma grand-mère, qui ne porta plus que des vêtements noirs jusqu'à la fin de ses jours et prit le deuil chaque année pendant tout le mois de septembre, jusqu'à sa propre mort, à l'âge de quatre-vingt-quatre ans.

Être le seul homme de la famille, voilà une responsabilité qui pesait très lourd sur les épaules du jeune garçon qu'était alors mon père. Contrairement à son frère, il était petit et malingre. Il était né avec une insuffisance pulmonaire sévère et une vertèbre de moins. Sa mère avait consulté de nombreux spécialistes concernant ces difficultés physiques (que mon père appela toute sa vie durant ses « difformités »). Les médecins finirent par lui dire que l'enfant devait éviter les efforts physiques et qu'il ne faudrait pas qu'il joue au football. Mais le football était le rite de passage pour tous les jeunes adolescents au Texas, et mon père était déterminé à se montrer à la hauteur. À force de volonté, il devint l'un des meilleurs joueurs de l'équipe de son école. Sa férocité sur le terrain était grande et compensait son manque de dons physiques.

Mon père savait, cependant, que son avenir consisterait à tirer le meilleur parti de ses capacités intellectuelles. Il savait aussi qu'il devait partir de Calvert. Il alla donc à l'université, puis à l'école de droit, mais entre-temps, pendant la Seconde Guerre mondiale, il n'avait pas hésité à s'enrôler dans l'aviation. Ne pouvant pas se battre en raison de ses déficiences physiques, il s'était retrouvé à Shepherd Field.

Mes deux parents avaient donc grandi avec le sentiment qu'ils avaient quelque chose à prouver et quelque chose à fuir. Ils étaient forts, indépendants, mais, dans leur for intérieur, ils manquaient d'assurance. Ils étaient déterminés à construire une vie meilleure pour eux-mêmes et pour leurs enfants. Pour ce faire, ils comptaient essentiellement sur les études et le travail. Ils étaient convaincus qu'un travail acharné, la discipline et la volonté étaient les ingrédients essentiels d'une vie honorable et d'une personnalité remarquable. Mon père était un littéraire – il est devenu professeur de droit – et il souhaitait que ses enfants fassent des études classiques : histoire, littérature, latin. Quant à ma mère, elle voulait qu'ils fassent tout ce dont elle se souvenait avoir entendu parler sa propre mère : c'est pourquoi j'ai commencé à suivre des cours de français à l'âge de quatre ans, puis à aller à l'opéra, au musée et à apprendre le piano à l'âge de sept ans. Elle voulait que ses enfants, son fils comme ses filles, soient cultivés, raffinés, et réussissent dans la vie. Si mon père jugeait sa réussite à l'aune de sa carrière, ma mère jugeait la sienne à l'aune du succès de ses enfants.

Peut-être parce que je connaissais l'histoire de leur enfance, j'ai grandi en ayant peur de perdre mes parents. C'était presque une obsession. La mort d'un père ou d'une mère, c'était comme tomber dans un abîme. Rien ne pouvait être plus terrible. J'en rêvais souvent ; j'ai souffert de violents cauchemars et d'une imagination presque morbide de ma petite enfance à la période où j'étais étudiante. Plusieurs fois par semaine, je me réveillais, terrorisée, et j'allais, à pas de loup, me tenir à côté du lit de mes parents. Je regardais ma mère, m'assurais qu'elle respirait bien, espérant qu'elle allait se réveiller. Les autres enfants adoraient être invités à passer la nuit chez leurs copains. Moi, je refusais toujours, craignant que quelque chose de terrible arrive à mes parents pendant mon absence. Quand, adolescente, j'ai enfin accepté l'invitation d'une amie, je n'ai pas dormi de la nuit : je me représentais notre maison dans le noir, me demandant si ma mère et mon père allaient bien. J'imaginais toutes les tragédies qui pouvaient arriver. Quand mes parents sortaient le soir, je restais réveillée jusqu'à leur retour en répétant indéfiniment le *Notre Père*, comme une incantation, pour me calmer. Et quand mes parents devaient quitter la ville, je tombais systématiquement malade la veille de leur départ : tout le monde me faisait marcher à ce sujet dans la famille. On eût dit que je voulais les culpabiliser afin de les dissuader de partir.

Nous étions une famille modeste, de la petite bourgeoisie. Ma mère se consacrait à plein temps à ses enfants et à sa maison, mon père était enseignant, et ils avaient trois enfants à élever. La réussite n'était pas, pour mes parents, une question de célébrité ou de fortune. En dernière analyse, cela consistait à avoir une tête sur les épaules et du caractère. Nous devions faire des études supérieures, cela n'a jamais fait l'ombre d'un doute. Mais l'essentiel, à leurs yeux, c'était le caractère, qu'ils définissaient comme la sincérité, l'intégrité et l'authenticité. La sincérité consistait à dire la vérité, à savoir prendre la défense des autres, à dire franchement ce que nous pensions. Pour mes parents, la réussite se mesurait de l'intérieur, elle ne se jugeait pas de l'extérieur. Dès mon plus jeune âge, j'ai compris très clairement que ma mère et mon père n'accepteraient aucun compromis : il n'était pas question de les décevoir, ni du point de vue de la réussite intellectuelle, ni de celui du caractère.

Mes parents étaient rigoureux, disciplinés, exigeants pour eux et pour les autres. Ils insistaient sans cesse sur ce que je pouvais et devais faire. Ce n'est pas parce que j'étais une fille qu'ils en attendaient moins de moi et, si cela me semblait complètement naturel à l'époque, ce n'est que plus tard que j'ai compris à quel point c'était rare, particulièrement dans les années 1950 et 1960.

Ma sœur aînée était l'enfant du miracle. Clara Hall (du nom de la mère disparue et tant aimée de ma mère) vint au monde en 1952, au bout de huit ans de mariage, et mes parents étaient convaincus qu'elle serait fille unique. Mon père parlait sans cesse de la beauté de Clara qui, physiquement, était de son côté. Il appréciait aussi qu'elle lise beaucoup de bons livres.

Ma mère se réjouissait de sa créativité et de sa nature artistique. Elle ne peignait pas, comme ma mère, mais son talent littéraire se manifesta très tôt. À huit ans, elle rédigea un poème qui lui valut son premier prix littéraire et, depuis, elle n'a jamais cessé d'écrire. Ma mère disait que Clara avait aussi un tempérament d'artiste : elle était impétueuse et souvent provocatrice. Peut-être parce que la mère et la fille étaient très semblables, elles se sont heurtées pendant des années.

Mon frère, le petit dernier, était aussi le seul fils. Avant de le concevoir, ma mère avait fait une douloureuse fausse couche. Joseph Tyree IV était grand, fort et athlétique. Mon père était fier que son fils excelle dans tous les sports. Il était également créatif : dessinateur en titre de son école primaire, il réalisait chaque semaine des bandes dessinées peuplées d'oiseaux et de personnages imaginaires qu'il publiait pour sa classe et que ma mère adorait. Mais Joseph n'était pas très bon élève et, une fois adolescent, les tensions entre mon père et lui ont largement coloré notre vie familiale.

J'étais l'enfant du milieu. Mes parents m'avaient donné le nom de ma grand-mère paternelle, Cara Carleton. Je n'avais pas l'impression d'être plus intelligente ou plus créative qu'une autre. Un dimanche, à l'église, on me remit un dessous de verre sur lequel on pouvait lire l'inscription suivante : « Ce que tu es, c'est le cadeau que Dieu te fait. Ce que tu fais de ta vie, c'est le cadeau que tu fais à Dieu. » J'ai décidé très vite que mon cadeau à Dieu serait de faire plaisir à mes parents. Je les idéalisais, je les idolâtrais.

Pour faire plaisir à mon père, je travaillais beaucoup et avais de bonnes notes. Pour faire plaisir à ma mère, je devins la diplomate de la famille – intervenant dans toutes les disputes, écoutant les deux parties en présence, tentant toujours d'aplanir les difficultés. Pour leur faire plaisir à tous les deux, j'étais obéissante, diligente, gaie et fiable. Mais quoi que je fasse, j'avais souvent l'impression qu'ils en attendaient plus. Mon frère et ma sœur trouvaient certainement, de leur côté, que j'en faisais trop.

Mes deux parents recherchaient l'excellence dans tout ce qu'ils faisaient. Mon père était un professeur de talent et un authentique intellectuel. À ses yeux, la culture n'était pas simplement une façon de gagner sa vie ; c'était un but en soi. Ma mère était une artiste unique et talentueuse, mais elle délaissait la plupart du temps ses pinceaux pour s'occuper de nous, nous consacrant toute son énergie. Mes parents nourrissaient pour nous de hautes ambitions qui nous paraissaient parfois lourdes à porter. J'ai grandi en ayant peur non seulement de les perdre, mais aussi de les décevoir.

Ma mère tenait à ce que chacun de ses enfants pratique un instrument de musique. Pour moi, ce fut le piano. Je m'y suis mise pour lui faire plaisir, mais j'ai vite constaté que cela me passionnait d'apprendre la musique et de perfectionner mon jeu. Je passais des heures à travailler mon piano. J'aimais la rigueur et le souci du détail que m'apportait cet instrument, et j'ai découvert dans la musique une beauté qui calmait mes peurs, mes doutes et mes cauchemars. De nombreuses années plus tard, on m'a demandé qui était mon compositeur préféré. Sans hésitation, j'ai nommé Beethoven, car chaque fois que j'étais triste, je choisissais sa musique. « Pourquoi pas Mozart ? » m'a-t-on alors demandé. C'était une bonne question, qui demandait réflexion. La musique de Mozart était angélique, d'une beauté céleste. Je trouvais son inspiration divine, mais je n'y entendais pas l'écho des luttes humaines, alors que je décelais l'angoisse et la peur dans celle de Beethoven, sublime et finalement triomphante dans sa souffrance et son humanité.

Mes parents ne montraient guère de sympathie pour la peur, l'insécurité ou le doute de soi, peut-être parce qu'ils les ressentaient trop eux-mêmes. Ils étaient stoïques et voulaient que je le sois aussi. Je ne leur ai donc jamais parlé de mes angoisses, je ne leur disais que ce qui leur plairait. Je me souviens de la cinquième fois où j'ai changé d'école depuis mon entrée en sixième. Tous mes amis étaient en Californie, ils me manquaient, et la Caroline du Nord me faisait l'effet d'une terre étrangère. J'arrivais dans une classe où tout le monde se connaissait, les élèves formant des groupes impénétrables. C'était très difficile de s'intégrer, j'ai beaucoup pleuré. Mes parents n'avaient pas l'air de comprendre à quel point ce énième déménagement était pénible pour moi, mais il était clair que leurs attentes restaient les mêmes : ni mon piano ni mes résultats scolaires ne devaient en souffrir. Quand je suis revenue à la maison avec mon premier bulletin, qui contenait un B et sept A, ils m'ont rappelé que j'étais capable de n'avoir que des A. Ce fut le cas dès le semestre suivant.

Nous déménagions souvent, à mesure que mon père gravissait les échelons de l'enseignement universitaire. Il enseigna à l'université du Texas, à Cornell, à Yale, à Stanford et à Duke, puis il passa des années sabbatiques à la London School of Economics et à l'université d'Accra, au Ghana. (En fin de carrière, il devint juge fédéral à la cour d'appel des États-Unis.) J'ai fait mes études primaires successivement à New York, dans le Connecticut et en Californie, mes études secondaires ont été partagées entre la Californie, l'Angleterre, l'Afrique et la Caroline du Nord. Tous ces déplacements m'ont permis d'apprendre beaucoup sur les gens et sur le changement.

J'étais perpétuellement la petite nouvelle. Je voulais à tout prix m'intégrer, me faire aimer, avoir des amis. Ma mère recevait beaucoup, elle était célèbre pour ses soirées à thème. Elle posait toujours des questions à ses invités et s'intéressait toujours à leurs réponses. J'ai pris l'habitude d'en faire autant – mes amis de l'époque se souviennent encore comment je les bloquais dans des coins pour les soumettre à mes « interrogatoires ». J'ai toujours trouvé que les gens, qu'ils soient enfants ou adultes, aiment qu'on leur pose des questions sur eux-mêmes. Ils sont flattés de l'attention qu'on leur consacre, ils aiment qu'on les écoute. Grâce à cette habitude, je me faisais vite des amis et j'apprenais beaucoup de choses sur l'endroit où j'étais. Beaucoup plus tard, en passant d'un poste à un autre, je me suis aperçue que c'était aussi un excellent outil de management. Non seulement on montre du respect aux autres en leur prêtant une oreille attentive, mais on apprend vite.

Et puis, ces pérégrinations avaient souvent un parfum d'aventure. En Angleterre, je fréquentais une école de filles, à Londres. J'avais l'impression d'être dans un film, avec nos uniformes, la directrice, et notre version de *Roméo et Juliette* où tous les rôles étaient tenus par des filles. Je jouais Juliette, avec un accent britannique qui laissait à désirer. Même le nom de l'école – The Channing School for Select Young Ladies – avait l'air de sortir d'un roman. J'ai adoré cette période. Mes nouvelles amies étaient très joyeuses et pleines d'audace. Nous passions tellement de temps à tenter de contrevenir au règlement de l'école que nous n'avions pas celui de faire de vraies bêtises. J'ai appris à rouler ma ceinture pour que ma jupe soit plus courte que ce qui était prescrit, à descendre à toute vitesse l'escalier de service pour que personne ne puisse s'apercevoir que nous nous étions cachées dans une classe alors que nous étions censées passer les récréations dehors. Tout cela était bien inoffensif, mais c'était excitant : nous bravions l'interdit.

En Afrique, j'étais la plupart du temps la seule Blanche de la classe, et cela m'a permis de comprendre ce que devaient ressentir les quelques Noirs américains que je connaissais. Quand nous faisions nos courses au marché et que des nuées d'enfants nous assiégeaient en quémandant, j'étais partagée entre l'anxiété et la pitié. Je me souviens avoir fini par trouver rassurantes, par leur cadence et leur répétition, les prières musulmanes, qui, au début, me faisaient peur par leur étrangeté. Cela me rappelait les cigales, l'été, autour de la maison de ma grand-mère. Peu à peu, je me suis mise à aimer être réveillée, le matin, par la voix d'un vieil homme qui venait faire ses dévotions sous la fenêtre de ma chambre. J'ai appris à jouer à l'*owari*, un jeu de société africain où les graines servent de pions, avec un petit garçon de dix ans qui venait d'un village voisin. Il était intelligent et drôle, et, grâce à ce jeu, nous réussissions à combler l'écart entre nos deux mondes.

Mon père enseignait la nouvelle constitution de leur pays aux étudiants ghanéens. En 1969, le pays découvrait la démocratie, Kwame Nkrumah venant de se faire renverser. Autour de la table familiale, j'ai eu l'occasion d'entendre de grands débats quand les étudiants de mon père venaient lui rendre visite. J'ai vu à quel point il est difficile de construire une nation quand les attaches tribales entrent en conflit avec l'idée plus abstraite de nation. Beaucoup plus tard, chez HP, ce souvenir m'a inspiré l'expression « mille tribus » pour décrire les guerres féroces que se livraient les dirigeants et leurs divisions aux dépens de l'entreprise.

En Caroline du Nord, j'ai compris pour la première fois l'importance que revêtait le football dans certaines parties du pays et la pression que mon père avait dû ressentir. Je donnais des cours de lecture à plusieurs membres de l'équipe de l'école. Ils allaient terminer leurs études secondaires, c'étaient les stars de notre équipe, mais ils ne savaient littéralement pas lire. Leur frustration faisait à la fois peur et pitié, mais ensemble nous avons réussi à progresser. J'ai aussi commencé à donner bénévolement des cours à des enfants souffrant d'un handicap sévère. Je me souviens encore de l'un de mes chouchous : un petit garçon qui s'appelait Kenneth. Il avait cinq ans, et j'ai mis cinq semaines à lui apprendre à identifier et à dire « œil » et « oreille ». Nous étions aussi triomphants l'un que l'autre quand il a réussi – enfin, presque – et, à partir de cet instant, chaque fois qu'il me voyait, il criait : « Œil ! oheille ! » Quand je suis revenue de l'université, pour les premières vacances de Noël, je suis allée le voir et il s'en souvenait encore. Il était incapable de dire son propre nom, mais il savait encore crier : « Œil ! oheille ! » C'est la première fois que j'ai ressenti la joie d'aider quelqu'un à réussir quelque chose dont il se croyait incapable.

Au fil du temps, j'ai appris à apprivoiser le changement et cette sensation étrange, faite d'un mélange de peur de l'inconnu et de plaisir de la découverte. Et chaque fois que je rencontrais des gens que je ne connaissais pas, je surmontais la première pour savourer le second. J'ai découvert que d'immenses différences séparent parfois les gens et les cultures, mais j'ai aussi appris que le respect et la compréhension mutuelle permettent en général de les estomper.

Je rédigeais un volumineux journal. J'écrivais de longues lettres aux amis que je m'étais faits ici et là. En relisant mon journal, je constate qu'il est bourré de faits, d'observations et d'émotions : j'en disais assurément beaucoup moins dans la conversation. Plus tard, quand je suis partie à l'université, je me suis d'ailleurs mise à envoyer des lettres volumineuses à mon père et à ma mère. J'en profitais pour leur écrire ce que je ne parvenais pas à leur dire quand j'étais devant eux.

Aujourd'hui, alors que je repense à mon enfance, je peux dire qu'elle m'a permis de constater par moi-même les bienfaits de l'ambition. Si l'on m'en avait moins demandé, j'aurais obtenu moins de résultats. J'ai vu les angoisses de mes parents les pousser de l'avant, et leur exemple m'a persuadée de ne jamais laisser les miennes m'empêcher de progresser. Elle m'a aussi appris que le changement est à la fois difficile et passionnant : chaque séparation, chaque perte, était accompagnée d'une grande aventure. J'ai découvert qu'il était bon de poser des questions et d'écouter les réponses, car les gens ont toujours quelque chose à vous apprendre et ne demandent qu'à partager leurs connaissances. Et j'ai compris à quel point j'avais de la chance.

Mon meilleur souvenir d'enfance, avec ma mère, c'est quand elle me lavait les cheveux dans l'évier de la cuisine. Ensuite, elle les peignait et refaisait mes longues nattes devant sa coiffeuse.

C'était un événement ordinaire de la vie quotidienne, mais c'était aussi l'occasion de conversations intimes, sérieuses et parfois drôles. Nous étions toutes seules, ensemble. Quand elle avait terminé, elle me mettait au lit et me caressait le front. Parfois, elle me chantait une chanson. J'entends encore sa voix, je sens encore sa main sur mon front.

Avec mon père, mes meilleurs souvenirs remontent à un grand voyage en voiture que nous avons fait ensemble à travers le pays. C'était, une fois de plus, à l'occasion d'un déménagement. Nous étions seuls dans la voiture ; il y avait aussi le chien et des montagnes de boîtes. Nous avions des conversations d'adultes et j'avais l'impression que nous nous comprenions mutuellement comme si j'étais, moi aussi, une grande personne. Il me passait le volant et il m'emmenait au restaurant tous les soirs. Aujourd'hui, sa mémoire flanche, mais il se souvient encore de ce voyage.

J'ai compris plus tard à quel point mes parents avaient du caractère. Ils n'étaient pas parfaits, bien sûr, mais ils étaient réellement honnêtes et authentiques. Ils croyaient que chacun forge son destin.

Je sais maintenant que mes parents ont été le plus beau cadeau que j'aie jamais reçu.

2

L'étranger

Quand il a fallu choisir une université, j'ai opté pour Stanford, qui avait le double avantage d'être loin de la Caroline du Nord (je voulais m'éloigner de la maison) et en Californie, dans la région où j'avais vécu enfant. Je n'y allais pas avec l'intention d'occuper un jour un poste prestigieux et de gagner beaucoup d'argent. Comme j'avais toujours pensé faire de longues études universitaires, je considérais ces premières années comme un moment purement consacré à la culture, à la découverte, à la connaissance, tout simplement. Mes parents m'ayant toujours encouragée à voir les choses de cette manière, j'ai eu la chance insigne d'étudier les matières qui m'intéressaient véritablement. J'ai suivi des cours de chimie, de biologie, de physique, d'économie, d'anthropologie, d'astronomie et de musique. Cet assortiment de connaissances nouvelles était à la fois passionnant et intimidant. J'ai écrit à mes parents une lettre débordante d'enthousiasme, m'émerveillant de réaliser tout ce que j'avais encore à apprendre. J'ai également pris conscience que j'aimais cela. Deux matières me passionnaient tout particulièrement : l'histoire et la philosophie.

En choisissant les cours du premier semestre, je me suis souvenue d'un livre que j'avais lu à l'école. Notre professeur de français nous avait demandé de lire un roman dans cette langue. Je ne me souviens plus très bien ce qui m'avait poussée à choisir *L'étranger*, d'Albert Camus. Peut-être que, venant juste de déménager une fois de plus, je m'identifiais au titre de l'ouvrage. C'était un choix ambitieux, l'existentialisme étant déjà d'un abord difficile en anglais. J'ai trouvé ce travail ardu, mais passionnant et enrichissant. Je ne sais pas si j'ai vraiment tout compris, mais ce livre a été une révélation. Il montrait comment une grande idée, une philosophie, peut motiver l'action. Le héros avait décidé de vivre en appliquant ce principe. L'importance du choix, le pouvoir qu'il confère, l'acte de devenir l'emportant sur la stase d'être – ces idées me paraissaient profondes, leur sens me touchait personnellement. Elles me rappelaient la phrase de mon enfance : « Ce que tu fais de ta vie, c'est le cadeau que tu fais à Dieu. » Si nous ne pouvons pas choisir les circonstances dans lesquelles nous vivons, nous pouvons toujours choisir la façon dont nous y réagissons. Et si nous ne pouvons pas choisir qui nous sommes, nous pouvons toujours choisir de devenir un peu plus. Cesser de choisir, c'est commencer à mourir.

J'ai décidé de suivre autant de cours de philosophie que je pouvais. J'ai étudié la plupart des grands philosophes, depuis les Grecs jusqu'à ceux de l'époque moderne. Le pouvoir des idées de modifier totalement le regard que l'on porte sur le monde ; l'impact des idées d'un siècle donné sur les hommes et leurs idées plusieurs siècles plus tard ; le fait que la race humaine, et non pas seulement les êtres humains pris individuellement, soit capable d'apprendre, j'ai trouvé tout cela passionnant.

Hegel a eu sur moi un effet aussi saisissant que Camus. La philosophie de la thèse, de l'antithèse et de la synthèse – la possibilité de réconciliation entre deux idées apparemment contraires – me semblait à la fois brillante et pratique. Plus tard, j'utiliserai très souvent ce modèle mental dans ma vie professionnelle. Un journaliste m'a demandé un jour qui était mon auteur préféré en matière de livres de management. « Hegel, lui ai-je répondu. Vous savez : thèse, antithèse, synthèse. Chez Lucent, nous nous efforcions de transformer une entreprise centenaire en start-up. Chez HP, nous essayons à la fois de rester fidèles à notre histoire et de créer notre avenir. »

L'étude de la morale m'a appris que les notions de bien et de mal sont parfois complexes et nuancées ; il faut beaucoup de rigueur pour les démêler. Je me souviendrai de ce cours lorsque, chez HP, nous serons confrontés au dilemme posé par la propriété des données sur la clientèle. Leur utilisation pouvait nous ouvrir des opportunités, mais elle posait un problème éthique. Pour des raisons éthiques, nous avons choisi de ne pas saisir l'opportunité qui serait née de la vente de ces données. Après tout, elles appartenaient à nos clients ; notre rôle était de les protéger, pas de les vendre. L'étude de la logique m'a permis de découvrir que des processus de pensée disciplinés et des questions correctement structurées sont aussi utiles que les réponses à ces questions. Cela m'a donné le courage d'accepter des postes et des secteurs d'activité très différents de ceux auxquels j'étais habituée. Et chaque fois que j'ai eu l'occasion d'encourager quelqu'un à enrichir son CV en sortant de la zone de confort que constitue l'expérience acquise, je lui ai dit : « Ne sous-estimez jamais le pouvoir de la logique. »

Comme je voulais lire les ouvrages de philosophie dans le texte original, je me suis attaquée au grec classique – pour lire Platon et Aristote – ainsi qu'au latin, au français et à l'allemand. (J'ai aussi fait de l'italien, pour le plaisir.) Et comme mon père aimait l'histoire, j'ai aussi fait de l'histoire. J'aimais cette matière, car elle concerne essentiellement les gens : les grands personnages historiques sont tous des individus qui avaient choisi de changer les choses. J'ai constaté que si l'histoire est souvent faite par les puissants et les riches, elle l'est tout aussi souvent par des gens ordinaires qui, inspirés par une idée différente, choisissent une approche nouvelle.

L'un des cours qui m'ont le plus apporté fut un séminaire de troisième cycle intitulé « Philosophies politiques chrétienne, islamique et juive du Moyen Âge ». Chaque semaine, nous devions lire une grande œuvre de la philosophie médiévale : saint Thomas d'Aquin, Francis Bacon, Pierre Abélard. Ces textes étaient énormes – nous devions parfois lire mille pages en une semaine. Et, à la fin de la semaine, nous devions condenser leur discours philosophique en deux pages.

Je commençais par en rédiger une vingtaine, que je ramenais à dix, puis à cinq, et finalement à deux pages à interligne simple. J'espérais que ce n'était pas un simple résumé, mais que l'on y trouvait l'essence même de l'œuvre, son sens profond, nourri de tous les détails. Les philosophies et les idéologies ainsi découvertes m'ont certes laissé une impression profonde, mais la rigueur du processus de distillation, l'exercice de raffinement mental, l'aptitude à dire clairement en deux pages ce qui l'avait été en vingt – tels étaient les nouveaux savoir-faire importants que cet exercice m'avait permis d'acquérir. Je m'apercevais invariablement que je comprenais beaucoup mieux le texte au terme de ce processus qu'au commencement. Je ne le savais pas à l'époque, mais j'étais en train de me doter d'un outil de management important : être confrontée à une quantité d'informations apparemment écrasante, les comprendre et en tirer l'essentiel. J'en tirerais également un enseignement précieux pour un dirigeant : il est difficile de comprendre et de communiquer l'essence des choses, cela demande beaucoup de réflexion ; mais être capable de le faire est une grande force.

Entre le moment où j'ai pris mon premier cours de français à l'âge de quatre ans et celui où j'ai suivi mon dernier cours universitaire à vingt-deux ans, je me suis frottée à toutes sortes de connaissances ; certaines, comme les maths et la science, aiguisant les compétences analytiques, d'autres, telles l'art et la musique, étant des nourritures spirituelles ; d'autres enfin, telles la littérature et la philosophie, enrichissant l'esprit. J'ai eu l'occasion de former à la fois ma personnalité et mon intellect. Un monde plus grand s'est ouvert à moi, cela a modifié et élargi ma perspective et, au bout du compte, a tout changé. De nombreuses années plus tard, en 1989, j'ai rédigé un mémoire de master au MIT, intitulé « The Education Crisis : Business and Government's Role in Reform » (La crise de l'éducation : le rôle de l'entreprise et du gouvernement dans la réforme). J'y affirmais que notre système d'éducation handicape notre pays : nous avons pris du retard dans l'enseignement des compétences compétitives et négligeons de plus en plus les matières cruciales à la formation de la personnalité. La crise de l'éducation s'est aggravée à tous points de vue depuis 1989, mais nous n'avons pas encore la volonté collective d'y remédier car nous n'en mesurons pas l'urgence. Notre compétitivité, en tant que nation, exige que nous comprenions le monde extérieur et que nous préparions nos enfants à assumer des responsabilités.

À partir de la deuxième, puis de la troisième et dernière année d'université, la nécessité de décider ce que je voulais faire de ma vie a commencé à me peser. À la vérité, je n'en savais rien. Jusque-là, j'avais passé mon temps à essayer de faire plaisir à mes parents et à avoir de bonnes notes. Les critères de réussite, dans un cas comme dans l'autre, étaient clairs ; mais au-delà de cela, je n'avais aucun but particulier, aucune direction évidente. Je m'intéressais à une foule de choses et, à un moment ou à un autre, toutes sortes de métiers m'avaient tentée tour à tour. Mes parents avaient encouragé chacune de ces ambitions. Tout était possible, mais quoi que je choisisse, il me faudrait le faire avec excellence, dévouement et discipline. Mes parents avaient tous deux pris des risques, ils n'avaient pas peur que j'en fasse autant. Mais ils tenaient à ce que je m'engage totalement dans une activité digne de mon talent et de mon enthousiasme.

J'aurais été incapable de peindre comme ma mère. Mais je jouais du piano, j'imaginais donc pouvoir devenir pianiste professionnelle ; c'était le mieux que je puisse faire pour imiter ma mère. Mais je me suis rendu compte que si j'aimais la musique, j'étais incapable de supporter la solitude d'une vie de musicien. Avais-je suffisamment de talent ? Je ne le saurai jamais.

Mon père était un grand passionné du droit et de l'enseignement. Il était donc prévisible que je finisse par décider de m'inscrire en droit. Si je ne pouvais marcher dans les traces de ma mère, je pouvais marcher dans celles de mon père. Je crois que je n'ai fait preuve d'aucune imagination en prenant cette décision. Je n'ai jamais vraiment envisagé sérieusement les solutions de rechange. La décision satisferait ma mère et ferait un immense plaisir à mon père.

Les années que j'ai passées à Stanford ont été trop sérieuses pour être particulièrement heureuses. J'avais peur de ne pas être à la hauteur, mes condisciples me paraissaient bien plus forts que moi. Je m'étais fixé un programme écrasant, j'ai rédigé une thèse sur le système judiciaire médiéval et l'ordalie, et je travaillais trois jours par semaine afin de pouvoir payer mon logement et ma nourriture. J'ai contracté une mononucléose très grave et suis restée très fatiguée un an durant. Je ne me souviens pas m'être amusée à l'université. Ce dont je me souviens, c'est d'y avoir travaillé jour et nuit.

Le jour de la remise des diplômes, j'avais peur. Peur de sortir du cocon universitaire, peur du choix que j'avais fait, peur de gaspiller la précieuse expérience acquise à Stanford. Peur de commettre des erreurs irrévocables. Si je pouvais parler aujourd'hui à la jeune fille que j'étais alors, je lui dirais de ne pas se faire autant de souci, mais, à l'époque, tout me semblait si grave !

Je suis allée à l'école de droit de l'UCLA sans enthousiasme et, dès le premier jour, ce qu'on y enseignait m'a laissée de glace. La prééminence de la jurisprudence restreignait selon moi la liberté de raisonnement. Pourquoi s'interdire de créer du neuf ? Les décisions que tout le monde semblait trouver remarquables n'avaient, à mon avis, rien à voir avec la justice : elles découlaient entièrement des contraintes juridiques prédéterminées par les décisions antérieures. Je respectais certes le droit, mais cela ne me passionnait pas. J'avais tous les jours des migraines terribles, je dormais peu et mal. Quand mon père est venu me voir, je lui ai dit que je détestais le droit. Il était ennuyé, mais il ne voulait pas que j'abandonne. Ç'aurait été un échec ; il fallait s'accrocher, en particulier dans les situations difficiles. De sorte que, moi qui avais décidé de lui annoncer que je voulais arrêter le droit, je m'en suis abstenue. J'ai tenu encore un mois.

Et puis, je suis allée passer le week-end à la maison. J'étais en plein désarroi. J'ai eu ma révélation en prenant ma douche, le dimanche matin. Mon corps avait essayé de me faire comprendre quelque chose, avec ces maux de tête et ces insomnies. Je vois encore le motif du carrelage que je regardais fixement quand j'ai réalisé tout à coup que je ne savais pas ce que je faisais à l'école de droit. J'avais vingt-deux ans et je venais de prendre conscience que ma vie ne pouvait pas se résumer à vouloir faire plaisir à mes parents. Si je voulais utiliser toutes mes aptitudes et tous mes talents, si je voulais faire quelque chose de moi-même, alors il fallait que je trouve quelque chose qui mette mon esprit au défi et me captive le cœur. Après tout, c'était ma vie, elle m'appartenait à moi seule. Je pouvais faire ce que je voulais. Ma migraine a disparu comme par enchantement. Je suis sortie de la douche en me préparant à décevoir mes parents.

Albert Camus a dit un jour : « Pour être heureux, il ne faut pas trop se préoccuper des autres. » Étant parvenue à ce qui était à mes yeux une immense décision, j'étais heureuse. Effrayée mais heureuse. C'est ce jour-là que je suis devenue adulte. J'avais fait, toute seule, un choix véritablement difficile. J'avais peur de ses conséquences, mais c'était le bon choix, j'en avais la certitude.

3

Ne pensez pas à votre prochain poste

Ensuite, j'ai vécu plusieurs heures terribles. Ma mère a dit qu'elle était inquiète, que cette attitude ne me ressemblait pas. Mon père s'est déclaré déçu, ajoutant qu'il n'était pas certain que j'arriverais jamais à quoi que ce soit. Ensuite, ils m'ont demandé ce que je prévoyais de faire. Je n'en savais strictement rien. Il fallait que je gagne ma vie, mais je ne savais pas comment.

En 1976, quand on sortait de l'université avec des diplômes de philosophie et d'histoire, il ne fallait pas espérer trouver un job, à moins de les compléter par d'autres études. Jamais, de mon enfance jusqu'au jour où j'ai décidé d'arrêter mon droit, je n'avais envisagé de faire carrière dans le monde des affaires. Mes parents n'avaient aucune expérience en la matière, et je ne me souviens même pas avoir entendu prononcer le mot *business* pendant mes années d'université. Nous avions toujours vécu dans ou à proximité d'un campus. Nous ne connaissions, purement et simplement, personne dans le monde de l'entreprise ; les amis de mes parents étaient universitaires ou artistes, la plupart des femmes ne travaillaient pas. Si ma mère avait une opinion sur le monde des affaires, celle-ci s'était sans doute formée sous l'influence de son père – et comme il était ouvrier à la chaîne, il n'en pensait pas grand bien. Mon père était un intellectuel : ce n'était pas sa tasse de thé. Tous les soirs, à table, nous avions des conversations sérieuses, mais nous abordions aussi des sujets plus frivoles. Nous parlions art, musique, philosophie, histoire, politique ; mais aussi de la pluie et du beau temps, de notre journée à l'école. En revanche jamais, au grand jamais, nous ne parlions des entreprises de la région, de celles qui avaient fabriqué les produits que nous utilisions, pas plus que nous ne parlions économie.

Je n'avais jamais vu de femme d'affaires de plus près qu'à la télévision. Mes parents étaient très stricts à ce sujet. J'avais dix ou onze ans quand nous avons eu notre premier téléviseur. Il me fallait d'ailleurs choisir très attentivement les émissions que je voulais regarder. Je ne sais trop pourquoi, j'adorais le monde de l'espionnage (ma meilleure amie et moi, nous nous amusions régulièrement à faire semblant d'être des agents de la CIA). *Mission impossible* était l'une de mes séries préférées. Parmi les personnages, il y avait une femme espion – une femme d'affaires, d'une certaine manière – que je trouvais géniale. Cinnamon (interprétée par Barbara Bain) était élégante, très compétente, toujours cool, et ne cachait ni son intelligence ni sa beauté. Elle travaillait avec les hommes de son équipe sur un plan d'égalité totale. L'ennemi la sous-estimait souvent, mais c'était toujours elle qui finissait par triompher. J'avais décidé que je serais comme elle, quand je serais grande.

Bref, je n'avais jamais rencontré de chef d'entreprise avant le jour où je suis entrée dans le monde du travail. À Stanford, je travaillais pour financer mon logement et ma nourriture. Je m'étais fait embaucher dans un salon de coiffure – il existe toujours, à la même adresse. Je faisais la comptabilité, je répondais au téléphone, je prenais les rendez-vous. Je ne me souviens pas avoir réfléchi particulièrement aux aspects économiques de la vie du salon : chiffre d'affaires, produits, coûts. Je m'intéressais davantage aux clientes et à leur comportement, ainsi qu'aux coiffeurs et aux difficultés qu'ils rencontraient. J'ai beaucoup appris sur la façon dont certaines personnes traitent ceux qu'ils perçoivent comme sans défense – en l'occurrence, moi, la réceptionniste. Je voyais à la fois ce qu'il y a de mieux et ce qu'il y a de pire chez les femmes. Je faisais largement appel aux talents diplomatiques que j'avais acquis à la maison, et j'en ai acquis d'autres. J'aimais beaucoup les coiffeurs, Dan et John, les propriétaires du salon, qui travaillaient dans la joie et la bonne humeur. C'était la première fois de ma vie que je côtoyais des homosexuels. À l'époque, le sujet était tabou et beaucoup d'entre eux sortaient avec des femmes, par respect pour les convenances, même s'ils vivaient en couple avec leur compagnon. Cette situation, à la fois pénible et drôle, alimentait de longues conversations et de terribles fous rires. J'étais fascinée par les gens qui travaillaient dans ce métier, mais je ne réfléchissais jamais aux profits qu'il générait.

Pendant les mois d'été, quand j'avais besoin de travailler à plein temps, je m'inscrivais à l'agence Kelly Girls (aujourd'hui Kelly Temporaries). Je trouvais toujours un poste de secrétaire intérimaire et, grâce aux cours de dactylographie que ma mère m'avait obligée à suivre au lycée, je m'en tirais très bien. J'ai été envoyée dans de nombreuses entreprises, en particulier chez Hewlett-Packard. Étant tout en bas de l'échelle hiérarchique, je n'avais aucune notion de ce qui se passait dans l'entreprise et dans le monde des affaires en général. Je passais ma vie à taper à la machine et à répondre au téléphone. Les autres femmes occupant des emplois similaires (aucun homme ne faisait du secrétariat) étaient en général gentilles, mais trouvaient souvent leur travail frustrant. Je me souviens que nos supérieurs insistaient beaucoup sur la qualité de notre travail. Cette notion m'était familière, puisque mes parents m'avaient élevée dans cette idée, mais je ne me souviens pas avoir jamais compris pourquoi nous tapions ce que nous tapions.

Maintenant, il ne s'agissait plus de trouver un poste d'intérimaire pendant les vacances : j'avais abandonné mon droit, je ne savais pas ce que je voulais faire et je n'avais pas d'argent – ma première véritable introduction au monde des affaires consista à passer les petites annonces au peigne fin. Je cherchais un poste de secrétaire ou de réceptionniste. J'ai accepté tous les entretiens que l'on m'a accordés, puis la première offre que l'on m'a faite. Mon premier appartement était misérable, mais c'était tout ce que je pouvais m'offrir. Il était situé dans un quartier louche, et comme je n'avais pas de voiture, j'allais à pied à mon travail. Mes voisins de palier passaient leur vie à se disputer, et les cloisons étaient minces comme du papier à cigarettes. Dans l'ensemble, ces premiers pas dans l'indépendance n'étaient guère prometteurs. Mais chaque étape franchie me faisait l'effet d'un triomphe. J'avais peur, j'étais très sensible au ton déçu et inquiet de mes parents chaque fois que nous nous parlions, mais je m'en sortais et cela m'enchantait. Je me frayais mon propre chemin dans le vaste monde. J'étais désormais adulte.

Je travaillais chez Marcus & Millichap, une agence immobilière spécialisée dans les biens commerciaux. Elle était (et est encore) située à cinq minutes du siège de Hewlett-Packard à Palo Alto. Deux autres femmes y travaillaient en même temps que moi : la secrétaire personnelle de messieurs Marcus et Millichap, ma patronne, qui m'avait recrutée, et son assistante, ma supérieure directe. Mon travail consistait à être assise à l'entrée du bureau, à accueillir tous les visiteurs, à répondre au téléphone et à taper tout ce que l'on me demandait de taper. Je m'y suis investie à fond, arrivant souvent largement en avance et restant tard le soir. Je voulais à tout prix donner satisfaction. Je ne me demandais pas à quoi ce poste me mènerait, je ne me disais pas que je valais mieux que cela. J'étais contente d'avoir un job, intéressée par la découverte de ce qui était pour moi un nouveau monde, et désireuse de prouver à ma patronne qu'elle avait eu raison de me faire confiance.

J'aimais l'atmosphère bourdonnante qui régnait chez Marcus & Millichap, je m'entendais bien avec les collaborateurs de l'agence, je voyais à quel point ils étaient heureux de boucler une vente, les efforts qu'ils déployaient pour développer leur affaire. J'ai également pu constater qu'une chose toute simple, comme la façon dont je répondais au téléphone, influait énormément sur l'idée que les clients se faisaient de l'agence. Je me souviens d'un client venu nous expliquer qu'il voulait travailler avec nous car il avait pris contact avec un certain nombre d'autres agences, mais avait trouvé que j'étais particulièrement aimable et efficace quand il nous avait appelés. J'ai alors commencé à m'identifier aux gens de chez Marcus & Millichap et, pour la première fois de ma vie, j'ai eu l'impression de faire partie d'une équipe. J'ai découvert que j'aimais beaucoup cela, moi qui avais fait des études académiques relativement solitaires.

Je me proposais souvent pour donner un coup de main aux autres, qui commençaient à me donner ma chance. Je voue une reconnaissance éternelle à Charlie Colson et Ed Dowd, qui ont vu en moi plus qu'une réceptionniste. Ils se sont mis à me demander de rédiger des propositions, de visiter et d'évaluer des locaux commerciaux, de faire de la prospection téléphonique et de participer à des réunions stratégiques destinées à préparer les négociations. J'ai constaté que j'aimais l'aspect financier des contrats. Cela m'amusait beaucoup de réfléchir au chiffre qui satisferait à la fois le client et nous. J'aimais la nature pragmatique de ce travail. Ce n'était ni théorique ni abstrait. Il se passait des choses. Tout allait très vite, ce qui n'était pas pour me déplaire. J'avais toujours le sentiment que nous allions de l'avant.

Mais surtout, j'aimais les gens. J'aimais travailler avec eux, collaborer avec eux, négocier avec eux. Pour la première fois, j'ai appris que certaines personnes, dans les affaires, regardent avant tout les faits et les chiffres, que d'autres se fient essentiellement à leur jugement et à leur intuition, mais que la plupart tiennent compte de tout cela à la fois. Pour certains, l'affectif et l'ego jouent un rôle plus important que pour les autres. J'aimais beaucoup la camaraderie née du fait que nous donnions le coup de collier ensemble, et qu'ensuite nous gagnions ou nous perdions, ensemble. Je trouvais même intéressantes les querelles de couloir, car on me demandait souvent d'aider les personnes concernées à trouver un terrain d'entente.

Ce travail de réceptionniste chez Marcus & Millichap a formé la base des conseils de carrière que j'ai toujours donnés depuis : ne pensez pas au poste suivant. Donnez le meilleur de vous-même au poste que vous occupez. Apprenez-en autant que vous le pouvez d'autant de personnes que vous le pouvez. Concentrez-vous sur les possibilités de chaque poste, pas sur ses limitations. Cherchez les gens qui vous donneront votre chance.

George Marcus et Bill Millichap m'ont fait l'immense compliment de me demander de compléter ma formation afin de devenir partenaire de leur firme. Ils ont cru en moi, cela m'a donné du courage et j'ai fini par décider de faire un MBA. Puis ils m'ont donné une leçon de management inestimable : rien n'est plus motivant que la confiance que vous fait votre patron.

4

Surmonter sa peur

Je connaissais Todd depuis mon entrée à l'université, je trouvais que c'était un type bien. Il savait exactement ce qu'il voulait et où il allait. Il avait l'air sûr de lui, je trouvais rassurant de si bien le connaître. C'est peut-être pour cela que je suis tombée amoureuse de lui, moi qui ne savais ni ce que je voulais ni où j'allais – il m'apportait la sécurité et la continuité. Ma mère fut terriblement déçue, pour des raisons qu'elle ne parvenait pas à expliquer complètement et que je ne comprendrais que plus tard. Sur le moment, j'ai mal vécu ses critiques. Nous nous sommes mariés en juin 1977 et nous sommes immédiatement partis pour l'Italie, Todd étant inscrit à la John Hopkins School for Advanced International Studies, située sur le campus de Bologne.

Nous vivions dans un appartement microscopique. J'ai adoré l'Italie, les Italiens, et toute cette folle aventure que fut notre première année de mariage. J'ai appris à boire du café et du vin, ainsi qu'à faire de la cuisine italienne. Todd me servait de professeur – il avait déjà vécu en Italie. Je l'admirais et le laissais prendre seul toutes les grandes décisions. Nous étions mari et femme, mais pas égaux pour autant.

Todd consacrait tout son temps à ses études, et nous avions besoin d'argent. Je n'avais pas de permis de travail, mais je pouvais tout de même donner des petits cours d'anglais. J'ai donc enseigné l'anglais à des hommes d'affaires italiens et à leur famille et, le bouche à oreille aidant, je me suis fait une jolie clientèle. Les dix dollars de l'heure que je gagnais me permettaient de faire bouillir la marmite.

Mes clients me demandaient souvent de leur « expliquer le fonctionnement du monde des affaires américain ». Je le connaissais évidemment fort mal mais, voulant leur apporter des réponses, je me suis mise en tête de lire tous les magazines et journaux économiques que je trouvais. J'utilisais les articles les plus intéressants à la fois pour leur faire travailler leur anglais et pour parler ensemble de l'actualité économique. J'espère ne pas avoir volé l'argent que je gagnais et avoir donné satisfaction à mes clients ; quoi qu'il en soit, ces cours m'ont permis d'apprendre moi-même énormément de choses. J'ai perfectionné mon italien, approfondi mes connaissances et aiguisé mon intérêt pour les affaires. Aussi me suis-je décidée à réaliser un projet auquel je réfléchissais depuis un bon moment : m'inscrire en MBA. Remplir les dossiers de candidature depuis l'Italie, en 1978, n'avait rien d'évident. Pour commencer, j'ai dû me rendre sur les bases militaires américaines pour passer le GMAT, formalité indispensable avant toute inscription. Ma première tentative fut victime de la poste italienne, qui perdit les copies, de sorte qu'une fois arrivés à la base, on nous a dit, à mes camarades italiens et à moi, que nous pouvions rentrer chez nous et revenir quatre mois plus tard.

Si j'avais eu besoin d'un signe rassurant pour me conforter dans ma décision, j'aurais été déçue : les dieux ne semblaient pas avec moi. Ayant finalement passé les examens demandés, j'ai rempli un seul dossier de candidature, pour la Robert H. Smith School of Business, à l'université du Maryland. À l'époque, c'était la seule business school accréditée à être située tout près de Washington, où nous habiterions pendant que Todd terminerait sa seconde année. J'ai reçu une réponse négative.

En fait, mon dossier était arrivé trop tard. Les postiers italiens faisaient régulièrement la grève, mais les cheminots n'étaient pas en reste. Non seulement le délai était dépassé, mais mon dossier n'était pas très bon. Certes, j'avais obtenu de bons scores au GMAT et décroché haut la main mes diplômes, mais j'avais étudié la philosophie et l'histoire, avant d'être réceptionniste et professeur d'anglais. Je donnais l'impression de ne pas savoir ce que je voulais. Et si je ne parvenais pas à intégrer une école de commerce, je n'avais pas de plan B.

J'ai décidé qu'il me fallait plaider ma cause de vive voix. Je savais que mon dossier n'était pas parfait du point de vue de la business school, mais j'étais sûre et certaine d'avoir choisi la bonne voie. Après avoir passé plusieurs semaines à tenter de contacter les différents comités d'admission, j'ai fini par joindre Ed Locke, le directeur du conseil des admissions. J'ai continué à l'appeler régulièrement pendant les délibérations. J'avais l'estomac noué chaque fois que je l'appelais, mais je préparais chaque fois l'entretien, notant les points importants que je voulais souligner. Ces coups de téléphone étaient une épreuve, mais la pensée d'être évincée avant même d'avoir commencé était bien pire.

J'avais une bonne méthode de travail et j'ai obtenu de bons résultats : au diplôme, j'avais A dans toutes les matières. Ayant assimilé facilement toutes ces nouvelles disciplines – le marketing, la finance, la comptabilité, le comportement organisationnel, etc. – je me disais qu'après tout, il n'y avait pas de raison que je ne réussisse pas dans les affaires. Je savais cependant que résoudre brillamment des cas pratiques en école de commerce ne voulait pas dire que je saurais en faire autant dans la vraie vie, aussi ce qui se passait en dehors des salles de cours me paraissait-il important. Une fois encore, quelqu'un a cru en moi, et cela m'a encouragée à y croire moi aussi. Quand un de mes professeurs m'a choisie comme assistante, j'ai compris que je pouvais apporter quelque chose.

Pour une raison que j'ignore, le doyen de la business school, Rudy Lamone, a vu quelque chose en moi et, un après-midi, m'a priée de venir dans son bureau. Je me demandais avec angoisse ce qu'il voulait me dire : avais-je commis une erreur ? J'avais tort de m'inquiéter : il m'a demandé si je voulais bien participer à l'amélioration du programme de première année. Je n'en revenais pas ! En quoi étais-je qualifiée pour cette tâche ? Il m'offrait ainsi l'occasion de travailler avec lui et, surtout, il me prenait au sérieux, me traitant en adulte et en égale. Il pensait que j'avais un potentiel et voulait m'aider à l'explorer. Au fil des années, j'ai raconté cette histoire à des générations d'étudiants. Ce qu'il avait fait était tout simple, mais cela avait tout changé. Croire en quelqu'un pour qu'il puisse croire en lui-même, c'est un petit acte, mais d'une portée immense – un acte de leader.

Pour l'un des cours de Locke, j'ai rédigé un article sur les célèbres expériences de Hawthorne. On avait déjà beaucoup écrit à ce sujet, mais je pensais y voir certains aspects qui n'avaient pas encore été traités. Il m'a effectivement assurée que j'avais ouvert une nouvelle perspective. Il y croyait suffisamment pour mettre son nom aux côtés du mien et publier les résultats. Le jour où le journal est paru, j'ai eu le sentiment que je pouvais conquérir le monde.

Bill Nichols était professeur de marketing. J'avais besoin de travailler, et il m'a prise comme assistante. En le regardant faire cours, j'ai vu l'importance de l'humour, de savoir raconter des anecdotes pour captiver l'attention de son auditoire. Et en enseignant moi-même (huit cours par semaine, avec de jeunes étudiants), j'ai remarqué aussi que les gens retiennent parfois mieux ce qu'on leur fait découvrir par eux-mêmes. Par exemple, au lieu de leur tenir de beaux discours sur l'importance des marques, j'avais mis au point une expérience : j'envoyais mes étudiants dans les magasins avec pour mission d'acheter tel ou tel type d'article, puis je leur demandais d'expliquer leur choix. C'était amusant de voir littéralement une petite lumière s'allumer dans leurs yeux quand ils réalisaient à quel point leurs décisions avaient été fondées presque exclusivement sur l'émotion vague mais puissante qui, telle un halo, entoure une grande marque.

Je me suis aperçue que certains de mes étudiants avaient peur – peur de ne pas avoir la moyenne, de ne pas être à la hauteur. Ils m'expliquaient leurs craintes quand ils me demandaient de l'aide, et j'ai constaté que je pouvais beaucoup leur apporter en améliorant à la fois leurs connaissances et leur compétence, mais aussi leur confiance en eux. C'était un avant-goût de ce qui allait devenir ma description préférée du leadership : « Le bon chef est celui que ses hommes vénèrent. Le mauvais est celui qu'ils méprisent. Le grand chef est celui dont les subordonnés disent que la victoire, ils l'ont gagnée eux-mêmes » (Sun Tzu, *L'art de la guerre*).

Locke me poussait à faire un doctorat, mais j'avais désormais envie de me confronter au monde réel. J'ai passé des entretiens avec toutes les grandes entreprises qui venaient recruter sur le campus (pour l'occasion, j'avais cassé ma tirelire pour m'acheter un beau tailleur bleu). J'ai rencontré des cabinets de conseil, d'audit, des constructeurs automobiles, des banques – toutes sortes de sociétés. S'ils venaient au campus et avaient envie de me voir, j'étais d'accord. Je ne savais ni quel secteur d'activité ni quel genre de société je cherchais. J'ai fini par m'intéresser précisément à l'entreprise que me déconseillaient la plupart de mes professeurs : Ma Bell, l'opérateur téléphonique. En 1980, Bell System était immense, avec plus d'un million de salariés. C'était une énorme bureaucratie, dont les activités allaient de la téléphonie locale aux Laboratoires Bell, en passant par la téléphonie longue distance et le matériel téléphonique. C'était une entreprise complexe, à l'abri de la réglementation, dont toute veuve et tout orphelin devait posséder quelques actions, et dont le logo familier, en forme de cloche, promettait un service sûr, fiable, omniprésent.

On m'a dit que je trouverais Bell trop lente, trop bureaucratique, trop ennuyeuse. Mais le secteur des télécommunications m'intéressait : c'était un outil élémentaire, mais reposant sur une technologie complexe. Le bruit courait que des changements se préparaient à Washington. Une entreprise nouvelle, du nom de MCI, secouait le cocotier et exigeait de nouvelles réglementations. Nous avions beaucoup parlé des télécommunications dans mon cours d'économie à Stanford, ainsi que de la difficulté de maintenir une position de monopole quand la technologie changeait à toute vitesse. J'étais également très intéressée par le Management Development Program de Bell System ; cela consistait essentiellement à faire tourner les jeunes managers dans les différents départements. C'était une sorte de quitte ou double : soit l'on se débrouillait suffisamment bien pour se voir confier de nouvelles responsabilités, soit l'on vous demandait de quitter la compagnie.

Ce challenge m'a plu. Le secteur d'activité était manifestement en pleine croissance, et la perspective de travailler dans des départements très divers m'attirait particulièrement, puisque je ne savais pas encore ce qui m'intéresserait le plus. Même si je quittais la compagnie au bout de quelques années, ce qui semblait probable, ce serait une expérience enrichissante. J'ai signé mon contrat d'embauche.

La première décision que j'ai dû prendre en arrivant chez AT&T a été de choisir dans quel département je ferais mes débuts. Je pouvais aller dans la finance, au bureau des études ou à la direction commerciale. Après avoir longuement hésité, j'ai fini par opter pour la direction commerciale. Je ne sais pas trop pourquoi j'ai fait ce choix, sauf que les seuls hommes d'affaires que je connaissais étaient les collaborateurs de chez Marcus & Millichap, dont le métier était de vendre. Je me souviens que quelqu'un m'a dit que c'était une bonne idée de commencer à la direction commerciale, car cela vous obligeait à connaître les produits de l'entreprise. Cela m'a paru logique. J'ai également découvert, au fil du temps, que l'on y apprend également à communiquer efficacement. Je suis convaincue que toute personne qui ambitionne un poste de direction devrait avoir au moins une expérience dans la vente.

Le début de ma carrière chez Bell System m'a beaucoup rappelé l'école. Il fallait commencer par suivre un stage de neuf semaines. Je me suis retrouvée dans une salle de classe avec d'autres nouvelles recrues de la compagnie et, les premiers temps, cela m'a amusée. Mais c'était un peu trop facile. Au bout de quelques semaines, le moment vint de mettre les bouquins de côté et de montrer ce que nous savions faire. Nous avions appris une démarche intitulée le Seven Step Selling Process (un processus de vente en sept étapes). Le concept était facile sur le papier, mais quand nous sommes passés aux jeux de rôles, les formateurs incarnant les clients, cela m'a paru nettement moins évident. Nous devions élaborer des propositions compliquées et boucler la vente. Je n'avais jamais fait de théâtre, je n'avais jamais rien vendu non plus. Et vendre, par opposition à parler de vendre ou lire des bouquins décrivant les diverses techniques commerciales, s'avérait beaucoup plus difficile que je ne l'aurais cru.

J'ai failli ne pas aller plus loin que le tout premier jeu de rôles. Je devais convaincre un cerbère – la secrétaire d'un client potentiel, incarnée par l'un de nos formateurs – que ce que j'avais à dire à son patron était suffisamment important pour qu'elle me permette de lui parler personnellement. On m'avait mise dans une salle de conférences sans fenêtres, avec un téléphone. C'était un exercice simple, mais j'étais littéralement paralysée de terreur. Je me souviens être restée assise devant ce maudit téléphone, essayant de rassembler mon courage pour composer le numéro. J'étais sûre que j'allais me ridiculiser, échouer dès le premier test. J'ai dit plusieurs fois au formateur que je n'étais pas prête, que je réessayerais plus tard. J'avais tellement peur de ne pas réussir que je préférais ne pas essayer.

On ne m'a pas laissé le choix. Le règlement était clair : si l'on ne réussissait pas le premier exercice, on ne pouvait pas continuer le stage. Mon premier coup de fil fut assez lamentable, mais le formateur, sans doute par pitié pour moi, m'a laissé passer l'obstacle du terrible cerbère. Non seulement j'étais soulagée, mais je triomphais : j'avais surmonté ma peur, j'avais réussi à aller de l'avant. Dès lors, j'ai abordé les autres jeux de rôles avec une énergie et une confiance nouvelles.

Plus tard, j'ai eu l'occasion de reconnaître chez d'autres les symptômes que j'avais moi-même ressentis. Comme moi pendant les jeux de rôles, confrontés à quelque chose de nouveau – même tout simple, sans grande importance – il arrive souvent que les gens se bloquent parce qu'ils ont peur. Ces longues heures dans cette lugubre salle de conférences m'ont permis de redécouvrir que chaque fois que je dominais mes peurs, j'en sortais plus forte. Certains vous diront que la tâche d'un manager consiste à utiliser la peur pour motiver les gens. Je crois pour ma part qu'elle consiste à les aider à la surmonter.

5

Quand la dame sera partie…

L'école de vente, comme toutes les écoles, présentait une version idéalisée du sujet. Il fallait certes mouiller sa chemise, mais, comme par hasard, les clients étaient toujours d'accord pour passer du temps avec vous si vous aviez une bonne idée, il était toujours possible de parler directement à la personne qui prenait la décision, et les gens de votre équipe étaient toujours prêts à vous donner un coup de main. Quand je suis arrivée à mon vrai bureau, pour commencer mon vrai travail, le réveil a été difficile.

J'étais au Government Communications – la division d'AT&T qui, comme son nom l'indique, travaillait pour le gouvernement fédéral. Je ne le savais pas le premier jour, mais j'étais la première *MDipper* à entrer dans cette équipe de vente. Autrement dit, la première à avoir fait des études supérieures et à faire partie du Management Development Program. Nous étions précédés par la réputation que nous avaient faite certains de nos prédécesseurs : on nous considérait comme arrogants et toujours pressés de passer au poste suivant. L'équipe commerciale dans laquelle on m'avait nommée obtenait d'excellents résultats ; ses membres estimaient donc n'avoir aucun besoin de mon aide.

J'avais attendu impatiemment ce premier jour : ma carrière commençait ! J'allais travailler pour de bon ! Je ne sais pas quel accueil je pensais recevoir, mais celui qui m'a été réservé était plutôt glacial. Mon patron m'a dit bonjour et m'a montré où était mon bureau, couvert de montagnes de livres et de papiers. « J'ai noté les comptes qui vous sont confiés. Vous pouvez vous documenter. Bienvenue parmi nous. » Et de me tendre une feuille de papier, sur laquelle il avait écrit : USGS, BIA, WPRS. Je lui ai demandé ce que ces sigles voulaient dire. « Vous trouverez ça là-dedans ! » m'a-t-il répondu en me désignant les piles amoncelées sur le bureau.

Je ne saurai jamais si c'était pour me tester ou s'il pensait que c'était le meilleur moyen de me faire découvrir nos grands clients. J'ai appliqué ses directives. Je me suis mise à lire. Cinq jours plus tard, je lisais encore. Je savais désormais que le BIA était le Bureau of Indian Affairs, USGS l'United States Geological Survey, et le WPRS le Water Protection and Resource Service. Je connaissais la mission de chacune de ces agences gouvernementales, le montant des facturations d'AT&T, et ce que l'équipe commerciale espérait lui vendre. Ensuite, j'ai commencé à bavarder avec mes nouveaux collègues. Conformément à mes bonnes habitudes lorsque je me trouve dans une situation nouvelle, j'ai posé beaucoup de questions, et mes lectures me permettaient d'apprécier les réponses. J'en ai posé sur nos clients et sur ce que nous tentions d'accomplir. Et aussi sur chacun des membres de l'équipe : depuis combien de temps ils en faisaient partie, ce qu'ils aimaient et ce qu'ils n'aimaient pas dans sa façon de travailler.

Mon patron était plein de bonnes intentions, mais comme il filait le parfait amour avec une femme qui travaillait à l'étage au-dessus, il n'avait guère de temps à me consacrer. Chaque bureau était séparé du voisin par une cloison peu élevée, et le mien était juste en face du sien. J'avais appris à reconnaître les intonations de sa voix quand il parlait à sa dulcinée – je veillais alors à être brève et précise. Son propre patron, qui présidait aux destinées de l'ensemble de la direction commerciale, était très imbu de sa propre personne et toujours très occupé, mais ailleurs.

Marie Burns, au service clients depuis des années, fut enchantée de ne plus être la seule femme de l'équipe. Elle ne demandait pas mieux que de me prodiguer des conseils. Steve Frantz, un autre membre de l'équipe, était toujours prêt à coopérer avec les gens qui voulaient bien travailler avec lui. Quant à Bill Allan, le doyen de l'équipe, il était pensif, réservé et, surtout, prudent : il attendit de voir comment je me débrouillais avant de se mouiller.

Il y avait aussi David Godfrey, que l'on avait fait venir de l'Oklahoma, légendaire pour les relations qu'il avait nouées avec le Bureau of Indian Affairs, un très gros client de Bell System. Un immense réseau connectait les différents bureaux locaux du BIA, chaque réserve indienne ayant son propre système de communications. David, proche de la retraite, considérait le BIA comme sa chasse gardée. Il arrivait très tôt au bureau, mais disparaissait toujours à l'heure du déjeuner, ne revenant en général que le lendemain. On disait de lui qu'il était capable de vendre « n'importe quoi ». J'étais censée « co-manager » le BIA avec lui. Nul ne savait ce que cela voulait dire exactement, ni ce que chacun de nous deux était censé faire. David n'y croyait pas – l'idée avait germé dans la tête de nos dirigeants qui, m'informa-t-il, « ne savent pas ce qu'ils font, de toute manière ».

Un jour, il m'annonça que les deux grands patrons du BIA venaient à Washington. C'étaient eux qui tenaient les cordons de la bourse en ce qui concernait le réseau national et donnaient leur feu vert pour tous les travaux entrepris sur le réseau. David les rencontrait pour leur parler de notre dernière proposition. Je trouvais important d'être là aussi, aussi lui ai-je demandé si je pouvais venir. Il m'a très gentiment invitée. J'étais ravie. Je trouvais formidable que David me présente lui-même ces clients : il leur montrait ainsi que j'avais son appui. Il pensait peut-être que je pouvais lui être utile, après tout !

La veille de la réunion, David est venu me trouver dans mon box. « Carly, je suis vraiment désolé. Je sais que nous avions prévu que tu rencontrerais les deux directeurs du BIA. Le problème, c'est qu'ils ont demandé que nous nous retrouvions dans leur restaurant préféré et, comme tu le sais, je me plie toujours aux désirs du client, alors c'est dommage, mais je ne crois pas que tu pourras être des nôtres.

– Pourquoi pas ? ai-je demandé.

– Eh bien, ce restaurant, c'est le Board Room. Je suis navré. » Sur ces mots, il s'est éloigné.

Je suis allée consulter Bill, qui m'a dit en souriant : « Ma pauvre Carly, c'est un club de strip-tease. »

Le Board Room était un peu plus qu'un club de strip-tease. Comme son nom le laissait entendre, c'était un club destiné aux dirigeants, sur la Vermont Avenue. Il était célèbre, mais pas uniquement pour ce qui se passait sur scène. Pendant les entractes, les jeunes femmes qui y travaillaient dansaient sur les tables, vêtues de sous-vêtements transparents, pendant que les clients déjeunaient.

Les clients de BIA voulaient y aller, par conséquent David et Steve y allaient. À la fois embarrassée et ennuyée, je suis allée aux toilettes pour y réfléchir tranquillement. J'ai réfléchi deux heures durant, finissant par me mettre dans un état proche de la panique. Je n'avais pas la moindre idée de ce qu'il fallait faire dans ce genre de situation. Je ne pouvais pas me dire que cela n'avait pas d'importance, car c'était manifestement important de rencontrer ces clients et de convaincre David qu'il devait me prendre au sérieux. Je n'ai même pas envisagé de jouer les offensées et d'exiger qu'ils n'aillent pas au Board Room – ça n'aurait pas marché, de toute façon. Je me trouvais placée dans des circonstances que d'autres avaient créées. Mon problème, c'était de décider comment réagir.

Finalement, je suis allée trouver David et je lui ai dit : « Tu sais, j'espère que cela ne te gênera pas trop, mais je crois que je vais venir avec vous tout de même. Je vous y retrouverai tous. » On aurait entendu une mouche voler : tout le monde était suspendu à la scène.

Le lendemain, j'étais terrifiée. J'avais apporté un soin particulier au choix de mes vêtements : mon tailleur le plus strict. En outre, je portais mon attaché-case comme un bouclier. « Je suis une femme, mais cela ne m'empêche pas d'être un cadre comme les autres », me murmurais-je à moi-même. J'ai pris un taxi et j'ai donné l'adresse au chauffeur. Il s'est retourné et m'a regardée comme une bête curieuse. « Vous plaisantez, non ? Ou alors vous êtes la vedette de leur nouveau spectacle ? » Ça commençait mal.

Arrivée à destination, j'ai respiré un grand coup, vérifié le nœud de mon chemisier (*Dress for Success for Women*, livre de conseils vestimentaires qui faisait autorité à l'époque, recommandait chaleureusement le port de chemisiers ornés d'un foulard noué au cou) et fait mon entrée au Board Room. La salle était très sombre et très bruyante. Le bar longeait le mur à droite de la salle. Une vaste scène, sur laquelle se trémoussait une bonne dizaine de danseuses, en occupait la partie gauche. Mes collègues avaient choisi la table la plus éloignée de la porte, et la seule façon de les y rejoindre était de traverser la salle en passant devant la scène. J'ai serré mon attaché-case et je suis allée à leur table, sachant que mon look, sérieusement déplacé, me rendait assez ridicule.

J'ai essayé d'avoir l'air détendue, d'être cordiale, de montrer que je connaissais le dossier BIA – tout en tentant désespérément d'ignorer ce que se passait autour de moi. David, d'excellente humeur, n'avait pas l'air d'avoir tellement envie de travailler. Il descendait gin tonic sur gin tonic et ne cessait d'appeler des filles pour qu'elles dansent sur la table. Les autres avaient l'air de trouver cela drôle, certains avaient l'air un peu gênés, mais personne n'a tenté de l'arrêter. Avec une délicatesse qui me fait encore venir les larmes aux yeux quand j'y pense, les filles approchaient, jaugeaient la situation, et disaient : « Désolée, messieurs, je reviendrai quand la dame sera partie. »

Au bout de quelques heures, ayant prouvé ce que je voulais prouver, je les ai laissés là. Ils ont poussé un soupir de soulagement, j'en suis sûre, mais le lendemain, au bureau, l'équilibre du pouvoir avait changé de façon perceptible. J'avais eu très peur, mais j'avais montré à David et à Steve que je ne me laisserais pas intimider. J'avais prouvé que je n'étais pas une *MDipper* comme les autres, que je m'intéressais réellement à mon travail, même si cela m'obligeait à travailler dans des circonstances difficiles. David avait tenté de me rabaisser, mais c'était lui qui était sorti rabaissé de cette affaire. Il était ennuyé. Quant à Bill, il a décidé de me prendre sous son aile et de m'aider à réussir. On ne peut pas toujours choisir les obstacles qu'il nous faut surmonter, mais on peut choisir la façon dont on y fait face.

Nous n'avons plus jamais reparlé de ce qui s'était passé au Board Room, et David et moi avons fini par former une excellente équipe. C'est Bill qui m'a dit que David buvait trop pour être efficace. Mais il connaissait tout le monde, les clients l'aimaient bien et le respectaient pour le travail qu'il avait accompli au fil des années. Nous avions mis au point notre méthode de travail : il organisait les rendez-vous, et je gérais les affaires. Ce n'était pas le travail qui manquait : nous fournissions des systèmes de communication à toutes les réserves indiennes du pays, ainsi que des réseaux de transport de données et des réseaux vocaux au BIA. David assistait aux rendez-vous, tel un père fier de sa fille, et me laissait travailler avec nos clients. Je m'en remettais à son jugement concernant les personnes qu'il fallait voir, le lieu et la date des rendez-vous. Au fil des semaines, je me suis rendue dans un grand nombre de réserves indiennes, prenant souvent la parole devant le conseil tribal. Le Bureau of Indian Affairs s'est révélé un grand compte très intéressant, cette expérience m'a beaucoup apporté.

Les rendez-vous étaient souvent dans des bars, en partie parce que David aimait ces lieux, mais aussi parce que beaucoup de nos clients voulaient faire mieux connaissance avec moi dans un cadre détendu. À leurs yeux, bien connaître la personne avec qui ils traitaient était aussi important que l'objet de la négociation en cours – la confiance jouait un rôle essentiel. Des années plus tard, j'ai appris que les rituels liés à la boisson sont une partie importante de la façon de faire des affaires dans de nombreuses cultures, en particulier en Asie. Je ne buvais pas beaucoup, mais je prenais du gin tonic, comme David. Quand nous avancions dans la soirée, et que mes collègues commençaient à se sentir plus détendus, je filais au bar et disais au barman qu'à partir de ce moment, si je demandais un gin tonic, il fallait m'apporter du Schweppes sans gin. En toute discrétion. Je crois que personne ne s'en est jamais rendu compte. Je faisais preuve de respect envers nos clients en les laissant choisir le cadre dans lequel nous conduisions nos affaires. Et je faisais le nécessaire pour me protéger personnellement.

J'ai sillonné le pays dans tous les sens pour aller voir nos clients du BIA, de l'USGS et du WPRS. Quand j'allais les rencontrer à Washington, au siège, j'apprenais des choses. Mais j'en apprenais encore plus sur le terrain. Dans tous les postes que j'ai occupés depuis, y compris comme PDG, j'ai constaté que si l'on veut vraiment savoir ce qui se passe, il faut voyager. Plus on est loin du siège, mieux on sait ce qui se passe vraiment.

C'est au cours d'un voyage à Denver que j'ai rencontré un directeur régional du Bureau of Mines, qui fait partie de l'USGS. Il n'était pas satisfait de son système téléphonique, un PBX, et il disait que personne, dans l'équipe commerciale locale de Mountain Bell, ne voulait l'écouter. À l'entendre, les techniciens s'acharnaient à vouloir résoudre son problème avec la technologie existante, et cela ne marchait pas. L'USGS cherchait une solution permettant de traiter un énorme nombre d'appels entrants et de conserver les données résultant de ces appels. Il y avait plus important : dans les situations d'urgence, il fallait être en mesure d'organiser très vite des téléconférences rassemblant un grand nombre de participants très éloignés les uns des autres. Cela ne poserait aucun problème aujourd'hui mais, en 1982, la technologie n'existait pas. Quand j'en ai parlé à l'équipe commerciale locale, on m'a répondu que tenter de résoudre ce problème prendrait beaucoup trop de temps et d'énergie. Il y avait des ventes plus faciles, les ingénieurs avaient mieux à faire.

Mon interlocuteur était un client potentiel ; il avait besoin que l'on commence par prendre le temps de comprendre son problème, et ensuite que l'on accepte de chercher une solution susceptible de satisfaire ses besoins. Je l'ai écouté très attentivement, en posant beaucoup de questions. Après plusieurs longues réunions, je lui ai dit que je ne savais pas quelle solution on pourrait lui proposer, mais que j'avais bien compris son problème et ses objectifs. Et je lui ai promis d'y travailler.

À peu près au même moment, on m'a proposé de changer de secteur dans le cadre du Management Development Program. Mais je m'étais attachée à mes clients. J'avais des dossiers à boucler. J'ai donc décidé de rester là où j'étais, même si, en ma qualité de *MDipper*, il y avait longtemps que j'aurais dû changer de poste. Beaucoup de collègues m'ont dit que je faisais une erreur. Mais ceux auxquels je tenais réellement ont apprécié que je trouve plus important de terminer le travail commencé que de passer à autre chose.

En l'espace de plusieurs mois, j'ai parlé du problème de l'USGS et de l'opportunité qu'il pouvait représenter à plusieurs personnes de chez Mountain Bell. Je savais qu'il y avait là quelque chose d'énorme, même si j'étais incapable de le définir précisément. La plupart de mes interlocuteurs m'envoyaient promener en m'expliquant que je ne connaissais pas les difficultés techniques ou que je n'avais pas compris la situation du client. J'étais nouvelle, j'étais jeune, j'étais une femme, donc je ne savais évidemment pas de quoi je parlais.

Finalement, j'ai cru avoir trouvé quelqu'un qui me prenait au sérieux. Hiérarchiquement, il était un cran au-dessus de moi chez Mountain Bell. Il s'est montré très encourageant, m'a écoutée attentivement, puis a suggéré que nous passions la journée à aller voir divers clients et à parler plus longuement de cette opportunité. Ce jour-là, j'ai eu l'impression de passer plus de temps en voiture qu'avec les clients, mais je ne remettais pas son jugement en cause. J'avais soif d'être traitée en égale et en professionnelle, et je pensais qu'il était sincère. Quand nous sommes finalement revenus à l'hôtel, à la fin de la journée, il m'a proposé d'aller prendre un verre. Au bar, j'ai réalisé tout à coup que j'avais été idiote et naïve. Mon collègue ne s'intéressait pas au client mais à ma personne. Je me suis excusée et ai passé le reste de la soirée dans ma chambre. Il a appelé toute la nuit, de plus en plus furieux.

Le lendemain, au bureau local de Mountain Bell, j'ai remarqué qu'on me regardait avec un peu trop d'insistance. Finalement, quelqu'un m'a dit que le personnage que j'avais éconduit la veille au soir était arrivé au bureau en se vantant d'avoir passé une nuit torride avec moi. J'étais horrifiée et humiliée. Je me demandais ce que j'avais fait de mal. J'avais l'impression que tout le monde se moquait de moi derrière mon dos. Cela a renforcé ma volonté de prouver qu'il y avait une vente importante à faire au Bureau of Mines et d'être la personne qui la ferait.

Désespérant d'obtenir quoi que ce soit de Mountain Bell, j'ai commencé à en parler à des gens de chez AT&T, dans le New Jersey et à Washington. Et, après m'être fourvoyée dans de nombreuses impasses, j'ai fini par trouver quelqu'un qui a compris le problème, s'y est intéressé et s'est dit prêt à rechercher la solution. Il m'a regardée, il a souri et il m'a demandé si je me rendais compte de l'énormité de la chose. Il s'appelait Frank.

Le système qui fut finalement conçu, vendu et installé était le plus gros qu'ait jamais installé Bell System. C'était le Dimension 2000, auquel s'ajoutait l'Emergency Communication System (ECS). Tous les jours, je venais voir les installateurs et leur apportais de quoi se restaurer pour leur montrer à quel point j'appréciais qu'ils soient sur le pont vingt-quatre heures sur vingt-quatre. Le système reposait sur un prototype à peine sorti des cartons des Laboratoires Bell ; son installation était donc extrêmement délicate. Plus tard, grâce à ses bonnes performances, l'ECS serait intégré dans le PBX Dimension, le produit phare de Bell. Personnellement, j'ai été récompensée par un prix national et par ma promotion au poste de directrice commerciale.

J'avais appris beaucoup pendant ces dix-huit mois. Par exemple, qu'il faut parfois continuer à y croire même quand presque tout le monde vous dit que vous faites fausse route. J'ai également appris que si je concentrais toute mon énergie sur mon travail, si je donnais réellement le meilleur de moi-même, la chance finirait par venir frapper à ma porte. Et j'ai appris, une fois encore, que les gens ne peuvent vous rabaisser que si vous choisissez de les laisser faire. J'ai appris que les problèmes les plus difficiles méritent souvent que l'on s'y attelle. Enfin, j'ai appris que, pour les résoudre, il faut travailler en équipe.

Et puis, j'ai rencontré Frank.

6

Les choix du cœur

Quand, après mon passage en école de commerce, je suis entrée dans le monde du travail, notre vie conjugale a changé. À mesure que ma carrière progressait chez AT&T, je suis devenue de plus en plus sûre de moi. Ma personnalité s'est affirmée, je suis devenue adulte, et, dans le même temps, Todd et moi nous sommes éloignés. C'était lui qui avait toujours pris toutes les grandes décisions. Maintenant que nous étions sur un plan d'égalité, notre mariage battait de l'aile. Il se mit à voyager des semaines durant et, un week-end, je me suis aperçue que, contrairement à ses dires, ce n'était pas pour travailler au bureau.

J'ai décidé de consulter une avocate. Elle m'a conseillé de profiter d'une de ses absences pour passer tous nos papiers au peigne fin. Je n'oublierai jamais ce qu'elle m'a dit ce jour-là : « C'est trop facile. C'est vous qui gagnez de l'argent, et c'est lui qui gère les finances du ménage. Il faut absolument que vous sachiez ce qu'il en fait. » Je n'avais jamais prêté attention à nos finances. Je n'avais jamais vu ses bulletins de paye et je ne savais pas ce qu'il gagnait, même si je savais que mon salaire était plus élevé que le sien. Todd avait l'air d'aimer s'occuper de nos finances, et je lui faisais confiance. Je n'oublierai jamais le jour où je me suis assise à mon bureau pour regarder les relevés bancaires et les autres papiers.

Ce que j'ai vu était édifiant. Je ne parvenais pas à croire que quelqu'un que je croyais connaître si bien, quelqu'un à qui je faisais confiance, que j'aimais, pouvait se comporter ainsi. Pour la première fois, j'ai réellement compris à quel point certains hommes se sentent menacés par les femmes qui réussissent dans leur vie professionnelle. J'aurais l'occasion de m'en rendre compte à de multiples reprises dans le monde de l'entreprise, mais le moment où j'en ai eu la révélation dans ma propre vie conjugale restera gravé à jamais dans ma mémoire. J'avais été élevée dans l'idée que ce que l'on est, c'est le cadeau que Dieu vous fait, et ce que l'on fait de soi est le cadeau que l'on fait à Dieu. Comment un homme censé vous aimer pouvait-il vous en tenir rancune ? Rétrospectivement, tout cela me semble incroyablement naïf, mais aujourd'hui encore, il m'arrive de sous-estimer la capacité des autres à abuser de ma confiance et l'insécurité qui les y pousse souvent.

La plupart du temps, quand Dieu ferme une porte, il ouvre une fenêtre. Pendant cette époque si pénible où je me demandais avec angoisse ce que je devais faire vis-à-vis de Todd, j'ai rencontré une personne qui allait devenir ma meilleure amie, mon modèle. Un jour, j'attendais le bus pour aller au bureau, et, comme cela m'arrivait souvent à l'époque, j'étais en larmes. Tout à coup, une voiture a traversé quatre files de circulation et s'est arrêtée devant moi. « Montez ! Vous avez l'air d'avoir besoin d'une amie ! » Carole Spurrier est depuis ce jour une amie merveilleuse, que j'aime de tout mon cœur. Le hasard a voulu qu'elle soit aussi la femme la plus haut placée dans la hiérarchie d'AT&T à Washington, aussi m'a-t-elle prodigué non seulement son amitié, mais aussi de précieux conseils, renforçant constamment ma propre motivation. Carole et son amie Judy Hudson, qui faisait régulièrement le trajet avec elle, ont passé les mois suivants à me servir de conseillères conjugales pendant nos trajets vers le bureau. Nous riions et nous pleurions ensemble, elles apaisaient mes angoisses et adoucissaient ma solitude ; je ne sais pas ce que j'aurais fait sans elles. J'ai dit au revoir à Todd et me suis juré de ne plus jamais accorder à qui que ce soit la confiance aveugle dont j'avais fait preuve à son égard.

J'étais libre, maintenant. Je ne le savais pas à l'époque, mais je crois que j'ai eu le coup de foudre pour Frank dès notre première rencontre. C'était la coqueluche des secrétaires – il était très brun, beau, plein de charme. Il avait perdu son père à l'âge de treize ans et avait été entouré de femmes toute sa vie : sa mère, douce mais indomptable, ses sœurs aînées, Ursula et Claudia, tendres et dévouées, et ses tantes. Il comprenait et appréciait les femmes, et elles lui rendaient son affection au centuple. Non seulement il n'avait pas peur de moi, mais il était enchanté que je réussisse. Un beau jour, il m'a même dit être convaincu que je finirais à la tête d'AT&T. Je lui ai répondu en éclatant de rire que c'était ridicule mais, même si je le pensais vraiment, je l'aimais d'avoir pensé que c'était possible. Non seulement il ne se sentait pas menacé, mais il trouvait cela génial.

J'ai fini par apprendre que lui aussi avait été trompé. Aucun de nous deux ne se croyait capable de faire à nouveau confiance à qui que ce soit. Nous n'osions pas nous engager.

Il avait deux petites filles, Tracy et Lori. J'avais peur de les rencontrer, craignant de ne plus pouvoir faire marche arrière. Tracy, très mûre pour son âge, avait une attitude protectrice à l'égard de son père. Lori manquait énormément d'affection. Dès le premier repas que nous avons partagé, j'ai eu le coup de foudre aussi pour elles. À partir de ce moment-là, il n'y avait plus d'échappatoire possible. Frank m'a demandée en mariage le dimanche de Pâques, dans la voiture, devant la maison de sa mère. Tracy avait eu la discrétion de rester auprès de sa grand-mère, mais Lori, surexcitée, bondissait sur le siège arrière. C'était elle qui avait choisi la bague. J'ai dit oui, et je crois n'avoir jamais pris de meilleure décision.

J'ai été victime d'une ultime crise de panique le jour de notre mariage. C'est la seule fois de ma vie où l'on a dû me faire respirer dans un sac en papier, mais quand, quelques instants plus tard, mes yeux ont croisé ceux de Frank, mon angoisse s'est évanouie comme par enchantement. Nous nous sommes mariés au cours d'une petite cérémonie chez Carole. J'ai offert à chacune des filles de Frank un bracelet en or délicatement ciselé. Je leur ai dit que je ne voulais pas remplacer leur mère, mais que je les aimais de tout mon cœur et que je serais un peu comme leur ange gardien. Frank et moi avons essayé d'avoir d'autres enfants mais, malgré notre déception, Dieu en avait décidé autrement. La famille que nous avions nous comblait, et nous avions tous deux le sentiment que notre rencontre tenait du miracle.

Cela fait vingt-cinq ans que nous vivons ensemble, et je fais une confiance absolue à Frank. Il a toujours cru en moi, il a toujours fait preuve d'une franchise totale. Et puis, il m'a apporté deux filles merveilleuses, une famille italienne nombreuse et débordante d'affection, une vie nouvelle. Aujourd'hui, nos filles ont chacune un mari, Lowell et Chris ; Frank n'est donc plus le seul homme de la famille. Et nous avons deux petites filles, Kara et Morgan.

Chaque année, le jour de Pâques, je remercie le Seigneur de ma propre résurrection.

7

La blonde de service

J'ai été nommée manager en 1982. Je me demandais comment assumer au mieux mes nouvelles responsabilités, d'autant qu'aucune formation n'était prévue. J'ai donc réfléchi à mes propres patrons et à la façon dont ils s'y étaient pris avec moi. Je me souvenais surtout m'être sentie ignorée, livrée à moi-même. Ils semblaient tous appliquer le même principe : ça passe ou ça casse. J'ai décidé que je pouvais faire mieux que cela. Je m'intéresserais à mes subordonnés.

C'était une petite équipe, au sein du Department of Health and Human Services (HHS). Il y avait là Pattie Espey qui, comme moi, avait été recrutée après qu'AT&T ait pris l'engagement solennel, à la suite d'un procès, de recruter et de promouvoir davantage de femmes. Elle était intelligente et énergique, mais souvent frustrée au point d'être tentée de donner sa démission. Don Haynes, le directeur du service clients, poste qu'il occupait depuis des lustres, en avait oublié plus que nous n'en savions à nous tous, mais il se comportait quasiment comme s'il était déjà à la retraite. Il ne pensait guère de bien des femmes aux postes de responsabilité. Quant à Bill Cash, ouvertement homosexuel, ce qui n'était pas courant à l'époque, il s'était du coup fait marginaliser et même ridiculiser. Il était drôle, faisait semblant de ne pas y attacher d'importance et pratiquait l'autodérision, mais, au fond, il mourait d'envie qu'on le prenne au sérieux, qu'on lui donne l'occasion de faire ses preuves.

La première chose que j'ai faite, c'est de les rencontrer individuellement. Au cours de ces entretiens, je leur ai posé une série de questions. Que pensaient-ils de notre client ? Pouvaient-ils me dire ce que, à leur avis, nous faisions bien et dans quels domaines nous pouvions largement progresser ? Comment croyaient-ils pouvoir le mieux contribuer au bon fonctionnement du service ? Que croyaient-ils que je devais faire personnellement ? Manifestement, personne n'attendait beaucoup de cette équipe. En fait, s'ils y étaient, c'est parce que leurs supérieurs estimaient que le client n'avait pas de potentiel – de fait, ce compte ne bougeait pas beaucoup. On m'avait confié cette équipe pour la même raison : moi non plus, mon nouveau patron n'attendait pas beaucoup de moi.

Le directeur régional, mon nouveau patron, se savait né pour commander et semblait exceptionnellement fier de son monogramme – RWP – qu'il collait partout. Il savait qu'il allait prochainement être promu à un poste beaucoup plus important. Il savait aussi qu'AT&T avait pris un engagement auprès du gouvernement, il savait donc pourquoi Pattie et moi étions dans son service. Il fallait que les statistiques soient correctes. C'était comme ça.

Il décida que nous irions voir les clients ensemble : il pourrait ainsi leur présenter sa nouvelle directrice commerciale. La première fois, il le fit en ces termes : « Je vous présente Carly. C'est notre blonde de service. » Puis, après avoir éclaté de rire : « En fait, c'est notre directrice commerciale. » J'avais éclaté de rire, moi aussi, après quoi j'avais fait de mon mieux pour éblouir le client par ma connaissance du dossier. Après la réunion, je l'avais pris à part et lui avais dit : « Vous ne me le ferez pas deux fois. » Ma fureur l'emportait sur ma crainte de lui parler sur ce ton. Il m'avait toisée et m'avait répondu : « OK. Désolé. C'était juste une petite blague, vous savez ! »

J'ai décidé que ma nouvelle équipe et moi, nous ferions beaucoup mieux que ce que l'on attendait de nous. Nous nous fixerions des objectifs plus ambitieux et nous les dépasserions. Il n'était plus question de nous laisser sous-estimer. J'ai donc réuni mon équipe et leur ai rappelé toutes les opportunités dont ils m'avaient parlé et que nous n'avions pas cherché à exploiter. Je leur ai rappelé tout ce qu'ils m'avaient dit eux-mêmes que l'on pourrait faire autrement et mieux. Je leur ai rappelé à chacun les points forts qu'ils m'avaient eux-mêmes cités. Je leur ai dit que nous allions faire de cette équipe quelque chose qui compte pour AT&T. Je ne savais pas encore exactement comment, mais nous trouverions ensemble la solution. Je me souvenais de ce que j'avais ressenti quand les gens de chez Marcus & Millichap avaient pris le risque de me faire confiance et j'essayais de faire partager ce sentiment à mon équipe : oui, nous pouvions, nous allions faire mieux, beaucoup mieux.

Pattie et Bill étaient partants, pleins d'enthousiasme. Ils n'avaient rien à perdre. Don, sceptique, se demandait ce qu'il avait fait pour se retrouver dans une bande pareille. Mais il en avait assez de s'ennuyer et sa curiosité l'emporta. Il voulait bien essayer, on verrait ce que cela donnerait. Nous nous sommes rencontrés régulièrement jusqu'à ce que nous ayons mis au point les grandes lignes de notre plan d'attaque, définissant la façon dont nous travaillerions ensemble, quelles opportunités nous chercherions à exploiter. Et l'année suivante, nous avons fait le nécessaire pour nous faire remarquer.

Chacun d'entre nous apportait une expérience et un point de vue différent. Nous avions tous des limites et des ambitions différentes. Mais, ensemble, nous obtenions de meilleurs résultats. Il n'était pas toujours facile de trouver un terrain d'entente mais, si nous voulions parvenir à nos fins, nous avions besoin les uns des autres.

J'avais besoin que l'équipe m'aide à apprendre mon métier de directrice commerciale. À l'époque, on était encore loin des évaluations à 360°, mais tous les trois mois, je donnais à Pattie, Bill et Don un petit questionnaire que j'avais mis au point pour leur demander ce que, selon eux, je faisais de bien et de mal. Ils ont pris ma demande au sérieux, faisant des réponses très réfléchies qui m'ont énormément aidée. À l'occasion, Bill répondait à des questions que je ne lui avais pas posées, portant par exemple sur ma garde-robe. En général, il avait raison.

Nous n'avons pas atteint tous les objectifs que nous nous étions fixés, mais nous en avons fait beaucoup plus que ce que l'on nous demandait et surtout que ce que l'on attendait de nous. Nous étions différents, mais nous étions soudés par une ambition commune. J'ai pu constater l'efficacité de la diversité et l'impact des objectifs communs. Pattie et Bill ont tous deux bénéficié d'une promotion. Don est devenu le directeur du service clients le mieux noté de notre division régionale – je crois même qu'il a changé d'avis sur les femmes exerçant des responsabilités. Il a d'ailleurs eu l'occasion de travailler avec une autre femme avant de prendre sa retraite et cela s'est très bien passé. Quant à moi, j'étais enchantée de prouver que RWP ne détenait pas la vérité.

Une fois par an, les managers évaluaient leurs subordonnés. Chacun d'entre eux recevait une appréciation concernant sa performance – celle-ci était supérieure, excellente, satisfaisante ou insuffisante. À cela s'ajoutait une note permettant d'établir un classement par rapport aux autres salariés de l'entreprise. Je me souvenais, à mon premier poste, avoir vu mon patron et tous les managers de second niveau entrer dans une salle de conférences le matin et en ressortir le soir, exténués. Plusieurs semaines plus tard, mon patron me donnait mon appréciation et mon classement. Je n'avais jamais très bien compris ce qui se passait pendant ces séances d'évaluation. L'ensemble du processus me semblait à la fois très important et très mystérieux.

Maintenant, j'étais moi-même manager de second niveau, je devais représenter mes subordonnés. J'étais fière d'être parvenue à ce niveau de responsabilité, mais inquiète, car je ne savais pas ce que j'étais censée faire. Par ailleurs, j'allais me trouver sur un plan d'égalité avec des collègues qui étaient encore récemment mes supérieurs. J'ai préparé soigneusement la réunion, notant ce qu'avait accompli chacun de mes subordonnés, leurs points forts et les domaines dans lesquels ils devaient faire des progrès. Et puis je me suis dit qu'il serait intéressant de demander à d'autres managers de second niveau comment se passaient ces réunions.

Je suis d'abord allée voir Marie Burns, qui m'avait beaucoup aidée à mon poste précédent. Elle m'a décrit un processus très rationnel, très minutieux, chaque responsable présentant les membres de son équipe en proposant appréciation et note. Une fois ces présentations achevées, il y avait une discussion générale et tout le monde finissait par tomber d'accord sur la distribution des appréciations et sur le classement de chaque salarié dans l'ensemble de l'entreprise. Parfois, me dit-elle, on parlait aussi du potentiel de tel ou tel salarié pour passer à l'échelon supérieur. Tout cela semblait très raisonnable – nous étions des managers professionnels et nous venions parler de tous les subordonnés dont nous étions collectivement responsables. Nous discutions et délibérions ensemble, puis nous finissions par trouver un consensus. Je comprenais pourquoi ces réunions étaient si longues et si épuisantes. Il y avait un gros travail à faire, et c'était très important.

Ensuite, je suis allée voir Ron Ketner, dont l'équipe occupait les bureaux voisins de la mienne. Je ne le connaissais pas très bien, mais il avait l'air d'avoir de l'expérience et un humour caustique. Je pensais aussi qu'il était sexiste – en tout cas, il passait son temps à faire des plaisanteries douteuses. Par exemple, il m'avait dit un jour qu'il ne voyait pas pourquoi une commerciale ne coucherait pas avec un client, du moment qu'elle bouclait la vente. Je n'appréciais ni ses plaisanteries ni son point de vue, mais il était respecté, je voulais donc qu'il me dise, lui aussi, ce qu'il pensait du processus d'évaluation.

« Écoute, Carly, je ne sais pas ce que Marie t'a dit, mais je vais te dire, moi, ce qu'il en est vraiment. L'évaluation, c'est un marchandage de maquignons. Chaque manager se démène pour avoir autant de poulains bien notés que possible, faute de quoi son propre dossier n'est pas brillant quand vient son tour d'être évalué. Alors, c'est la foire d'empoigne, il faut faire des concessions si l'on veut que les autres vous renvoient l'ascenseur.

– Mais, Ron, ce qui est en question, ce sont les personnes que l'on évalue, pas notre propre dossier, tout de même ?

– Tu parles ! C'est du grenouillage pur et simple. Bonne chance ! »

J'étais manager depuis peu, je n'avais aucune expérience en tant que telle. Le « grenouillage » dont m'avait parlé Ron, comme les manœuvres des hommes politiques, était essentiellement une question de pouvoir – il y avait ceux qui l'avaient perdu, ceux qui voulaient se l'arroger et ceux qui le détenaient. N'en ayant strictement aucun, j'ai abordé ce jeu de la seule manière dont je pouvais l'aborder. J'ai décidé, avant la réunion, quelle appréciation chacun de mes subordonnés méritait réellement, puis je me suis demandé s'ils étaient au sommet de cette catégorie, au milieu ou en bas. J'avais ainsi une idée grossière du classement qu'ils méritaient. Quand ce fut mon tour de présenter les membres de mon équipe, j'ai donné les conclusions auxquelles j'étais parvenue, après quoi, jusqu'à la fin de la séance, j'ai refusé de les modifier d'un iota. D'autres tentaient de s'amadouer ou se menaçaient mutuellement. D'autres encore raisonnaient, trouvaient des compromis. En fin de compte, la réunion ressemblait un peu à ce que Marie m'avait décrit et beaucoup à ce que Ron avait prédit. Et moi, j'étais comme un gros rocher têtu, refusant de bouger d'un pouce, au beau milieu du tourbillon. Quand tout le monde a fini par avoir la conviction que je ne changerais pas d'avis, ils m'ont donné ce que je voulais. Si je ne pouvais pas les persuader, je pouvais m'accrocher plus longtemps qu'eux.

Je n'étais pas particulièrement fière de ma performance. Je n'avais pas beaucoup apporté à la discussion. J'aurais peut-être pu faire mieux en m'y prenant autrement, mais j'avais obtenu ce que je voulais. Et je pouvais, en toute honnêteté, dire à Pattie, Bill et Don pourquoi j'étais d'accord avec l'appréciation et le classement qu'ils avaient obtenus.

Comme je n'avais pas beaucoup parlé, j'avais passé la journée à écouter. Et j'en avais beaucoup appris sur la façon dont les choses se passaient réellement. D'abord, ce n'était pas parce que l'on était manager de second niveau que l'on était plus intelligent qu'un manager de premier niveau. Cela peut paraître évident mais, n'ayant jamais travaillé dans une grande entreprise, je pensais naïvement qu'il devait y avoir une corrélation entre le niveau hiérarchique, le titre et la qualité humaine et professionnelle. Si quelqu'un obtenait une promotion, il devait être meilleur que son voisin. J'ai appris ce jour-là qu'il n'en allait pas ainsi. Certains de ces managers étaient intelligents, d'autres non. Certains étaient honnêtes, d'autres non. Je connaissais des employés qui feraient à mon avis d'excellents managers, et je connaissais des managers de second niveau qui n'auraient jamais dû se voir confier une équipe.

Les hommes ne sont jamais que des hommes, où qu'ils soient, quel que soit leur poste. Certains méritent leur titre, d'autres non. D'un côté, je trouvais cette révélation un peu inquiétante : le patron n'avait pas forcément raison. D'un autre côté, elle ouvrait des perspectives. Elle renforçait ce que j'avais appris dès l'enfance : la valeur d'une personne ne se mesure pas à l'aune de ses titres ou de sa situation, mais à celle de ses qualités et de ce qu'elle en fait.

J'avais aussi observé que les managers semblaient défendre avec plus d'enthousiasme les subordonnés avec lesquels ils trouvaient agréable de travailler. En pratique, cela voulait dire ceux qu'ils connaissaient eux-mêmes depuis longtemps, ou que quelqu'un qu'ils connaissaient bien connaissait depuis longtemps ; ceux qui leur ressemblaient beaucoup, par leurs habitudes et leurs centres d'intérêt ; ou encore ceux qui correspondaient à l'image qu'ils se faisaient de la réussite – ces gens-là obtenaient de meilleures appréciations et de meilleures notes que ceux qui étaient différents, difficiles ou moins connus dans la maison. Si un patron se sentait moins à l'aise avec un subordonné, cela se reflétait dans la façon dont il en parlait.

Le rang hiérarchique et le fait que l'on connaissait bien la personne faussaient parfois les résultats. Quand on se demande si on se sent à l'aise avec quelqu'un, on pense d'abord à sa personnalité et à ses caractéristiques. En se coulant dans le moule, par son look et par ses actes, on pouvait aussi tirer son épingle du jeu. Je pense par exemple à ce commercial, très beau gosse, qui avait travaillé dans la même équipe que moi par le passé. Il avait une excellente présentation (on le surnommait « Taille-104 », sa taille de costume), parlait football avec tous les managers, avait toujours une bonne histoire à raconter. Il était vraiment sympathique. Mais, devant ses clients, il baissait souvent les bras et avait chaque fois une bonne raison de ne pas tenir ses objectifs. Il avait néanmoins toujours d'excellentes évaluations. Il excellait dans le paraître, mais l'être était décevant. Il n'y a aucun rapport (sauf fortuit) entre le mérite de tel ou tel collaborateur et le fait qu'il soit agréable de travailler avec lui ou qu'on le connaisse depuis toujours. J'avais un premier aperçu de la façon dont les idées reçues peuvent avoir la vie dure dans une entreprise, je commençais à comprendre à quel point il est difficile d'établir une réelle méritocratie.

En fin de compte, les discussions de maquignons qui se déroulaient au cours de ces séances d'évaluation n'affectaient pas que les décisions prises ce jour-là. Les gens s'y faisaient mutuellement des faveurs en comptant bien qu'on leur renverrait l'ascenseur un autre jour, sur une autre question, peut-être même lors de la réunion d'évaluation de l'année suivante. Ces managers étaient appelés à travailler ensemble sur de nombreux dossiers, au fil des années. Les salariés dont ils discutaient à ce moment précis étaient des sujets importants par eux-mêmes, mais c'étaient aussi les pions d'un jeu beaucoup plus important. C'est triste à dire, mais beaucoup de gens trouvent extraordinairement difficile de mettre de côté leurs propres priorités pour résoudre au mieux le problème du moment.

J'ai moi-même été le sujet de ces discussions de maquignons quand ce fut mon tour d'être évaluée et notée en tant que manager de second niveau. Ron Ketner, qui assumait les responsabilités de directeur régional en raison de l'absence prolongée de son patron, participait à la réunion avec ses homologues. Il est ensuite venu me trouver.

« Carly, je ne devrais pas te le dire, mais je crois que l'on vient de te jouer un tour de cochon. Tu avais d'excellentes appréciations, et j'ai dit que tu méritais la première place de ta catégorie. Beaucoup de gens étaient d'accord avec moi – tu as fait un excellent boulot au HHS. Le hic, c'est que l'un des directeurs régionaux a dit que c'était le tour de son poulain d'être numéro un, qu'on le lui avait promis l'année précédente et qu'il lui en avait déjà parlé. Comme personne ne voulait le suivre, il a décidé de te casser.

– Qu'est-ce que c'est que cette histoire ? Qu'est-ce qu'il a dit ?

– Il a dit que, quand tu travaillais pour lui, tu passais ton temps à t'arroger le mérite du travail de “Taille-104”.

– Mais c'est ridicule ! Nous n'étions même pas sur les mêmes comptes ! Je n'aurais jamais pu le faire, même si je l'avais voulu.

– Peut-être, mais nous n'en savions rien, alors personne n'a pu le contredire. Total, tu te retrouves numéro deux. C'est pas mal du tout, tu sais, mais je trouve simplement que tu méritais d'être numéro un. »

Ce résultat était, en fait, très supérieur à ce à quoi je m'attendais. Mais sur le coup, c'est à peine si je l'ai remarqué – j'étais outrée par ce qui s'était passé. Ce ne serait pas la dernière fois que l'on me calomnierait pour atteindre un but n'ayant rien à voir avec moi. De fait, cela arrive sans arrêt, à toutes sortes de gens. C'est le pain quotidien, l'arme favorite de la résistance des nantis de l'entreprise et des querelles de couloir. Mais c'était la première fois pour moi. Quelqu'un avait fabriqué de toutes pièces une histoire me concernant, jeté le doute sur mon intégrité, et il l'avait fait parce que cela l'arrangeait personnellement. J'estimais qu'une injustice avait été commise.

J'étais tellement furieuse que je me suis levée et me suis précipitée, comme une folle, dans le bureau de ce directeur régional. J'avais récemment travaillé dans sa zone de responsabilité, il avait été le patron de mon premier patron. Je n'étais clairement pas en situation de force, d'autant que je n'étais même pas censée savoir ce que je savais. Contrairement à mes habitudes, je n'avais aucun plan d'action, mais il fallait que je dise ce que j'avais sur le cœur.

Je l'ai pris par surprise. Il n'était pas très grand, et il était assis derrière son bureau. Il a commencé à se lever. « Asseyez-vous ! » lui ai-je lancé en fonçant sur son bureau, dont je me suis approchée autant que possible. Je le dominais de toute ma hauteur.

« Vous avez eu un problème avec moi quand j'ai travaillé pour vous ?

– Non, Carly, pourquoi ?

– Vous avez trouvé que je cherchais à m'attribuer le mérite du travail des autres ?

– Mais non, Carly !

– Vous êtes sûr ? Parce que si c'était le cas, vous auriez dû me le dire !

– Non, Carly, vraiment non. Vous étiez notre meilleure responsable de compte. Vous le savez bien.

– Alors, ne dites plus jamais le contraire ! Et, à partir d'aujourd'hui, si vous avez envie de dire quelque chose derrière mon dos, vous avez intérêt à être prêt à me le dire en me regardant dans les yeux. »

Sur ce, je suis sortie.

Je tremblais comme une feuille, à la fois à cause de ce que je venais de faire et à cause de ce que l'on m'avait fait à moi. Je n'en ai pas fermé l'œil de la nuit.

C'était la première fois que je goûtais le triomphe du pouvoir personnel sur le pouvoir hiérarchique. Je reconnais que ma petite scène manquait d'élégance. Cinnamon (de *Mission Impossible*) aurait procédé avec plus de délicatesse. Me camper au-dessus de cet homme, juchée sur mes hauts talons, c'était de l'intimidation physique. Mais cela avait marché. Le lendemain, et le geste est tout à son honneur, ce directeur régional est venu à mon bureau me présenter ses excuses. Certes, il avait obtenu la place de numéro un pour son poulain, mais il faisait preuve d'humilité, et je crois que son remords était sincère. À moins qu'il n'ait eu peur de se retrouver face à moi, un soir, dans une rue sombre.

Que dire de Ron, le macho de service ? L'incident m'a permis de découvrir que l'on ne sait pas toujours qui sont ses vrais amis. Mes propres préjugés m'avaient conduite à le sous-estimer.

8

Je peux le faire et je le ferai

RWP, effectivement promu directeur de division, monta à l'étage supérieur, au département des affaires publiques, qui traitait avec le gouvernement au niveau politique. C'était un poste très important, d'autant que la scission d'AT&T allait devenir une réalité. Le 1er janvier 1984, la vénérable compagnie Bell Systems devait éclater. Les compagnies de téléphone régionales deviendraient les Baby Bell, responsables du service téléphonique local. AT&T deviendrait AT&T Long Lines, de son nom officiel Bell Regulated Entity (BRE), à qui incomberait le réseau longue distance, et une filiale indépendante d'AT&T (IS, pour Independant Subsidiary) vendrait le matériel AT&T. AT&T IS et le BRE étaient déjà créés. L'heure était venue de passer à l'étape finale, la plus difficile, qui consistait à démanteler le réseau lui-même afin de mettre en place les nouveaux services locaux et longue distance.

C'était une solution très compliquée à un problème lui-même complexe : comment accélérer l'innovation et créer une concurrence suffisante dans un secteur d'activité d'une importance cruciale, tout en maintenant la qualité de services universels indispensables à l'ensemble du pays ? J'avais passé une bonne partie de l'année 1983 à expliquer à nos clients comment la nouvelle organisation fonctionnerait dans les faits, du triple point de vue de la technique, de la facturation et de la réglementation. J'avais sillonné le territoire armée de grandes affiches que j'avais créées pour montrer aux gens de nos bureaux locaux à quoi ressembleraient les nouveaux réseaux, comment nous les gérerions et facturerions nos services à partir du 1er janvier 1984. J'avais passé tant de temps à l'apprendre moi-même et à l'expliquer que je savais précisément où allaient se poser des problèmes. Au passage, j'avais appris ce que tout bon professeur sait : si vous voulez vraiment comprendre quelque chose, commencez par l'expliquer à quelqu'un d'autre. Les problèmes se situeraient sur la ligne de démarcation entre les Baby Bell et leurs réseaux de téléphonie locale, et les réseaux longue distance. Dans le jargon du métier, on appelle ces points de démarcation « points de présence », autrement dit PoPs (pour *points of presence*).

Début 1984, mon nouveau patron m'a dit qu'il était temps de quitter le commercial et m'a demandé où je voulais aller. J'appréciais énormément qu'il me le demande et plus encore qu'il envisage de m'aider à l'obtenir. J'ai donc réfléchi à la chose, puis je lui ai répondu que je voulais aller au bureau d'études et, plus précisément, travailler à l'Access Capacity Management.

« Qu'est-ce que tu vas faire là-bas, Carly ? C'est la pagaille totale, d'après ce que j'ai entendu dire ! Personne ne sait comment faire ce qu'ils sont censés faire. Il paraît qu'ils bossent vingt-quatre heures sur vingt-quatre, sept jours sur sept, les équipes d'ingénieurs font les 3/8. Et puis tu n'as jamais fait de bureau d'études. »

L'Access Capacity Management Center (ACMC) était l'interface entre AT&T Long Lines et les Baby Bell. C'était une entité toute neuve destinée à satisfaire un besoin lui aussi tout nouveau. C'était là que, du point de vue technique et du point de vue études, les réseaux des différentes compagnies s'interconnecteraient maintenant sur leurs PoPs. Tout service à fournir après le 1er janvier 1984 passerait nécessairement par l'ACMC. Et comme tout appel et circuit longue distance se terminait en territoire Baby Bell, ces dernières factureraient AT&T (et MCI) pour l'utilisation de ces derniers mètres ou kilomètres. Ces frais d'accès allaient devenir la dépense la plus importante d'AT&T : des milliards et des milliards de dollars par trimestre. (Près de vingt ans plus tard, les méthodes employées par certains opérateurs de téléphonie longue distance pour comptabiliser ces mêmes frais d'accès devaient provoquer la chute de WorldCom, ce serait l'un des plus grands scandales financiers de tous les temps.) Oui, c'était bel et bien à l'ACMC que se poseraient les problèmes.

Mon patron avait parfaitement raison, mais c'était justement pour ça que je voulais y aller. L'ACMC était tout neuf. Tout le monde s'y arrachait les cheveux. Je pouvais peut-être m'y rendre utile. C'était la pagaille – mais la pagaille, c'est parfois passionnant. C'était un travail difficile, à coup sûr. Mais justement, j'avais envie de relever un défi. Cela ne me gênait pas du tout de ne pas prendre une décision de carrière classique. Je cherchais un travail intéressant où je pouvais apporter quelque chose.

Mon patron trouvait que je prenais un risque. Je pouvais fort bien échouer, alors que, jusqu'à présent, j'avais fait un parcours sans faute. Il me suggéra plusieurs possibilités qu'il avait envisagées, pensant que ces postes m'offraient sans doute une meilleure chance de capitaliser sur mon travail précédent. Mais je ne raisonnais pas en termes de risques, même si je reconnaissais qu'ils étaient réels. Je voulais apprendre quelque chose de nouveau et aider à résoudre de vrais problèmes. Il connaissait Bob Cann, le directeur régional qui chapeautait l'ACMC, et il l'appela. Bob fut enchanté. Il avait tellement de difficultés à affronter qu'il accueillait avec plaisir quiconque proposait son aide. J'ai donc quitté le service Government Communications et suis allée travailler à Oakton, en Virginie, où se trouvait le siège AT&T pour la côte Est.

Je me suis retrouvée dans une ruche bourdonnante d'activité. L'ACMC occupait presque tout le rez-de-chaussée de l'immeuble. Les bureaux étaient séparés par des cloisons peu élevées, tout le monde voyait donc tout le monde. Les gens criaient, debout derrière leur bureau ; les ingénieurs couraient dans tous les sens, des rames entières de papiers à la main. C'était véritablement le chaos. Le bureau de Bob Cann était situé dans le coin le plus éloigné de toute cette activité. L'homme m'a semblé sympathique, mais stressé. Les ingénieurs d'Oakton avaient l'habitude de fournir un service sans heurts, de qualité, en tenant scrupuleusement leurs délais. Maintenant, tout le monde faisait des journées interminables, mais le retard était devenu systématique et les erreurs se multipliaient. Pire encore, les relations cordiales qui avaient existé entre les ingénieurs des réseaux locaux de Bell et ceux des réseaux longue distance s'étaient détériorées. Personne ne voulait porter le chapeau. La plupart des ingénieurs estimaient que la scission de l'empire Bell était une idée aberrante qui avait germé dans le cerveau d'hommes politiques et de dirigeants ignorant tout du fonctionnement d'un réseau téléphonique.

Bob avait décidé de me confier la responsabilité d'un groupe qui préparait l'implantation des équipements. Nos ingénieurs déterminaient la façon dont le service serait fourni, puis créaient les diagrammes techniques du réseau qui lui servirait de support. Ces plans étaient ensuite transmis aux équipes qui fournissaient effectivement le service ; ces dernières travaillaient avec les ingénieurs de la compagnie locale et discutaient avec les clients. Toute cette documentation était nécessaire, car la fourniture du service était désormais un processus contractuel entre deux compagnies indépendantes, et les frais d'accès entre compagnies étaient déterminés à partir de ces plans.

Je crois que Bob m'avait confié ce groupe parce que c'était celui qui fonctionnait le mieux. Il pensait donc que je n'aurais pas de gros ennuis et que j'apprendrais peut-être quelque chose. Il ne me considérait pas comme la cinquième roue du carrosse, mais je n'avais jamais travaillé dans un bureau d'études et il ne pouvait pas courir le risque que mon ignorance nuise à l'entreprise. Comme chaque fois que je prenais un nouveau poste, j'ai commencé par rencontrer mes nouveaux collaborateurs et leur poser des tas de questions. Que faisaient-ils ? Pourquoi ?

Les ingénieurs semblaient sympathiques et ouverts. C'étaient des professionnels, ils me décrivaient très patiemment ce qu'ils faisaient et comment, mais il était assez clair qu'ils n'avaient pas besoin d'aide. L'un d'entre eux, Jim Psioda, la cinquantaine bien sonnée, timide et réservé, avait le sentiment d'être sous-utilisé, mais ne savait pas comment y porter remède. Je n'en ai pas tiré grand-chose lors de notre première rencontre. Carol Swann était l'une des rares femmes ingénieurs. Elle semblait malheureuse et tendue. Elle m'a dit au cours de notre première entrevue qu'il y avait longtemps qu'elle aurait dû bénéficier d'une promotion. Je savais qu'elle estimait que mon poste aurait dû lui revenir. Elle était consciencieuse et travailleuse mais, repliée sur elle-même, elle semblait travailler en marge du reste du groupe.

Après cette première série d'entretiens, il m'est apparu assez clairement que je n'apporterais rien de positif en disant à ces gens comment faire leur travail ou en me mettant dans leurs pattes. Ils savaient mieux que moi ce qu'ils avaient à faire. Ils étaient déjà assez frustrés comme cela, ils n'avaient pas besoin que j'intervienne. Je voulais leur montrer le respect qu'ils méritaient, il fallait donc que je sache comment ils faisaient leur travail, mais, si je voulais vraiment me rendre utile, je devrais trouver autre chose, si possible un problème que personne d'autre ne cherchait à résoudre.

J'ai commencé à étudier les plans du réseau – fruit du travail de mon équipe. J'ai remarqué qu'ils identifiaient chaque PoP par un indicateur numérique unique et décrivaient le type spécifique des équipements et les distances précises nécessaires à leurs interconnexions. Le tarif ou le prix agréé était également noté. Au total, chaque dossier contenait énormément d'informations détaillées. J'ai demandé si j'avais bien compris comment tout cela fonctionnait. On m'a répondu affirmativement. J'avais une autre question : quelqu'un étudiait-il les factures d'accès que nous recevions (calculées en fonction de ces données) ?

« Pas vraiment. Nous les regardons tous les mois quand elles arrivent, ça a l'air correct. Elles sont établies à partir des données que nous transmettons. »

Ces factures représentaient beaucoup d'argent : deux milliards de dollars rien que pour notre région. Me disant que cela valait la peine d'être regardé de plus près, je me suis mise au travail. Assurément, nos factures d'accès avaient l'air normal et reprenaient les informations que nous donnions aux équipes qui fournissaient le service. N'empêche, en voyant le chaos qui m'entourait au rez-de-chaussée, je me suis dit que le même désordre régnait sans doute chez Bell Atlantic, la compagnie locale à laquelle nous servions d'interface. Il est facile de commettre des erreurs dans un tel environnement, il s'en commettait donc peut-être un certain nombre. Je ne savais pas ce que je cherchais, mais j'apprendrais certainement des choses en cours de route et j'essayais de trouver ce que je pourrais faire d'utile. Je me suis installée à mon bureau avec une facture, des plans de circuits et un tarif. Et j'ai commencé à vérifier et à revérifier.

Des erreurs, j'en ai trouvé. J'en ai même trouvé beaucoup. Certaines étaient minimes, mais d'autres, au fil du temps, finissaient par représenter beaucoup d'argent. Je suis allée trouver

Jim, celui qui s'estimait sous-utilisé. « Jim, je me demande si tu pourrais m'aider ! » Son visage s'est illuminé. Je lui ai demandé de vérifier le travail que je venais de terminer, en lui expliquant pourquoi cela pouvait être important. « Ces factures représentent beaucoup d'argent. Si elles sont fausses, cela nous coûte très cher. »

Jim était sceptique, mais il accepta gentiment de faire ce que je lui demandais. Il était content que j'aie fait appel à lui, il se sentait utile. Il s'attela à ce travail, qu'il exécuta lentement et minutieusement. Quand il l'eut terminé, il revint me voir, un large sourire aux lèvres. Il avait trouvé encore plus d'erreurs que moi. « C'est formidable, Carly ! On va pouvoir faire économiser beaucoup d'argent à la compagnie ! »

Comme nous devions en être absolument certains, nous nous sommes mis à passer beaucoup de factures au peigne fin. Au bout de plusieurs semaines, il apparut que nous avions été surfacturés de dizaines de millions de dollars en un seul mois. L'heure était venue d'appeler Bell Atlantic. Comme c'était nous qui les payions, j'ai estimé que c'était à eux de venir me voir.

Les échelons hiérarchiques et les titres comptent beaucoup chez Bell System, comme dans la plupart des grandes entreprises. Les gens s'attachent aux symboles de leur pouvoir et de leur autorité. Chez AT&T, le protocole voulait qu'un supérieur puisse convoquer un subordonné, mais pas l'inverse. J'étais manager de second niveau, mais la personne responsable de la facturation chez Bell Atlantic était mon supérieur, c'était un directeur régional. C'était aussi la seule personne qui pouvait régler le problème que nous avions identifié – je lui ai donc demandé de venir me voir.

Courtois, il a accepté. Jim, Carol et moi avons pris place d'un côté de la table, lui et son équipe de l'autre. J'ai commencé par étudier lentement chaque facture en faisant remarquer chaque erreur. Chaque fois que nos interlocuteurs posaient une question, Jim ou Carol avait la réponse, documents à l'appui. Nous leur avons indiqué aussi tous les cas où l'erreur jouait en notre faveur, mais la plupart étaient dans l'autre sens. Nous les avons inondés de données.

Finalement, ils ont dit : « Très bien. Nous vous croyons. Qu'est-ce que vous voulez que nous fassions ?

– Rembourser la différence. »

Jim était triomphant. Cela faisait près de trente ans qu'il travaillait chez Bell System, il n'était pas mécontent de mettre un directeur régional dans l'embarras. Même Carol commençait à s'amuser. C'était un travail sérieux, qui portait sur des sommes considérables ; et surtout, personne ne l'avait jamais fait avant nous. À nous trois, nous avions fait une grande découverte, c'était enthousiasmant.

Nous savions maintenant qu'il y avait beaucoup d'argent à la clé, nous savions aussi que nous pouvions contraindre Bell Atlantic à rectifier ses erreurs. Nous nous sommes donc mis à vérifier chaque facture. Très vite, nous nous sommes aperçus que cette tâche dépassait les moyens de notre petite équipe ; j'ai donc obtenu de Bob la permission de recruter des intérimaires. Nous avions des cartons entiers de papiers, et plus de cinquante personnes passaient au peigne fin le moindre détail de chacune de nos factures. C'était un travail de fourmi, c'était monotone, mais c'était surtout important. Chaque fois que nous voyions arriver de nouveaux intérimaires, j'organisais une réunion et je leur expliquais pourquoi leur travail nous intéressait tant. Je leur disais combien d'argent ils nous permettaient d'économiser. Je leur expliquais en quoi les détails ennuyeux que nous leur demandions d'examiner comptaient. Si nous voulions qu'ils fournissent un travail de qualité, il fallait qu'ils en comprennent la valeur et le contexte. Tous les vendredis soir, nous faisions le total des sommes ainsi économisées dans la semaine et l'annoncions fièrement. On travaille toujours mieux quand on est motivé, et ils l'étaient, car ils savaient qu'ils nous apportaient un immense service.

Bob en avait vu assez pour avoir la certitude que, si nous avions ce problème dans la région Est, toutes les régions devaient avoir le même. Il demanda donc que soit organisée une réunion au siège, dans le New Jersey. Il voulait rassembler toutes les autres ACMC du pays, leur faire rencontrer nos juristes et leur dire ce que nous avions constaté. Il m'a dit de préparer une présentation, et nous sommes allés au siège.

La réunion s'est déroulée dans une vaste salle de conférences, et nous nous sommes serrés autour d'une immense table toute en longueur. Bob m'a présentée et m'a demandé de décrire ce que nous faisions. C'était la seconde fois que je venais au siège – la première fois, c'était pour le faire visiter à un client. Le lieu était impressionnant, et les autres participants avaient beaucoup plus d'ancienneté que moi chez AT&T.

Ils ont immédiatement commencé à chercher à me mettre en difficulté, m'interrompant, me contredisant sans cesse. Leurs questions révélaient un scepticisme profond, mais aussi quelque chose d'autre. Ils étaient presque vexés que j'aie découvert quelque chose qu'ils ne savaient pas, mais j'avais une réponse à apporter à chacune de leurs questions. Je ne m'étais pas attaquée à ce qu'ils faisaient, j'avais juste cherché quelque chose que personne ne faisait. Plus nous avancions, plus je me rendais compte que je connaissais infiniment mieux le sujet que quiconque dans la pièce. Ils avaient le pouvoir, ils avaient des postes élevés, mais j'avais des faits. Et j'avais aussi Bob Cann, un homme d'une grande réputation et qui, ayant organisé cette réunion et m'ayant demandé d'y venir, risquait au moins une partie de cette réputation pour moi. Je n'oublierai jamais le courage dont il a fait preuve. C'était un acte généreux, et cela a fait une grande différence pour cette réunion et pour ma carrière.

Il est intéressant d'observer la résistance à une idée ou à une façon de travailler nouvelles. La peur de l'inconnu, la peur de perdre pouvoir ou influence sont des réactions affectives. Elles ne cèdent pas toujours face aux faits et à la raison, et c'est ce dont nous avons été les témoins durant cette réunion. Bob et moi en sommes sortis déçus et découragés.

En rentrant, Bob m'a dit : « Cela m'a beaucoup amusé de regarder ce qui se passait dans cette pièce. Quand tu t'es levée, je lisais les pensées sur leurs visages ; ils se disaient tous : “Cette fille n'a rien à nous dire.” Et puis, à mesure que tu parlais, je les ai vus changer d'expression, ils ont commencé à se dire que tu n'étais peut-être pas si bête, après tout. Tu comprends, Carly, quand les gens me voient, même s'ils ne me connaissent pas, ils partent du principe que je ne dois pas être mauvais, sinon je ne serais pas directeur régional. Mais quand ils te voient, ce n'est pas pareil, il faut que tu les convainques. »

J'avais trente ans mais, croyez-le ou non, c'était la toute première fois qu'il me venait à l'idée que le simple fait d'être une femme pouvait m'empêcher de bénéficier d'une présomption favorable. Et comme je n'étais pas plus laide qu'une autre, certains en concluaient que je ne devais pas être très compétente. Bien sûr, j'avais déjà subi du harcèlement sexuel et reçu des propositions, certains hommes sont ainsi faits, mais ce que Bob me disait là, c'est que beaucoup d'autres personnes ne m'accorderaient pas le bénéfice du doute. Ils ne partiraient pas du principe que j'étais à la hauteur de mon poste. Il me faudrait leur prouver mes compétences avant de pouvoir mériter leur respect. Il faudrait que je travaille plus que si j'étais un homme, que je connaisse mieux mes dossiers.

Il avait noté que leurs préjugés étaient visibles sur leur visage et à travers leurs attitudes corporelles. Cette observation me serait précieuse. J'ai appris, peu à peu, à bien regarder mes interlocuteurs, à chercher les indices non verbaux. Certaines personnes ont des œillères mentales si opaques qu'elles sont incapables de s'en débarrasser. Mais la plupart du temps, je me suis rendue compte que si je parvenais à convaincre mes auditeurs que je savais de quoi je parlais dans les vingt premières minutes, ils m'écouteraient jusqu'au bout.

Cet été-là, Bob partit suivre un stage de formation destiné aux dirigeants. Pendant ses huit semaines d'absence, il me confia les rênes. Quand un juriste ambitieux, qui s'occupait d'importants contentieux nous opposant à Bell Atlantic, est venu nous voir, c'est à moi qu'il a eu affaire. Il avait participé à la réunion du siège et pensait que notre travail pouvait étayer son dossier. Il était impatient, belliqueux et grossier. Il rabaissait tous les gens avec lesquels il travaillait, criait pour obtenir ce qu'il voulait. C'était un excellent juriste, mais, en matière de téléphonie, il ignorait tout de l'architecture des réseaux et de la facturation des services d'accès. Il avait un problème bien réel, et nous pouvions réellement l'aider à le résoudre – encore fallait-il qu'il nous en donne le temps et qu'il nous écoute.

Nous nous sommes bagarrés tout l'été. Il nous demandait des choses ridicules, et, au lieu de me plier à ses caprices, je tentais de le convaincre que c'était d'une autre information qu'il avait besoin. La plupart du temps, il finissait par entendre raison, car il était intelligent, mais il était usant. Il ne se rendait pas compte qu'il n'était pas le seul à avoir du travail. Dans son esprit, ce qu'il demandait était toujours la priorité numéro un, il ne comprenait pas pourquoi nous ne plantions pas là tout le reste pour répondre immédiatement à ses demandes. Les délais étaient toujours source d'âpres discussions.

Je n'aimais guère la façon dont il me parlait, mais je savais qu'il subissait lui-même des pressions considérables. Je laissais donc filer. Parfois, quand la réponse donnée n'était pas conforme à ses souhaits, il essayait d'interroger quelqu'un d'autre. Il appelait Jim. Ce dernier était prudent et parlait lentement. Notre homme, véritable moulin à paroles, s'énervait et traitait Jim d'idiot. Il appelait Carol et la mettait dans un état tel qu'elle menaçait de donner sa démission sans coup férir. Un jour, j'ai trouvé la secrétaire de Bob et la mienne en larmes. Il était venu les trouver à leur bureau et leur avait demandé en hurlant d'aller me chercher. Ce juriste était directeur de division – un échelon au-dessus de Bob. Quand il mettait tout son poids dans la balance, l'impact était considérable. Elles paniquaient, craignant de perdre leur job. En fait, il venait de faire preuve d'un manque de respect inimaginable. Le temps n'était pas si lointain où j'avais été réceptionniste et secrétaire. Je n'avais aucun mal à me mettre à leur place.

Un dirigeant n'est pas mieux payé que ses subordonnés parce qu'il est meilleur qu'eux, mais parce qu'il assume davantage de responsabilités. L'une d'entre elles consiste à prendre la défense de ses subordonnés quand cela s'avère nécessaire et à leur éviter les désagréments qu'ils n'ont pas à subir. Je me devais d'appeler cet homme pour lui parler de son comportement. Sa façon de réprimander les gens n'était pas acceptable. J'étais très tendue car c'était un grand patron, il avait le bras long. Malgré mon appréhension, je devais le faire ; ne pas l'affronter serait me dérober à mes responsabilités. Je suis donc allée dans le bureau de Bob, j'ai fermé la porte et j'ai appelé notre juriste.

« J'ai deux personnes complètement bouleversées, ici !

– Oh, dites-leur de s'en remettre. Je suis pressé. J'ai besoin des données et je n'arrive pas à obtenir quoi que ce soit de qui que ce soit.

– Nous faisons tous tout ce que nous pouvons pour vous aider. Les gens de mon équipe subissent énormément de pression, eux aussi, ils ont des journées très longues. Mais il est hors de question de leur parler comme vous le faites. C'est un manque de respect, c'est injurieux et c'est inacceptable. »

La conversation s'est prolongée un bon moment sur ce ton. Je croyais honnêtement que si je parvenais à lui faire comprendre l'effet qu'il avait sur les gens, il verrait qu'il se tirait dans le pied. De son point de vue, c'était une question de pouvoir et d'amour-propre. Trop orgueilleux pour reconnaître qu'il était dans son tort, il pensait qu'il perdrait une parcelle de pouvoir s'il faisait marche arrière.

Toute ma vie, je m'étais donné beaucoup de mal pour me faire aimer. La plupart d'entre nous souhaitent qu'on les aime, mais je crois que les femmes se croient particulièrement obligées d'être agréables et obligeantes. Ce jour-là, j'ai décidé qu'il était parfois plus important de se faire respecter que de se faire aimer. Quand je suis vraiment en colère, ma voix devient très grave et presque monocorde. Je ne parle pas plus fort que d'habitude, au contraire. N'ayant pas réussi à raisonner mon interlocuteur, j'allais lui parler un langage qu'il comprenait : le langage du pouvoir. J'avais quelque chose dont il avait besoin.

Je lui ai dit très calmement : « Vous allez présenter vos excuses aux deux femmes que vous avez insultées. Et vous ne leur parlerez plus jamais sur ce ton. Inutile d'appeler Jim ou Carol. Et, tant que vous ne vous serez pas excusé, vous n'aurez plus une seule information, je ne ferai plus rien pour vous.

– Vous ne pouvez pas faire ça ! hurla-t-il au téléphone.

– Je peux le faire et je le ferai. »

Quand j'ai raccroché, je tremblais de tout mon corps et j'ai fondu en larmes. J'étais épuisée, j'avais peur. Mais j'étais furieuse, aussi. Il ne pouvait pas traiter les gens comme cela et s'en sortir comme si de rien n'était. J'ai dit à nos secrétaires que s'il rappelait et se montrait désagréable, il fallait raccrocher, ajoutant que j'en prenais la responsabilité. J'ai dit la même chose à Jim et à Carol. Ensuite, nous avons tous attendu. Nous avons cessé de travailler aux demandes qu'il nous avait déjà faites. Nous ne lui avons pas transmis les données qu'il attendait. Au bout de deux jours, il a appelé pour présenter ses excuses.

Il ne faut jamais menacer sans être décidé à mettre sa menace à exécution, ni si l'on peut convaincre par la raison. Mais si l'on y est contraint, il faut choisir une menace qui compte vraiment et ne pas se laisser fléchir. Il y a malheureusement trop de rustres. Dans le monde des affaires, on les tolère souvent car ils obtiennent des résultats. Toutefois, un comportement grossier est inacceptable : tout le monde mérite d'être traité avec courtoisie et respect. Parfois, la seule solution est de mettre les mufles à la porte, mais cela, je l'apprendrais plus tard. En l'occurrence, j'avais l'impression d'avoir de la chance d'avoir moi-même échappé à ce sort et j'étais soulagée que le désir de faire avancer son dossier ait poussé notre homme à mettre son amour-propre dans sa poche et son mouchoir par dessus.

Finalement, les gens du siège, dans le New Jersey, ont compris que nous avions raison. Nous obtenions des remboursements, et nous étions les seuls. La direction générale a décidé que, dans tout le pays, on vérifierait systématiquement les factures d'accès au réseau et, en cas d'erreur, on se ferait rembourser. Un membre de la direction s'est vu confier la responsabilité d'un nouveau programme national en ce sens. On nous a tous convoqués au siège, on nous a dit comment il faudrait procéder à l'avenir et on nous a remis des liasses de formulaires à remplir et à retourner toutes les semaines.

Je ne suis pas très fière de la façon dont j'ai réagi. J'étais dans tous mes états. Nous avions découvert ce problème et trouvé une solution adaptée, et il avait fallu qu'ils viennent tout changer ! Non contents de cela, ils nous obligeaient à remplir cette paperasse ridicule une fois par semaine. En fait, à partir de ce moment-là, j'ai dû passer toutes mes soirées du jeudi à ma table de cuisine, à remplir les formulaires correspondant à l'activité de la semaine précédente. Calculatrice à la main, je vérifiais que tout était bon – et je terminais rarement ce pensum avant trois heures du matin.

J'étais démoralisée d'avoir été dépossédée de ce que nous avions initié. Jim, Carol et Ed réagissaient exactement comme moi. Notre trouvaille nous avait dépassés. Bob Cann nous rappela sagement que nous avions en fait obtenu ce que nous voulions. Nous avions réussi à changer la façon dont travaillait la compagnie et nous l'avions aidée à économiser littéralement des centaines de millions de dollars. N'empêche, c'était notre bébé, cette réussite, nous avions l'impression que c'était la nôtre, nous avions du mal à la partager.

Il ne faut pas oublier que ce travail n'avait rien de drôle. Nos équipes d'intérimaires travaillaient au sous-sol, car nous croulions sous de telles piles de cartons que nous nous étions fait chasser de notre espace de travail. Il fallait trouver le moyen de rester motivés, c'était important. Longtemps, ç'avait été l'intérêt de faire quelque chose de nouveau et d'être les seuls à le faire. Nous savions quelque chose que les autres ne savaient pas. Cette motivation-là avait désormais disparu. Nous avons fini par décider de jouer la concurrence par rapport aux autres régions et d'être, sans conteste possible, la meilleure équipe ACMC du pays. Nos rapports seraient les plus précis, notre travail le plus minutieux. Quand nous contesterions les factures de Bell Atlantic, nous le ferions à bon escient et nous l'emporterions. Nous étions très fiers que personne n'ait jamais trouvé une seule erreur dans un rapport émanant de notre service et d'avoir le taux de réussite le plus élevé de toutes les équipes.

Un beau jour, en mars 1985, Bob m'a demandé de venir dans son bureau. Il a fermé la porte et, une fois que j'ai été assise, il m'a dit : « Félicitations, Carly. Tu vas être nommée directeur régional. Tu vas retourner au Government Communications pour assumer la responsabilité du plus grand compte civil de l'État, la General Services Administration. Tu seras à la tête d'une équipe nombreuse. »

J'étais ravie, évidemment. C'était une très belle promotion de passer du second niveau à la région. Mais je n'étais pas aussi heureuse que je l'aurais cru. Je n'ai rien dit à mon équipe. Ce soir-là, assise sur le canapé à côté de Frank, je lui ai annoncé ma promotion et je me suis mise à pleurer. Cela l'a déconcerté et agacé. « Qu'est-ce que tu as à pleurer ? C'est super ! C'est une promotion magnifique, le poste est génial. Tu connais déjà très bien le gouvernement fédéral. Tu ne pouvais pas rêver mieux ! »

Je pleurais parce que je n'avais pas envie de quitter Jim, Carol et Bob. J'étais heureuse de les retrouver tous les matins, j'adorais les voir se réjouir chaque fois que nous remportions une petite victoire, j'adorais cette camaraderie très particulière qui naît lorsqu'on travaille d'arrache-pied, ensemble, à quelque chose de vraiment difficile. Je pleurais parce que je ne voulais pas quitter le bureau d'études. Je m'y sentais parfaitement à l'aise, maintenant. Les ingénieurs m'aimaient bien, et c'était réciproque. Et voilà qu'il me fallait tout recommencer ! Je pleurais parce que j'avais peur. Il y a une énorme différence entre un poste de manager de second niveau et de troisième niveau. Serais-je vraiment à la hauteur ?

J'ai rencontré séparément chacun des membres de mon équipe pour leur annoncer mon départ. Jim Psioda était l'un des collaborateurs les plus dévoués et les plus fidèles que j'aie jamais vu. Il était opiniâtre et persévérant dans son travail, et il adorait les défis. Il ne faisait pas d'esbroufe (il était même souvent très taciturne), mais c'était un roc. Il était toujours là quand on avait besoin de lui. Je lui ai dit à quel point j'avais apprécié son travail, ses conseils, sa compagnie et tout ce qu'il nous avait apporté. Je lui ai dit qu'il allait terriblement me manquer. Il m'a répondu que j'étais le meilleur patron qu'il ait jamais eu en trente ans de carrière chez Bell. Nous avions tous deux les larmes aux yeux. Jim m'a offert le plus beau des cadeaux : il m'a dit que j'avais gagné non seulement son respect, mais sa confiance.

Carol s'est mise à pleurer presque immédiatement, pas seulement parce que nous allions nous manquer mutuellement, même si elle n'avait pas beaucoup d'amis. Depuis un an, elle était dans l'épreuve, je ne savais pas de quoi il s'agissait, mais je savais que cela lui pesait beaucoup. Elle me le dit, ce jour-là : elle voulait avoir un bébé, consacrer plus de temps à sa vie conjugale. Elle ne voulait plus travailler à plein temps, mais elle culpabilisait rien qu'à l'idée de le dire. Elle avait énormément bûché pour décrocher son diplôme d'ingénieur. Elle espérait être bientôt promue (j'avais proposé son nom pour deux postes de second niveau, elle avait de bonnes chances d'en décrocher un). Nous étions dans les années 1980 et elle avait l'impression de pécher par manque d'ambition.

Je lui ai dit : « Carol, ne vends pas ton âme. Quelles que soient les pressions, il ne faut pas que tu deviennes une personne que tu n'aimerais pas. Vis ta vie de façon à être heureuse et fière. Si tu vends ton âme, personne ne pourra jamais te la rendre. » Ensuite, je l'ai serrée longtemps dans mes bras.

C'était la première fois que j'employais le mot « âme » dans le cadre de mon travail. Plus tard, j'ai vu comment la pression de la réussite peut affecter les gens et j'ai redit ces paroles, à moi-même et à d'autres, de nombreuses fois. Ce jour-là, j'ai essayé de dire à Carol que vivre sa vie comme elle l'entendait était infiniment plus important que le poste qu'elle occupait ou l'entreprise pour laquelle elle travaillait. J'ai essayé d'avoir une conversation authentique entre deux êtres humains, pas de supérieur à subordonné.

Les dirigeants oublient parfois de voir les personnes que sont leurs salariés, mais il est parfois tout aussi difficile de voir la personne dans un dirigeant. Ce dernier incarne l'autorité et le pouvoir. On peut le respecter, mais on peut aussi lui en vouloir. Plus on atteint un rang élevé, plus les gens voient le poste et non la personne. À mesure que j'ai grimpé les échelons de la hiérarchie, mon travail a été de plus en plus difficile et, à de nombreux égards, plus gratifiant. Mais je me suis sentie de plus en plus seule.

9

Je garde mes larmes pour moi

La GSA (General Services Administration) était chargée des achats de toutes les agences civiles du gouvernement fédéral. Elle leur fournissait entre autres des services de communications vocales et de données. L'équipe que je dirigeais désormais gérait pour son compte d'immenses réseaux nationaux et des centraux téléphoniques. Nous répondions à tous ses appels d'offres en vue de modernisations ou de services supplémentaires. Nous ne manquions pas une occasion de tenter de satisfaire ses nouveaux besoins de communications. La GSA rapportait des centaines de millions de dollars à AT&T. À eux seuls, les « Requests for Proposals » (RFP), documents utilisés par les agences gouvernementales pour décrire leurs besoins, valaient déjà presque 20 milliards de dollars.

La GSA avait un énorme pouvoir d'achat et un poids considérable sur le marché. Sa mission consistait à exiger les conditions et les tarifs les plus avantageux, ainsi que la technologie la plus récente. Elle les obtenait en jouant de sa masse sur le marché, à l'issue du processus tortueux, complexe, soigneusement orchestré et extrêmement réglementé des RFP. Les fonctionnaires chargés des achats étaient durs, exigeants, très conscients du pouvoir de l'institution qu'ils représentaient, et il était extrêmement difficile de travailler avec eux. Malgré ces difficultés, toutes les compagnies de téléphone, toutes les SSII et tous les constructeurs informatiques se battaient à couteaux tirés pour arracher les contrats de la GSA. Si elle achetait ce que votre entreprise vendait, il fallait la compter parmi vos clients.

Les décisions d'achat de la GSA pouvaient littéralement transformer le paysage concurrentiel. Elle pouvait offrir un marché à une nouvelle technologie comme elle pouvait détruire ou sauver une entreprise. Ses fonctionnaires se croyaient également investis de la tâche de promouvoir les objectifs du gouvernement fédéral en matière de déréglementation : la GSA voulait que la nouvelle organisation des télécommunications fonctionne. Cela voulait dire qu'AT&T devrait affronter autant de concurrence que possible, et si nous perdions une bonne partie de nos clients existants, c'était tant mieux aux yeux de la GSA. Le bruit courait qu'elle se préparait à lancer un nouvel appel d'offres. Gigantesque, puisqu'il s'agissait de reconstruire la totalité des systèmes de télécommunications fédéraux. AT&T devrait donc affronter la concurrence pour l'ensemble de ses activités existantes et risquait de tout perdre. L'appel d'offres en question était intitulé FTS2000, ce qui voulait dire que celui qui l'emporterait conserverait le contrat FTS (pour Federal Telecommunications System) jusqu'en 2000. Il y en avait pour environ 25 milliards de dollars. Le FTS2000 serait le plus gros contrat civil jamais signé par l'État.

Je ne savais rien de tout cela le premier jour, quand je suis arrivée à mon nouveau poste. Je savais, bien entendu, ce que faisaient la GSA et notre équipe, mais j'ignorais ce que préparait la GSA et aussi, bien entendu, à quel point les enjeux étaient élevés. Mes supérieurs ne semblaient pas le savoir non plus, c'est sans doute la raison pour laquelle ils m'avaient confié ce poste. La GSA était un grand compte, mais il somnolait depuis des années. Plus d'un an s'était écoulé depuis le démantèlement de Bell, le 1er janvier 1984, mais les dirigeants de notre division Government Communications et les gens du siège n'avaient pas encore pris conscience que la GSA avait à cœur d'en accélérer l'impact. Chez AT&T, on se préoccupait surtout des télécommunications militaires.

Dès le premier jour, j'ai découvert une ou deux choses importantes qui ont distingué ce poste de ceux que j'avais occupés auparavant. Pour la première fois, j'avais un bureau, un vrai.

J'avais une équipe nombreuse – près de soixante personnes. Et quand j'ai commencé à faire ma tournée habituelle de prise de contact, je n'ai pas tardé à constater que certains managers de second niveau n'appréciaient guère que je m'adresse directement à leurs subordonnés. Ce n'était pas vrai de tout le monde, mais beaucoup d'entre eux considéraient comme un privilège dû à leur rang d'avoir accès à moi et aux informations que nous étions appelés à partager. C'était la première fois que j'occupais un poste suffisamment élevé pour m'apercevoir que certains managers croient créer de la valeur uniquement du fait de leur situation d'intermédiaire entre leur propre patron et leurs subordonnés. Ces gens-là pensaient que tout échelon de la hiérarchie avait sa valeur propre, du simple fait qu'il existait. Ils s'échangeaient des informations. J'avais entendu parler du vieux dicton selon lequel savoir, c'est pouvoir – je voyais maintenant des gens le mettre en pratique.

Le pire était un certain Ethan Downs. Il me faisait penser à « Taille-104 ». Il travaillait dans le service depuis longtemps et exerçait de vagues responsabilités concernant les « nouvelles activités ». Il manœuvrait depuis des années pour décrocher le titre de directeur régional et avait été amèrement déçu d'avoir été laissé pour compte ; il le fut encore plus quand il me vit arriver. J'étais plus jeune, je connaissais moins bien la GSA que lui. Cela aurait suffi à expliquer sa rancœur et sa condescendance. Le fait que je sois une femme n'a certainement rien arrangé.

Il fut le premier à me parler de FTS2000. Pas de lui-même, certes, mais je lui avais posé tellement de questions qu'il n'avait pas pu faire autrement. J'ai tout de suite eu le sentiment qu'il y avait là quelque chose d'important et je lui ai demandé ce que nous faisions pour nous y préparer. Il m'a répondu sur un ton détaché : « Ne t'inquiète pas, Carly, je gère le dossier. J'ai rendez-vous au siège avec les concepteurs du réseau. »

C'était mon premier jour, j'avais d'autres chats à fouetter, je n'ai donc pas insisté. Mais ensuite, tous les deux jours, je suis revenue voir Ethan pour lui demander où en était le dossier FTS2000. Il se refusait à coopérer, attitude qui m'exaspérait de plus en plus. Cela m'inquiétait, aussi. La somme en jeu – 25 milliards de dollars – était énorme, et mon intuition me disait que nous étions en train de sous-estimer cette affaire. Personne d'autre qu'Ethan n'avait l'air de s'en occuper, ce que je ne parvenais pas à comprendre.

J'ai dit à Ethan que je voulais aller au siège avec lui. Je trouvais important, lui ai-je expliqué, que nous allions tous les deux rencontrer les concepteurs du réseau pour voir où en était la réponse à l'appel d'offres. Je savais combien de personnes travaillaient sur les autres appels d'offres de la GSA, totalisant 20 milliards de dollars. Je pensais pouvoir faire quelques comparaisons pour voir si les signaux de danger qui s'allumaient dans ma tête correspondaient à une réalité ou résultaient de la tension accumulée entre Ethan et moi. Ce dernier s'est montré très réticent, m'expliquant que ce déplacement n'était pas nécessaire, évoquant des tas de complications logistiques. Bref, il a tout fait pour m'en dissuader. J'ai insisté et, finalement, je ne lui ai pas laissé le choix.

Le rendez-vous a été révélateur. Les gens du siège, en particulier le directeur régional qui gérait l'équipe de conception du réseau, étaient de toute évidence aussi agacés que moi. Ils ne disposaient pas d'informations suffisantes concernant les exigences du client ; ils avaient réellement besoin de lui parler directement, à un moment ou à un autre. Quelle était notre stratégie pour répondre à l'appel d'offres ? Techniquement, il y avait de nombreuses possibilités : comment déciderions-nous laquelle nous retiendrions ? Quelle était notre stratégie commerciale ? Comment souhaitions-nous positionner notre offre par rapport au réseau existant ? Ils nous ont posé toutes ces questions, et d'autres.

Au lieu de laisser les participants échanger librement leurs informations, Ethan tentait de répondre successivement à toutes les questions, sur un ton de tolérance lasse. Il avait expliqué tout ceci tant de fois, mais d'accord, pour le bien de l'entreprise, il allait le réexpliquer. Ethan s'était érigé en seul et unique canal de communication et d'information entre le New Jersey et Washington. Si le siège voulait savoir quelque chose concernant le client ou notre stratégie, il fallait le lui demander. Si Washington avait besoin de savoir quelque chose concernant le travail des ingénieurs du réseau, il fallait le lui demander. Peut-être Ethan ne se rendait-il pas compte que les gens aiment souvent bien entendre les choses directement, à la source, particulièrement quand c'est important. Peut-être ne réalisait-il pas que, pour résoudre un problème, le donnant-donnant de la conversation est infiniment préférable au flux orchestré d'éléments d'information. Peut-être pensait-il vraiment se rendre utile en filtrant et en interprétant des faits compliqués. Plus vraisemblablement, il était sur la défensive parce qu'il n'avait pas obtenu le poste qu'il voulait et était déterminé à renforcer la base de son pouvoir en retenant des informations importantes et en forçant tout le monde à passer par lui pour l'obtenir. Savoir, c'est pouvoir. Aujourd'hui, internet a changé tout cela. Il est devenu plus difficile de jouer le jeu d'Ethan, mais certains continuent.

En revenant de la réunion, j'ai essayé de lui expliquer les raisons pour lesquelles il était hors de question qu'il contrôle l'échange d'informations. Le FTS2000 allait être une affaire gigantesque. Les enjeux étaient énormes. Nous pouvions tout perdre – nos contrats actuels avec le GSA et les contrats à venir. Nous avions besoin d'aide, de beaucoup d'aide. Il ne pouvait pas porter tout cela sur ses épaules. L'heure n'était plus à l'héroïsme mais au réalisme. Et si l'on était réaliste, il fallait bien admettre que nous n'étions pas prêts. Ethan pouvait jouer un rôle immense pour nous aider à trouver la solution, car il connaissait mieux le dossier que quiconque. Mais il pouvait aussi aggraver le problème.

Je voulais réellement qu'Ethan réussisse. Je voulais qu'il se montre à la hauteur de son nouveau rôle. Et j'avais pitié de lui, je savais pourquoi il était déçu. À sa place, j'aurais peut-être réagi comme lui. Je me souvenais parfaitement de la fureur que j'avais ressentie, à l'ACMC, quand on nous avait volé notre bébé ; mais nous n'avions pas le choix : il fallait qu'Ethan change. Je me devais de faire en sorte qu'AT&T se donne les meilleures chances possibles de décrocher le contrat de la GSA au nez et à la barbe de nos concurrents.

Ethan et moi avons eu la même conversation à de nombreuses reprises, plusieurs semaines durant. Chaque fois, il m'assurait qu'il comprenait et me promettait de faire un effort. Mais rien ne changeait. Finalement, malgré ma déception et mon appréhension, je me suis résolue à faire ce que je devais faire. Si Ethan ne pouvait ou ne voulait pas changer, il devrait partir. J'étais déçue, car j'avais vraiment cru pouvoir le faire changer. J'étais pleine d'appréhension, car je n'avais jamais été obligée de mettre personne à la porte.

Nul n'aime entendre une mauvaise nouvelle, surtout quand elle vous est annoncée par quelqu'un à qui nous en voulons – nous faisons alors tout pour ne pas l'entendre. Combien de fois deux personnes ont des souvenirs ou des interprétations totalement différentes de la même conversation ! Quand la nouvelle est mauvaise et le messager honni, le signal envoyé n'a souvent rien à voir avec celui qui est reçu. Quand la résistance est inévitable, les mots, à eux seuls, ne suffisent jamais. Beaucoup de détails non verbaux peuvent renforcer ou infirmer le message que l'on veut faire passer.

J'ai longuement réfléchi à la façon de communiquer efficacement avec Ethan. Comment devais-je lui expliquer ma décision ? Où devais-je la lui annoncer ? Quand ? Dans certaines circonstances, il est préférable de laisser les gens parvenir eux-mêmes à la bonne conclusion, à leur manière et à leur rythme. Alors, et alors seulement, ils pourront l'accepter. Mais cette méthode prend du temps et je n'avais déjà que trop tardé. Ethan faisait obstacle à la bonne marche des affaires, il fallait aller de l'avant. Par conséquent, qu'il soit d'accord ou non, il fallait que nous nous comprenions du premier coup.

J'ai décidé de lui annoncer la nouvelle un mardi, à cinq heures du soir. Il pourrait rentrer chez lui immédiatement après notre rendez-vous et y réfléchir cette nuit-là. Ainsi, il n'aurait pas à affronter le reste de l'équipe avant de s'y être préparé. Le mercredi matin, nous pourrions discuter de la suite, et nous aurions le reste de la semaine pour établir notre plan d'action. J'avais le sentiment qu'il fallait bien trois jours pour organiser la passation de pouvoirs, le préparer à trouver un autre poste, puis communiquer tout cela à l'ensemble du département. Je ne voulais pas que qui que ce soit passe le week-end à se demander ce qui allait se passer. Je voulais qu'Ethan, comme le reste de l'équipe, parte en week-end en pensant à l'avenir. Tout devait donc être réglé le vendredi soir.

Quand je reçois des gens, je m'assieds en général avec eux à la table d'une salle de conférences et, si je suis à mon bureau, j'en fais le tour et je viens m'installer à côté d'eux. Il est plus facile de se parler quand moins d'obstacles vous séparent. Cette fois, je suis restée derrière mon bureau. Ethan pensait que je n'aurais jamais dû être son supérieur hiérarchique. Il acceptait mal mon autorité. Il fallait que le symbole de cette autorité se dresse et même s'affirme entre nous ; il n'aimait peut-être pas cela, mais il ne pourrait pas l'ignorer.

Il y avait eu tant de malentendus entre nous que j'avais décidé d'employer un vocabulaire qu'il comprendrait à coup sûr.

« Ethan, tu es passionné de foot, non ?

– Oui, bien sûr, pourquoi ?

– Dans une équipe de foot, chaque joueur joue conformément à sa position. Chaque position est importante, mais il n'y a qu'un seul capitaine. Pourquoi, à ton avis ? »

Ethan ne savait pas où je voulais en venir, mais il m'a répondu :

« Parce que c'est lui qui décide de la stratégie !

– Et ensuite, toute l'équipe l'applique ?

– Absolument !

– Ethan, à l'équipe GSA, tout le monde a un rôle important à jouer, mais il n'y a qu'un seul capitaine. Et c'est moi, pas toi. Tu penses peut-être que l'inverse serait préférable, mais nous ne sommes pas dans cette situation. Et comme tu te refuses à appliquer ma stratégie, il va falloir que tu quittes mon équipe. »

Nous nous comprenions. Ethan s'est montré professionnel et poli. Je l'ai remercié de tout ce qu'il avait apporté au service – et j'étais sincère – et j'ai proposé de l'aider à trouver un nouveau poste. À la fin de la semaine, quand nous eûmes mis au point, ensemble, un plan de transition, j'ai appelé mon homologue à la conception du réseau au siège et je l'ai informé de ma décision.

« Je me demandais ce que tu attendais pour le faire. C'était indispensable ! »

Ses paroles m'ont surprise. Il n'avait jamais rien dit en ce sens. Il n'avait peut-être pas voulu en assumer la responsabilité, mais il était ravi que j'aie pris le taureau par les cornes. La confrontation n'est jamais facile – en tout cas, pas pour moi. Je suis obligée de me cuirasser psychologiquement, et j'ai toujours beaucoup de mal à le faire. Je préfère de loin la camaraderie d'une équipe qui travaille bien ensemble au conflit. Quand la confrontation s'avère indispensable, il faut qu'elle soit honnête, claire, et se fasse dans le respect mutuel. Chaque fois que j'ai demandé à quelqu'un de quitter son poste, cela a été douloureux, certainement pour l'intéressé, mais aussi pour moi. Et, chaque fois que je l'ai fait, d'autres sont venus me dire que j'avais raison, même s'ils n'avaient pas eu le courage ou la franchise de me le dire auparavant.

L'équipe de conception du réseau au siège et la mienne ont commencé à se rencontrer régulièrement. Dans le même temps, les gens de la GSA commençaient, de leur côté, à organiser des réunions avec les fournisseurs pour les informer de l'état de leurs réflexions sur cet énorme investissement. D'intéressants groupes de compagnies se préparaient à faire des offres. Les entreprises aérospatiales interviendraient, car leur expertise en matière d'intégration de systèmes serait vitale pour un programme aussi complexe. AT&T était sur les rangs, mais aussi MCI et Sprint. Et, bien entendu, les sept opérateurs régionaux Bell et le GTE ne seraient pas en reste (nous étions encore loin de la vague de fusions-acquisitions qui a balayé le secteur des télécommunications). Chaque fois que j'ai participé à une de ces réunions de la GSA, j'ai eu le sentiment viscéral que nous ne faisions pas le poids. Les équipes de nos concurrents étaient beaucoup plus importantes que la nôtre, et leurs dirigeants étaient d'un niveau supérieur.

J'avais eu le temps de travailler le dossier, je connaissais la GSA au moins aussi bien que quiconque chez AT&T. J'avais lu tous les documents pertinents, rencontré tous les dirigeants concernés à la GSA. Et je commençais à me demander si je n'étais pas en train, à mon tour, de vouloir jouer les héros. Quand le projet d'appel d'offres pour le FTS2000 a été publié, j'ai compris que je ne m'en sortirais pas toute seule. Je pouvais certes continuer à m'appuyer sur l'équipe du siège, mais même ainsi, nous ne faisions pas le poids.

Il est important d'avoir confiance en ce que l'on sait et en ce que l'on peut faire. On ne prend pas de bonnes décisions si l'on n'a pas confiance en soi. Mais il est tout aussi important d'être réaliste, de mesurer ce que l'on ne sait pas, de savoir ce que l'on ne peut pas faire : sans réalisme, la confiance en soi se transforme en orgueil. J'étais réaliste et j'étais consciente de ne pas en savoir assez pour prendre toutes les bonnes décisions, celles qui nous permettraient de décrocher le contrat. En outre, je ne pouvais pas rassembler les ressources qui me manquaient au sein d'AT&T. Je n'avais pas suffisamment de poids, de relations et d'expérience.

Mike Brunner était le vice-président responsable des communications du gouvernement. C'était un remarquable leader, un homme intègre. Il était dur, exigeant et parfois impatient. Mais il riait souvent et encourageait les autres à en faire autant. Si je voulais obtenir des renforts, il faudrait que Mike m'y autorise. De nombreux échelons hiérarchiques nous séparaient, mais sa porte n'était jamais fermée. Et c'était lui qui m'avait promue.

Sa secrétaire, Monica Archambault, était ravissante, pleine de vivacité, intelligente, d'excellente compagnie. Comme la plupart des vraiment bonnes secrétaires, elle connaissait tous les gens qui comptaient et était au courant de tout. Les hommes adoraient bavarder avec elle, ce qui ne gâtait rien – elle glanait énormément d'informations quand ils passaient par son bureau. J'ai eu la grande chance qu'elle me prenne en amitié. Comme la plupart des grands patrons, Mike avait un emploi du temps impossible et, dans son esprit, je ne figurais pas parmi les priorités. Monica avait beau faire de son mieux, les semaines se transformaient en mois, et je n'avais toujours pas vu Mike. J'ai dû assommer Monica, car elle a fini par me dire un jour : « Écoute, Carly, à ta place, je passerais le voir ce soir et je lui proposerais de prendre un verre. De mon côté, je lui expliquerai que c'est important. Tu sais, franchement, si cela ne se fait pas ce soir, je ne sais pas si cela se fera jamais. » Mike faisait une confiance absolue à Monica. Il a accepté.

Je ne sais pas pourquoi elle m'avait conseillé cela et non un rendez-vous à son bureau. Elle a peut-être pensé qu'il serait plus détendu, après une longue journée de travail, moins agacé qu'à la pensée de glisser un rendez-vous supplémentaire dans son emploi du temps déjà surchargé ; elle a même peut-être eu l'intelligence de comprendre que j'étais plutôt tendue moi-même. Après tout, je venais lui dire que je ne m'en sortirais jamais toute seule – ce n'est pas précisément la meilleure manière d'impressionner son patron.

Nous sommes allés à un bar, dans la cour de l'immeuble où était le bureau. Nous avions choisi cet endroit parce qu'il était tout près, mais ce n'était pas forcément l'idéal pour parler affaires. C'était un bar pour célibataires, très enfumé et très bruyant. Mike et moi étions serrés l'un contre l'autre, à une petite table, et il nous fallait dominer la sono, tandis que les autres clients se tournaient autour, évaluant les possibilités. Je me suis sentie idiote d'avoir proposé cet endroit, j'étais mortifiée à l'idée de faire perdre son temps à Mike. Il a eu la gentillesse de faire une blague pour me mettre à l'aise et m'encourager. J'ai pris ma respiration et je me suis lancée : « Mike, le FTS2000, c'est trop gros pour moi. Il faut changer radicalement notre méthode de travail, sinon nous allons perdre le contrat. »

Au moins, j'avais retenu toute son attention. J'avais été aussi directe que possible, car je trouvais qu'il méritait la vérité et que je ne pouvais pas me contenter de décrire le problème et le laisser s'en débrouiller. Si je demandais du renfort, il fallait que je propose une solution. Je savais qu'il fallait à tout prix mobiliser toutes les ressources d'AT&T : nos concurrents jetaient toutes leurs forces dans la bagarre. En outre, la GSA n'avait pas envie que nous l'emportions ; AT&T avait été son unique fournisseur télécoms des décennies durant, l'heure était venue de passer à quelqu'un d'autre. Si, effectivement, d'autres l'emportaient, la GSA ferait ainsi faire un grand pas en avant à la politique d'ouverture à la concurrence du secteur des télécommunications, et cela ne l'empêcherait pas d'obtenir un meilleur réseau.

J'ai présenté à Mike la conclusion de mes réflexions : « Il nous faut un vice-président ne s'occupant que de ce dossier, à plein temps. En outre, on ne peut pas le laisser à la seule division Government Communications, il faut que l'ensemble du siège nous soutienne à fond. Quant au vice-président qui prendra le dossier, il doit avoir la confiance du siège, car il devra être en mesure de réquisitionner toutes les ressources dont il aura besoin. Mon équipe et moi, nous travaillerons pour lui, mais il devra l'étoffer, il faudra beaucoup de forts potentiels. »

Dans les affaires, ce qui compte, c'est d'obtenir des résultats. Quand on décide de travailler pour une entreprise, qu'elle soit grande ou petite, il faut adhérer à ses objectifs. Sinon, il vaut mieux aller travailler ailleurs. Ces objectifs sont plus importants que l'ambition individuelle ou le désir de se faire bien voir. Je le croyais à cette époque, c'est la raison pour laquelle j'ai dit à Mike qu'il fallait confier le dossier à quelqu'un d'autre. Je le crois encore aujourd'hui.

Nous nous sommes séparés une heure plus tard. Mike souscrivait à mon analyse. À partir de ce soir-là, il est devenu mon mentor. J'ai eu beaucoup de chance de bénéficier de ses conseils durant ma carrière, et j'ai encore la chance de le compter parmi mes amis. Au fil des années, nous avons souvent ri en évoquant cette soirée. Nous n'étions évidemment pas à notre place dans ce bar, et cela devait se voir comme le nez au milieu du visage.

Mike est allé au siège voir le président et son état-major. Il a réclamé un vice-président à plein temps et plusieurs directeurs. C'était engager des ressources considérables, mais Mike a souligné que nous avions vraiment besoin de la grosse cavalerie. Comme c'est souvent le cas, l'arrivée de la cavalerie n'a pas apporté que des bienfaits. Quand la nouvelle équipe s'est constituée, il m'a fallu entreprendre un énorme effort de pédagogie pour que tout le monde puisse travailler à partir de la même base de connaissances. Cela m'a demandé beaucoup de temps et d'efforts et, comme c'est souvent le cas lorsque de nouvelles équipes se constituent, les décisions que j'avais l'habitude de prendre très vite provoquaient maintenant de longues délibérations entre tous ces nouveaux intervenants. Chacun avait son idée, et nous ne nous connaissions pas assez bien pour préciser d'entrée de jeu les rôles et les responsabilités. Jusqu'à ce que nous soyons parfaitement d'accord sur la stratégie et que nous ayons appris à travailler ensemble, tout se ferait plus lentement. C'était pénible, mais nécessaire. Il faut parfois démarrer lentement pour aller plus vite ensuite. Nous devions absolument prendre le temps de mettre en place une équipe élargie, parfaitement coordonnée, de façon à pouvoir agir vite et efficacement plus tard.

Le choix de Lou Golm comme vice-président était idéal. Il était monté par le rang, au fil des années. C'était son premier poste de direction, et il débordait d'enthousiasme. Apparemment, il connaissait tout le monde dans la maison, de sorte qu'il a pu avoir les gens dont il avait besoin. Il savait mettre à l'aise, encourager le donnant-donnant. Les autres cadres supérieurs choisis pour renforcer notre équipe se sont révélés plus problématiques. S'ils m'agaçaient, c'était certainement en partie parce qu'ils semblaient fort tentés de se passer de mes services – mais de mon point de vue, ce n'était pas parce que j'avais demandé des renforts que je ne pouvais pas apporter ma contribution au projet. Certains d'entre eux n'avaient manifestement pas souvent eu l'occasion de travailler avec des femmes ; en outre, j'étais jeune et encore loin du sommet de la pyramide.

L'un d'entre eux se vit confier la responsabilité de notre soumission – document qui ferait plus de quarante-cinq volumes. Comme d'autres, il se targuait de soutenir les femmes, mais ne pouvait pas parler à l'une d'entre elles sans la regarder d'un air lubrique. Avant d'avoir achevé sa mission, il devrait quitter son poste pour avoir tenté d'en séduire une de trop. J'avais encouragé chacune de ces femmes (dont mon amie Carole Spurrier) à aller se plaindre à Lou Golm, qui finit par prendre les mesures qui s'imposaient.

Un autre était chargé de la technologie et de la conception du réseau. Un soir, lors d'un arbre de Noël de l'équipe, il m'a dit qu'il ne savait pas s'il devait « me haïr ou tomber amoureux de moi ». Frank observait notre conversation de l'autre bout de la pièce et m'a dit que je serrais les poings pendant qu'il me parlait.

Je ne me souviens pas de cela, mais je me souviens de la façon dont j'ai mis fin à cette conversation :

« On peut sortir, si tu veux !

– Bien sûr, dit-il en se demandant ce que j'avais en tête.

– Parfait. Car je vais te mettre ma main sur la figure. »

Les gens de chez Boeing étaient les pires. Le FTS2000 allait être un programme gigantesque, complexe, avec de nombreuses parties de réseaux mobiles. AT&T manquait d'expertise en matière de gestion de programme, nous avions donc mis en place un partenariat avec la division Intégration de systèmes de Boeing. En voyant la discipline et l'expertise de la gestion professionnelle de programme, j'en suis devenue adepte et le suis restée. Nous finirions par nous doter de cette compétence chez Hewlett-Packard, mais avant de la posséder, nous l'achetions ou l'obtenions par le biais de partenariats.

Ayant besoin du soutien des directions de Boeing et d'AT&T, nous avons décidé d'organiser une réunion rassemblant les dirigeants des deux compagnies. Après une journée entière de travail, nous nous sommes retrouvés pour le dîner. La journée s'était bien passée, tout le monde était de bonne humeur. Au dîner, le dirigeant le plus haut placé de Boeing s'est tourné vers moi pour me dire : « Vous avez fait une excellente présentation, Carly. Vous comprenez vraiment bien ce marché, le client et les difficultés auxquelles nous sommes confrontés. Vous croyez que l'oral sera dur ? »

Dans les grands marchés fédéraux, les fournisseurs doivent remettre des réponses écrites et faire des présentations orales et des démonstrations techniques. Pendant les présentations orales, ils mettent en valeur les aspects clés de leur proposition. Le client pose des questions et évalue à la fois les réponses et l'équipe. Quand la concurrence est farouche, il est fréquent que le contrat soit gagné ou perdu à l'« oral ». Le gouvernement peut demander autant de cycles de réponses écrites, présentations orales et démonstrations techniques qu'il le souhaite. Il peut éliminer des concurrents à chaque phase ou les conserver tous en lice jusqu'à la fin. Nous pensions qu'il y aurait plusieurs cycles et nous avions la quasi-certitude que personne ne serait éliminé avant la décision finale. Les oraux seraient absolument décisifs.

Sa question m'a fait plaisir. J'ai également apprécié le compliment, surtout venant de lui, et je ne demandais qu'à lui dire quelle stratégie je pensais que nous devions adopter. Tout le monde ne fait pas de bonnes présentations. Certains de nos meilleurs techniciens ne résisteraient pas à la pression, il faudrait donc choisir très attentivement l'équipe de l'oral. Je connaissais la personnalité des clients qui poseraient les questions, et j'avais mon idée sur la meilleure façon de leur faire passer le message.

Je prenais sa question au sérieux et je lui répondais avec sérieux, mais au bout d'une minute, il m'a interrompue : « Carly, nous aurons tout le temps de décider de notre stratégie. Je me disais juste qu'il vaudrait sans doute mieux que vous ne nous représentiez pas, à ce stade. Je sais qu'il y a des femmes qui craquent quand il y a beaucoup de pression. Il ne faudrait pas que vous perdiez votre sang-froid, ce jour-là. D'ailleurs, je voulais vous demander : pourquoi faites-vous ceci ? Vous ne voudriez pas passer plus de temps avec votre mari et avoir des enfants ? »

J'ai senti le sang me monter au visage. Tout le monde s'est mis à rire parce que je piquais un fard. Je lui ai dit, d'une voix presque inaudible : « Ne vous inquiétez pas, je ne perdrai pas mon sang-froid. »

Lou s'est précipité pour prendre ma défense : « Personne ne garde aussi bien son sang-froid que Carly. » C'était vrai. Les deux cadres supérieurs que Lou avait fait entrer dans l'équipe étaient célèbres pour leurs colères homériques. Si l'un des deux était de mauvaise humeur, on remettait la réunion à une date ultérieure. Cette attitude n'aurait jamais été tolérée, venant d'une femme. Sous le feu, Lou était celui qui restait le plus calme : rien, absolument rien, ne le faisait sortir de ses gonds.

Pourtant, ce soir-là, j'ai bel et bien perdu mon sang-froid. Le directeur de Boeing n'en démordait pas. Il ne cessait de me poser des questions sur mon mari, ce qu'il faisait, depuis combien de temps nous étions mariés. Mais il ne demandait pas à mes collègues masculins ce que faisaient leurs femmes ni s'ils étaient heureux en ménage. J'ai fini par me lever de table et sortir. Je me suis retrouvée toute seule sur le parking, pleurant comme une madeleine. J'étais embarrassée et furieuse de pleurer. Mais surtout, j'étais démoralisée : une fois encore, on m'avait sous-estimée, et je n'avais rien vu venir. Quand j'ai fini par revenir à table, l'homme m'a présenté mollement ses excuses ; je me suis montrée distante et détachée tout le reste de la soirée.

En rentrant, ce soir-là, j'ai appelé Carole Spurrier pour lui raconter ce qui s'était passé. Elle était furieuse, elle aussi, mais elle trouve toujours le moyen de rire de tout. « Tu aurais dû lui dire que tout irait bien à condition que tu n'aies pas tes règles ce jour-là. » Elle avait raison. C'était la réponse parfaite – cela l'aurait à la fois embarrassé et ridiculisé. Dommage que je n'aie pas eu la présence d'esprit d'y penser toute seule.

Ce soir-là, après avoir bien pleuré, j'ai pris une décision. Cela ne m'arriverait plus. Bien entendu, ce que les gens pensaient ou disaient me blesserait peut-être. Ce qu'ils faisaient aussi pouvait me faire mal, mais je ne me laisserais plus atteindre pas leur étroitesse d'esprit. La vie n'est pas toujours juste ; ce n'est pas la même chose si l'on est une femme ou un homme. J'ai décidé d'accepter cela comme une réalité et de refuser de m'en sentir diminuée. J'accomplirais tout ce dont j'étais capable. Je ferais de mon mieux ce que je croyais devoir faire. Certaines personnes, peut-être même de nombreuses personnes, croiraient sans doute que je ne pouvais ou ne devrais pas faire ce que j'avais choisi de faire. Ce serait leur problème, pas le mien. Elles ne me blesseraient plus. J'avais déjà décidé que ma vie m'appartenait à moi seule. Maintenant, je décidais que mon cœur aussi n'appartenait qu'à moi seule.

Je n'ai pas été loin de pleurer pendant la guerre des pouvoirs chez Hewlett-Packard, et encore moins quand j'en suis partie, mais, depuis 1986, je garde mes larmes pour des choses plus importantes : la famille, la beauté de la nature, Beethoven, un ami cher, la bonté des gens, leur sagesse, leurs douleurs ou leurs triomphes.

10

La recette du succès

Il était sans doute inévitable qu'un contrat de 25 milliards de dollars et les carrières qui se feraient ou se déferaient à cette occasion incitent certaines personnes, tant à la GSA que chez ses fournisseurs, à la corruption. L'événement nous a cependant pris par surprise et, pendant un bon moment, aucun d'entre nous n'y a cru. La plupart des fonctionnaires de la GSA étaient des professionnels sérieux et honnêtes, et il en allait de même de la plupart des collaborateurs des entreprises en lice. Mais il suffit d'une seule personne pour compromettre l'ensemble d'un processus.

Il faudrait plusieurs années à la GSA pour attribuer le FTS2000 et la mise en place du nouveau réseau devait en demander plusieurs autres. Entre-temps, comme il s'avérait indispensable de moderniser le réseau existant, la GSA décida de lancer des appels d'offres pour l'ensemble des centraux téléphoniques utilisés par les administrations. Chacun des fournisseurs pouvait s'en voir attribuer quelques-uns, tous ou aucun ; quoi qu'il en soit, les gagnants seraient bien placés pour décrocher le FTS2000. Nos prix, nous le savions, étaient compétitifs, mais nous n'en avons eu absolument aucun : les Baby Bell avaient tout raflé. De toute évidence, il y avait un problème. Nous avons fini par acquérir la conviction que, même si nous étions incapables d'en apporter la preuve devant le tribunal, certaines sommes avaient changé de mains. Et nous avons pu prouver qu'il y avait eu des mensonges et des renvois d'ascenseur. La législation des marchés publics du gouvernement fédéral permet de contester l'attribution d'un marché. Le cas est entendu par un juge spécial qui annule, ou entérine, la décision du donneur d'ordre. Si cette législation est spécialisée, la procédure est familière : les avocats du plaignant et du défendant plaident leur cas devant le juge. Les faits en cause sont attestés par les témoins de chacune des deux parties en présence. AT&T déciderait-elle de poursuivre son client en justice ?

Je savais ce que j'aurais décidé à la place de la direction générale. La malhonnêteté du procédé me scandalisait en tant que citoyenne et contribuable. En tant que manager d'AT&T, je savais que si nous ne contestions pas ce marché corrompu, nous n'avions aucune chance de décrocher le FTS2000. Faute de changer immédiatement la règle du jeu, nous ne jouerions plus pour gagner. Autant ne pas jouer du tout. Si nous devions perdre la bataille, il fallait que ce soit en toute équité et en toute transparence. Mais ce n'était pas à moi de prendre la décision – nous étions dans une de ces situations où il fallait que tous les joueurs parviennent à leur propre conclusion, à leur manière, quand ils seraient prêts. Les enjeux étaient trop importants. Et la responsabilité revenait, en dernier ressort, à Jim Olson, le président d'AT&T.

La direction générale nous a dépêché des équipes d'avocats, sous la houlette de notre conseiller juridique, John Zeglis. Il y avait également des avocats extérieurs, dirigés par le célèbre Stanley Dees, de Washington. Comme mon équipe était responsable du réseau FTS existant, j'avais assumé la responsabilité de notre réponse à l'appel d'offres en question. J'ai donc passé une journée entière à leur raconter tout ce que je savais. Mon ami Harry Carr, avocat de la division Government Communications, tenait absolument à ce que nous les menions en justice car, selon lui, nous pouvions gagner. À la fin de la journée, John, convaincu que nous avions un bon dossier, formulait la même recommandation.

Ainsi commença l'une des périodes les plus extraordinaires de ma carrière. C'était la première fois que j'avais affaire à la justice, mais ce ne serait pas la dernière. Ce fut aussi la première fois que j'aurais affaire aux médias. Ce fut enfin la première fois de ma vie que je vis des gens mentir sous serment.

Stanley et ses avocats voulaient que je participe pleinement à la phase préliminaire du procès ; il me demanda donc d'assister à certaines dépositions des hauts fonctionnaires de la GSA. J'avais en face de moi, de l'autre côté de la table, des personnes avec qui j'avais travaillé, que je croyais connaître, et j'en ai vu certaines mentir concernant certains événements, concernant leur propre personne, et me concernant moi-même. Je savais qu'elles mentaient car je connaissais les faits. Stanley le savait aussi, mais parce qu'il en avait vu beaucoup d'autres faire la même chose. J'ai trouvé cela intéressant : si vous avez vu suffisamment de personnes mentir et suffisamment d'autres dire la vérité, la différence est perceptible dans leur port de tête, leur regard, le ton de leur voix. Je suis sortie de ces séances à la fois furieuse et atterrée. Cela m'a rappelé, une fois de plus, qu'il faut toujours regarder les gens très attentivement, car les mots qu'ils prononcent ne sont pas toujours le meilleur indicateur de ce qu'ils pensent, croient ou veulent réellement. Il y a, dans toutes les carrières, des moments où il est vital de savoir si la personne que vous avez devant vous pense réellement ce qu'elle dit. Dans ma carrière, chaque fois que je n'y ai vu que du feu, les conséquences en ont été terribles.

Stanley a été très direct. Comme mon équipe avait été au centre de ce marché, je serais le témoin principal et la clé de notre dossier. Je pouvais gagner ou perdre le procès. Les faits étaient certes de notre côté, mais ils étaient complexes. Nous devrions convaincre le juge que nous disions la vérité et que les autres mentaient. La GSA faisait cause commune, dans sa défense, avec les sept compagnies Bell régionales qui avaient emporté leur marché. Notre équipe se retrouverait donc seule contre huit autres. La pression était énorme. Pour le coup, je ne pouvais pas me permettre de perdre mon sang-froid. J'ai travaillé avec acharnement, me préparant longuement, posant toutes les questions possibles et imaginables, et j'ai fini par connaître le moindre fait pertinent. En fin de compte, je me suis appuyée sur ce qui m'a tant aidée, à tant de reprises : des coéquipiers qui savaient ce qu'ils faisaient et croyaient aux mêmes objectifs que moi ; une vision réaliste de ce à quoi nous étions confrontés ; mais aussi la certitude de s'être préparé au mieux à toute éventualité ; enfin une endurance suffisante pour tenir le coup plus longtemps que pratiquement tous les autres.

Un chiffre comme 25 milliards de dollars, ça ne passe pas inaperçu, aussi le marché FTS2000 et le procès qui suivit furent-ils couverts régulièrement par les médias. Un matin, je suis arrivée au bureau pour constater que nous faisions la une du *Washington Post*, du *New York Times* et du *Wall Street Journal*. Et les nouvelles n'étaient pas bonnes : la GSA, se sentant acculée, accusait de malversation l'une de mes collaboratrices. Elle n'avait rien fait de mal, et rien que pour cette raison, je trouvais que nous avions le devoir de défendre sa réputation. Je ne voulais pas non plus que notre équipe soit sur la défensive avant même d'avoir pénétré dans la salle d'audience. J'ai tout fait pour convaincre Lou qu'il fallait réagir vigoureusement.

Normalement, AT&T n'aimait guère faire de vagues dans les médias ; Lou et Mike ont donc tous deux estimé nécessaire de consulter la direction générale. C'est au cours d'une réunion organisée à la hâte dans le bureau de Lou que j'ai rencontré pour la première fois Randall Tobias, le président adjoint, et Marilyn Laurie, la directrice des relations publiques. Nous avons débattu de l'éventualité de publier un communiqué. Je trouvais pour ma part qu'il serait préférable de faire face directement aux journalistes et de répondre à leurs questions. Il fallait les convaincre, à la fois par ce que nous disions et par notre physionomie, que nous disions la vérité.

Je n'avais encore jamais parlé à un journaliste, mais c'était moi qui connaissais le mieux le dossier. Si nous organisions une conférence de presse, j'étais la seule à pouvoir la tenir. Randy et Marilyn m'ont préparée. Finalement, Randy m'a demandé si je pensais pouvoir m'en sortir. Je lui ai répondu que oui. Je me souviens encore du plaisir immense que m'a fait sa confiance. « OK, on y va ! »

Les conférences de presse d'AT&T se déroulaient dans une vaste salle du cinquième étage. L'orateur se tenait normalement sur un podium, face aux journalistes assis en rangs. Mais Herb Linnen, le directeur presse de Washington, et moi, avons décidé que, pour cette fois, il n'y aurait pas de podium. Il fallait que les journalistes me voient bien, de près. Nous nous sommes donc tous installés autour d'une grande table.

Je n'en menais pas large, c'est le moins que l'on puisse dire. Je me souvenais néanmoins que le jour de la rentrée, quand j'arrivais dans une nouvelle école, je passais par des affres abominables, mais que dès que je parvenais à engager la conversation avec quelqu'un, c'était gagné. Alors, en pénétrant dans la pièce, au lieu de penser aux journalistes et aux articles qu'ils allaient rédiger, je me suis efforcée de penser que j'allais juste rencontrer pour la première fois des gens que je ne connaissais pas encore. Je me suis présentée, puis j'ai serré la main à chacun des journalistes. Ensuite, j'ai pris la parole, en expliquant pourquoi j'étais là, pourquoi nous avions décidé de protester contre la GSA, pourquoi les accusations portées contre notre collaboratrice étaient fausses. Ensuite, je les ai invités à poser toutes les questions qu'ils voulaient. Aujourd'hui encore, chaque fois que je dois prendre la parole en public, j'ai le trac. Et chaque fois que j'arrive en scène, je me dis en mon for intérieur que je vais avoir une conversation avec une seule personne.

Ce jour-là, j'ai appris beaucoup de choses qui m'ont aidée par la suite. On parle toujours des « médias », cela sonne comme une institution ou une grosse machine. En vérité, les journalistes ne sont jamais que des gens normaux, et comme ces derniers, il y en a de bons et de moins bons. Certains sont honnêtes, d'autres non. Comme tout un chacun, ils sont sensibles aux émotions et il leur arrive de réagir de façon grégaire. Comme tout le monde, ils arrivent avec des opinions toutes faites, voire des préjugés – qu'ils le reconnaissent ou non. Parfois, ils changent d'avis en cours de route, parfois non. Et tous les journalistes expriment leur point de vue en décidant de ce qu'ils disent dans leur article et de ce qu'ils passent sous silence. Il y a une chose que tout journaliste et chacun d'entre nous avons en commun : nous aimons tous avoir une bonne histoire à raconter. Pour certains journalistes, cette considération prime sur les faits. Dans notre cas, nous avions à la fois quelque chose à raconter et des faits : une jeune manager inconnue défend l'honneur d'une autre femme sans craindre d'affronter la toute-puissance du gouvernement fédéral. Ce jour-là, nous n'avons pas gagné toutes les manches, mais nous avons fait progresser notre cause.

Dès le premier jour du procès, presque immédiatement, vers huit heures et quart du matin, j'ai été appelée à la barre des témoins. C'était la première fois de ma vie, je n'avais même jamais prêté serment. La phase préliminaire, dite de *discovery*, avait été exhaustive, et je savais que la partie adverse avait rassemblé toutes les pièces possibles et imaginables, de mon agenda personnel à mes feuilles de frais. Huit groupes d'avocats m'observaient attentivement tandis que Stanley Dees m'interrogeait. Le témoignage direct a duré plus de quatre heures.

Cela s'est bien passé, mais il m'avait fallu une concentration intense pour écouter ses questions et y répondre en termes clairs, que le juge comprendrait à coup sûr, tout en me demandant pourquoi les avocats de la GSA prenaient furieusement des notes pendant certaines de mes réponses, n'écrivaient pas un mot pour d'autres. J'étais aussi très consciente du fait qu'en raison de l'importance de cette journée, de nombreux membres de la direction générale d'AT&T étaient dans la salle. Tommy Thomsen, le patron de Mike Brunner, m'a dit qu'il était venu m'apporter son soutien moral. Il était sincère, mais il voulait aussi se faire une idée personnelle de la solidité de notre dossier. Il fallait néanmoins que j'oublie tout le monde et ne pense qu'à une seule personne, le juge, avec l'unique souci de dire la vérité et de bien m'expliquer.

Quand le témoignage direct fut achevé, Stanley était content. Il décida de terminer le contre-interrogatoire le même jour. Malgré ma fatigue, il me faudrait passer encore six heures à la barre. C'est la GSA qui ouvrit le feu. Au bout de quelques heures, ses avocats décidèrent de passer mon agenda au peigne fin, page par page. L'une d'entre elles les intéressait particulièrement : j'y avais noté « Jim Olson ». Je n'ai pas pu m'empêcher de sourire en me remémorant ce rendez-vous. Ce fut une bonne chose qu'ils posent cette question, j'avais bien besoin d'un répit au milieu de cette journée harassante.

Lou Golm et moi avions été invités à participer à l'une des réunions régulières que Jim Olson, le président, organisait avec les douze membres du comité de direction d'AT&T. On nous avait demandé de présenter notre stratégie pour le FTS2000. La dernière fois que j'avais vu ce groupe de personnes, c'était quand Mike Brunner et moi étions allés au siège réclamer un vice-président. Mike m'avait demandé de venir au cas où il y aurait des questions dont il ne connaissait pas la réponse, mais j'étais restée dehors. Je me souvenais avoir passé un interminable après-midi dans le couloir ; l'après-midi s'était transformé en soirée, les fenêtres à côté desquelles j'étais assise s'étaient assombries, et Mike n'était sorti de la salle qu'une seule fois pour me poser une brève question.

Cette fois, avec Lou, j'avais pensé que les choses se passeraient de la même manière – je venais en renfort, pas en qualité de participante. J'allais m'asseoir dans le hall quand Lou m'a dit : « Allez, entre, Carly !

– Tu es sûr ?

– Absolument ! »

J'étais ravie, j'allais pénétrer dans le saint des saints. La salle était meublée d'une longue table rectangulaire. La réunion était déjà commencée ; Lou a pris place autour de la table, et je me suis assise sur une chaise contre le mur. Lou m'a présentée, puis Jim Olson a dit : « Approchez votre chaise, Carly, venez là ! » en montrant du doigt une place à sa gauche. Cela m'a touchée. Il m'accueillait ainsi de façon très personnelle. Je lui étais reconnaissante de montrer ainsi aux autres dirigeants qu'il avait l'intention de m'écouter.

Ce souvenir m'emplit de courage. La GSA se mit à m'interroger sur cette note dans mon agenda.

« Pourquoi y a-t-il écrit “Jim Olsen” dans votre agenda ?

– Parce que Lou Golm et moi avions rendez-vous avec lui.

– Pourquoi ce rendez-vous était-il organisé ?

– Pour parler du projet FTS2000.

– Et de quoi avez-vous discuté ?

– De notre stratégie.

– Quels aspects de votre stratégie ?

– Eh bien, surtout notre stratégie politique, en fait.

– Vous avez parlé du prix, ou pas ?

– Oui, mais ce n'était pas le sujet principal. Il s'agissait surtout de préparer les entretiens que monsieur Olson devait avoir avec des membres du Congrès.

– Et pourquoi cela intéressait-il monsieur Olsen de vous voir à ce sujet ? »

L'avocat de la GSA avait l'air impatient et excité ; tout le monde, à sa table, prenait fébrilement des notes. Cela commençait à m'inquiéter. Que croyaient-ils avoir découvert ?

« Eh bien, c'est un marché important pour nous et… »

L'avocat me coupa la parole. « Madame Fiorina, vous savez sans doute qu'il est strictement interdit de rencontrer un fonctionnaire de la GSA en dehors du processus officiel pour lui parler du prix et de la stratégie du contrat ? »

Tout à coup, j'ai eu une illumination. Les acheteurs de la GSA travaillaient sous l'autorité d'un haut fonctionnaire nommé Jim Olsen. J'allais coincer mon bonhomme. « Bien sûr que je le sais, mais c'est avec le président d'AT&T, Jim Olson, que j'avais rendez-vous. »

La salle entière a éclaté de rire. Même le juge a trouvé cela très drôle. Et l'avocat de la GSA a immédiatement compris qu'il avait perdu la bagarre. Il a tout de même fait encore quelques tentatives pour démontrer que mon agenda contenait des indices permettant de m'incriminer.

« Je vois ici un rendez-vous à deux heures. »

Finalement, le juge en a eu assez. « Oui, et aussi un rendez-vous chez le coiffeur à six heures. Et alors ? Veuillez passer à autre chose, Maître. » Des années plus tard, les journaux feraient leurs choux gras d'histoires inexactes de cheveux et de coiffeurs, et cela me mettrait hors de moi, mais ce jour-là, j'ai été ravie que le sujet vienne sur le tapis.

Chacun des sept avocats des opérateurs régionaux m'a ensuite interrogée, mais le vent avait tourné. À huit heures moins vingt, le dernier d'entre eux s'est levé en disant : « Votre honneur, je sais qu'il est très tard, et notre travail est difficile face à un témoin plus calé que les avocats qui l'interrogent. Je n'ai cependant que quelques questions. » Dix minutes plus tard, le juge a annoncé : « Je pense que nous pouvons enfin ajourner la séance. » Stanley Dees s'est levé, et, avec un grand sourire, il a dit : « Votre honneur, laissez-moi au moins le plaisir de vous dire que nous ne demandons pas de nouvel interrogatoire direct de ce témoin. »

Et ce soir-là, nous avons porté un toast au juge et au malheureux avocat de la GSA qui n'avait pas préparé son dossier avec autant de minutie qu'il aurait dû.

Cette victoire éclatante aurait pu nous rendre arrogants ; bien au contraire, elle nous a incités à la méfiance. Il fallait être réaliste – de toute évidence, la GSA avait encore moins envie qu'avant de nous voir décrocher le contrat. Nous avions certes gagné une bataille, mais c'est la guerre qu'il s'agissait de gagner. Pendant la fameuse réunion avec Jim Olson, ce dont nous avions discuté, c'était d'un éventuel partage du marché FTS2000. Jusqu'à nouvel ordre, il était prévu que l'entreprise ou le consortium qui l'emporterait ait 100 % du marché. J'avais acquis la conviction que, compte tenu des circonstances, ce ne serait pas nous. Politiquement parlant, il n'était pas faisable d'accorder ce contrat de dix ans à l'entreprise qui avait eu le monopole des télécommunications de l'État un quart de siècle durant. On dirait qu'AT&T avait été favorisée. Il y aurait une levée de boucliers générale et tout le monde en conclurait que la GSA avait fait quelque chose de répréhensible. Le Congrès s'en mêlerait. Ce serait une victoire à la Pyrrhus. L'ensemble du contrat ferait l'objet d'une telle controverse que ni nous ni la GSA ne pourrions aller de l'avant. À ce jeu-là, nous n'avions aucune chance de gagner. Il ne nous restait donc qu'à changer la règle du jeu.

Pourquoi la GSA ne partagerait-elle pas le contrat entre deux consortiums ? C'était une idée radicalement nouvelle, mais une fois qu'on avait bien compris dans quel environnement nous nous trouvions, sa logique devenait imparable. La GSA finit d'ailleurs par s'y rallier, car cela limitait ses propres risques. Elle ajouta également quelques dispositifs de façon à ce que la concurrence continue de jouer durant les dix années du contrat : un fournisseur se verrait attribuer soixante pour cent du marché, l'autre quarante pour cent. À intervalles prédéterminés, les vingt pour cent de différence seraient remis en concurrence entre les deux.

Ce jour-là, dans la salle de conférences de Jim, la direction générale avait donné son feu vert à cette stratégie. Nous avions également demandé à Jim d'appeler plusieurs membres du Congrès afin de leur expliquer pourquoi nous étions très favorables à ce principe et pourquoi il était dans l'intérêt bien compris du gouvernement de signer deux contrats au lieu d'un. Finalement, quand tout le monde eut exprimé son accord, Jim s'était tourné vers moi et m'avait demandé : « Qu'est-ce que tu penses qu'il faut que je leur dise, Carly ? Tu ne voudrais pas me faire un petit pense-bête ? » J'ai passé dix minutes à écrire comme une folle, en prévoyant une à une toutes les étapes de la conversation, des premières paroles à la conclusion, en passant par les questions à poser à son interlocuteur, les faits dont il faudrait l'informer, la meilleure façon de présenter ses arguments. Je lui ai tendu la feuille et il l'a lue à haute voix au comité de direction. Ensuite, il a pris son téléphone.

J'ai souvent repensé à ces dix minutes. Si j'avais su ce qu'il avait en tête – passer son coup de fil bille en tête, sans rien modifier à mon texte – j'aurais sans doute été trop impressionnée pour me concentrer. Dans mon esprit, une conversation entre le président du conseil d'administration d'AT&T et le président de la commission des crédits de la Chambre des représentants, ce n'était pas une mince affaire. Il est parfois important de savoir ce qui nous attend. Mais, parfois aussi, il est bon de se contenter de mettre un pied devant l'autre sans trop regarder devant soi. En l'occurrence, effectivement, je n'avais eu qu'à me concentrer sur ce que l'on m'avait demandé, sans me préoccuper de la suite. Je ne m'étais pas demandé comment parlait un PDG, ni si j'employais certains mots qu'il n'utiliserait jamais de lui-même. De même que j'avais appris à dominer ma peur de parler devant un public nombreux en faisant comme si je m'adressais à une seule personne et en réfléchissant à ce que je voulais lui dire, je venais de découvrir qu'il est parfois préférable de ne pas voir plus loin que le bout de son nez.

En fin de compte, nous avons remporté 60 % du contrat FTS2000. Le haut fonctionnaire de la GSA responsable à la fois de l'appel d'offres et du réseau (Ben Bennington) aurait fait le commentaire suivant : « Tout était contre AT&T. Ils ont gagné tout simplement parce qu'ils étaient vraiment bien meilleurs qu'on ne croyait et que les autres. » (Nous avons plus tard eu un perroquet que j'ai baptisé Ben, car il me mordait sans arrêt.)

Nous n'avions pas ménagé nos efforts. Au sein de la GSA, au Capitole, dans les médias et chez AT&T, de nombreuses voix s'étaient élevées pour prédire que nous ne le décrocherions jamais, ce contrat. Comme toujours dans la vie, certains événements ont joué en notre faveur, d'autres contre nous. Nous l'avons emporté grâce au soutien indéfectible de Lou Golm et surtout de Mike Brunner, ainsi que de Tommy Thomsen et de Jim Olson. Nous l'avons emporté parce que nous avions constitué une excellente équipe, dont les membres se complétaient et se faisaient confiance. Nous l'avons emporté parce que nous avions énormément travaillé, en tentant de parer à toutes les éventualités. Nous l'avons emporté parce que si nous n'avons jamais oublié notre objectif – remporter une partie aussi importante que possible du contrat – nous n'avons pas hésité à changer de stratégie et de tactique pour l'atteindre. Quand cela s'est révélé plus difficile que prévu, nous n'avons pas jeté l'éponge. Nous ne nous sommes pas demandé ce qui se passerait si nous perdions, mais comment nous pouvions gagner. Nous avons effectivement gagné parce que nous avions décidé de faire ce qu'il fallait pour gagner.

Tous les triomphes sont faits des mêmes ingrédients : le soutien indéfectible de la direction, une bonne équipe, la détermination d'atteindre le but que l'on s'est fixé, du travail, du travail et encore du travail. Et tous les triomphes sont bien plus une affaire de choix que de chance.

11

Le voyage, pas la destination

Quand Lou Golm avait pris les rênes de FTS2000, il avait décidé de me laisser faire mon travail en intervenant le moins possible. Il y avait beaucoup de choses pour lesquelles il n'avait pas besoin de moi, mais dans mon domaine de compétence, il me faisait entièrement confiance. Il traitait ses autres subordonnés exactement de la même manière. Grâce à cette décision, à son habitude de ne pas tout vérifier derrière notre dos, nous étions tous plus performants. Et surtout, sa confiance m'a inspiré reconnaissance et loyauté, m'incitant à donner le meilleur de moi-même.

En janvier 1988, Lou a commencé à me parler de la Sloan School of Management, au MIT – un an d'études intensives, avec un MBA à la clé. Les entreprises y envoyaient leurs managers en milieu de carrière pour les préparer à des postes de direction. C'était le cas d'AT&T, qui en sélectionnait deux ou trois par an ; les candidats se bousculaient au portillon. Nombre de membres de la garde rapprochée de Jim Olson étaient passés par Sloan. Lou lui-même était du lot ; il voulait parrainer ma candidature avec Mike Brunner.

Pour la première fois, je commençais à me dire que je finirais peut-être par accéder au comité de direction d'AT&T. Quand j'y étais entrée, en 1980, je pensais y rester un an ou deux. Je n'étais pas sûre de m'y plaire, pas plus que je n'étais sûre d'y plaire ; en outre je n'étais pas certaine d'avoir le profil pour faire carrière dans une grande entreprise, ni même dans les affaires. AT&T avait un plan d'épargne salariale prévoyant que la compagnie apportait un abondement égal à la contribution du salarié ; cependant, si l'on partait, on ne pouvait toucher cet abondement patronal que si l'on avait fait cinq ans de maison. J'avais refusé de souscrire à ce plan, car j'étais certaine de ne pas les faire. Le jour du cinquième anniversaire de mon entrée chez AT&T, Frank et moi venions de nous marier, et je venais d'être promue. C'était plus que satisfaisant, je ne me posais pas de questions sur la suite. En fait, pendant la totalité de mes huit ans de carrière, j'avais mis toute mon énergie dans mon travail, sans me poser de questions sur les échelons de la hiérarchie qu'il me restait à gravir. Lou était en train de me dire qu'il était temps d'y penser. Il me disait même que j'avais le potentiel d'en grimper plusieurs à la fois.

Bien sûr, je lui ai dit que cela m'intéressait, mais la conversation avait un côté surréaliste. Frank et moi étions chez Carole Spurrier et son mari, à Key West, en Floride, quand Lou m'a téléphoné pour me dire que j'étais admise à Sloan. Après avoir raccroché, je me suis mise à répéter sans arrêt : « Je n'y crois pas, ce n'est pas possible ! » comme s'il s'agissait de quelqu'un d'autre.

Sloan se révéla à la fois un grand sacrifice et un superbe cadeau. Un sacrifice parce que Frank avait, de son côté, d'importantes responsabilités et ne pouvait pas aller s'installer à Boston. Il est donc resté à la maison avec les filles et les chiens. J'allais les voir le plus souvent possible, faisant une navette incessante. C'était dur pour tout le monde, mais cela nous a permis de voir à quel point notre couple était uni. Un cadeau, à cause de tout ce que j'y ai appris et des gens que j'y ai rencontrés. Et, cette année-là, j'ai fini par prendre conscience que l'avenir de dirigeant de société n'était pas forcément réservé à d'autres – il m'attendait peut-être moi aussi.

Au MIT, le niveau intellectuel est très élevé. On y trouve des génies – lauréats du prix Nobel, futurs prix Nobel, étudiants et professeurs d'une puissance intellectuelle incroyable. Mais ce n'est pas cela qui crée l'atmosphère toute particulière que l'on y respire : c'est le fait que la discipline et un travail acharné s'imposent à tous. À Stanford, les gens ont un niveau intellectuel tout à fait remarquable, mais quand j'y étais en tout cas, l'ambiance était vraiment relax. J'y ai beaucoup travaillé, et je n'étais pas la seule, mais j'aurais pu faire autrement. Au MIT, tout le monde travaillait, il n'y avait pas le choix. Le programme, dans tous les départements, y compris la Sloan School, était rigoureux et très lourd, la pression très forte et le mot d'ordre clair : l'excellence. C'était un environnement académique intimidant, surtout lorsque l'on n'avait plus fait d'études depuis plus de dix ans.

Les cours obligatoires pour obtenir le diplôme étaient l'économie, la finance, la comptabilité, la recherche opérationnelle et le comportement organisationnel. J'avais déjà étudié plusieurs de ces matières, mais elles avaient un impact nouveau maintenant que j'avais passé plusieurs années dans le monde du travail. Je me souviens encore de certaines choses que j'ai comprises cette année-là. Par exemple, la théorie des jeux, que Jake Jacoby présentait dans son cours d'économie appliquée. La théorie économique postule que les individus se comportent toujours rationnellement en fonction de leur propre intérêt. Les marchés, en termes d'économie, sont des collections d'individus se comportant rationnellement. La théorie des jeux est une discipline quantitative qui tente de prédire et d'expliquer des décisions non rationnelles. Au fond, affirme cette théorie, les gens peuvent se comporter irrationnellement tout simplement parce qu'ils croient que d'autres le font également.

La peur et l'incertitude peuvent influer sur les comportements. L'émotion détermine la décision aussi souvent que la raison. Des groupes nombreux, des dirigeants, ou des individus peuvent être amenés à agir à l'encontre de leurs intérêts. Ces observations paraissent évidentes à quiconque a eu l'occasion d'observer le monde réel, le monde des affaires. Apparemment, la fréquence des décisions non rationnelles et leurs conséquences pour le marché ont donné naissance à un champ d'études destiné à les expliquer.

Je me souviens du cours de Gabe Bitran, intitulé « Management Decision Support Models », qui m'a permis de mieux comprendre la nécessité d'inscrire la réflexion dans des systèmes holistiques. On ne peut pas résoudre un problème si l'on ne comprend et si l'on n'agit que sur une partie, ou un paramètre, de systèmes complexes. Il faut prendre en compte l'ensemble du système – ses interactions, ce qui en dépend, ses contraintes et les pressions qui s'y exercent – pour obtenir une amélioration réelle et durable. Beaucoup de systèmes et de problèmes s'avèrent trop complexes pour que l'on puisse les traiter correctement en se contentant de modifier la structure organisationnelle ou d'appliquer une expertise spécialisée. On dit souvent qu'une réponse simple à un problème complexe ne peut pas être la bonne. Ce cours le prouvait.

En psychologie organisationnelle, qu'enseignaient Ed Schein et John Van Maanen, nous menions des séances de négociation de haut niveau par le truchement de jeux de rôles. Cette pratique ne me faisait plus peur, mais il était instructif d'observer le comportement de mes camarades pendant ces séances. Tout le monde y arrivait en sachant que l'on ne pouvait trouver la solution qu'en créant des scénarios gagnant-gagnant – les deux parties en présence devaient avoir le sentiment d'avoir eu gain de cause sur ce qui leur tenait le plus à cœur. Il était étonnant de voir avec quelle rapidité les gens revenaient au comportement « je gagne-tu perds », même s'ils savaient rationnellement que cela ne marcherait pas. Une fois que ce schéma était établi, que l'émotion et l'ego l'emportaient, il était très difficile d'en sortir pour trouver une solution.

Je me souviens avoir lu un livre d'Alfred Chandler dans le cadre du cours de stratégie. L'auteur y affirmait : « La stratégie doit anoblir l'entreprise. » Je comprenais ce qu'il voulait dire : le travail d'une entreprise doit être sous-tendu par un objectif susceptible d'enthousiasmer le personnel. La peur et la menace ne sont pas de bons outils de management, elles ne motivent que temporairement. Nous avons aussi lu un cas portant sur un PDG qui entreprenait un grand changement dans son entreprise. Tout le monde, parmi les étudiants, le critiquait en disant qu'il était allé trop lentement ; il n'avait pas réussi à créer une motivation suffisante pour soutenir ses efforts. Au bout d'un moment, j'ai levé le doigt pour dire que nous aurions tous pu commettre la même erreur. S'il était allé plus vite, on aurait pu l'accuser d'être trop radical. Plus tard, c'est moi qui serais la cible d'une telle accusation.

Je ne peux pas dire que la rédaction de mon mémoire ait été une partie de plaisir, mais quand je l'ai achevé, j'ai eu l'impression d'avoir accompli un exploit. Je suis contente d'avoir échappé aux deux pôles terrifiants – « Je n'aurai jamais le courage de commencer » et « Je n'arriverai jamais jusqu'au bout » – entre lesquels oscille tout auteur.

Comme cours optionnel, j'ai choisi la gestion de production. Je ne m'étais encore jamais frottée à la production et cela m'a tellement intéressée que c'est là que je suis allée quand je suis retournée chez AT&T après mon MBA. J'ai également étudié les dimensions internationales du management. En 1989, et c'est révélateur, on parlait encore d'« international » et non de « global ». Si je n'avais pas suivi ce cours, je crois que je n'aurais pas été assez sûre de moi pour faire les choix que j'ai faits en sortant de Sloan.

J'ai aussi suivi un cours passionnant, enseigné par Michael Lee et intitulé « Business Implications of Advanced Technology ». J'ai rédigé un article de recherche sur les réseaux neuraux et, par-delà les complexités de la science elle-même, j'ai commencé à voir les liens qui existent non seulement entre la biologie et la technologie, mais aussi entre la biologie et la structure et le comportement organisationnels. Cela m'a permis de comprendre des choses qui m'aideraient plus tard à concevoir le « carré stratégique » que j'introduirais chez Hewlett-Packard.

Tous ces cours ont influencé ma façon de penser. Mais le cours qui m'a entraînée dans la réflexion la plus profonde et la plus personnelle fut celui d'Abe Siegel : « Readings in Power and Responsibility ». C'est la lecture d'*Antigone*, de Sophocle, qui m'a le plus marquée. L'héroïne reste fidèle à ses principes malgré les pressions considérables, l'isolement et l'ostracisme qui résultent de sa décision. Ce livre a été l'occasion de débats passionnés au sein de notre groupe de travail. Antigone était-elle simplement opiniâtre ou se battait-elle vraiment pour ses principes ? En prenant sa décision, mesurait-elle les critiques dont elle ferait l'objet ? Antigone était courageuse, solitaire et résolue. Elle connaissait son âme et avait refusé de la perdre. Le choix moral est une décision personnelle, privée, mais certainement pas une démonstration publique.

Depuis que j'ai lu *Antigone*, j'ai toujours pris le temps, une fois par an, d'examiner à fond mon propre comportement et ses motivations. C'est une espèce de bilan annuel, que je tire aux environs du nouvel an. Toute seule, en privé, je me demande si je suis en paix avec les choix que j'ai faits. Mon âme m'appartient-elle encore ?

J'ai rencontré l'une de mes amies les plus chères au MIT. Deborah Bowker était l'une des neuf femmes de la promotion (qui comptait cinquante personnes). Comme moi, elle habitait

Boston, en centre ville, alors que la plupart de nos condisciples avaient opté pour la banlieue. Au début, nous nous sommes rapprochées par nécessité, parce que nos maris étaient loin et que nous vivions seules à Boston. Peu à peu, nous sommes devenues pratiquement inséparables. Nous avions décidé que les cours étaient beaucoup trop sérieux et, pour y remédier, d'inviter à tour de rôle, tous les mercredis, nos camarades de promo et leurs époux ou épouses. C'est devenu une tradition Sloan.

Chaque fois qu'il y avait un voyage d'études, nous faisions chambre commune. Au bout d'un certain temps, nous étions comme un vieux couple. Quand un examen important se profilait à l'horizon, j'allais à la bibliothèque préparer notre programme de travail de la soirée, tandis que Deborah préparait le dîner. Je sonnais à sa porte : « C'est moi ! », nous nous mettions à table, puis nous passions la soirée à travailler. Elle avait un surnom, rien que pour moi – Antigone.

J'ai eu l'occasion d'observer beaucoup de PDG cette année-là. Ils venaient sur le campus à tour de rôle, à intervalles de quelques semaines, et passaient la soirée avec notre promotion. Ils commençaient par nous faire une présentation d'une heure environ, après quoi nous dînions ensemble. Au stade où j'en étais, cela n'aurait pas dû me surprendre, mais j'ai été étonnée de constater que c'étaient des hommes comme tout le monde : certains étaient bons, d'autres non. Certains étaient francs et directs, d'autres dissimulateurs. Certains étaient parvenus au sommet après s'y être préparés toute leur vie, d'autres semblaient étonnés d'y être. Certains pratiquaient l'intimidation, d'autres se montraient affables. On aurait volontiers pris un pot avec certains, on espérait ne jamais revoir d'autres. Certains m'impressionnaient, d'autres me déprimaient. Le principal résultat de ces rencontres a été de les dépouiller de leur mystère. Donc, pour la toute première fois, quand mon père est venu me voir, je lui ai dit que peut-être, un jour, je serais moi-même PDG, comme Frank l'avait prédit tant d'années auparavant.

Les rapports avec nos condisciples valaient bien, en eux-mêmes, les connaissances acquises au cours de cette année. J'ai appris à mieux travailler en groupe, car les travaux que l'on nous demandait n'étaient pas faisables en solo. Et comme mes condisciples venaient du monde entier, j'ai eu le privilège de découvrir des cultures différentes. Nous avons noué des amitiés qui durent encore, beaucoup travaillé et beaucoup ri. Certains d'entre nous avaient découvert The Plough and Star, un pub irlandais où régnait une ambiance formidable, non loin de Harvard. Nous y pratiquions l'un de nos jeux favoris : « Si vous pouviez passer la soirée avec la personne de votre choix, vivante ou morte, qui serait-ce et pourquoi ? »

C'est là également que, le tout dernier jour, nous avons eu collectivement une révélation importante. Le simple fait que nous ayons été admis à la Sloan School montrait que nous étions d'ambitieux bourreaux de travail. Cette année qui s'achevait était une parenthèse dans notre vie, elle nous avait offert un grand luxe : la possibilité de changer le tempo et la nature de nos activités quotidiennes. Ce soir-là, nous nous sommes tous demandé tout haut si nous l'avions suffisamment savourée. Obnubilés sur ce A que nous voulions décrocher à tout prix, avions-nous vraiment assimilé à fond ce que nous étions censés apprendre au passage ? Préoccupés du poste que nous trouverions au retour, avions-nous apprécié à sa juste valeur d'en être momentanément exemptés ? Il est certes indispensable de se donner d'ambitieux objectifs, mais ce soir-là, j'ai réalisé que la vie, c'est le voyage, pas la destination. Et ce sont les étapes qui font de nous ce que nous sommes.

12

Tenir tête, puis comprendre

Quand je suis revenue chez AT&T, il m'a fallu choisir entre deux postes. L'un avait la bénédiction des dirigeants qui m'avaient parrainée au MIT, l'autre se trouvait dans ce qu'ils appelaient « la mauvaise partie de l'entreprise ».

Avant d'aller en business school, j'étais chez AT&T Long Lines, autrement dit aux réseaux. L'une des branches les plus lucratives et les plus importantes était le Service des numéros verts. On m'a offert le poste de directeur, avec la responsabilité d'exploiter cette activité. Je reporterais à l'un des dirigeants les plus influents d'AT&T, Joe Nacchio, une étoile montante. Tout le monde a pensé que j'accepterais cette offre, qui, de l'avis général, était la voie la plus rapide vers le comité de direction.

Entre-temps, Bill Marx, président de Network Systems, était venu me voir à Sloan. Il voulait que je travaille à la production. Network Systems, qui s'était développée à partir de Western Electric, était clairement le mouton noir d'AT&T. Les gens travaillaient dans leur coin, personne ne s'occupait d'eux. Le poste qu'il me proposait n'était pas précisément défini, mais Network Systems commençait à développer ses activités à l'international et je serais appelée à participer à cet effort.

J'ai décidé de rencontrer Joe avant de prendre ma décision. J'ai pris rendez-vous et suis allée le voir au siège. Avec près d'une heure de retard sur celle du rendez-vous, une secrétaire m'a dit que je pouvais entrer. Très expéditif, Joe ne s'est pas levé de son bureau pour venir m'accueillir. Je l'ai remercié de me recevoir et lui ai demandé de me parler un peu du poste et de ce qu'il pensait qu'il fallait y accomplir.

« Écoutez, Carly, je ne suis pas sûr que cette rencontre était nécessaire. C'est un poste superbe, les numéros verts sont sans doute ce qui rapporte le plus à AT&T. Nous avons élaboré un plan stratégique sur cinq ans, il ne reste qu'à l'appliquer. Je pense que c'est une étape importante dans votre carrière. »

J'ai essayé de poser quelques questions complémentaires, mais Joe trouvait manifestement que nous perdions notre temps. Il pensait de toute évidence que la perspective de travailler avec lui était une raison suffisante pour que j'accepte le poste sans coup férir. Je ne l'aimais pas, il avait l'air arrogant et superficiel. Quand je suis allée voir Network Systems, les gens m'ont paru enthousiasmés par leur projet. Ils n'avaient pas vraiment de plan, mais ils savaient qu'il y avait énormément d'opportunités à l'étranger et qu'ils devaient se développer.

J'ai eu les plus grandes peines du monde à prendre ma décision. Je savais que j'allais décevoir de nombreuses personnes, en particulier Lou Golm, si je ne restais pas à Long Lines. Mais le poste de Network Systems me semblait plus intéressant – mal défini, c'est vrai, mais bourré de possibilités. C'était un environnement difficile, mais je pensais pouvoir apporter une contribution utile. C'est Mike Brunner qui m'a donné le meilleur conseil : « Évalue tous les avantages et tous les inconvénients, puis fais comme tu le sens. » J'ai opté pour Network Systems.

La réaction a été instantanée. Joe Nacchio était furibond, et il pouvait se montrer redoutable lorsqu'il était en colère. Il est allé voir son patron, le vice-président directeur général, qui m'a fait parvenir par l'intermédiaire du directeur des ressources humaines un message très clair : « Carly était la propriété de Long Lines. Qu'elle ne compte pas y revenir. »

J'ai commencé par paniquer. J'avais commis une terrible erreur, et j'allais la payer cher. Je n'aurais jamais cru que ces dirigeants attachaient tant d'importance à mon choix. Au bout de deux heures, j'étais plus furieuse qu'intimidée. Comment pouvaient-ils avoir le culot de me considérer comme leur

« propriété » ? Joe Nacchio ne s'était guère intéressé à ce que je ferais à ce poste. En fait, il avait l'air de vouloir que j'en fasse le moins possible, à part suivre ses instructions. Il voulait juste pouvoir dire que je travaillais pour lui. J'avais pris ma décision, il fallait que j'en tire le meilleur parti possible. Ce ne serait pas la première fois de ma carrière que j'allais à l'encontre des idées reçues.

Mes premiers mois n'ont pas été encourageants. J'avais le titre de directeur de la stratégie internationale et du développement. Cela sonnait bien, mais la réalité était plus complexe. Pour commencer, mon prédécesseur était encore dans son bureau, et il travaillait à la relation internationale la plus importante à l'époque de Network Systems : une joint-venture avec Italtel, l'homologue italien de Western Electric. Il acceptait mal ma présence et ne voulait m'aider d'aucune façon. Deuxièmement, je ne le savais pas, mais à ce poste, j'étais un pion dans une lutte d'influence entre trois dirigeants de Network Systems : le directeur de la stratégie, le directeur du marketing et le directeur de l'international. Chacun de ces trois dirigeants pensait devoir assumer la responsabilité de la stratégie internationale et du développement. Je reportais au directeur de la stratégie, patron intelligent mais assez excentrique qui mettait les documents écrits, bien ordonnés, au-dessus de tout le reste et exigeait que tous ceux qui arrivaient sur son bureau soient attachés avec un trombone bien précis et pas un autre. Si vous tombiez en panne de ce type de trombone, sa secrétaire était heureuse de vous en fournir.

Mon premier mois à ce poste m'a laissé une impression très proche de mon tout premier mois dans la vie professionnelle tout court. Personne ne semblait très pressé de m'aider à m'y retrouver, alors j'écoutais très attentivement ce qui se disait en réunion, posais beaucoup de questions et passais mes soirées à lire tous les documents sur lesquels je pouvais mettre la main jusqu'à dix ou onze heures du soir. J'essayais de comprendre comment se prenaient les décisions dans cette nouvelle organisation et j'ai fini par réaliser que l'organigramme n'était pas toujours un guide utile pour savoir qui pouvait influencer ou prendre telle ou telle décision. Je lisais des mémos sans pouvoir démêler pourquoi certaines personnes figuraient sur la liste de distribution et d'autres non. Je ne pouvais jamais prédire avec certitude qui assisterait à telle ou telle réunion et pas à telle ou telle autre. Des personnes inattendues répondaient à mes questions. Je découvrais ainsi une réalité importante, à savoir que les entreprises ne fonctionnent pas toujours conformément aux organigrammes. De nombreuses décisions sont prises ou fortement influencées par des individus extérieurs à la structure organisationnelle officielle détenant théoriquement l'autorité de les prendre. Ces individus entretiennent des relations avec d'autres personnes, dont ils tiennent leur pouvoir. Et, parfois, les décisions officielles sont très efficacement invalidées – il suffit simplement de refuser d'en tenir compte.

Telle est la réalité des entreprises grandes et complexes, et c'est particulièrement vrai quand les gens y travaillent ensemble depuis longtemps et ont noué des relations personnelles anciennes et profondes : ces dernières prennent alors le pas sur les organigrammes. Il est très difficile à des personnes extérieures de pénétrer ces entités coupées du reste du monde. Quand on arrive dans un nouveau poste ou une nouvelle entreprise, on devrait pouvoir comprendre facilement comment les choses se passent – sur le papier et dans la réalité quotidienne. Vous voulez un bon conseil de carrière ? Prenez le temps de regarder et d'écouter !

Je ne me suis jamais autant fait crier dessus que lors de ces six premiers mois chez Network Systems. Je ne pouvais rien faire sans que quelqu'un se mette à hurler dans mon bureau ou au téléphone. Et quand je dis hurler, je pèse mes mots. Toutes les entreprises bizutent les nouveaux venus à leur manière. Celle de Network Systems consistait à les fustiger verbalement, pour voir de quel bois ils étaient faits. Il n'y avait qu'une seule autre femme à la direction, encore était-elle aux ressources humaines, poste considéré comme normal pour une femme. Les gens de Network Systems avaient fait carrière dans une culture bruyante, où l'on ne prenait pas de gants, celle de la production industrielle. Mon patron, lui aussi, venait de l'extérieur – comme moi, il arrivait de Long Lines, et on ne l'aimait guère. On ne me connaissait pas, mais je n'étais pas de leur monde, je ne pouvais donc pas le connaître. En outre, je n'avais sans doute pas les épaules assez larges pour une « vraie entreprise » comme Network Systems. Je crois qu'ils me criaient dessus, au moins en partie, pour voir si je réagissais « comme un homme ».

C'était incroyablement différent de la courtoisie raffinée qui régnait aux réseaux, où l'on évitait les confrontations et où l'on m'avait souvent laissé entendre que j'étais « trop directe », qu'il fallait que je me montre « plus diplomate ». Chez Network Systems, tout ce que je disais ou faisais était ouvertement critiqué, en élevant la voix, le discours étant agrémenté d'un florilège de mots à cinq lettres et autres grossièretés du meilleur goût.

À Noël, j'étais épuisée. Frank et moi tentions de nous installer dans le New Jersey. Quatre mois durant, j'avais fait la navette tous les week-ends pour aller le retrouver à Washington ; maintenant ce serait son tour car il ne voulait pas changer de job. Toutes ces bagarres, à Network Systems, m'avaient aussi fatiguée. J'ai dit à Frank que je n'étais pas sûre de tenir le coup. Au bout d'une semaine de vacances, j'avais changé d'avis. J'avais décidé que je préférais les affrontements de Network Systems à la courtoisie de Long Lines. Mes nouveaux collègues n'étaient pas les premiers à penser que je ne réussirais pas ou que je n'étais pas à ma place. Eux, au moins, ils me le disaient en face, alors que beaucoup d'autres, j'en étais certaine, avaient dit la même chose derrière mon dos. Si j'avais à choisir, je préférais de beaucoup que l'on me dise les choses en face. Sans compter que ce n'était pas pour le plaisir de faire des histoires ; dans certains cas, nous n'étions vraiment pas d'accord. J'étais convaincue, pour ma part, qu'il fallait aborder les opportunités internationales de façon plus systématique, plus stratégique, choisir soigneusement celles que nous voulions saisir, mettre en œuvre des moyens suffisants pour décrocher le marché, puis pour donner satisfaction au client. D'autres estimaient que cette façon de faire nous imposait un carcan, qu'il fallait se montrer plus opportuniste, ratisser aussi large que possible afin de maximiser nos chances de décrocher des marchés. C'était un débat légitime, et je préférais débattre avec mes collègues que me faire ignorer. Début janvier 1990, je suis retournée au bureau fermement décidée à mettre le paquet, tant dans la logique de mon argumentation que dans la puissance de ma propre défense.

Comme c'est souvent le cas des résolutions de nouvelle année, celle-ci fut mise à l'épreuve presque immédiatement. Je devais me rendre aux Pays-Bas, où se trouvait le siège de Network Systems International (NSI), que présidait Jack Heck. C'était un patron de la vieille école. Il aimait à rappeler qu'il venait de la base, mais cela ne l'empêchait pas de prendre des airs supérieurs et d'écraser tout le monde de son rang, de son titre et de son bureau palatial. Il pouvait être charmant et drôle, et son personnel lui était totalement dévoué, mais il était aussi grande gueule, fruste et grossier. L'homme était très intimidant, et le message que j'avais à lui apporter n'était pas pour lui plaire. Lui et son équipe répondaient à des adjudications dans le monde entier, mais le reste du groupe, en particulier les services à qui il incomberait de soutenir le processus de vente et d'installation, n'était ni au courant des efforts de NSI, ni prêt à suivre au cas où ils décrocheraient le marché. Résultat, NSI perdait beaucoup plus de contrats qu'elle n'en gagnait, et nous avions saboté deux ou trois installations très importantes. Si nous n'arrivions pas à nous mettre d'accord sur les opportunités que nous poursuivrions et sur la mise en œuvre des moyens correspondants, nous allions continuer à perdre des marchés ou, pire, à décevoir nos clients.

Mon patron était enchanté que je fasse ce déplacement : si je réussissais, son entité serait renforcée dans sa lutte au long cours contre Jack. Si je ne réussissais pas, il n'aurait rien perdu. En outre, il n'aurait pas entaché sa propre réputation puisque ce ne serait pas lui qui aurait affronté Jack et en serait revenu bredouille. Tout le monde, des deux côtés de l'Atlantique, savait que mon patron et Jack se détestaient cordialement, comme deux chiens hargneux qui se tournaient autour en grondant. Jack Heck ne capitulerait pas en rase campagne ; il voulait une autonomie absolue pour lui-même et pour son entité. Il se fichait royalement des gens du siège. Ce n'étaient que des ronds-de-cuir qui ne connaissaient pas le terrain. Je savais très bien que j'allais m'aventurer dans un champ de mines, mais je savais aussi que nous devions à tout prix changer nos méthodes de travail. Nos gens s'éreintaient à tenter de décrocher des marchés, puis s'échinaient à les exécuter sans disposer des moyens adéquats.

Je suis allée parler des mérites d'un changement d'approche à toutes les personnes concernées chez NSI. Elles sont presque toutes tombées d'accord avec moi. Elles voyaient bien que cette activité frénétique ne débouchait sur rien de bon ; en outre, ils subissaient les plaintes des clients. Certaines en concluaient même que mes propositions étaient susceptibles d'améliorer la situation, mais personne ne voulait lever le petit doigt si Jack n'était pas d'accord. Ce n'était pas une question de logique, mais de pouvoir : celui qu'avait Jack sur eux et vis-à-vis de ses homologues. Une foule de décisions, dans le monde de l'entreprise, de la politique et même parfois de la vie, tiennent plus à des questions de pouvoir qu'au problème lui-même. C'est parfois évident, parfois aussi très difficile à discerner.

Finalement, après n'avoir abouti à rien les premiers jours, j'ai demandé à voir Jack. Entre autres habitudes, il refusait de parler seul à seul à quelqu'un du siège : il exigeait la présence d'un de ses propres collaborateurs. Il le faisait certes par respect pour son équipe, mais aussi par dédain pour ses visiteurs. Forcément au-dessus de ce qu'ils avaient à lui dire, il ne les recevait que par politesse. J'ai eu de la chance : c'est Bill Rohrbach qui a été invité à assister à notre entretien. Bill comprenait parfaitement de quoi il retournait et, à sa manière, il a essayé de m'aider. Plus tard, ce serait un témoin utile de la scène.

Après quelques plaisanteries, j'ai commencé à expliquer, une fois de plus, les raisons de ma visite, ainsi que la nécessité de trouver un compromis pour le bien de la compagnie et de nos clients. Jack ne m'a pas laissée aller très loin avant d'exploser. Il délirait littéralement – fulminant contre moi, contre mon patron, contre le siège, ces gens-là ne se rendaient pas compte de la difficulté des affaires, je lui faisais perdre son temps ainsi qu'à ses collaborateurs, nous ne savions pas de quoi nous parlions, puisque nous n'étions pas sur le terrain. Il avait le visage écarlate, employait un vocabulaire très cru et faisait de son mieux pour me faire peur et m'intimider. Il n'y réussissait pas mal, d'ailleurs, et je sentais que Bill était, lui aussi, interloqué. Le caractère irascible de Jack était bien connu, mais cette crise était apparemment extraordinaire, même pour lui. Il voulait bien sûr m'impressionner, mais je représentais aussi une bonne occasion d'exprimer ses rancœurs.

Ces quarante-cinq minutes ont été très longues, très difficiles ; je reconnais que j'avais peur de lui. Mais j'ai fini par en avoir assez : quelles qu'en soient les conséquences, je n'allais pas continuer à me laisser traiter plus bas que terre. J'avais lu quelque part que la colère peut être utile dans la mesure où elle est contrôlée. J'ai donc décidé de tirer parti de la mienne. Il était au milieu d'une phrase quand j'ai frappé violemment la table de conférence du plat de la main. « Ça suffit, Jack, ça suffit ! »

Il a eu l'air époustouflé, mais il s'est arrêté.

« Jack, je ne suis pas une imbécile, et je ne suis pas non plus le mal incarné. Je ne me lève pas tous les matins en me demandant comment je vais faire pour vous enc...er, toi et ta boîte.

J'essaie tout simplement de faire mon boulot. Et j'en ai ras le bol de me faire engueuler par toi et amadoubaiser par tes sbires. »

C'était la première fois de ma vie que j'utilisais ce genre de vocabulaire, surtout au bureau. Mais c'était le langage que comprenait Jack, le langage brutal des ateliers. De plus, je lui tenais tête et cela aussi, ce spécialiste des luttes de pouvoir, il le comprenait.

« Qu'est-ce que ça veut dire, amadoubaiser ? » Sa curiosité l'avait emporté. Il n'avait encore jamais entendu ce gros mot plutôt rare, je dois reconnaître, que j'avais appris à Long Lines, où l'on avait érigé en art la politique consistant à dire exactement ce que l'on ne pensait pas vraiment. Grâce à sa question, Jack me donnait enfin une chance de dialoguer avec lui.

« C'est une expression que l'on utilise aux Long Lines. Tu sais, tous ces Taille-104, propres sur eux, raffinés et polis, qui te font de beaux sourires et ne manquent pas une occasion de te faire un enfant dans le dos.

– C'est quoi, un Taille-104 ? »

Je le lui ai expliqué. Maintenant, j'avais trouvé le contact à deux niveaux. Je parlais la même langue que lui, littéralement, et je lui montrais que moi aussi je n'avais que dédain pour les types de la téléphonie à longue distance. Ils étaient mignons, mais ils ne faisaient rien, en fait, ils vendaient des « minutes d'utilisation » du réseau. De plus, à ma manière, je disais à Jack que j'appréciais le franc-parler de Network Systems.

Jack et moi ne sommes pas parvenus à un accord ce jour-là, mais il m'a écoutée et j'avais conquis son respect. Quand je suis arrivée à l'aéroport pour prendre l'avion du retour, j'ai appelé mon patron et je lui ai dit qu'à mon avis, Jack allait appeler Bill Marx pour lui dire de me virer. Je le croyais vraiment, mais cela ne m'empêchait pas d'être contente d'avoir fait ce que j'avais fait. Si je ne me respectais pas moi-même, personne d'autre ne le ferait. Et cela excluait que je subisse une violence verbale totalement injustifiée.

Je ne me suis pas fait virer. Au lieu de ça, et contre toute attente, ma prise de bec avec Jack a grandi ma réputation. Bill Rohrbach l'a racontée dans tout NSI. Presque personne n'avait jamais tenu tête à Jack – ils avaient tous peur de lui. C'était un peu comme si je m'étais attaquée au caïd de la classe et que j'en étais sortie indemne. J'avais désormais la réputation d'être tenace et de ne pas m'en laisser conter, et mon exemple a encouragé mes subordonnés à résister davantage à Jack quand ils lui étaient eux-mêmes confrontés. Peu à peu, nous avons commencé à faire des progrès. Mon équipe et moi tenions mieux notre place, tant dans les opérations quotidiennes que dans les décisions stratégiques de Network Systems.

Rien ne va très vite dans une grande entreprise. C'est un environnement trop complexe, il y a trop de personnes en cause, trop d'éléments mouvants pour que le changement se fasse du jour au lendemain. Mais une fois qu'un authentique changement affecte une façon de penser et de se comporter, même s'il est imperceptible au début, il entraîne un effet boule-de-neige. Ma confrontation avec Jack a été le signal d'un changement considérable de la façon dont Network Systems envisageait son activité à l'international. L'idée selon laquelle nous devions avoir une approche plus stratégique et plus systématique a commencé à s'imposer.

Pas simplement parce que je ne m'étais pas écrasée, mais aussi parce que nous sommes revenus inlassablement à la charge : oui, nous pouvions mieux nous y prendre. Un psychologue d'entreprise m'a dit un jour qu'il faut avoir entendu une idée au moins six fois avant de l'enregistrer réellement. Une personne non initiée dirait simplement que changer prend du temps. Et c'est vrai. Cela prend du temps d'entendre une idée nouvelle, cela prend du temps de la comprendre, de l'accepter, d'y adhérer et de la défendre. Et, bien entendu, cela prend aussi du temps de la voir fonctionner.

Pour introduire un changement, il faut de la crédibilité. Dans mon cas, parler de nos opportunités à l'international supposait de bien les connaître – d'expérience, pas sur le papier. Je voyageais donc beaucoup. Et une fois de plus, j'ai été étonnée de voir à quel point les choses sont différentes quand on est sur le terrain, en pleine action. Au siège, j'avais lu énormément de documents concernant notre joint-venture italienne. Mon prédécesseur m'en avait parlé et je l'avais écouté attentivement, mais quand je me suis trouvée en train de négocier avec des Italiens en Italie, j'en ai compris les complexités d'une façon plus profonde, différente.

Nos relations avec Italtel et avec la STET, sa société mère, étaient dans une impasse. Nous tentions en vain de négocier un rééquilibrage de nos participations respectives au capital. Nos relations de travail quotidiennes en étaient affectées, ce qui nuisait à nos efforts collectifs sur le marché. On m'a demandé de reprendre les négociations. J'avais vécu en Italie et parlais italien, c'était un atout précieux.

Je savais que les Italiens, comme beaucoup de gens, attachent beaucoup d'importance au protocole. J'étais plus jeune et moins gradée que mes interlocuteurs. Certes, compte tenu de l'importance de nos participations respectives, j'aurais pu leur demander de venir aux États-Unis, mais c'eût été leur manquer de respect. Ce serait donc moi qui ferais le déplacement, leur laissant le soin d'organiser le calendrier et le programme des négociations. Je leur ai simplement demandé de me les faire parvenir à l'avance afin de pouvoir me préparer correctement.

Le calendrier que j'ai reçu était d'une précision méticuleuse concernant les horaires. Il indiquait précisément, pour les deux jours, l'heure du début de la négociation, celle de la pause, et celle à laquelle nous devrions conclure nos discussions. Le menu détaillé de chaque pause-café et de chaque repas, y compris le vin, y figurait. Mais pas l'objet de nos discussions. La même chose se répéterait six mois durant : je réclamerais l'ordre du jour des négociations, et je ne recevrais que les horaires et les menus. Au début, je me suis dit que je n'avais pas réussi à me faire comprendre. Ensuite, j'ai pensé que c'était une tactique de négociation. Mais j'ai fini par me rendre compte que, pour ces Italiens, avoir des discussions productives supposait l'établissement de relations personnelles. Et les relations personnelles, il faut un certain temps pour les tisser en mangeant et en buvant ensemble, autour d'une table. Après avoir longuement apprécié la cuisine et les vins italiens, nous avons réussi à progresser nettement et sommes tombés d'accord sur une modification de nos participations respectives.

La STET était l'entité publique propriétaire des compagnies de téléphone italiennes et d'Italtel, de sorte que nos négociations portaient sur les services de réseau et sur les systèmes. De mon point de vue, cela voulait dire qu'AT&T Long Lines et Network Systems étaient toutes deux concernées par ces discussions, je représentais donc les deux entités. Quand je ne négociais pas en Italie, je négociais chez nous, au siège, pour tenter de trouver une solution susceptible de satisfaire toutes les parties en présence. Nous avions trouvé un accord, mais un vice-président de Long Lines décida de venir à Rome afin de regarder de plus près la partie qui le concernait.

Sa première erreur fut de choisir une date qui lui convenait parce qu'elle se trouvait au milieu d'un voyage en Europe déjà organisé. Elle coïncidait hélas avec l'un des nombreux jours fériés italiens. Quand nos interlocuteurs de la STET dirent que cette date ne leur convenait pas, sa secrétaire répondit que cette réunion était cruciale et que c'était la seule date possible. Les Italiens annulèrent leur pont par respect pour ce directeur – qu'ils n'avaient jamais rencontré. Il arriva accompagné de membres de son équipe – dont il n'avait pas annoncé la venue. Seconde erreur.

Nous étions assis autour d'une table carrée dans une salle de conférences, le directeur d'AT&T faisant face aux Italiens. Il a dit que la STET était un partenaire important et qu'il était heureux que cette réunion ait pu avoir lieu. Je crois qu'il le pensait sincèrement, mais du point de vue des Italiens, tout ce qu'il faisait contredisait ses paroles. Il a lu des notes préparées à l'avance, en regardant rarement ses interlocuteurs dans les yeux. Il n'a pas favorisé les échanges entre les gens, mais s'est étendu sur le but de son voyage en Europe et les relations qu'il nouait avec d'autres partenaires. Au bout d'une heure, il a fait comprendre que la réunion était terminée et qu'il n'avait pas le temps d'aller rejoindre son homologue de la STET sur la terrasse pour admirer la vue sur Rome et le Vatican en dégustant un verre de vin. Cette dernière erreur ne fit qu'ajouter au désastre de la réunion qu'il venait de mener. Le problème n'était pas ce qu'il avait dit. C'était la façon dont il l'avait dit, celle dont il s'était comporté et les avait traités.

À peine avait-il quitté la pièce avec ses acolytes que les Italiens ont explosé. Je ne les avais jamais vus se mettre dans une telle fureur. J'ai essayé vainement de les calmer, de leur rappeler ce qu'il avait dit, mais ils étaient horriblement vexés. Tous les progrès que nous avions eu tant de mal à accomplir étaient oubliés. Ils déclarèrent qu'ils ne pouvaient pas travailler avec une compagnie qui se comportait de cette manière, qu'il leur fallait « reconsidérer » notre accord. Nous avons passé de nombreux mois à tenter de récupérer le terrain perdu, mais ce ne fut plus jamais la même chose, et l'accord dont nous avions été si proches nous a échappé. Celui que nous avons fini par trouver était moins avantageux pour AT&T et nous avions perdu beaucoup de temps.

Les entreprises sont de grandes entités abstraites. Les gens ne traitent pas les affaires importantes avec une société mais avec les personnes qui la représentent et qui peuvent engager ses ressources et compter sur son soutien. La réaction des Italiens paraissait peut-être mesquine à certains d'entre nous, mais la confiance et le respect ne se manifestent pas de la même manière dans toutes les cultures. Aux États-Unis, la confiance se concrétise parfois par un contrat juridique détaillé ; le respect se gagne au fil de négociations longues et difficiles, au cours desquelles chacune des parties en présence découvre avec quelle vigueur l'autre défend son territoire. En Italie, la confiance et le respect se développent en savourant ensemble les bonnes choses de la vie tout en prêtant l'attention nécessaire aux détails d'un savoir-vivre raffiné.

Si vous voulez conduire des négociations efficaces, apprenez à connaître vos interlocuteurs. Montrez-leur les marques de respect importantes à leurs yeux et prenez le temps d'établir un climat de confiance. La confiance et le respect sont les piliers des accords réussis, c'est aussi le ciment affectif qui permet de poursuivre le dialogue en cas de désaccord.

Dans de nombreuses cultures asiatiques, c'est en buvant ensemble que l'on crée la confiance et le respect. Tout le monde se connaît mieux quand les contraintes de la sobriété et le cadre officiel du bureau sont éliminés. On peut alors jauger la résistance, la force et le jugement de chacun. Au début des années 1990, les coutumes liées à la boisson des pays asiatiques étaient très spécifiques à chacun. La première fois que je suis allée en Corée, c'était en gros pour les mêmes raisons que lorsque j'étais allée en Italie. Nous avions une joint-venture importante avec Lucky Goldstar. C'était une relation ancienne ; mais certains changements s'avéraient indispensables et notre équipe locale avait du mal à les obtenir. Nous avions organisé une réunion entre moi et le président de la filiale de LG qui était notre partenaire.

Le fait que je sois une femme a posé problème dès l'instant de mon arrivée. Aucune n'occupait de poste élevé dans ce pays, et ces Coréens n'avaient jamais travaillé avec des femmes. Il y en avait des myriades chez LG, mais elles portaient uniforme et gants blancs, car elles étaient liftières ou secrétaires. Quand je suis entrée dans le building, tout le monde s'est mis à me regarder, à me montrer du doigt, à chuchoter. Non seulement je n'avais pas de gants, mais j'étais manifestement la supérieure hiérarchique du manager local ; cela se voyait car le protocole coréen veut que l'on s'assoie conformément à la hiérarchie, même en voiture. Pour monter à l'étage de la réunion, j'ai dû utiliser l'ascenseur du président. Tout le monde s'est montré très poli, curieux, mais d'un scepticisme palpable.

J'avais minutieusement préparé la réunion, mais je ne pouvais espérer comprendre aussi bien les détails de cette relation compliquée, à multiples facettes, que les personnes qui y étaient impliquées depuis des années. Une fois encore, la philosophie acquise à Stanford m'a beaucoup aidée. J'avais étudié de près l'historique de nos négociations, et il m'avait semblé que les deux parties en présence s'étaient empêtrées parce qu'elles voulaient trouver un accord global complexe. En fait, apparemment, nous avions trois relations et non une seule, et nous pourrions peut-être avancer si nous regardions de plus près en quoi elles différaient.

Le président est entré dans la pièce – je n'avais que vingt minutes pour le convaincre de traiter avec moi. Tout son héritage culturel lui disait que, compte tenu de son rang et de son poste, il ne pouvait traiter avec une jeune femme. Mon titre était suffisamment élevé pour qu'il m'accorde une réunion, mais il déciderait combien de temps il y resterait. J'ai affirmé que la relation AT&T-LG était importante pour les deux entreprises, que nos réussites conjointes passées nous préparaient à un bel avenir commun, mais que les nouvelles réalités de la situation concurrentielle nous imposaient de repenser notre relation pour l'avenir. J'ai fait le schéma de trois cercles se recoupant, et précisé que nous avions en fait trois partenariats : un pour la production, un pour la recherche-développement, et un pour les ventes à nos clients mutuels. Notre réussite, pour chacun de ces partenariats, se mesurait différemment. Et notre réussite globale se mesurait par la rentabilité des capitaux investis.

C'étaient des mots simples, des images simples et des concepts simples. Mais ils représentaient une façon de sortir de l'impasse. Ils représentaient une façon de simplifier une réalité complexe afin que les gens puissent la comprendre et la prendre en compte. Les concepts simples sont trompeurs s'ils déforment la réalité en camouflant des détails importants. Ce genre de simplification s'appelle de la manipulation. Mais il arrive aussi que les concepts simples permettent de résoudre des problèmes difficiles car ils grossissent la réalité et suppriment les détails les moins importants afin de focaliser l'attention sur ce qui compte vraiment. Il est indispensable de se concentrer sur l'essentiel pour discerner les priorités et progresser.

En l'occurrence, le fait que je me sois concentrée sur l'essentiel a persuadé le président de rester. Nous avons donc passé toute la journée ensemble, avec nos équipes respectives. Vers quatre heures de l'après-midi, son assistante est venue derrière moi et m'a murmuré à l'oreille : « Excusez-moi, madame Fiorina, mais je dois vous informer que notre président reçoit à la manière coréenne traditionnelle. Il aimerait savoir si vous voulez un homme. »

Cette question m'a évidemment surprise et plongée dans la perplexité. Je ne savais pas ce que voulait dire, « à la manière coréenne traditionnelle » et la question suivante, sur l'homme, ne me disait rien qui vaille. J'ai donc improvisé. « Je ne veux pas que le président prévoie quoi que ce soit de spécial pour moi. Ce qu'il ferait normalement pour un collègue coréen sera parfait pour moi. » L'assistante a souri avant de s'éclipser. Quand j'ai demandé à mes collègues américains de quoi il s'agissait, ils ont eu l'air très ennuyés. L'un d'entre eux m'a expliqué l'affaire. « Eh bien, la soirée coréenne traditionnelle est un barbecue, le *kisaeng*. On s'assoit par terre et on boit beaucoup de whisky. Comme les femmes n'y sont jamais conviées, nous avions pensé qu'il vous inviterait à un dîner à l'européenne. » Mon hôte avait fait une concession en acceptant de me rencontrer. Il n'en ferait pas sur la façon de recevoir traditionnelle, sa préférée. Ce serait d'ailleurs une excellente façon de me mettre à l'épreuve. Nous sommes donc tous allés au *kisaeng*.

Nous sommes entrés dans une cabane de bois coréenne traditionnelle. L'espace, restreint, était essentiellement occupé par une grande table basse rectangulaire – en fait, c'était surtout une immense plaque de cuisson métallique, très chaude. Nous étions assis par terre, mais le sol était creusé sous la table pour faire place aux jambes. Des bouteilles de bourbon étaient disposées à la portée de chaque convive. Le président s'est assis à la tête de la table, moi à sa droite. Dès que nous avons été bien installés, un certain nombre de jeunes Coréennes ravissantes, en costume traditionnel, sont entrées dans la pièce, chacune portant un petit seau de bois. Elles se sont assises à la droite de chaque invité. Je comprenais maintenant la question que l'on m'avait posée cet après-midi-là. J'aurais une Coréenne comme compagne de table, comme mes compagnons. Je ne comprenais pas encore à quoi servait le seau, mais je n'allais pas tarder à en apprécier la présence – ainsi que celle de ma compagne.

En Corée, on se porte des toasts l'un à l'autre. Chacun remplit son verre et boit à la santé de l'autre. C'est à la fois un signe de respect et un jeu à boire. Parmi les invités, c'était moi qui avais le plus haut rang. Les Coréens étaient tous assez fiers d'avoir traité avec moi toute la journée et nous avions beaucoup progressé. Nous avions même constaté que nous nous entendions bien. Je fus la récipiendaire d'innombrables toasts, à la fois pour m'honorer et pour me tester, même si je soupçonne que c'était surtout dans le second but. Il est impoli de refuser un toast et, comme cela prend un certain temps, ceux qui veulent vous en porter réservent leur tour en plaçant un verre plein à votre droite. Je me suis très vite trouvée à la tête de huit verres pleins, alignés à ma droite, et de huit collègues rayonnants, qui attendaient que je m'exécute.

Je n'avais jamais bu de bourbon de ma vie. À vrai dire, je n'avais jamais bu autant. Pendant tout ce temps, de la viande et des légumes cuisaient sur la table chaude. Combinées au bourbon, la vapeur et la chaleur, dans cette petite cabane, rendaient totalement impossible de rester sobre, même pour le buveur le plus expérimenté. C'était précisément le but de l'exercice. Très vite, la ravissante jeune femme assise à ma droite m'a soufflé à l'oreille : « Vous ne devez pas perdre la face. Il ne faut ni vous saouler, ni être malade. Je vais vous aider. » Et, quand personne ne nous regardait, elle saisissait subrepticement un verre et le vidait dans le seau. Elle m'a effectivement sauvée, et j'ai vite remarqué que les autres jeunes femmes faisaient la même chose pour leurs « clients ». Nous avons donc porté des toasts, bu et sauvé la face en faisant disparaître des toasts de la table sans offenser quiconque.

Pour dire la vérité, j'ai passé une soirée mémorable. J'aimais énormément nos hôtes coréens – ils étaient chaleureux et drôles, pleins de vie. Et j'ai beaucoup apprécié le temps passé avec ma compagne de *kisaeng*. Elle était non seulement ravissante, mais aussi très cultivée ; sa maîtrise de l'anglais était pratiquement parfaite. Elle avait pour mission de me flatter et de me distraire, ce qu'elle fit remarquablement. Elle était spirituelle, intéressante, et totalement captivée par cette occasion rarissime de faire son travail pour une autre femme. Je comprenais pourquoi les hommes aimaient le *kisaeng*. (Aujourd'hui, en Corée, il existe des établissements où les femmes se voient offrir un *kisaeng* traditionnel avec des compagnons masculins, mais c'est un phénomène récent.) Et, pour terminer la soirée, nous nous sommes tous mis à chanter – très fort et très faux.

À vrai dire, j'avais tout de même beaucoup trop bu et j'ai été bien malade une fois rentrée à l'hôtel. Et, conformément aux habitudes coréennes, la réunion du lendemain matin a commencé à neuf heures tapantes. Il faisait chaud dans la salle de conférences, on y étouffait, le moindre mouvement était un immense effort, mais je me suis campée face à la salle et j'ai mené les débats, debout, jusqu'au soir. Ils voulaient tester ma résistance, je n'allais tout de même pas les décevoir ! Les Coréens et moi sommes parvenus à nous respecter et à nous faire mutuellement confiance. À la fin de la seconde journée, le président m'a fait traverser à ses côtés les halls de LG. Il paradait, voulait que tout le monde me voie et voie surtout à quel point il avait l'esprit ouvert et le sens de l'adaptation.

J'ai toujours un grand respect pour la nation coréenne et ce qu'elle a accompli, ainsi qu'une grande affection pour le peuple coréen, sa convivialité et sa bonne humeur. Ces gens-là m'ont appris à ne jamais participer à un jeu à boire sans y être préparée. Au fil des années, j'aurais de multiples occasions de participer à ce type de rituel en Corée, au Japon et en Chine. J'apprendrais à m'y préparer mentalement et surtout physiquement, en mangeant une nourriture adaptée quelques heures à l'avance et en avalant l'alcool très vite, sans siroter, pour qu'il passe moins vite dans le sang.

J'ai fini par apprécier ces rituels. Grâce à eux, je me suis fait de bons amis en Chine. C'est vrai que la confiance, le respect et l'expérience partagée permettent de travailler plus facilement. C'est vrai aussi que participer aux coutumes des autres pose le fondement de la compréhension mutuelle.

13

Épreuves de force

Une grande partie de mon travail, en tant que directeur de la stratégie internationale et du développement, était de constituer une équipe capable de jouer pleinement son rôle. À mon arrivée, j'avais trouvé beaucoup d'excellents collaborateurs mais, faute de travailler à un objectif connu et accepté de tous, ils faisaient ce qu'on leur demandait, espérant contribuer ainsi à la bonne marche de l'entreprise. Quand d'autres groupes les appelaient à l'aide, ils accouraient sans se demander s'il y avait plus important ou plus agréable à faire. On ne les traitait pas en égaux, on ne les considérait pas comme des acteurs à part entière, on les menait tout simplement par le bout du nez et leur déléguait les dossiers moins intéressants.

Pour être motivé, tout individu doit travailler en vue d'un but et avoir suffisamment confiance en soi pour aller de l'avant. Les deux sont nécessaires pour se respecter soi-même et se faire respecter par les autres. Les entreprises sont faites d'êtres humains, il n'est donc pas étonnant qu'elles aient exactement les mêmes besoins. Le rôle du dirigeant consiste à renforcer les savoir-faire et les capacités de l'entreprise et à développer son aptitude à produire des résultats de qualité. Il doit aussi définir un but susceptible de mobiliser les énergies et faire en sorte que ses collaborateurs aient suffisamment confiance en eux pour donner le meilleur d'eux-mêmes.

Nous avons plutôt décidé que le but de la direction stratégie internationale et développement serait d'analyser, proposer, expliquer et utiliser un cadre stratégique permettant d'évaluer et de poursuivre nos opportunités internationales. Autrement dit, nous avons décidé de créer de la valeur en mettant tout le monde au service du même objectif. Une entreprise est toujours plus forte quand les gens travaillent ensemble, dans la cohérence, et non chacun pour soi. Je dis bien « nous » avons décidé car c'est en équipe que nous avons défini notre mission – c'était indispensable si nous voulions aboutir à autre chose qu'à un beau slogan placardé sur les murs. Pour que le but que l'on se fixe fédère vraiment le comportement des individus, il faut qu'il soit parfaitement compris et suscite l'adhésion de tous. Des tactiques précises – exécutez telle ou telle action de telle ou telle manière – peuvent être imposées d'en haut. Elles doivent même parfois l'être si la rapidité et la précision sont importantes et si l'action risque d'être controversée. Une mission, un but (ou une stratégie) doivent être conçus pour guider les décisions à plus long terme et canaliser les efforts de tous, tout en évitant que le patron intervienne à tout moment. Une organisation telle que le patron participe à toutes les décisions ne peut pas fonctionner efficacement à long terme, c'est tout simplement trop complexe et cela prend trop de temps. D'ailleurs, les gens intelligents veulent mettre leur talent au service de leur entreprise – pas qu'on leur dise sans cesse ce qu'ils ont à faire.

Ainsi, mon équipe et moi, nous avons travaillé ensemble à définir une mission, un but susceptible de fédérer nos efforts et de servir vraiment notre entreprise au sens large. Dans cette perspective, nous avons organisé une série de réunions hors les murs et longuement débattu avant de nous mettre d'accord sur une définition de notre mission et du cadre stratégique qui nous permettrait de l'accomplir. Nous les avons ensuite présentés au reste de l'entreprise dans le cadre d'une série de forums sur la stratégie. Dans la motivation d'un individu, il y a une part de raison et une part affective. Il en va de même des entreprises, comme je l'ai découvert en faisant ce travail : il faut savoir s'adresser aux esprits, mais aussi aux cœurs.

Le cadre stratégique que nous avions élaboré ensemble commençait par l'établissement d'une liste de « pays cibles », auxquels nous consacrerions une attention prioritaire. Il y avait aussi les « pays exception », où nous ne travaillerions pas sans l'approbation de la direction générale, qui leur affecterait le cas échéant des moyens normalement réservés aux marchés prioritaires. Enfin, nous avions carrément exclu un certain nombre de pays, estimant que soit les conditions de travail, soit nos capacités techniques ne garantissaient pas des chances de réussite suffisantes pour justifier de puiser dans des ressources limitées. Intellectuellement, tout le monde comprenait ce raisonnement. Les gens comprenaient même que notre taux de réussite progresserait si nous nous soumettions à ces contraintes. Mais si la raison soutenait l'établissement de ces priorités, elles étaient néanmoins ressenties, psychologiquement, comme une entrave. Chaque fois que nous avions l'occasion d'en parler dans les diverses entités de Network Systems, on ne nous parlait que des pays qui ne figuraient pas sur la liste. Au début, nous essayions de répondre à ces objections à grands renforts de faits et de chiffres démontrant que les pays choisis représentaient des marchés plus prometteurs et offraient une meilleure probabilité de réussite. Mais cela ne suffisait pas. Les gens avaient le sentiment, affectivement, d'abandonner quelque chose : la liberté d'agir en toute autonomie et la possibilité de décrocher un contrat fabuleux dont personne n'avait encore entendu parler.

Pour renoncer de bon cœur à quelque chose, il faut avoir le sentiment d'obtenir autre chose en échange. C'est ainsi, par exemple, que l'on renoncera aux pâtisseries dans l'espoir de perdre du poids. Pour inciter nos collaborateurs à renoncer à la façon dont ils avaient toujours travaillé – qui représentait à leurs yeux à la fois la liberté et la possibilité de décrocher le gros lot – il fallait leur offrir autre chose. En l'occurrence, un avenir meilleur et la confiance en eux indispensable pour le réaliser. En dernière analyse, il était aussi important de conquérir les cœurs que de convaincre les esprits.

Western Electric avait longtemps été le fournisseur captif de Bell System. Network Systems, successeur de Bell System et filiale d'AT&T, ne s'était en fait pas aventuré très loin de ses clients américains traditionnels. Il nous fallait désormais un objectif incarnant les aspirations de son personnel, que nous pouvions et devions réaliser. Nous pouvions lancer un défi aux leaders du marché en termes de croissance et de rentabilité – et tout le monde prend toujours plaisir à battre des concurrents. Nous pouvions réellement nous affranchir des contraintes de nos relations historiques – et de notre société mère, AT&T – en nous bagarrant pour devenir un leader mondial. Cela supposait d'accepter la discipline et le respect rigoureux des priorités établies par notre cadre stratégique, mais c'était réalisable. C'était une ambition qui pouvait mobiliser les gens. La logique leur disait que le chiffre d'affaires et les résultats pouvaient aussi s'en trouver améliorés, et psychologiquement, ils sentaient que cela se traduirait par le respect du marché et, tout aussi important, celui de leurs collègues d'AT&T. Nous allions enfin pouvoir montrer de quoi nous étions capables. Le personnel appelait ce nouvel avenir de ses vœux. Restait à lui démontrer qu'il était à notre portée, le mettre en confiance, prouver que nous avions la discipline, la capacité et la pugnacité nécessaires pour y parvenir.

Rien ne met plus en confiance que la réussite. Les individus et les équipes voient celle de leurs efforts individuels. Au niveau de l'entreprise, il faut absolument communiquer, fêter celles de ses membres. Nous ne nous sommes pas privés de nous raconter les succès remportés de par le monde – de donner en exemple les équipes qui avaient battu nos concurrents en respectant nos priorités et en agissant avec discipline. Et l'avenir meilleur que nous nous efforcions de bâtir nous a paru de plus en plus proche, à notre portée.

La fin ne justifie pas tous les moyens : s'il était important de raconter nos réussites, il était important aussi que chacun sache ce qu'il ne pouvait et ne devait pas faire pour les obtenir. À l'international, la première contrainte que nous devions nous imposer était l'honnêteté et l'intégrité. La corruption régnait dans de nombreux pays. Nombre de nos concurrents employaient des méthodes qui violaient la législation américaine, en particulier le Foreign Corrupt Practices Act (FCPA). Dans ce domaine, comme dans d'autres, les actes sont plus éloquents que les beaux discours.

À peu près à cette époque, je suis allée au Brésil rencontrer notre partenaire de joint-venture et quelques clients importants. Notre directeur régional était un Hollandais intelligent et bien informé, riche d'une longue expérience dans ce pays. Il était estimé, aimé, et obtenait des résultats. Les bureaux de Network

Systems étaient à São Paulo, mais un soir nous avons été invités à dîner à Brasília, la capitale. Quelques ministres très importants étaient également conviés. Notre directeur régional avait organisé l'événement et, si je n'en avais pas très bien saisi le but, il était intéressant de rencontrer ces ministres.

Nous avons été reçus dans la résidence privée d'un personnage décrit comme « ami et relation d'affaires » de l'un des ministres. C'était une maison magnifique, immense, de plain-pied, entourée d'une végétation luxuriante. De nombreuses portes-fenêtres étaient ouvertes, dans le salon et la salle à manger, et il pleuvait à verse. Le contraste était féerique entre l'impression d'être en pleine forêt vierge et le somptueux décor, éclairé aux chandelles, de meubles et d'objets d'art sans prix. J'avais le sentiment d'être dans un film de Fellini.

La conversation dérivait d'un sujet à l'autre. Les Brésiliens peuvent être très efficaces dans leur communication, et j'ai essayé d'aborder des sujets d'intérêt mutuel. Mes hôtes résistaient à tous mes efforts. La soirée était très agréable, les convives intéressants, cultivés, mais je me sentais de plus en plus mal à l'aise. Quelque chose sonnait faux, mais je n'arrivais pas à l'identifier précisément. Tout à coup, j'ai eu la chair de poule. Je ne me souviens pas exactement de ce qui a été dit, mais j'ai compris soudain que le but de la soirée était de voir si j'accepterais éventuellement quelques dessous-de-table. On était en train de m'expliquer comment se faisaient les affaires au Brésil, en précisant que nos concurrents jouaient le jeu. Notre directeur régional m'observait sans mot dire.

J'ai fait comme si je n'avais rien compris, ai pris prétexte de la fatigue pour demander à rentrer et ai poussé un soupir de soulagement en faisant mes adieux. Il paraît que la nuit porte conseil, aussi ai-je attendu le lendemain pour demander ce qu'il en pensait à notre directeur régional.

« Vous savez, Carly, vous n'avez pas besoin de vous en mêler si vous ne mangez pas de ce pain-là, mais en ce qui me concerne, je vais être obligé d'y passer, sinon nous n'atteindrons jamais nos objectifs.

– Vous croyez que vous pouvez faire ça sans vous faire pincer ?

– Bien sûr ! Je le faisais toujours pour mon employeur précédent (ce n'était pas une entreprise américaine). Il n'y a aucun problème, ici, et notre budget nous le permet. Je sais que la

FCPA vous préoccupe, mais nous sommes au Brésil, je ne suis pas américain, et on pourra toujours dire que cette conversation n'a jamais eu lieu. »

Deux jours plus tard, il était licencié. Certes, il ne travaillait pas pour moi, mais j'avais convaincu son patron de prendre cette décision. Tout le monde a été estomaqué, mais le message était clair : la fin ne justifie pas tous les moyens et nous ne tolérerions ni malhonnêteté ni corruption. Les valeurs comptent plus que les résultats. C'est ce qui guide nos actions quand personne ne nous surveille. Je ne pouvais plus compter sur cet homme pour agir avec intégrité quand nous ne pourrions ni le surveiller ni le prendre la main dans le sac, autrement dit la plupart du temps. Le manque d'intégrité fait courir un risque à l'ensemble de l'entreprise, de multiples façons, que l'on ne peut pas toujours prévoir. Nous avons refusé de répondre à bon nombre d'appels d'offres au Brésil et nous en avons tiré les conclusions en revoyant nos objectifs à la baisse. Et à partir de ce moment-là, en contrepoint du récit de nos réussites, nous avons aussi raconté cette histoire en manière de mise en garde, pour renforcer le sens moral de nos gens.

J'assistais maintenant régulièrement aux réunions de l'équipe de direction de Bill Marx. Il me confiait des missions qui lui tenaient à cœur et me donnait les moyens de les accomplir. Il me laissait livrer mes propres combats et n'intervenait qu'en cas de nécessité. Mais Bill était suffisamment intelligent pour savoir qu'il devrait, à l'occasion, m'épauler. C'était vrai pour de nombreuses raisons. N'étant pas du sérail, je commettrais vraisemblablement des erreurs ; les femmes étaient très rares dans la maison, ce qui ne manquerait pas de chiffonner certaines personnes ; j'avais entrepris un changement nécessaire, mais difficile – cela m'entraînerait sans doute à marcher sur certaines plates-bandes. Il était important qu'il intervienne de temps à autre – je ne pouvais espérer réussir sans me faire d'ennemis.

On peut à la fois apprécier la force et la réussite d'un collègue et en prendre ombrage. Pour les mêmes raisons, les gens qui réussissent sont à la fois admirés et attaqués. Certains puisent leur inspiration dans la réussite des autres. D'autres, pensant ne pas pouvoir atteindre seuls leurs objectifs, s'allient avec des personnalités fortes. D'autres encore, qui se sentent aussi forts et ont aussi bien réussi, choisissent la confrontation ouverte en cas de désaccord, ce qui n'exclut pas le respect. Mais il y a aussi ceux qui supportent mal la force des autres tout simplement parce qu'elle fait ressortir ce qu'ils considèrent comme leurs propres faiblesses. Certains sont jaloux des réussites perçues comme supérieures aux leurs. La jalousie et la rancœur sont des sentiments d'infériorité ou de faiblesse, ils engendrent la résistance et poussent à s'engager dans de mauvais combats. À un niveau très élémentaire, dans une cour de récréation, les garçons n'aiment pas perdre face aux filles, et ces dernières se bagarrent parfois pour attirer l'attention d'un garçon.

Jack Heck se battait à la loyale. Nous avions fréquemment des différends, mais nos désaccords étaient explicites et nous nous respections mutuellement. Le directeur du marketing ne se battait pas à la loyale. Il était ambitieux, aimait à se faire remarquer, mais son impact n'était pas à la hauteur de ses fanfaronnades. Quand il m'a vue accomplir des choses qu'il n'avait pas su ou pu faire, il a entrepris une campagne de dénigrement. Sournoise. En commençant par dire à l'une de mes collaboratrices que je ne faisais rien pour promouvoir sa carrière. Ce n'était pas vrai, mais elle n'avait pas de raisons de douter de sa parole, en outre il était directeur. Il lui a dit qu'il aurait besoin de son aide, de temps en temps, mais qu'il ne fallait pas en parler, et il lui a promis un poste dans sa propre direction (promesse qu'il n'a jamais tenue). Ensuite, il est allé voir mon patron et lui a dit que je parlais dans son dos. Ce n'était pas vrai non plus, mais mon patron, pas très sûr de sa propre autorité et jaloux des relations que j'entretenais avec Bill Marx, s'est secrètement rangé dans le camp de mon nouvel ennemi.

Je ne le savais pas, au début, mais j'ai commencé à remarquer que lui et le directeur du marketing me contredisaient souvent en réunion, en avançant des données venant, selon eux, de mes propres services. C'était franchement gênant. Si je disais que je n'avais jamais vu ces chiffres, ce qui était le cas, les gens se demandaient si je savais ce qui se passait dans mes bureaux. Si je les ignorais, j'avais l'air de m'entêter et de manquer de logique, puisqu'ils contredisaient bel et bien mes conclusions. Les faits étaient évidemment choisis avec soin pour prouver quelque chose, mais les autres personnes présentes à la réunion ne le savaient pas. Plus tard, quand je demandais une explication afin de comprendre ces données et les différences avec les miennes, ou si je demandais à ces deux directeurs de me donner leurs documents avant la réunion pour pouvoir leur répondre de façon plus précise, ils me disaient toujours que c'était un malentendu, que je m'imaginais des choses.

Il arrive que l'on ne découvre jamais un ennemi que l'on ne voit pas et que l'on ne sache jamais ce qui s'est réellement passé. En l'occurrence, j'ai eu de la chance. Jack Heck savait ce qui se tramait, car il avait de nombreuses années de maison et il n'était pas né de la dernière pluie. Il connaissait bien ses collègues. Il en a parlé à Bill Rohrbach, son confident le plus proche. Et Bill, qui était devenu mon ami et partisan, m'en a parlé à son tour.

Un jour, Bill Marx m'a appelée dans son bureau. Il voulait savoir comment cela se passait. Nous avons bavardé un moment et, finalement, il m'a demandé : « Il y a quelque chose qui te pose problème, Carly ? » J'ai toujours pensé qu'une question honnête méritait une réponse honnête. Je lui ai dit que j'avais des problèmes avec le directeur du marketing. Nous ne parvenions pas à être sur la même longueur d'ondes. C'était Bill qui l'avait recruté et il l'aimait bien. Il a proposé que nous nous retrouvions tous les trois.

Je ne savais pas très bien comment aborder cette réunion. Je ne voulais pas qu'elle dégénère, j'avais peur d'en dire trop, de forcer Bill à prendre parti ou à nous réprimander tous les deux. Heureusement, mon ennemi s'est chargé de tout. Bill est très direct, c'est l'une de ses grandes qualités ; il a donc ouvert la séance en demandant : « Alors, comment vous vous entendez, tous les deux ? »

Je n'ai rien dit, attendant de voir ce qui allait se passer. L'insécurité et la rancœur l'ont emporté sur la raison de mon adversaire qui, au lieu de dire : « Carly et moi ? Très bien ! Je ne suis pas toujours d'accord avec elle, mais ça va ! », ou autre chose, mais en restant calme et rationnel, s'est mis à parler comme une mitraillette, en accélérant sans cesse le débit. Et plus il parlait vite, plus on sentait qu'il était sur la défensive et qu'il en faisait une affaire personnelle. Je n'ai rien dit, me contentant de le regarder s'autodétruire. J'étais soulagée : Bill voyait le problème en direct. Mais en même temps, j'étais démoralisée : qu'est-ce que j'avais, qu'est-ce que je faisais, pour causer une réaction si extrême ? Une chose était certaine : le directeur du marketing avait créé de ses propres mains la situation qu'il redoutait le plus. Il avait affaibli sa position et renforcé la mienne.

J'ai eu une longue conversation avec la collaboratrice qu'il avait manipulée. Je lui ai expliqué que, quoi qu'elle pense de moi, c'est à elle-même que son attitude portait préjudice. Elle a beaucoup appris, je crois, et, quelque temps plus tard, elle a fini par obtenir une promotion. J'ai continué à traiter mon patron avec courtoisie, mais je ne lui ai plus jamais fait confiance. Et, à partir de ce moment, comme tout le monde, j'ai fait comme si le directeur du marketing n'existait pas.

Plusieurs mois plus tard, j'ai reçu un coup de téléphone, à la maison, de Bill Marx. Est-ce que je pouvais venir le voir d'urgence au bureau ? Quand je suis arrivée, il m'a informée que mon patron était muté et retournait à Long Lines, que le directeur du marketing prenait sa retraite, et que leurs deux postes n'en feraient plus qu'un. Il me proposait de devenir directrice de la stratégie et du marketing. À ma grande surprise, je faisais désormais partie du comité de direction d'AT&T.

Je m'étais précipitée sur la route sans regarder le compteur. Comme cela m'arrive souvent, j'étais à deux doigts de la panne d'essence. En rentrant à la maison, dans un état de choc euphorique, j'ai réalisé qu'il fallait faire le plein. J'en ai profité pour appeler ma mère. Je lui ai dit que je venais d'être nommée au comité de direction d'AT&T – bien plus tôt que je ne l'aurais cru. Nous nous sommes mises à rire et pleurer en même temps. Et quand je me suis installée dans mon nouveau bureau, elle y avait fait parvenir un ravissant soliflore de Baccarat en donnant à ma secrétaire suffisamment d'argent pour m'acheter une rose par semaine, trois mois durant.

14

Apprivoiser le changement

Faire partie du comité de direction entraînait certaines différences immédiates. J'avais un plus grand bureau. Et plus de pouvoir. J'avais l'impression d'être toujours la même personne, mais beaucoup ne me voyaient plus comme telle. J'ai appris à faire plus attention à ce que je disais et à la façon dont je le disais. Il n'était plus question, par exemple, de laisser échapper une remarque sans y avoir mûrement réfléchi. Partout où la hiérarchie tient une place importante, les paroles sorties de la bouche des dirigeants ont plus de poids que les autres – qu'elles le méritent ou non. J'ai aussi commencé à observer le phénomène du « Carly a dit que... ». Certaines personnes m'attribuaient des affirmations destinées à promouvoir leur propre cause ; ces citations étaient parfois exactes, mais on me faisait dire, à l'occasion, ce que l'on aurait souhaité que je dise.

Certaines choses, au contraire, n'ont pas changé du tout. Je me souviens de la première séance d'évaluation à laquelle j'ai assisté en tant que vice-présidente. L'un de mes homologues présentait son subordonné ; toutes les autres personnes présentes dans la pièce avaient eu des problèmes avec ce cadre supérieur et le lui rappelaient avec insistance. Quand ils eurent tous parlé, on m'a demandé de donner mon avis, moi aussi. Ayant collaboré de façon très proche avec la personne concernée, j'ai confirmé ses points forts et aussi les sérieuses faiblesses qui venaient d'être soulignées par tous mes collègues. J'avais dit pratiquement la même chose que les autres, mais la réaction a été différente. Le patron du cadre en question a dit : « Carly, tu ne l'aimes pas, c'est tout. Tu n'es pas objective, tu réagis de façon affective. » Il ne m'aurait jamais dit cela si je n'avais pas été une femme. Plus tard, après avoir été promue vice-présidente senior, l'un de mes pairs m'a accusée d'avoir eu recours à la promotion canapé ; en fait, il était furieux car il s'était opposé vigoureusement à l'une de mes recommandations et j'avais eu gain de cause.

J'avais manifestement un champ de vision plus large à ce nouveau poste. Au cours de l'année précédente, les aspirations de Network Systems avaient changé. Nous nous étions longtemps contentés de consacrer nos efforts aux clients traditionnels américains de Western Electric. Nous visions désormais l'ensemble du marché. Les opportunités internationales et les nouveaux types de clients n'étaient plus une activité secondaire – c'était le cœur de nos nouvelles ambitions. Et nous voulions investir dans ces opportunités de croissance. Plus nous le faisions, plus nos relations avec le reste d'AT&T étaient tendues.

AT&T avait toujours pu compter sur Network Systems pour lui rapporter des dividendes confortables sans que la direction générale de la société mère ait à s'en préoccuper. AT&T était l'un des très rares opérateurs de réseaux au monde à posséder également des capacités de production et de recherche. Network Systems essayait désormais de vendre du matériel de communications non seulement aux partenaires d'AT&T, mais aussi à ses concurrents, tout en continuant à équiper le réseau d'AT&T. Nos partenaires tentaient d'exploiter cette situation unique, nos concurrents la redoutaient. Et plus nous avions d'ambitions, plus les obstacles devenaient redoutables. Nos clients et nos clients potentiels acceptaient de moins en moins de négocier seulement avec Network Systems. Ils exigeaient tantôt des assurances que servir à la fois AT&T et un de ses concurrents ne créerait pas de conflit d'intérêts pour Network Systems, tantôt un contrat plus favorable avec AT&T, puisqu'ils étaient clients d'une de ses filiales. En même temps, AT&T nous réclamait des dividendes toujours plus importants.

Je savais mieux, aussi, ce que pensait vraiment Bill Marx et ce qui le préoccupait. Il trouvait la situation insupportable pour

Network Systems : AT&T ne cessait de lui mettre des bâtons dans les roues sur le marché, alors qu'elle ne diminuait pas ses exigences de rentabilité. En même temps, les clients traditionnels de Network Systems, y compris AT&T, cherchaient de plus en plus à diversifier leur base de fournisseurs et à prendre leurs distances par rapport à leur fournisseur le plus ancien, qui était parfois leur seul fournisseur. Bill voulait que j'essaie de négocier une série d'accords entre AT&T et Network Systems réglant la façon dont chacune des deux entités opérait sur le marché. Les choses seraient ainsi beaucoup plus claires, tant pour nos équipes commerciales que pour nos clients.

Mon objectif était de conclure ces accords pays par pays, en tenant compte des relations que nous y avions chacun. Nous avons mené des analyses et des discussions interminables pour essayer de mettre en place des « règles d'engagement » à la fois suffisamment spécifiques pour être utiles et suffisamment générales pour être compréhensibles. C'était une tâche difficile, et je suis sûre que mes interlocuteurs d'AT&T me trouvaient aussi désagréable que je les trouvais agaçants. Tantôt nous ne parvenions pas à nous mettre d'accord pour un pays donné, tantôt les conditions changeaient dès l'instant où nous y étions parvenus, tantôt nous ne parvenions pas à convaincre les gens, sur le terrain, d'appliquer les règles élaborées d'un commun accord. Nous n'étions pas sur le terrain, nous nous focalisions sur la théorie et le papier, alors que dans la vraie vie, sur le marché, l'action était à la fois trop rapide et trop compliquée pour que nous puissions suivre. Les conflits entre nous étaient si nombreux que même lorsque nous parvenions à un accord, aucun de nous deux n'était prêt à faire les sacrifices nécessaires.

« Synergie » est une manière élégante de dire que le tout est plus grand que la somme des parties. Dans le jargon des affaires, cela signifie que quand on combine différents produits ou services au sein d'une solution, ou quand différentes parties d'une entreprise conjuguent leurs efforts sur le marché, on accroît ses chances d'améliorer la croissance, les parts de marché ou la rentabilité. Lors de nos réunions, au siège, nous affirmions qu'il existait encore une synergie entre Long Lines et Network Systems, et nous en faisions une démonstration théorique apparemment très convaincante. Mais si vous voulez savoir si la synergie est réelle dans une entreprise, n'allez pas le demander au siège ou aux contrôleurs de gestion. Interrogez la force de vente. Si les clients sont vraiment prêts à payer plus cher votre solution ou à vous acheter davantage, alors la synergie existe. Pas dans le cas contraire. Les commerciaux, qui parlent aux clients chaque jour que Dieu fait, sont les seuls à connaître vraiment la réponse. Les synergies qui avaient autrefois fait la cohésion d'AT&T étaient en train de disparaître.

À la fin d'un long processus, mes interlocuteurs et moi-même avons sorti un rapport. Il décrivait les schémas qui pourraient théoriquement fonctionner dans chacun de nos marchés cibles. Nous l'avons présenté avec tout l'enthousiasme que nous ressentions. Nous ne pouvions parvenir à un meilleur compromis et, à bien y penser, cela aiderait probablement quelques personnes. Nous n'en avons pas vanté exagérément les vertus, mais nous n'avons pas dit non plus que nous avions perdu notre temps. Après la réunion, Bill m'a demandé ce que je pensais vraiment. Je lui ai dit que cela ne tiendrait pas longtemps.

Quelques semaines plus tard, Bill m'a demandé de diriger la préparation d'une présentation stratégique destinée à la prochaine réunion du conseil d'administration d'AT&T. Trois équipes différentes travaillaient chacune un scénario différent : dans l'un, AT&T donnait la priorité aux systèmes informatiques ; dans l'autre, à Network Systems ; dans le troisième, aux activités de service de Long Lines. Bob Allen, le PDG d'AT&T, avait exigé que ce travail reste strictement confidentiel.

Nous y avons travaillé avec acharnement, en équipe restreinte, de nombreuses semaines. Nous expliquions en conclusion que Network Systems ne pourrait réaliser son potentiel que séparé d'AT&T, libre de poursuivre ses propres intérêts, sans se préoccuper des problèmes d'AT&T. Nous avons quantifié en détail et de façon exhaustive ce qu'il adviendrait vraisemblablement dans le cas où Network Systems resterait dans le giron d'AT&T et dans celui où la société prendrait sa liberté. Bill Marx s'est présenté au conseil convaincu de la validité de notre recommandation, espérant bien que le conseil serait d'accord. Il a été terriblement déçu. Moi aussi, mais nous savions tous deux que, tôt ou tard, l'inévitable se produirait car, si les délibérations du conseil et nos travaux étaient confidentiels et donc inconnus de nos commerciaux, ces derniers, qui subissaient l'impact des conflits incessants entre notre société mère et nous sur le terrain, étaient agités et inquiets.

On a parfois des ennemis sans le savoir. Mais parfois aussi des amis. Quelques mois après mon arrivée à Network Systems, à l'époque où tout le monde me criait dessus et me disait que je n'avais aucune valeur à ajouter car je ne connaissais pas le métier, j'ai reçu un coup de téléphone. À l'autre bout du fil, il y avait un certain Jim Brewington, responsable des ventes de Network Systems à l'US West Telephone Company. Il m'a dit qu'il m'appelait de Denver et qu'il avait besoin de mon aide. Son client travaillait avec l'opérateur téléphonique russe et voulait que Network Systems fournisse ce dernier en Russie, mais Jim ne savait comment faire.

« J'ai lu que vous étiez chargée de la stratégie internationale, alors je me suis dit que vous en sauriez plus que moi. »

Cette phrase, à elle seule, me réchauffait le cœur. Cet homme m'accordait le bénéfice du doute.

« Merci de m'avoir appelée, Jim. Je ne peux pas vous dire à quel point j'apprécie que vous ayez pensé que je pouvais vous être utile. »

Il ne devait pas savoir ce que je voulais dire, car il m'a demandé :

« Vous êtes bien à la stratégie internationale et au développement, non ?

– Si, si ! Je voulais juste dire que tout le monde n'a pas l'air convaincu que je sais peut-être quelque chose.

– Oh, vous savez, les anciens de la Western Electric, il ne faut pas y faire attention. Nous avons tous une cervelle de petit pois et un cou de poulet ! »

Il m'a fait rire, mais il me prenait suffisamment au sérieux pour m'expliquer l'affaire en détail. Nous avons décidé que j'irais le voir à Denver, où nous rencontrerions ensemble son client et nous verrions ce que nous pouvions faire.

Jim avait grandi à la campagne : son père était éleveur dans l'Idaho. Très carré, il avait un seuil de tolérance assez faible pour les imbéciles. C'était un intellectuel, mais aussi un débrouillard qui aimait jouer les naïfs. C'était un bourreau de travail et, si vous étiez son ami, il était fidèle comme un chien. Il était direct, mais charmant. Lui et Bill Marx étaient sur le même modèle, c'est sans doute la raison pour laquelle Bill considérait Jim comme son ami et protégé. Je ne savais pas qu'ils se connaissaient, mais dès la fin de notre première réunion à Denver, j'ai compris que j'avais trouvé un ami et un mentor. Bill demandait très souvent son avis à Jim. Jim ne cherchait jamais à se faire bien voir de qui que ce soit, Bill savait donc qu'il lui livrerait le fond de sa pensée. Ils avaient parfois des désaccords violents, mais ils se faisaient confiance. Bill avait demandé à Jim s'il pensait que j'étais prête à être nommée vice-présidente. Je crois qu'il lui a aussi demandé s'il me voyait à la tête de la direction commerciale.

Bill m'a confié la responsabilité des ventes pour toute la moitié est des États-Unis et du Canada, puis, plus tard, de l'ensemble de l'Amérique du Nord. Bill et Jim croyaient en moi. Ils ont tous deux misé sur moi. Je comptais sur eux pour me soutenir quand je le mériterais et pour me dire la vérité quand j'aurais besoin de l'entendre. De mon côté, je n'ai pas ménagé ma peine, j'ai fait preuve d'une franchise absolue et d'une loyauté sans faille.

La responsabilité d'un leader, c'est de créer de la valeur, pas de se mettre dans les pattes de ses collaborateurs ou de s'attribuer le mérite de leur travail. Si ça marche, ils n'ont pas besoin de votre aide. Dans le cas contraire, ils voient qu'il y a des problèmes, mais s'avèrent parfois incapables d'en identifier la cause et, par conséquent, la solution. La tâche du leader est de trouver la cause et d'y remédier, comme celle du médecin est de guérir la maladie et non de se contenter de traiter les symptômes.

Le marché nord-américain était la vache à lait de Network Systems. Ces équipes apportaient toujours le plus clair du chiffre d'affaires et des projets. Désormais, puisque la compagnie mettait davantage l'accent sur les opportunités internationales et une croissance nouvelle, elles avaient le sentiment qu'on ne les appréciait plus à leur juste valeur. En même temps, leurs clients se démenaient pour faire jouer la concurrence, les contrats étaient donc de plus en plus difficiles à décrocher. Pour couronner le tout, le conflit s'intensifiait entre leurs clients et AT&T : les commerciaux, se sentant pris entre l'arbre et l'écorce, étaient démoralisés.

Les symptômes s'inscrivaient dans les chiffres. Le chiffre d'affaires baissait. Les dépenses augmentaient, les résultats déclinaient. Les responsables de chaque équipe savaient que leurs résultats étaient inacceptables. Ils étaient trop professionnels pour dire le contraire, mais quand il fallait se mettre d'accord sur les objectifs et sur les budgets, ils dépensaient une énergie considérable à expliquer qu'ils ne pouvaient pas faire mieux, puis ils ne tenaient pas leurs engagements pour prouver que c'était vrai. Leur chiffre d'affaires baissait parce que leurs clients ne faisaient pas confiance à AT&T et ne voulaient donc pas donner un sou à sa filiale. Leurs dépenses augmentaient parce qu'ils étaient contraints de consacrer une trop grande partie du temps passé avec le client à expliquer ce que faisait AT&T au lieu de vendre nos produits. Leurs résultats diminuaient parce qu'ils étaient en concurrence avec d'autres compagnies qui ne traînaient pas le même boulet que nous ; il leur fallait donc baisser leur prix pour décrocher les contrats. Bien sûr, tout ce qu'ils disaient concernant le marché était vrai. Il était non moins vrai qu'ils s'abritaient derrière le conflit stratégique émergent entre AT&T et Network Systems chaque fois qu'ils n'avaient pas réussi à régler des problèmes relevant clairement de leurs attributions. L'attention que portait la direction aux nouveaux marchés, à l'étranger, était aussi une bonne excuse quand ils ne réussissaient pas à motiver leurs équipes. C'était le syndrome du « Tout le monde s'en fiche, alors on ne va tout de même pas se faire des cheveux blancs ! »

Quelquefois, les gens cessent de se battre pour améliorer leur performance parce qu'ils ne pensent pas que ce soit nécessaire. Leur manque d'aspiration découle alors d'un excès de confiance en eux. Parfois, ils baissent les bras parce qu'ils ne croient pas possible de faire mieux, leur manque d'aspiration traduit alors leur fatalisme. Et quand on ne se bat plus pour améliorer la performance, inévitablement l'exécution s'en ressent et les résultats se détériorent.

Steve Carson, le directeur financier de Network Systems, aimait à répéter que « la cause opérationnelle entraîne l'effet financier ». Ce qu'il voulait dire, c'est que les mauvais chiffres ne viennent pas tout seuls. Ils sont le résultat direct d'une cause opérationnelle, autrement dit les actions, les décisions et le comportement des gens. Si vous voulez avoir un impact positif sur les finances d'une entreprise, d'une activité ou d'une ligne de produits, il faut comprendre ce que les gens y font réellement. Ensuite, il faut voir comment leurs actions doivent changer pour produire de meilleurs résultats. Enfin, il faut comprendre comment motiver les gens à se comporter différemment.

Le contexte n'est jamais le même. On ne motive pas de la même manière un changement d'attitude dans une usine et dans un laboratoire de recherche-développement. Ce qui marche dans une entreprise ne marche pas exactement de la même façon dans une autre. Mais quel que soit le contexte, pour provoquer un changement de comportement, il faut commencer par être vraiment d'accord, être réellement convaincu qu'une amélioration de la performance est à la fois nécessaire et possible.

J'ai passé deux jours à rencontrer mes nouveaux directeurs régionaux. Je leur ai demandé instamment d'examiner tous les moyens d'accroître notre efficacité. Nous avons regardé tous les circuits de vente. Je poussais, je creusais, j'aiguillonnais. Je me heurtais à beaucoup de résistance. « Nous passons trop de temps en réunion alors que nous devrions être avec les clients. » « Nous avons déjà fait tout cela, pourquoi croyez-vous que ce sera différent cette fois-ci ? » « C'est notre boulot, pas le vôtre, laissez-nous le faire. » La litanie était longue et inlassablement reprise : je leur faisais perdre leur temps.

L'après-midi du second jour, j'ai fini par mettre fin à la discussion. « Écoutez, cela n'a rien à voir avec moi. Vous avez longtemps été les héros de Network Systems. Vous obteniez toujours de bons résultats. Maintenant, tout le monde trouve que vous passez votre vie à pleurnicher, et les gens qui avaient l'habitude de compter sur vous en ont assez. » Il y a eu un long silence. J'étais de plus en plus mal à l'aise, mais je ne voulais pas le rompre. Finalement, l'un d'entre eux, Tom Carter, a pris la parole. « C'est vrai ? On nous prend pour des pleurnichards ? Qui est-ce qui a dit ça ?

– Jim Brewington et Bill Marx. » C'était vrai, sinon je ne l'aurais pas dit.

Encore un long silence. Ils ruminaient maintenant le fait que deux personnages très importants, qu'ils connaissaient depuis plus longtemps que moi, m'avaient parlé d'eux. Puis, Tom a dit à ses collègues : « Écoutez, les gars, je n'aime pas ça. Ce n'est pas l'image que je voudrais que l'on ait de nous. On va essayer de redresser la barre, d'accord ? »

C'était un pas dans la bonne direction. J'avais fait appel au bon sens, à leur ego et à leur respect de soi. Et Tom avait pris la décision de se faire l'agent du changement. Quand on veut que les choses changent, il n'est pas indispensable que la totalité des personnes concernées s'engagent. Même la majorité n'est pas indispensable ; simplement, il faut atteindre la masse critique. Dans ce cas particulier, Tom, à lui seul, représentait la masse critique. Ses résultats étaient toujours parmi les meilleurs et ses pairs l'admiraient pour de nombreuses raisons. Par ailleurs, ils travaillaient tous ensemble depuis très longtemps ; chacun lui devait quelque chose.

Avec une énergie renouvelée, nous avons parlé des détails techniques et, à la fin de la réunion, il était clair pour chacun de nous que, malgré tous les problèmes qui nous rendaient la tâche difficile, nous pouvions apporter de réelles améliorations à chaque aspect de notre activité. L'exercice avait été long et difficile, mais tout le monde s'est senti mieux quand nous l'avons terminé. Personne n'a vraiment envie d'être médiocre, et ces hommes avaient tous été bien meilleurs que cela. Maintenant, ils voyaient une réelle possibilité de progresser vers une meilleure performance.

Néanmoins, les affaires étaient réellement plus difficiles que par le passé. Les commerciaux travaillaient de plus en plus, rien que pour ne pas perdre de terrain. Pour améliorer la performance, il faudrait travailler avec plus d'acharnement encore et avec plus de discipline. Nous ne pouvions pas les payer plus, nous n'avions pas le budget. Alors, comment les récompenser ? La réponse était simple et nous n'avions pas d'autre solution : il fallait qu'ils le fassent pour le plaisir.

Nous avons commencé par reconnaître les réussites, petites et grandes. J'appelais leurs auteurs pour les remercier et, surtout pour ceux qui n'avaient jamais entendu le son de la voix d'un vice-président, ce petit geste comptait. De temps en temps, un commercial trouvait un ballon de baudruche accroché à son bureau. J'envoyais des cartes humoristiques. Nous avions des téléconférences hebdomadaires pour suivre les progrès accomplis ; chaque directeur régional y présentait ceux obtenus par son équipe au cours de la semaine précédente. Très vite, les gens ont su si leur travail serait mentionné à la téléconférence et se sont mis à se faire concurrence pour avoir cet honneur. Je sillonnais sans cesse l'ensemble de mon territoire pour rencontrer nos équipes et nos clients. Chaque fois, nous parlions de nos difficultés et de la façon de les surmonter, mais nous fêtions aussi nos victoires. Nous organisions des concours. Nous distribuions des prix rigolos.

Un cynique aurait dit que ces choses simples n'avaient pas la moindre chance de faire la différence. Mais quiconque a dirigé des gens sait que si. La différence entre ne pas atteindre les objectifs et les réaliser n'est souvent qu'une question d'opiniâtreté – il ne faut pas jeter l'éponge trop tôt. Il est plus facile de continuer à se battre quand on s'amuse et quand on sait que quelqu'un s'intéresse à ce qu'on fait.

Nos équipes luttaient tous les jours sur le marché pour décrocher des contrats auprès de leurs clients, mais elles se concurrençaient aussi entre elles. Quand la concurrence interne nuit au service du client, elle est contre-productive. Mais quand la concurrence interne stimule la performance, il faut l'encourager. C'était notre situation. Tom Carter et Joe Mauriello étaient les deux directeurs régionaux les plus gradés. Ils avaient les plus gros clients, Bell Atlantic et Bell South, et les équipes les plus nombreuses. C'est eux qui se plaignaient le plus fort et obtenaient les meilleurs résultats. C'étaient des professionnels accomplis, passionnés par leur travail, bons vivants et drôles. Et ils se faisaient concurrence pour tout, des meilleurs résultats à mon attention. Joe et Tom ont montré la voie à suivre aux autres.

Le dernier trimestre approchant, je devais trouver le moyen de booster le moral de mes équipes. Nous avions obtenu de bons résultats jusque-là, mais nous ne réaliserions nos objectifs que si nous donnions un gros coup de collier. J'ai décidé d'utiliser de façon plus systématique l'esprit compétitif de Tom et de Joe par le truchement d'une course de chevaux. Nous avons fait une vidéo : je suis allée dans une écurie voisine et je me suis fait filmer à côté d'un cheval, annonçant que la course allait commencer. Ensuite, la vidéo montrait une maquette de champ de course que nous avions fabriquée et accrochée au mur, à côté de mon bureau. Chaque équipe était représentée par un petit cheval de plastique que l'on fixait à la piste avec un morceau de Velcro, les positions relatives dépendant du pourcentage réalisé des objectifs de performance. La dernière image montrait la grande coupe que je remettrais à l'équipe qui franchirait la première la ligne d'arrivée. Chaque équipe devait baptiser son cheval. Et à dater de ce jour, les téléconférences ont toutes commencé au son du coup de revolver qui lance les chevaux sur la piste.

Cela volait bas ? Sans aucun doute. Un certain nombre de directeurs régionaux ne se sont pas privés de le dire, mais Joe et Tom n'ont pas résisté à la rage de vaincre. Ils se sont jetés dans la course à corps perdu, et plus ils se battaient entre eux, plus il était difficile à leurs collègues de ne rester que spectateurs. Ils voyaient leur propre petit cheval se faire distancer, tandis que ceux de Joe et de Tom tenaient la tête, coude à coude. Toutes les semaines, après le coup de revolver, les sceptiques entendaient : « À la corde, au virage, tel ou tel cheval est en queue de peloton… » L'amour-propre a fini par triompher des réticences. D'ailleurs, c'était vraiment rigolo.

Dans les autres directions de Network Systems, on nous prenait pour des fous. Franchement, cela m'était bien égal. Si la course nous permettait d'obtenir les résultats dont nous avions besoin, cela valait la peine d'essuyer quelques critiques. À la fin de l'année, nos résultats nous ont surpris nous-mêmes. Et dès que la coupe a été remise au vainqueur, tout le monde a voulu connaître le thème du concours de l'année nouvelle. Nous avions opté pour le rafting, avec pour slogan : « Foncez sur les rapides. » Pour l'annoncer, j'étais en cano-raft, casquée, gilet de sauvetage sur le dos, pagaie à la main.

Nous n'aurions évidemment rien réalisé si nous ne nous étions pas appuyés sur des plans détaillés et si tout le monde n'avait fourni le travail considérable qu'exige l'excellence opérationnelle. Nous n'y serions pas parvenus non plus si nous n'avions pas réussi à remotiver les troupes. Travailler d'arrache-pied devient vite une corvée si l'on ne s'amuse pas un peu au passage.

Début 1994, les synergies qui avaient peut-être existé un jour entre Long Lines et Network Systems avaient été remplacées par un conflit stratégique évident. Chaque fois que j'allais voir un client, je passais les trois quarts de la réunion à écouter le récit de ses problèmes avec le reste d'AT&T. Un jour, j'ai reçu une note manuscrite de Bob Allen, le PDG d'AT&T. C'était extrêmement inhabituel. Je n'avais jamais rien reçu directement de lui et il me demandait maintenant, de façon informelle, si nous pouvions nous rencontrer la prochaine fois que je passerais à Basking Ridge. Je le connaissais, bien sûr, j'avais assisté à de grandes réunions auxquelles il avait participé, mais je ne l'avais jamais rencontré seul à seule. J'étais dévorée de curiosité et un peu angoissée.

Nous nous sommes retrouvés dans une salle de conférences, à côté de son bureau. Il s'est montré amical et poli. Il m'a demandé si j'étais heureuse chez Network Systems. Je lui ai dit que oui, que j'aimais beaucoup cette maison. J'avais fini par m'y sentir chez moi, et la direction commerciale de l'Amérique du Nord était le meilleur job que j'aie jamais eu. Je lui ai dit à quel point j'avais apprécié de travailler pour Bill Marx. Nous avons parlé de tout cela un peu trop longtemps, me semblait-il. Pour finir, Bob m'a demandé : « Comment cela se passe-t-il avec les Baby Bell que vous avez comme clients ? » Je lui ai répondu la vérité toute nue : « C'est de plus en plus difficile, Bob. Nous leur servons d'exutoire, ils n'arrêtent pas de se plaindre d'AT&T. » Je lui ai parlé d'une réunion récente avec Pacific Bell. Le président avait passé la première demi-heure à nous passer une vidéo des publicités télévisées les plus récentes d'AT&T. Il les trouvait insultantes pour sa compagnie, tant par le ton que par le contenu, et il voulait être certain que nous comprenions à quel point il était furieux avant de commencer la discussion d'un contrat important entre nos deux compagnies. C'était aussi, en partie, une tactique de négociation – cela nous mettait sur la défensive dès le début.

« Bob, le problème, c'est que lorsque nos concurrents vont voir les Baby Bell, ils peuvent passer la totalité du temps limité que leur consacre le client à parler de leurs produits et de leurs relations. Nous, il ne nous en reste que le quart. Au fil des mois et des années, la différence s'accumule. »

Cette conversation n'a pas duré plus de dix minutes au total, mais elle semblait être la raison de notre réunion. Bob m'a remerciée d'être venue et est parti. Une minute plus tard, Bill Marx entrait dans la pièce. Il avait été promu et dirigeait désormais les divisions Business Communications Systems et Microelectronics. Il avait maintenant son bureau à Basking Ridge. « Alors, comment ça s'est passé, Carly ? »

Je lui ai raconté les questions que m'avait posées Bob et ce que je lui avais répondu. Il a souri, il a dit : « Bon. » Et ce fut tout.

Il n'y avait eu qu'une seule autre chose de notable, pendant cette réunion. Quinze jours plus tôt, Lori, Tracy et moi étions allées faire des courses ensemble. Je m'étais justement dit, ce matin-là, que j'avais un look trop conventionnel, trop femme d'affaires classique, de sorte que lorsque Lori a proposé que nous nous fassions toutes les deux percer un second trou aux oreilles, j'avais accepté. Nous nous étions bien amusées, et je trouvais génial d'avoir deux boucles d'oreilles de chaque côté – là, au moins, je n'avais plus le look femme d'affaires « bien propre sur elle ». Apparemment, j'avais raison, car pendant toute la durée de la réunion avec Bob, j'ai remarqué qu'il passait son temps à regarder mes oreilles. Il oscillait légèrement d'avant en arrière, jetant un coup d'œil sur l'une, puis sur l'autre. Bill s'est montré moins subtil. Il m'a juste demandé : « Pourquoi diable t'es-tu encore fait percer les oreilles ? » Quelques jours plus tôt, Joe Mauriello avait été encore plus direct : « Carly, les clients de Bell South ne vont pas aimer tes boucles d'oreilles. Je crois que tu ferais mieux de les enlever quand tu iras les voir. » Et il vérifiait que je l'avais fait avant chaque rendez-vous.

Cet été-là, Rich McGinn, qui avait pris la présidence de Network Systems, s'est mis à multiplier les questions sur le travail que j'avais fait deux ans plus tôt pour la présentation de Bill au conseil d'administration d'AT&T. À part cela, je n'avais aucune visibilité sur les délibérations en cours. Mais je commençais à avoir de l'espoir. Plusieurs mois plus tard, une après-midi, au mois de septembre, Rich McGinn a convoqué quelques-uns d'entre nous dans sa salle de conférences. Il nous a dit que Bob Allen annoncerait le lendemain une nouvelle scission d'AT&T. Network Systems, Business Communications Systems, Microelectronics et la plus grande partie des Laboratoires Bell deviendraient une nouvelle compagnie : Newco. La division électronique, qui avait alors fait l'acquisition de NCR, essaimerait aussi (elle reprit plus tard le nom de NCR). Et AT&T serait une entreprise de services réseaux.

J'étais folle de joie. J'ai jailli de ma chaise en levant très haut les bras, comme le font les arbitres pour signaler un but sur un terrain de foot et en hurlant : « Yes ! » Tout le monde m'a fait signe de baisser la voix parce que la nouvelle était encore ultraconfidentielle. Ils avaient raison, bien sûr, mais je ne pouvais contenir ma joie. Nous allions être une entreprise indépendante, libre de tracer notre voie et de réaliser notre potentiel.

Dès que la nouvelle a été rendue publique, j'ai organisé une téléconférence avec l'ensemble de mon personnel. C'était une immense nouvelle, ils auraient des tas de questions à poser. Mais ce que je voulais surtout leur communiquer, c'était l'enthousiasme qu'elle m'inspirait. Tout le monde, y compris moi, se plaignait constamment du mal que nous avions à faire notre travail en tant que filiale d'AT&T. Désormais, nous serions libres. La façon dont nous répondrions à nos clients et à nos concurrents, nous en déciderions nous-mêmes. Nous rencontrerions d'autres problèmes, à n'en pas douter, mais ils ne nous seraient pas imposés de l'extérieur. Et nous aurions le pouvoir et la capacité de les résoudre, alors que nous n'avions jamais pu résoudre celui que cela nous posait d'être filiale d'AT&T. Nous étions désormais maîtres de notre destin.

J'ai été déçue par la réaction de mes interlocuteurs. Presque tout le monde, y compris les directeurs régionaux, évoquait les risques. Et s'il se passait ceci ou cela ? Ensuite, ils sont passés aux conséquences pour eux-mêmes. Quand saurons-nous si notre job change ? Nos titres seront-ils différents ? Et nos plans de retraite ? Quand je les ai rassurés à ce sujet, beaucoup ont demandé s'ils pouvaient prendre leur retraite en tant que salariés d'AT&T et non de Newco. Pour être honnête, la nouvelle scission était un énorme bouleversement de leur vie et de leur carrière. Contrairement à moi, ils ne s'y attendaient absolument pas ; ils ne savaient pas que l'idée était dans l'air depuis deux ans. Mais il y avait tout de même quelque chose de plus profond derrière nos différences de réactions.

Gérer le changement, c'est comme apprendre quelque chose de nouveau – un nouveau régime alimentaire, un nouveau coup de golf, un nouveau métier. Au début, c'est vraiment dur. On a l'impression que ce n'est pas naturel du tout, il faut consentir beaucoup d'efforts. Parfois, on abandonne, on revient à ses vieilles habitudes. Mais si l'on s'obstine, cela devient de plus en plus facile au fil du temps, jusqu'à ce que cela semble tout naturel. J'étais habituée au changement. J'en avais connu suffisamment pour savoir que l'on peut toujours en tirer quelque chose de bon, je voyais donc les opportunités et les possibilités. Mes collègues, eux, n'y étaient pas habitués. Cela leur semblait difficile, et ils avaient envie de s'accrocher à leurs habitudes. Ils avaient peur de ce que le changement pouvait apporter, et nous ne pourrions pas revenir en arrière, même si nous le voulions. Une fois la scission annoncée, cela devenait impossible.

J'ai appris quelque chose de très important, ce jour-là : pour beaucoup de gens, un présent profondément insatisfaisant mais connu est parfois préférable à un avenir inconnu, car celui-ci fait peur. Or lorsque les gens ont peur, ils se referment sur eux-mêmes pour se protéger et préserver ce qui leur tient le plus à cœur. Et ce soir-là, en réfléchissant à cette journée extraordinaire, je me suis souvenue que chaque fois que nous avions déménagé, chaque fois que j'étais arrivée dans une nouvelle école, j'avais eu le mal du pays. L'endroit où nous étions auparavant me semblait tellement plus agréable ! Les salariés de Network Systems auraient le mal du pays, eux aussi. Ils allaient regretter l'ancien état de choses. Je savais que je devrais déployer beaucoup d'efforts pour les aider à se tourner vers l'avenir, car, dans leur esprit et dans leur conversation, ils reviendraient longtemps à ce qu'ils laissaient derrière eux. Et je savais d'expérience que ce serait plus facile quand tout le monde aurait compris qu'il était impossible de revenir « à la maison ».

15

On tourne la page

La création de Lucent Technologies était beaucoup plus qu'une simple introduction en Bourse. Elle a été l'exemple de ce qui se passe parfois quand l'idée qu'une entreprise se fait d'elle-même change, quand le personnel est saisi d'un enthousiasme contagieux parce que le cadre de références passe du travail quotidien aux réalisations historiques.

En décembre 1994, Henry Schacht, le nouveau PDG de Newco, m'a proposé de devenir vice-président des Corporate Operations. Le poste comportait un cocktail inhabituel de responsabilités, de la stratégie aux systèmes d'information. Dans l'immédiat, il s'agissait surtout d'orchestrer nos efforts pour préparer notre introduction en Bourse, prévue pour avril 1995, et la scission complète par rapport à AT&T, en septembre de la même année. Newco était alors une collection d'actifs dont AT&T se défaisait. Elle n'avait pas de nom, pas d'identité, pas de mission ou de direction fédératrice. Et il nous fallait faire un travail complexe, détaillé, pour nous détacher d'AT&T au niveau de la technologie de l'information, de la propriété intellectuelle, du bilan et des locaux.

Je n'étais pas tentée par ce poste. J'aimais celui que j'occupais, et je me réjouissais à l'avance de travailler avec nos clients maintenant que nous allions être indépendants, affranchis des conflits qui nous avaient tant gênés sur le marché. Je l'ai dit à Henry, mais il a insisté, ajoutant que Bob Allen lui avait recommandé de choisir quelqu'un qui connaisse vraiment bien Network Systems. J'ai accepté à contrecœur, je n'avais pas vraiment le choix, en précisant que je ne voulais pas passer plus de deux ans au siège. Mon hésitation venait des liens que j'avais noués avec mon équipe Amérique du Nord, que je n'avais pas envie de quitter. J'avais connu la joie extraordinaire de croire en une équipe plus qu'elle ne croit en elle-même, d'être récompensée par la fierté, le plaisir, le regain de confiance en soi de ses membres quand leurs réalisations avaient dépassé ce dont ils se croyaient capables.

Je n'avais encore jamais travaillé à l'essaimage d'une entreprise. Je ne savais pas grand-chose de Wall Street ni du processus que nous allions entamer. Je n'avais jamais rédigé, ni même lu, de prospectus boursier. Je n'avais encore jamais eu l'occasion d'entrer dans la salle de cotations. Il y avait d'innombrables problèmes à traiter avant l'introduction en Bourse. Néanmoins, j'ai décidé qu'avant toute chose, Newco devait définir ses aspirations. Il nous appartenait de décider d'un commun accord ce que nous voulions devenir. Tous les chemins sont valables si vous n'avez aucune destination en tête et, faute d'inspiration, l'on se contente d'objectifs médiocres. Être identifiés comme le rebut d'AT&T n'avait guère de chances d'inspirer le personnel. Or l'inspiration était essentielle si nous voulions que les gens continuent à avancer au lieu de regretter le bon vieux temps ; elle était essentielle pour les motiver, leur donner envie d'apprendre les nouvelles façons de travailler au lieu de s'en tenir exclusivement à leurs vieilles habitudes ; elle était essentielle pour soutenir le niveau supérieur de performance indispensable dès lors que nous serions cotés.

Certains considèrent les mots *aspiration* et *inspiration* comme du baratin, de belles paroles n'ayant rien à voir avec la réalité quotidienne. C'est oublier que tout bilan, tout compte de résultats, est le fruit du travail quotidien de personnes ordinaires. Et les gens en font plus quand ils sont motivés par un but susceptible de donner un sens à leur travail. Quand ils savent qu'ils se battent pour cet objectif commun, connu de tous, ils mettent leurs actions individuelles au service de l'effort collectif. Aspiration et inspiration revêtent une importance plus cruciale encore dans une entreprise vaste, complexe, en pleine mutation. Dans les grandes entreprises, une myriade d'actions et d'innombrables petites décisions s'additionnent pour former le résultat final. En période de changement, chaque salarié doit rompre avec ses vieilles habitudes et apprendre de nouveaux savoir-faire ; les actions et les décisions de chacun doivent s'inscrire dans de nouvelles cohérences pour produire quelque chose de différent.

J'ai lu tout ce qui me tombait sous la main car, si je connaissais bien Network Systems, je ne connaissais pas les autres entités appelées à former Newco avec nous. J'ai donc lu leur histoire, leur business plan, leurs réussites, leur stratégie. J'ai étudié tous les chiffres. Je me suis penchée sur la vision qui avait inspiré au conseil d'AT&T la décision de nous faire essaimer. J'ai parlé aux banquiers et écouté leurs analystes. J'ai posé beaucoup de questions et, quand j'ai eu le sentiment d'être bien informée, je suis parvenue à une conclusion que j'ai clamé haut et fort : il fallait viser haut, en vouloir beaucoup, nous concentrer sur les possibilités. Nous n'aurions qu'une seule chance de créer cette nouvelle entreprise.

Comme c'était mon rôle, j'ai expliqué mon point de vue à la table où se retrouvaient les dirigeants de la nouvelle société sous la direction d'Henry Schacht et où nous prenions ensemble toutes les décisions, de la stratégie aux détails pratiques du service clients. Henry savait que tout le monde devait s'approprier ce que deviendrait Lucent. Il a eu la sagesse de prendre le temps de construire un consensus sur tous les aspects importants du défi que nous avions à relever. Rich McGinn n'aimait pas ces réunions : elles étaient longues, souvent frustrantes, et cela partait dans tous les sens. Il critiquait violemment Henry derrière son dos, comme il l'avait fait derrière celui de Bill Marx. Mais Henry savait que construire l'équipe, la vision et le plan qui permettrait de la réaliser, tout cela demandait d'investir du temps et de l'énergie. Ces réunions ont soudé une détermination collective de réussir et la décision d'y parvenir ensemble.

Les ingrédients essentiels de notre vision étaient au nombre de trois. Premièrement, nous serions une entreprise de communications, au sens large, et non un fournisseur de matériel de télécommunications, au sens plus étroit. Cette distinction était importante, car Lucent pourrait concentrer son énergie sur les données aussi bien que sur la voix, sur les composants aussi bien que sur les systèmes, sur les consommateurs, les entreprises et les gouvernements, aussi bien que sur les opérateurs, avec des technologies diverses. Être une entreprise de communications était l'aspiration la plus haute que nous puissions nous donner, cela offrait en outre un but commun à la collection d'actifs dont était composée notre jeune entreprise, de la microélectronique aux produits de grande consommation, des systèmes de réseaux à la recherche fondamentale.

Deuxièmement, nous tirerions tout le profit de chaque aspect de notre histoire, de chaque actif possédé. La conséquence pratique fut la décision d'exploiter au mieux nos capacités plutôt que de chercher à nous désengager de certains domaines ou à mettre la pédale douce sur d'autres. Le marché ne nous connaissait pas, nous nous présenterions fièrement à lui comme riches d'un siècle d'innovations et de réussites. Au lieu de ne parler que de l'avenir, nous célébrerions aussi notre passé. Enfin, nous serions aussi audacieux, aussi véloces et aussi agressifs qu'une nouvelle entreprise, car, à de nombreux titres, c'est exactement ce que nous étions. Cette décision a eu un impact direct sur les objectifs que nous nous sommes fixés et sur les choix que nous avons faits.

Le nom, *Lucent*, qui signifie lumineux, le choix du logo rouge, audacieux (il avait été rejeté, mais j'avais insisté car il me rappelait les toiles de ma mère), et la première campagne de publicité, centrée sur la présentation d'une « start-up centenaire », tout cela résultait de ces trois décisions. Le nom, la politique de marque et la publicité de Lucent ont tous trois été salués comme un exploit de marketing. Or la publicité et le marketing ne sont vraiment bons que lorsqu'ils sont authentiques – lorsqu'ils reflètent réellement les aspirations, les capacités et les choix d'une entreprise. Une publicité et un marketing authentiques sont donc la conséquence de décisions stratégiques et opérationnelles spécifiques, ce ne sont pas des campagnes coupées des réalités ou prenant leurs rêves pour des réalités.

Le marketing et la publicité sont évidemment une forme de communication. Et s'il y a beaucoup de formes de communications, il n'y a qu'un seul public. Les experts affirment qu'il y en a plusieurs – les salariés, les clients, les actionnaires et les communautés. Je crois qu'en réalité, tous ne font plus qu'un. Ceci résulte d'abord de l'évolution des technologies. Par exemple, il n'est plus possible de parler au personnel sans que les actionnaires le sachent et *vice versa*. Deuxièmement, surtout dans le cas d'une grande entreprise cotée, la plupart des gens appartiennent à plusieurs des groupes mentionnés ci-dessus. Un salarié est un actionnaire. Un actionnaire est aussi un client, et il habite souvent une communauté où l'entreprise possède une installation importante. Le client aussi y habite, et il possède des actions de l'entreprise. Toutes ces personnes sont influencées par tout ce qu'elles voient et entendent, mais aussi par leurs amis, voisins et collègues.

Si différents types de communications peuvent servir différents buts – un prospectus donne une vision détaillée de tous les risques et incertitudes auxquels l'entreprise est confrontée, alors que la campagne de publicité donne une vue abstraite de son caractère – tous aboutissent devant le même public. Une communication authentique est donc non seulement ancrée dans la réalité, mais aussi cohérente face à des groupes différents. On ne peut pas dire une série de choses à ses actionnaires, des choses totalement différentes à son personnel, et espérer être considéré comme authentique. Faire passer des messages différents en fonction des interlocuteurs peut plaire un temps, mais, avec le temps, les gens les réconcilient en choisissant celui auquel ils croient.

Créer des communications authentiques comporte donc une difficulté inhérente. Il faut trouver le juste équilibre entre les risques et les aspirations, les deux étant réels ; entre les détails complexes et les concepts simples, les deux étant nécessaires à la compréhension. Il faut savoir, à tout moment, que chaque mot, chaque chiffre, peut affecter profondément ceux qui y attachent une importance particulière. Ceci est vrai de toute entreprise cotée, qu'il s'agisse de Hewlett-Packard ou de Lucent Technologies. J'ai travaillé soigneusement le moindre détail de la présentation que nous ferions à nos actionnaires, tous les aspects de notre publicité, et passé de longues nuits à discuter chacun des mots et chacun des chiffres du prospectus.

Au départ, je n'avais pas cru devoir m'impliquer autant dans l'élaboration de ce dernier. Les banquiers nous avaient dit que c'était le document sur lequel travaillaient « les avocats et les comptables ». J'ai vite compris qu'il représentait infiniment plus que cela. C'était une déclaration montrant qui nous étions et ce que nous avions décidé de devenir. Et ce fut le sujet de négociations intenses entre AT&T, notre société mère, et la jeune entreprise à laquelle nous nous préparions à donner son envol.

La nature particulière des affaires en Amérique veut que la négociation s'ancre dans la réalité quand les mots sont couchés sur le papier. Toutes sortes de choses peuvent être dites et acceptées par les deux parties avant ce stade. Mais rien n'est vraiment fixé avant le passage à l'écrit. Un soir, vers minuit, j'ai reçu un coup de fil de Jim Lusk. Il avait été le directeur financier de Network Systems et était désormais celui de Lucent. Il dirigeait l'équipe financière qui travaillait au prospectus. Pour l'heure, il était à New York, avec les membres de son équipe et leurs homologues d'AT&T. « Carly, j'ai besoin d'aide. Nous avons beaucoup de problèmes et, quoi que je fasse, nous ne sommes jamais d'accord sur rien. » J'avais toute confiance en Jim. S'il disait qu'il avait besoin d'aide, c'était vrai. Je lui ai dit que j'arrivais.

Nous avons enchaîné les nuits blanches des semaines entières durant. J'apprenais beaucoup et, comme toujours quand on apprend quelque chose, c'était intéressant. Le premier soir, j'ai demandé à quoi servait le petit bouton à côté de la porte de la salle de conférences. Il s'avéra qu'il y en avait de semblables dans toutes les pièces, dans ces bureaux où le prospectus était élaboré et imprimé. J'ai été informée que l'on pouvait appuyer dessus à toute heure du jour et de la nuit, et que quelqu'un apparaîtrait pour prendre la commande, quelle que soit la boisson ou le mets souhaité. Cela m'a beaucoup plu, j'ai dit que j'aimerais bien avoir cela chez moi. Pour détendre un peu l'atmosphère, j'ai souvent mis le système à l'épreuve. Quand nos discussions se heurtaient à un obstacle, je les arrêtais en mettant le sujet sur ce que nous allions demander après avoir appuyé sur le bouton ; en général nous en concluions tous que notre ligne n'y résisterait pas, d'autant que nous faisions une consommation extraordinaire de M&M's, mais cela nous faisait tout de même bien rire.

J'ai institué un processus intitulé « On tourne la page ». Généralement, une fois par jour, une grande équipe composée de représentants d'AT&T et de Lucent se retrouvait pour discuter mot par mot la rédaction du prospectus. C'était là que les problèmes surgissaient. Jim avait appelé à l'aide parce que soit les accords qu'il avait cru avoir trouvés s'effondraient lorsque les mots apparaissaient sur le papier ; soit des accords plus anciens étaient remis en cause, les gens ayant changé d'avis ; soit encore, personne n'était d'accord sur rien, le blocage était total. Il nous fallait donc un processus pour discuter, trouver un accord, et faire en sorte que l'on ne revienne pas dessus. C'est ainsi qu'est né « On tourne la page ».

La tâche du groupe était de lire le prospectus, ligne par ligne, page par page. J'ai proposé un processus permettant de débattre à fond de chaque problème, sur chaque page, jusqu'à ce que le groupe parvienne à un accord ou à la conclusion qu'il n'y parvenait pas. Dans ce cas de figure, je prenais la décision finale au nom de Lucent si je pensais qu'elle relevait de mes responsabilités. Un représentant d'AT&T en faisait autant de son côté si ses fonctions lui conféraient une autorité suffisante – en fait, côté AT&T, différentes personnes étaient appelées à se prononcer, en fonction de la nature du problème. Si la décision appartenait à une personne absente de la pièce, la question était mise en attente. Chaque problème relevant forcément de l'une de ces trois catégories, nous avions donc toujours la possibilité soit de prendre la décision, soit de mettre en attente un point précis. Quand nous avions achevé ce processus pour l'ensemble de la page, nous la tournions. Une fois tournée, une page ne pouvait pas être rouverte. Nous débattions, nous décidions et nous ne revenions pas en arrière.

L'acte physique de tourner la page devint un symbole de progrès, une victoire à célébrer. Après des discussions particulièrement longues, le groupe applaudissait de lui-même quand, tous ensemble, en grande fanfare, nous tournions simultanément la page. Au début, nous passions des heures sur la même page. Au bout d'un certain temps, nous savions à peu près qui soulevait des problèmes légitimes et qui faisait perdre son temps à l'équipe. La peur de se faire mal voir nous a permis d'avancer plus vite. Au bout d'une semaine, nous avons amélioré le processus en décidant que les problèmes pouvaient être préparés à l'avance, des sous-équipes travaillant désormais à la formulation présentée à l'ensemble du groupe.

Le groupe avait accepté mon idée parce que tout le monde voulait avancer. Et aussi parce qu'il fallait trouver un moyen de s'assurer que tous les points valides étaient étudiés et débattus sans que la prise de décision soit trop longue. Parfois, les dirigeants prennent les décisions pour les autres. Parfois, ils les délèguent. Et parfois aussi, ils mettent en place des processus qui aident tout le monde à les prendre. Cette idée allait me guider plus tard, quand j'arriverais chez HP.

Nous avons utilisé une version de ce même processus quand nous avons élaboré les éléments destinés à la tournée de présentation. (Un véritable parcours du combattant afin de rencontrer autant d'investisseurs susceptibles d'acheter des titres Lucent que possible.) L'effet cumulé de tout ce travail en groupe et de toutes ces décisions en équipe fut le réel sens de la camaraderie, le sentiment de travailler en vue d'un but commun, qui animaient la nouvelle équipe de direction de Lucent. Quand nous avons commencé notre tournée, nous nous sommes divisés en trois équipes de trois dirigeants chacune. L'enthousiasme que nous inspirait notre jeune entreprise était évident pour tous ceux qui nous écoutaient. Beaucoup d'investisseurs nous ont dit que c'est cela qui les avait convaincus. Quand nous sommes arrivés à New York, le *Wall Street Journal* a eu le commentaire suivant : « Ce sont les Rolling Stones. C'est Barbara Streisand. Non, pardon, c'est la tournée Lucent ! » Jim Lusk et moi étions dans l'équipe d'Henry. Il commençait les réunions en traçant une ligne au milieu de la longue table qui nous séparait des investisseurs potentiels. Il accompagnait ce geste d'un conseil : « Ne nourrissez pas les présentateurs, sinon vous risquez qu'ils grimpent sur la table pour venir vous convaincre ! »

La tournée a duré trois semaines, à raison de huit présentations par jour. Intellectuellement, c'était épuisant, mais nous en avons tous gardé un excellent souvenir. Il y avait le plaisir intense d'appartenir à l'équipe totalement soudée que Jim, Henry et moi formions ; celui de faire quelque chose pour la première fois ; le bonheur de parler de quelque chose en quoi je croyais si profondément, en sachant que nous posions ainsi les premières pierres de notre entreprise, qui se construisait sous nos yeux.

Le personnel partageait notre enthousiasme. Le jour de janvier où nous lui avons révélé notre nouveau nom et notre logo, l'événement a suscité un débordement collectif de joie et d'enthousiasme. J'ai eu les larmes aux yeux quand Henry a dévoilé le logo et fait passer la première publicité télévisée, et que j'ai vu les gens se lever pour nous faire une ovation spontanée. J'étais très loin d'être la seule. Et, le matin de septembre où nous avons lâché une montgolfière pour symboliser le fait que nous avions rompu toutes les amarres, quand j'ai vu notre nouvelle bannière flotter dans le vent, les larmes me sont à nouveau montées aux yeux. J'aimais Lucent.

Le contraste était total entre ce qui se passait chez nous et chez AT&T. Les membres de la direction avaient consacré toute leur énergie à la cession d'actifs. Ils n'avaient pas pris le temps de réfléchir à ce qui resterait quand ils auraient terminé. Ils n'ont pas saisi l'occasion de se réinventer, car ils ne l'ont pas vue. Et ce manque d'imagination a tout affecté – leur enthousiasme, le travail en équipe, leur aspiration, leurs performances. Les querelles internes étaient intenses, comme toujours lorsqu'il n'existe pas d'objectif externe pour canaliser les énergies vers l'extérieur. Cette différence d'ambiance, on la sentait chaque fois que l'on allait des bureaux de l'un à ceux de l'autre. Beaucoup des amis que je m'étais faits chez AT&T pendant nos négociations nocturnes m'appelaient pour me dire, par exemple : « Je me mords les doigts d'avoir pris la décision de rester ici. Tout le monde croyait que vous seriez une entreprise ennuyeuse, sans avenir, et, finalement, c'est nous qui le sommes devenus ! » Je m'en souviendrais plus tard, quand je suis arrivée chez Hewlett-Packard et que je me suis trouvée confrontée à la décision, *de facto*, de se départir de ce qui est devenu Agilent Technologies.

J'ai énormément appris au cours de mes deux ans aux Corporate Operations. Avant notre introduction en Bourse, je voyais Wall Street comme une immense et mystérieuse machine actionnant en coulisses la plus grande économie du monde. Wall Street était difficile à comprendre ou à expliquer, mais ses pouvoirs de discernement étaient certains. Les banquiers étaient les grands prêtres de la religion capitaliste, et les analystes leurs acolytes. Mais, comme cela avait été le cas de nombreuses fois auparavant, l'expérience et l'observation m'ont révélé la vérité que camouflait le mystère. Wall Street, c'est une immense foule de personnes. Ces gens ont des ego, des ambitions, des conflits d'intérêts. Leurs buts et leurs objectifs sont éminemment variés, comme dans tout groupe nombreux. Si certains sont sages, dotés de discernement, tous les investisseurs ne sont pas des génies et tous les banquiers ne créent pas de la valeur. Certains, plus que d'autres, se laissent guider par leur émotivité et des idées reçues. Certains sont sensibles à l'aspect spectaculaire et au suspense des OPA ou des introductions en Bourse, d'autres aux chiffres, d'autres encore au potentiel de ces opérations. Wall Street fonctionne parce que son marché est vaste et liquide. Il y a suffisamment de gens et suffisamment d'argent pour que le bon sens finisse par l'emporter. Mais à court terme, ou quand les acteurs sont peu nombreux, l'émotion, l'ambition et l'appât du gain prennent parfois le pas sur le bon sens. C'était déjà raisonnablement apparent en 1995, bien avant la bulle de la fin des années 1990 ou la multiplication des fonds spéculatifs. Mais en 1995, la plupart des investisseurs pariaient en fait sur les actifs que représentait le titre. Cinq ans plus tard, on pariait de plus en plus, non sur la valeur de ces actifs, mais sur celle du titre lui-même. Aujourd'hui, pour beaucoup de traders et d'investisseurs, ses fluctuations sont plus importantes que l'entreprise et ses capacités.

J'avais appris d'autres choses. En particulier, sur la division systèmes d'information et son impact sur la bonne marche de l'entreprise. J'avais négocié un contrat de sous-traitance avec IBM, que j'ai amèrement regretté (mais cela m'a donné l'occasion de constater les vulnérabilités de ce partenaire, ce qui m'aiderait plus tard lorsque HP lui ferait concurrence). J'avais étudié Hewlett-Packard, une entreprise dotée de nombreuses qualités admirables, mais avec laquelle il était pratiquement impossible de travailler si cela supposait un accord entre ses nombreuses entités autonomes. J'avais été le témoin de l'efficacité du travail en équipe et d'une cause commune. Et, une fois encore, j'avais vu ce que des gens peuvent réellement accomplir quand ils sont bien dirigés et bien soutenus, qu'ils ont une bonne stratégie et la volonté de gagner.

16

Prenons le bus et marchons !

Quand mes deux années au siège ont été terminées, Henry a tenu parole. Il m'a demandé de prendre la direction Consumer Products. C'était la division de Lucent qui produisait et vendait du matériel de communications grand public – essentiellement des téléphones classiques ou sans fil. Après m'y être immergée trois mois, j'ai demandé à voir Henry et Rich seuls. Mon évaluation de la situation m'amenait à une conclusion pessimiste. Les gens étaient enthousiastes, mais les produits n'étaient pas concurrentiels. Nos coûts de production étaient trop élevés et nos volumes trop faibles. La qualité, les caractéristiques et le design de nos produits ne valaient pas ceux des appareils concurrents. Les marchés grand public sont dominés par les marques, et l'investissement dans la marque Lucent avait visé presque exclusivement les entreprises. En outre, dans un marché de plus en plus mondialisé, où nos concurrents les plus formidables étaient européens et asiatiques, notre distribution était beaucoup trop centrée sur l'Amérique.

En conclusion d'une présentation longue et exhaustive, qui expliquait tout cela en détail, j'ai proposé trois options à Henry et à Rich. La première était de continuer sur notre voie, en faisant autant d'améliorations que possible. Ce scénario déboucherait sur un redressement de nos résultats financiers, réel mais modeste. Il n'y aurait pas de miracle, simplement un résultat plus respectable. Nous serions rentables, mais pas autant que nos meilleurs concurrents. La seconde option était d'investir pour devenir leader de notre marché. Cela supposait d'augmenter considérablement nos dépenses pour renforcer notre marque auprès des consommateurs, de passer des accords de distribution à l'échelle mondiale, de recruter les meilleurs spécialistes pour la recherche-développement et le design, de délocaliser et de moderniser nos usines. La troisième consistait à se désengager des produits de consommation, en partie ou en totalité.

J'ai recommandé la troisième option. Je pensais que Lucent n'avait ni la patience, ni l'ambition, et encore moins les ressources indispensables pour bâtir une grande entreprise de produits de consommation. J'ai dit que conserver cette activité perpétuellement à la traîne nuirait à l'entreprise dans son ensemble. Je reconnaissais qu'il faudrait du temps pour prendre une telle décision, et encore plus pour en étudier toutes les facettes et la mettre à exécution. C'est la raison pour laquelle je présentais aussi un plan pour la première option. Je m'engageais, et j'engageais mon équipe, à rendre cette activité rentable et à mettre sur le marché des produits mieux conçus. Il nous faudrait apporter des modifications au management, mais c'était faisable. Rich et Henry ont été assez secoués. Ils ne s'attendaient pas à de telles conclusions. Une chose était certaine : nous n'avions plus d'argent à investir, il n'était donc pas possible de devenir leader du marché. Je savais qu'ils étaient déçus, certainement par ce que j'avais dit, mais peut-être aussi par moi. Mais la franchise est la marque de la vraie loyauté, et Lucent – ainsi que Henry – pouvaient compter sur la mienne.

Je me suis consacrée entièrement à ma nouvelle division. Les gens avaient un besoin criant de leadership. Je n'ai pas répété tout ce que j'avais dit à Henry et à Rich, mais j'ai été directe en ce qui concernait les difficultés et les contraintes. Nous n'aurions pas de fonds supplémentaires à investir. Un concurrent asiatique comme VTech ou européen comme Nokia avaient sur nous des avantages importants. La solution était simple : il fallait faire mieux avec ce que nous avions.

Comme chaque fois qu'un nouveau dirigeant propose un défi, il faut qu'une masse critique des anciens accepte de le relever. Faute de quoi il ne se passe rien. Les gens qui n'ont jamais travaillé dans l'environnement complexe des grandes entreprises sont souvent étonnés quand on leur dit que les grands patrons eux-mêmes s'avèrent parfois incapables d'effectuer les changements indispensables si leurs subordonnés décident collectivement – même tacitement – de maintenir le *statu quo*. Un patron peut recruter et licencier, redéployer les ressources humaines et financières, évaluer et récompenser, menacer ou inspirer. Chacune de ces actions sera analysée et interprétée. Certaines interprétations motiveront le changement, d'autres le décourageront. Mais aucun dirigeant, même le PDG, ne peut ordonner aux gens de changer, les forcer à se comporter autrement. Ils agissent selon leur propre volonté, prennent leurs propres décisions et, dans les grandes entreprises, il est facile de les cacher.

Le changement doit être choisi, ceux qui y prendront un rôle actif se désignent alors d'eux-mêmes. Homa Firouztash était le patron de notre activité téléphones fixes. C'était un Iranien, bel homme, qui avait survécu de justesse au renversement du Chah. Rares étaient ceux à qui il accordait sa confiance. Il avait visé mon poste et pensait (à juste titre) que son collègue, celui qui dirigeait les téléphones portables, n'était pas à la hauteur. Il avait toutes les raisons de m'ignorer. Le développement de produits, la production et la distribution travaillaient sous son autorité, et non la mienne. Les subordonnés d'Homa lui faisaient confiance et le respectaient, mais ils ne me connaissaient pas. Heureusement, Homa, estimant que le changement était nécessaire, a décidé de prendre ses responsabilités.

Nous étions parvenus à la fin d'une réunion longue et difficile à l'échelle de l'ensemble des services, et je venais d'exposer toutes les difficultés auxquelles nous étions confrontés et les décisions qu'il nous fallait prendre. Nous étions à la croisée des chemins. Ce n'est pas parce qu'une décision est difficile qu'on peut l'éluder : elle doit être prise en toute connaissance de cause. Le véritable changement commence toujours par un moment comme celui-ci.

Homa n'avait pas beaucoup parlé ce jour-là, pas plus qu'au cours des deux mois précédents. Il s'est levé. Son anglais n'était pas parfait, les transitions n'étaient pas son fort. Mais il s'est exprimé avec conviction et authenticité. Après une longue intervention au cours de laquelle il a dit essentiellement qu'il trouvait que nous étions en mauvaise posture, qu'il préférerait largement que nous ayons plus d'argent et plus de temps, qu'il ne pensait pas que Lucent appréciait suffisamment les produits de consommation, il a eu la conclusion suivante : « Bon, alors moi, je dis, prenons le bus et marchons. Et si vous ne marchez pas, descendez ! »

D'accord, c'était une métaphore un peu étrange. Tout le monde s'est mis à rire et à applaudir en même temps. Il s'était parfaitement fait comprendre et, à partir de ce jour-là, chaque fois que nous flanchions un peu, nous nous demandions mutuellement : « Alors, tu prends le bus et tu marches, oui ou non ? »

D'autres sont venus renforcer la masse critique et ont mis leur talent au service du changement. Pour reprendre la métaphore, Roger Spence a sauté dans notre bus à pieds joints, mis à plat nos processus de recrutement et d'évaluation, et nous a ainsi permis de modifier beaucoup plus rapidement notre palette de talents. Roger était aux Consumer Products depuis longtemps. Il était enchanté de modifier ses façons de penser. Il avait beaucoup d'humour et s'en est servi pour aplanir la route parfois rugueuse du changement. Il a mené celui-ci en choisissant de créer quelque chose de nouveau, en s'engageant et en donnant à ses collègues envie d'en faire autant. Un leader, c'est un individu capable de faire une différence positive, et cela, tout le monde, quel que soit le poste qu'il occupe, le peut.

Nous avons commencé à obtenir de bonnes performances, à réaliser nos objectifs. Et la division, comme toujours quand la performance progresse, s'est sentie portée par un élan nouveau, animée d'une confiance nouvelle.

C'est alors que Rich et Henry ont décidé d'appliquer la troisième option. C'était la bonne décision pour la santé à long terme de Lucent et de Consumer Products ; nous nous sommes donc mis à la recherche de partenariats possibles. Je ne pouvais mettre au courant que très peu de personnes. Cette obligation de garder le secret m'a un peu coupée de mon équipe. J'ai souffert de cette solitude. C'était la bonne décision, mais c'était dur.

Nous ne voulions pas vendre immédiatement, dans le souci de protéger les accords existants entre Consumer Products, Lucent et ses clients. Nous souhaitions que les actifs de Consumer Products, dont la valeur avait beaucoup augmenté grâce au travail de tout son personnel, soient détenus en majorité par une entreprise susceptible de financer les investissements nécessaires. Autrement dit, une entreprise de biens de consommation ayant des ambitions dans le domaine des communications. Nous avons fini par négocier une joint-venture avec Philips Electronics, qui préparait une grande percée dans les communications en comptant sur deux atouts : les produits et la distribution. Plusieurs semaines durant, j'ai fait en secret la navette entre le New Jersey et Bruxelles. C'était épuisant, physiquement et affectivement.

Comme Philips détiendrait la majorité de la nouvelle entité, le nouveau directeur général viendrait de Philips et c'est lui qui choisirait sa nouvelle équipe. J'approuvais le choix de ce directeur général et je me suis battue farouchement pour qu'il confie des postes clés aux meilleurs membres de mon équipe. Quant à moi, je siégerais au conseil pendant un an. L'équipe qu'il a constituée était équilibrée, elle me plaisait, et je pensais que la joint-venture servirait les intérêts de notre division, ceux de Philips, ceux de Lucent et surtout ceux de la nouvelle entreprise que nous étions en train de créer ensemble. Je m'entendais bien avec son directeur général, que j'ai accompagné sur tous nos sites de production et dans tous nos bureaux pour le présenter personnellement, expliquer la stratégie, les raisons pour lesquelles je soutenais cette décision, et enfin pour remercier tout le monde d'avoir travaillé avec un tel dévouement. Je ne voulais pas le montrer, mais j'étais triste à l'idée de voir tous ces visages pour la dernière fois. J'ai toujours eu du mal à dire au revoir, mais je trouvais que je leur devais bien ma présence, ainsi que l'expression de ma gratitude. J'ai eu très souvent l'occasion de dire au revoir, mais ce n'est pas plus facile pour autant.

L'année suivante, lorsque la joint-venture a commencé ses activités, il est vite devenu évident, à mon grand regret, que nous avions commis une erreur. La stratégie consiste à faire des choix, l'exécution à faire en sorte qu'ils aboutissent à de bons résultats : ce sont les deux faces de la même médaille. La stratégie était saine, mais l'exécution laissait à désirer. En cas d'échec de notre joint-venture, j'en serais partiellement tenue responsable.

J'avais maintenant la certitude que nous avions mal choisi le directeur général. Je suis allée à New York rencontrer les dirigeants de Philips, actionnaire majoritaire, pour exprimer mon point de vue. Notre filiale commune ne marcherait que si le directeur général, que nous avions désigné d'un commun accord, était remplacé. Il pensait trop à ses problèmes personnels pour se concentrer sur son travail. Il ne parvenait ni à affronter, ni à trancher les inévitables désaccords entre les deux équipes de direction qui devaient désormais travailler ensemble à créer la nouvelle entreprise. Le PDG de Philips a réagi comme s'il s'agissait de son propre fils : il reconnaissait que j'avais raison, savait que son propre directeur financier était d'accord avec moi, mais ne parvenait pas pour autant à se décider. L'une des raisons pour lesquelles les dirigeants sont des gens seuls, c'est que leurs responsabilités supposent à la fois de la passion et la capacité de détachement. Un leader doit faire partie de son équipe, mais aussi être capable de prendre du recul, de voir clairement ce qui se passe. Il faut prendre suffisamment de distance pour prendre les décisions difficiles.

Quand j'ai eu achevé ma tournée d'adieux, je me suis retrouvée sans poste et rien ne se profilait clairement à l'horizon. Beaucoup de choses étaient en train de changer chez Lucent. Henry prenait sa retraite – plus tôt qu'il ne l'aurait souhaité, plus tôt qu'il n'eût été souhaitable pour la société, mais l'impatience et l'ambition du prétendant à sa succession, Rich McGinn, lui mettaient l'épée dans les reins. Henry avait fait preuve d'une générosité extrême dans ses relations avec Rich et avait fait comprendre on ne peut plus clairement que celui-ci serait le prochain directeur général. Rich le remerciait en se moquant de lui et en menaçant sans arrêt de quitter la société. Quand Henry fit ses longs et émouvants adieux à l'équipe de direction de Lucent Technologies, Rich roulait des yeux et regardait ostensiblement sa montre. Et à peine Henry était-il parti que Rich désintégrait l'esprit d'équipe qu'Henry avait si soigneusement créé.

Pour commencer, il scinda la direction générale en deux postes. Dan Stanzione, qui avait dirigé Network Systems les deux années précédentes après avoir présidé aux destinées des Laboratoires Bell, partagerait désormais la direction générale de Lucent avec Ben Verwaayen, ancien président de la compagnie néerlandaise de téléphone, que Rich avait recruté en lui faisant des promesses pour l'avenir. Ces deux hommes avaient des principes et se dévouaient entièrement à leur travail. Ils étaient également ambitieux et chacun des deux se voyait certainement prenant un jour la présidence de Lucent. Ils firent tous deux preuve de bonne volonté en se répartissant équitablement les tâches, mais cet arrangement permettait à Rich de les dresser l'un contre l'autre. Il était passé maître dans l'art et la manière de diviser pour régner, décidant arbitrairement de ce qu'il disait à l'un et pas à l'autre, leur assignant des missions sous le sceau du secret. Les services aussi pouvaient exploiter les vices de cette organisation : si Ben prenait une décision que les gens n'aimaient pas, ils pouvaient toujours aller trouver Dan, et *vice versa*.

Ensuite, Rich prit les trois branches maîtresses de Lucent – Network Systems, qui vendait des systèmes à des opérateurs téléphoniques, Microelectronics, qui vendait aux constructeurs d'équipements, et Business Communications Systems, qui vendait aux entreprises – et scinda le tout en onze centres de profit. Chacun serait dirigé par un président, chacun aurait un compte de résultats. Rich voulait des entités plus petites, plus « agiles ». Les rôles et les responsabilités de ces onze présidents, les conflits et les chevauchements de responsabilités ne furent pas définis ; mais la plus grande partie du personnel leur reportait, et c'est eux qui répondraient des résultats obtenus.

Finalement, Rich créa une structure de management à deux niveaux. Le comité de direction serait constitué de lui-même, des deux directeurs généraux, du directeur financier et de Pat Russo, vice-présidente qui avait désormais la haute main sur les ressources humaines, les relations publiques et le marketing et la stratégie. Ce comité se réunissait tous les quinze jours. Il y avait aussi le comité de management, qui se réunissait une fois par mois. Aucun des deux comités n'avait d'attribution précise, de sorte que les rivalités commencèrent presque instantanément. Les gens observaient la confusion et les conflits et les exploitaient quand cela les arrangeait.

Rich avait créé une structure de management en soleil. Il était le centre. Ses deux directeurs généraux, son directeur financier, Pat Russo et les onze présidents étaient autant de rayons. Toutes les structures, même les moins commodes et les plus lourdes, peuvent fonctionner si les gens travaillent en équipe et dans le même sens. Mais Rich n'avait pas envie de se doter d'une équipe. Il aimait utiliser l'information, l'accès à son propre bureau et les faveurs personnelles pour faire en sorte que tout le monde soit toujours sur le qui-vive. En outre, il ne comprenait pas vraiment comment on obtenait des résultats. Avant d'arriver chez Lucent, où il avait dirigé la branche Network Systems, il avait, en général, laissé à d'autres les détails difficiles de l'exploitation. Quand il rassemblait ses subordonnés immédiats pour exiger de meilleures performances, il sortait de la réunion dès qu'il avait achevé sa propre introduction. Nous n'avions qu'à nous débrouiller pour décider qui ferait quoi et comment.

Cela faisait cinq ans que je travaillais avec Rich. Il était rapide, facile et charmant quand il le voulait, mais il manquait de caractère. J'estimais qu'il n'avait pas l'étoffe d'un bon leader ; en outre, je n'aimais pas la structure de management qu'il avait créée. Rich m'avait demandé de prendre la direction d'une entité baptisée Global Service Providers. Sur le papier, c'était le plus gros poste de Lucent, car elle regroupait toutes nos activités avec les opérateurs de réseaux, dans le monde entier – en fait, c'était l'ancien Network Systems. En réalité, je ne contrôlais qu'une infime partie des ressources correspondantes. J'avais autorité sur toutes les équipes commerciales et de service, mais ni sur le développement de produit, ni sur la production. Or, je le savais bien, c'est là que se situait le pouvoir chez Lucent ; je savais aussi que les deux collègues qui en avaient hérité exerceraient pleinement leurs prérogatives. Je devrais répondre de la performance globale, mais Rich refusait de me donner les responsabilités correspondantes.

J'étais très vexée que Rich ne m'ait pas confié la succession de Dan Stanzione à la tête de Network Systems, et épuisée à la seule pensée de me frayer un chemin dans ce dédale de nouvelles structures internes. Je reporterais à Ben Verwaayen, qui avait de grandes idées sur tout ce qu'il fallait faire autrement. J'étais sur la défensive et je me suis mal comportée avec Ben : je lui ai dit que Lucent s'était bien débrouillé jusque-là, et qu'il devrait peut-être apprendre à connaître cette entreprise avant de la déclarer en perdition. Frank et moi avons décidé, pour la première fois de notre vie, de prendre quinze jours de vacances. Nous avions tous deux besoin de temps pour nous reposer et pour réfléchir. J'ai dit à Rich qu'il aurait ma décision au retour.

Nous sommes allés en Italie avec Carole et Greg Spurrier. Nous avons pris l'avion pour Milan, y avons loué une voiture et nous sommes allés à Portofino, Sienne, en Ombrie, à Florence, à Venise et au lac de Côme. Retrouver l'Italie, parler italien, être avec mon mari et nos amis, tout cela était merveilleux. Deux semaines de vacances, c'était un luxe inouï. Nous étions tous en gondole, à Venise, quand la sonnerie de mon portable a retenti.

C'était Rich McGinn. Il m'offrait une augmentation et un gros paquet de stock-options, ajoutant qu'il avait besoin de connaître ma décision. Je lui ai dit qu'il la connaîtrait à mon retour. Ce n'était pas de la coquetterie : je ne savais pas encore ce que j'allais répondre. Et ce n'était pas une question d'argent.

Rich ne comprenait pas ce qui me motivait. Ce n'était pas une augmentation ou des stock-options. J'aime ce que l'on peut acheter quand on a beaucoup d'argent et je ne m'en prive pas. Je suis consciente que l'argent est le symbole de la valeur d'un salarié aux yeux de son entreprise et je crois mériter une rémunération comparable à celle de mes pairs. Mais mon cœur n'est pas à vendre, et il faut qu'il soit dans mon travail. À mes yeux, on ne peut travailler avec acharnement que lorsqu'on se passionne pour son travail, et ce nouveau poste exigeait un effort particulièrement intense. Si je l'acceptais, je me donnerais à fond.

En novembre 1997, j'ai décidé de m'engager totalement dans ce boulot, mais seulement pendant deux ans. Je ne pouvais pas quitter Lucent – j'y étais trop attachée. Je ne pouvais pas quitter mes collègues, je ne pouvais pas abandonner l'idée de la start-up centenaire. Rich a cru m'avoir convaincue, mais en fait je suis restée malgré lui et non pas grâce à lui. Il fallait maintenant que je trouve le moyen de stimuler la performance, et cela dans des services relevant de six entités différentes. Nous ne pouvions réussir que par la cohérence et la collaboration.

La cohérence et la collaboration ne sont pas nécessairement des concepts fumeux, mal définis, se résumant à : « Bon, vous allez voir qu'on va bien s'entendre. » Un travail en équipe efficace, c'est plus que la politesse et la bonne volonté, même si les deux aident l'entreprise à mieux fonctionner. La cohérence résulte du fait que l'on partage les mêmes objectifs. La collaboration résulte de celui que l'on mesure la réussite à l'aune des mêmes indicateurs. Ces objectifs et ces indicateurs communs, il faut commencer par les définir clairement et d'un commun accord. Les gens ont besoin de savoir pourquoi ils collaborent et quand ils réussissent. Ils ont besoin de savoir que tout le monde s'engage dans le même but. Enfin, ils ont besoin de savoir qu'il n'y a pas d'autre façon d'obtenir les résultats souhaités. « On tourne la page », le processus simple que nous avions adopté pour rédiger le prospectus de Lucent, était un exemple de cohérence et de collaboration.

La collaboration par-delà les frontières organisationnelles suppose un comportement radicalement différent de la prise de décision sur le modèle commandement-contrôle typique d'une seule organisation. Elle suppose que les collaborateurs des diverses entités concernées se consultent davantage et parviennent à se mettre d'accord. Elle suppose que chacun assume ses responsabilités tout en partageant les ressources. Cela veut dire que vous pouvez compter sur les autres pour faire leur boulot et qu'ils peuvent compter sur vous pour faire le vôtre. La prise de décision en mode commandement-contrôle est un mouvement vertical d'informations, celles-ci remontant la chaîne de commandement tandis que la décision la descend. La prise de décision collaborative se traduit par un mouvement horizontal de l'information et de la décision, celles-ci traversant plusieurs chaînes hiérarchiques. La prise de décision sur le mode commandement-contrôle est définie par les cases et les lignes de l'organigramme, la collaboration horizontale par les processus et les passages du relais d'un groupe ou d'une personne à l'autre. La meilleure façon de comprendre comment cela fonctionne, c'est sans doute de regarder qui communique avec qui – dans les réunions, par courriers électroniques et par téléphone.

Si vous réfléchissiez à la façon la plus rapide de faire parvenir un produit à un consommateur, vous finiriez sans doute par tracer une ligne horizontale de collaboration traversant plusieurs départements : tous doivent y participer, depuis le développement de produits à leur installation, en passant par la production, la logistique et la commercialisation. Tout mouvement vers le haut ou vers le bas de la chaîne hiérarchique d'un département ne fait que prolonger le processus, du point de vue du client. Ce dernier souffre si un département manque une étape du processus. Pourtant, au sein d'une entreprise, la collaboration est, par nature, plus difficile à enseigner et à motiver que le binôme commandement-contrôle. Nous comprenons tous qu'un patron dise à un subordonné de faire quelque chose ; une demande de collaboration, d'homologue à homologue, semble moins évidente. On a toujours l'impression que cela ira plus vite de faire soi-même ceci ou cela, plutôt que de compter sur les autres pour le faire avec nous. Et il semble toujours plus facile de se comprendre entre collègues de la même entité. C'est la raison pour laquelle la première chose à faire est de convaincre les gens que la collaboration est la seule solution. Quant aux dirigeants, ils doivent avoir la discipline de l'exiger, de la mesurer et de la récompenser.

J'ai passé les mois suivants à faire des allers et retours entre les bureaux des autres directeurs, ainsi qu'entre ceux de Dan et de Ben, à qui ils reportaient. Nous devions nous mettre d'accord sur des objectifs ambitieux, mais réalisables. Ainsi que sur la façon dont nous mesurerions la réussite et sur qui engagerait sa responsabilité sur quoi. Nous devions même nous mettre d'accord sur la façon dont nous évaluerions et récompenserions nos salariés ; en effet, si ceux qui refusaient de collaborer passaient avant ceux qui l'acceptaient, les gens ne tarderaient pas à comprendre que nous n'étions pas sérieux.

C'était un travail difficile, il fallait descendre dans les détails, mais nous voulions tous les mêmes choses et nous avions tous déjà travaillé ensemble, ce qui nous a énormément facilité la tâche. J'ai enterré la hache de guerre avec Ben et nous sommes devenus bons alliés. C'est, encore aujourd'hui, un ami très cher. Nous connaissions tous les difficultés inhérentes au style de leadership de Rich et à la structure qu'il avait choisie, mais nous étions collectivement décidés à faire en sorte que Lucent réussisse. Nous nous sommes mis d'accord.

J'ai insisté pour que nous organisions une réunion conjointe. Je trouvais en effet indispensable d'annoncer et d'expliquer à nos équipes ce dont nous étions convenus, en nous appuyant sur un matériel de présentation commun pour codifier les détails. La rumeur et le mystère n'ont pas leur place dans le monde des affaires – tout le monde doit entendre les mêmes choses, de la même manière, si possible en même temps, pour éviter la confusion et les interprétations erronées. Pour les mêmes raisons, la communication verbale doit être confirmée par des documents écrits.

Je voulais aussi que l'on s'amuse un peu. Plus personne ne savait comment nous devions nous faire appeler. L'ancien Network Systems avait éclaté en six entités distinctes, servant toutes les mêmes clients. Il était évidemment trop long de les énumérer toutes. Et nous ne pouvions pas laisser tomber les groupes : ils se sentiraient exclus.

J'aime bien dire : « Si vous ne pouvez pas y porter remède, mettez-le en scène. » En l'occurrence, il nous fallait un nom. Pourquoi pas BUFKANS (pour *Business Units Formerly Known As Network Systems*) ? À l'instar de l'artiste précédemment connu sous le nom de Prince, notre couleur serait le violet. Et comme c'était l'année du dragon dans le calendrier chinois, notre mascotte serait le dragon. Nous avons expliqué cela très solennellement lors de la réunion, avant de remettre à chaque participant un tee-shirt violet orné d'un dragon sur le devant et de l'inscription BUFKANS sur le dos. Cela a beaucoup plu parce que c'était rigolo, parce que cela nous donnait un thème, et parce que cela exprimait un message tout à fait sérieux d'une façon qui ne l'était pas trop. Nous n'avions peut-être pas un très joli nom, mais cela ne nous empêcherait pas de former une bonne équipe.

Les résultats ne se sont pas fait attendre. Tout le temps et le soin que nous avions consacrés à définir nos objectifs et nos indicateurs communs, toutes les âpres discussions que nous avions subies pour clarifier nos responsabilités et nos rôles individuels et collectifs – tout cela a payé. Une préparation soigneuse, une discipline rigoureuse, une adhésion sincère de tous, cela paie toujours, mais cela demande du temps et de la patience.

Notre travail en équipe fut gravement menacé quand Lucent fit l'acquisition d'Ascend Communications. Rich voulait être certain que Lucent n'étoufferait pas cette jeune entreprise, il décida donc qu'Ascend ne s'intégrerait pas dans l'ensemble et que son patron reporterait à Dan Stanzione. Cela voulait dire que Lucent aurait deux forces de ventes distinctes, qui iraient voir les mêmes clients, l'une pour leur vendre les produits Lucent, l'autre les produits Ascend, l'une reportant à Ben, l'autre à Dan. Malgré cette séparation structurelle, les opérateurs téléphoniques que nous avions comme clients s'intéressaient de plus en plus aux données et voulaient commencer à intégrer les capacités voix et les capacités données. Il faudrait donc que ces deux forces de vente travaillent ensemble, et c'est moi qui devrais les en convaincre. Je dirigeais la force de vente de Lucent, et Lucent avait nettement plus besoin d'Ascend qu'Ascend avait besoin de Lucent.

Lucent avait déboursé près de 24 milliards de dollars pour acquérir Ascend, dont le chiffre d'affaires était de 1,4 milliard de dollars. L'entreprise avait son siège dans la Silicon Valley et une culture largement dominée par les ventes. Le patron de la force de vente était un charmeur doublé d'un solide buveur, qui s'enorgueillissait de son irrévérence et de son indépendance. Il racontait des histoires lestes et agrémentait les réunions de la présence de jolies hôtesses. Il savait s'habiller comme un prince, mais si l'on était censé s'habiller « comme un vendredi » à une réunion, il adorait arriver en short de sport et en tongs. Cela faisait partie du personnage : « Je suis un dur, je réussis, et je me fiche pas mal de ce que vous pensez. » Notre acquisition avait fait de lui un homme riche, rien ne l'obligeait à faire ce qu'il n'avait pas envie de faire.

Il avait la force de vente d'Ascend à sa botte. Presque exclusivement masculine, comme dans beaucoup d'entreprises de la Silicon Valley de l'époque, elle n'avait pas grande estime pour une vieille entreprise de la côte Est qui vendait du matériel de téléphonie vocale. Notre propre force de vente était constituée presque pour moitié de femmes, et l'équipe de direction était dominée par des femmes. Nous étions en plein cœur de la grande expansion des dotcom, les termes *nouvelle économie* et *vieille économie* étaient déjà en vigueur. Ascend était tout ce qu'il y a de plus nouvelle économie – forte croissance, la grosse tête, une arrogance à la hauteur du cours de l'action. Ascend n'avait que faire des codes de conduite surannés. Lucent, à ses yeux, relevait clairement de la vieille économie. Nous n'avions évidemment pas compris le nouvel ordre du monde, c'est la raison pour laquelle nous avions dépensé une telle fortune pour les acheter. Ils n'avaient pas grand-chose à apprendre de nous et guère plus envie de travailler avec nous. Nous n'étions manifestement ni aussi durs ni aussi malins qu'eux.

Rich et Dan décidèrent d'organiser en Californie une réunion rassemblant les deux forces de vente. Je pensais que c'était une excellente idée, il fallait bien faire un premier pas. Je savais aussi que cette première rencontre serait déterminante pour la suite. La façon dont les choses commencent influe beaucoup sur celle dont elles continuent et même sur leur avenir tout court. Peu avant la réunion, Frank et moi sommes partis en vacances à Saint-John, dans les îles Vierges. Nous avions loué une grande maison ; nos filles, les sœurs et le beau-frère de Frank sont venus, et nous avons passé une semaine merveilleuse. Tous les jours, j'allais à la plage à pied et en remontais également à pied pour faire du sport, et tous les jours, je pensais à cette réunion avec Ascend. Au retour, en gravissant la côte en pleine chaleur, je me demandais comment nous pouvions nous attirer leur respect. Comment nous mettre très vite sur un pied d'égalité ? Comment démontrer que nous avions quelque chose à offrir ?

J'estimais devoir répondre à ces questions au nom de Lucent. Je savais que tout le monde, en particulier mon équipe de directeurs, appréhendait cette réunion. Les gens d'Ascend étaient précédés par leur réputation. Je faisais mes bagages quand Frank m'a demandé si j'avais décidé ce que je ferais. « Oui, mais je ne te le dirai pas avant de l'avoir fait. Tu pourrais me prêter une paire de chaussettes ? » Je n'ai pas dit à Frank ce que j'avais en tête, parce que je ne voulais pas qu'il m'en dissuade.

La réunion commencerait par un discours de Rich, suivi de Dan ; ce serait ensuite le tour de mon homologue de chez Ascend. J'avais choisi ma tenue avec soin : un tailleur pantalon assez ample et des bottes de cow-boy. Rich et Dan ont parlé des opportunités qui s'offraient à nous et se sont déclarés enchantés de réunir deux grandes forces de vente. Le directeur commercial d'Ascend, conformément à sa réputation, est monté sur le podium en short et en tongs. Il était drôle, désinvolte, et a dit ce qu'il fallait dire, évoquant un avenir de travail en équipe débouchant sur la réussite. Je crois qu'il était sincère, mais personne n'en était sûr. À mon tour, je suis montée sur le podium, me suis installée derrière le lutrin et ai présenté un certain nombre de données au rétroprojecteur. J'ai parlé de nos perspectives communes en me plaçant successivement sous l'angle des clients, de la géographie et des lignes de produits. J'ai fait un plaidoyer sérieux, du moins je l'espérais, pour la coopération, en me basant sur les faits, les opportunités existantes et les réalités de la situation concurrentielle. Ensuite, j'ai dit : « Comme vous le savez, notre coopération est fondée sur une opportunité commune. Mais notre partenariat doit aussi reposer sur le respect mutuel, et nous ne l'obtiendrons qu'en nous disant la vérité, même si elle n'est pas agréable à entendre. Et la vérité, c'est que nous estimons que vous, chez Ascend, vous êtes des cow-boys, vous ne comprenez pas les exigences de nos clients en termes de qualité du service. »

C'était, entre autres choses, ce qui inquiétait nos équipes. Nos délégués, mal à l'aise, s'agitèrent sur leur siège. Les cowboys semblaient vexés.

« Ne le prenez pas mal. Ce que vous pensez de nous est bien pire. » Maintenant, tout le monde s'agitait sur son siège. J'employais un ton surprenant pour une réunion censée créer un esprit d'équipe. Rich et Dan avaient l'air très inquiets.

« La vérité, c'est que vous nous prenez pour des mauviettes (j'avais choisi ce mot avec le plus grand soin). Vous pensez que nous ne sommes pas assez durs, pas assez débrouillards. »

Quittant le lutrin, j'ai fait quelques pas vers l'avant du podium et, ce faisant, j'ai remonté une jambe de pantalon pour exhiber une botte. « Mais je veux que vous sachiez que je ne porte pas des tongs. Je porte des bottes. Des vraies, de cow-boy. C'est plus pratique pour donner des coups de pied au c... » Tout le monde a éclaté de rire.

Je suis allée au milieu de la scène, j'ai tourné le dos au public et j'ai déboutonné ma veste, que j'ai laissé tomber mollement au sol. Dès que j'ai été certaine que tout le monde me regardait, je me suis retournée. Le renflement des chaussettes de Frank n'a échappé à personne, dans cette immense salle de bal. « Et nous avons autant de couilles que vous ! »

Rich, hurlant de rire, est littéralement tombé de son siège. Tout le monde était déchaîné. Après plusieurs longues minutes de pagaille, mon collègue d'Ascend est remonté sur scène et a dit : « C'est bon, tu as gagné ! » Et, l'un à côté de l'autre, nous avons répondu aux questions.

Ce que j'avais fait était scandaleux. Je m'étais demandé si j'aurais le culot d'aller jusqu'au bout. Certains ont trouvé que mon humour n'était pas du meilleur goût, mais une communication efficace suppose de parler un langage que les gens comprennent. Et je m'étais fait comprendre.

17

Solitude

L'automne 1998 a été terrible. Je suis devenue célèbre et j'ai perdu ma mère. Deux événements qui ont bouleversé ma vie, chacun à sa manière. Et m'ont laissée plus solitaire.

Lucent Technologies était en plein essor. Kathy Fitzgerald, qui était et est encore une amie très chère, était directeur du marketing et des relations publiques. Brillante, remarquablement informée, spirituelle, elle ne s'en laissait pas conter et était la meilleure dans sa spécialité. Elle avait toujours fort à faire, car Lucent faisait couler beaucoup d'encre. Elle était responsable de nos relations avec la presse et personne ne contestait ses talents ni son autorité. J'avais travaillé avec elle chez Network Systems, puis au moment de la naissance de Lucent, et je lui faisais une confiance totale. Si elle me demandait de parler de Lucent à un journaliste, je le faisais ; autrement, je préférais les éviter. Un jour, elle m'a appelée pour me dire que le magazine *Fortune* allait inaugurer un palmarès intitulé « Les cinquante femmes les plus puissantes du monde des affaires ». Comme notre équipe de direction comportait beaucoup de femmes, la rédaction avait tout de suite pensé à nous ; elle souhaitait interviewer Pat Russo et moi. Kathy était enchantée : Lucent serait sans doute la seule entreprise à avoir deux femmes sur la liste. J'ai bien entendu accepté, et j'ai rencontré Pattie Sellers environ une demi-heure dans le bureau de Kathy.

Plusieurs semaines plus tard, Kathy m'a appelée pour me dire que *Fortune* voulait venir nous photographier. Il était possible que Pat et moi soyons toutes deux dans le peloton des dix premières (ce fut effectivement le cas). Et plusieurs semaines plus tard, Pattie m'a appelée, un soir, pour m'informer que j'avais été choisie comme « la femme la plus puissante du monde des affaires ». À la fois ébahie et ravie, j'ai appelé ma mère, qui a été enchantée.

Au cours de cette première interview, et pendant les six ans où je suis restée en tête de liste, j'ai dit que, si j'étais flattée et honorée, je n'approuvais pas pour autant le principe de ce palmarès. C'est une chose de parler des femmes qui font une carrière exceptionnelle – cela peut en encourager d'autres à entrer dans le monde des affaires ou à y rester tout en rappelant au public que la diversité est enrichissante. Mais ce palmarès exprimait un message différent. Il impliquait en effet que les affaires, c'est comme le tennis ou le foot : il y a les équipes féminines et les équipes masculines. Les femmes jouent contre d'autres femmes, car elles ne pourraient pas jouer contre des hommes. Par ailleurs, il n'existe pas de liste des cinquante hommes les plus puissants du monde des affaires. Beaucoup de mes collègues masculins m'ont dit à quel point ils étaient contents qu'il en soit ainsi, surtout après avoir lu des articles consacrés à celles qui venaient de reculer de quelques places dans le palmarès. Tous sont heureux de ne pas être soumis à une vigilance et à une critique aussi impitoyables. « Voilà ce qui arrive quand on réussit ! » sonne presque comme un avertissement.

Mon raisonnement n'a manifestement convaincu personne chez *Fortune*. L'objectif était de faire du tirage, et les palmarès ont toujours beaucoup de succès. Ce qui en a eu, aussi, c'est le fait qu'une « gagnante surprise », une inconnue, finisse par battre Oprah Winfrey sur le poteau. Il était manifestement ridicule de dire que Carly Fiorina avait plus de pouvoir et d'influence – quelle que soit la manière dont on les définissait – que la célèbre et richissime présentatrice de télévision. Aucun analyste objectif ne soutiendrait cette conclusion. Mais cela donnait matière à de bons articles.

À partir de ce jour, tout le monde s'est mis à me demander quel effet cela me faisait d'être la femme la plus puissante du monde des affaires. Je n'avais pas l'impression d'avoir changé depuis la veille, mais cette réponse ne semblait satisfaire personne. Plus tard, j'essaierais de dévier la question en disant : « Je ne sais pas. Je n'ai jamais été un homme. » Ou peut-être, un peu plus sérieusement : « Je ne me suis jamais considérée comme une femme d'affaires, mais comme une personne faisant carrière dans le monde des affaires, comme tant d'autres, et dans mon cas, il se trouve que cette personne est une femme. »

J'essayais systématiquement de changer de sujet de conversation aussi vite que possible, car je n'avais pas envie de parler de la place ou du rôle des femmes dans les affaires, mais de parler affaires tout court. Tout au long de ma carrière, j'avais réussi parce que je n'avais pas laissé les hommes me cataloguer comme femme. Je leur avais tenu tête quand cela s'était avéré nécessaire, j'avais pris la peine de parler un langage qu'ils comprenaient, j'avais démontré ma valeur par mes actes plutôt que par mes paroles. Je m'étais imposée en obtenant des résultats. Au passage, j'avais fait changer d'avis à un certain nombre d'hommes sur le potentiel des femmes, encouragé et ouvert des perspectives nouvelles à d'autres femmes. Cette nouvelle étiquette n'allait pas dans le sens de l'histoire.

Ma photo en couverture, l'article et tout le battage qui l'avait précédé avaient fait de moi une « célébrité ». Il faut savoir que les célébrités sont considérées comme appartenant au public, comme des personnages et non comme des personnes de chair et de sang. On les caricature, on surveille leurs moindres faits et gestes, on les critique comme on ne le ferait jamais d'une personne privée, même riche et puissante. Tout le monde aime voir monter les célébrités ; on aime encore plus les voir tomber. Je ne comprenais pas tout ceci aussi clairement que je le comprends maintenant, mais ce que j'ai constaté instantanément, c'est que l'on ne me traitait plus de la même manière qu'auparavant.

Quand je rencontrais des gens pour la première fois, ils avaient désormais des tas d'idées toutes faites à mon égard. Par exemple, à Pékin, au cours d'une réunion, un ministre chinois très important m'a demandé si j'étais aussi la femme la plus riche d'Amérique. Quant à ceux que je connaissais déjà, ils me voyaient sous un jour nouveau, me regardaient plus attentivement pour voir si cette célébrité nouvelle allait me changer. Certaines personnes pensaient qu'être célèbre faisait de moi un être à part. Beaucoup ne me voyaient plus du tout. Tout ce qu'ils voyaient, c'était « Carly Fiorina, la femme la plus puissante du monde des affaires ».

Certaines tribus indiennes croyaient qu'en prenant la photographie de quelqu'un, on lui volait son âme. C'est une analogie pertinente, car plus une personne est photographiée, plus elle devient invisible. Indiscutablement, la célébrité m'a ouvert des portes, à moi et aux entreprises que je représentais. Des portes ouvertes, cela veut dire de nouvelles opportunités, ce dont je suis reconnaissante, mais la célébrité débouche aussi, hélas, sur la solitude.

Ma mère était déjà malade quand elle a vu la couverture de *Fortune*. Beaucoup plus gravement qu'aucun de nous ne le croyait. C'était la personne la plus forte que je connaissais. Elle aimait la vie, c'était une battante, nous avons donc tous cru qu'elle se remettrait.

Sa maladie avait commencé au mois de janvier, par des douleurs aux genoux et aux poignets. Au printemps et à l'été suivant, elle s'était affaiblie et avait perdu l'appétit. Au mois d'août, mon père et elle avaient prévu de venir nous voir dans le New Jersey. Elle m'a appelé, des sanglots dans la voix, pour me dire qu'elle était trop malade. Je suis allée chez elle et, entre les rendez-vous à l'hôpital et des consultations chez divers spécialistes, j'ai réussi à la convaincre qu'elle avait besoin d'une aide ménagère à plein temps. Et je me suis mise à aller la voir tous les quinze jours en Californie.

Ma mère était d'une indépendance farouche. Toute sa vie, elle avait eu peur d'être un fardeau pour les autres. Elle avait toujours refusé de prendre des médicaments, elle refusa donc ceux que les médecins lui proposaient contre l'arthrite rhumatoïde dont ils pensaient tous qu'elle souffrait. Elle perdait rapidement du poids et des forces. Nous avons descendu son lit au rez-de-chaussée pour qu'elle n'ait plus à utiliser l'escalier. Et chaque fois que je venais, elle me disait que je n'aurais pas dû faire le voyage.

Quand ma mère a vu *Fortune*, elle a serré le magazine sur son cœur. Je suis vraiment contente que cela lui ait fait un tel plaisir. Nous étions dans son salon, et elle m'a dit : « Si seulement tu habitais la Californie ! Tu me manques tant !

– Moi aussi, maman, tu sais, j'aimerais bien revenir ici. Mais ma vie et mon travail sont dans l'Est. Moi aussi, tu me manques, mais tu sais que je suis toujours là quand tu as besoin de moi !

– Oh, je sais, mais ce serait bien que tu sois plus près. » Son regard s'est perdu dans le lointain, puis elle a dit : « Qui sait ? Tu seras peut-être un jour PDG de Hewlett-Packard… »

Je ne sais pas pourquoi elle a dit ça. Nous n'avions jamais évoqué cette éventualité. Je lui ai dit en riant que ça n'avait aucune chance d'arriver.

Elle m'a répondu : « On ne sait jamais, Carly, on ne sait jamais ! »

Au mois de novembre, elle fut à nouveau hospitalisée. J'ai dit à ma sœur que j'allais venir une semaine. Quand Clara l'a répété à maman, elle a insisté pour que je change d'avis. Je suis venue tout de même, en lui faisant la surprise. Après une semaine entière d'examens, elle a subi une chirurgie exploratoire, et les médecins ont posé le diagnostic : elle avait une vasculite aiguë. Nous étions tous soulagés. Elle n'avait pas de cancer ; ses médecins pensaient qu'on pouvait la traiter et, quand je suis repartie, nous étions optimistes toutes les deux. Dix jours plus tard, elle était morte.

Après son opération, j'ai appelé ma mère quatre ou cinq fois par jour. Je pense donc que j'aurais dû entendre quelque chose dans sa voix, j'aurais dû sentir que le découragement la gagnait. L'après-midi du 30 novembre, j'ai pris l'avion privé de Lucent pour aller en Europe avec Ben Verwaayen. J'ai appelé ma mère juste avant d'embarquer. Je lui ai dit que j'allais en Europe, que je reviendrais quelques jours plus tard. En me disant au revoir, elle a ajouté : « Je t'adore. » Ce sont les derniers mots que je l'ai entendue dire.

Au bout de quatre heures de vol, j'ai décidé d'appeler la Californie. C'était inhabituel – je ne passais jamais de coups de téléphone personnels dans l'avion de la société – mais quelque chose me disait qu'il fallait que je le fasse. Quand j'ai eu l'hôpital, ma sœur est venue au téléphone et elle m'a dit : « Maman a pris une décision. Elle veut sortir d'ici, elle ne veut plus prendre ses médicaments, et elle ne veut plus ni manger ni boire.

– Passe-la moi, je t'en prie, je voudrais lui parler !

– Elle dit qu'elle te parlera quand tu reviendras.

– Alors, au moins, dis-lui de ne pas arrêter de boire avant mon retour. » Ma mère était déterminée à maîtriser sa mort comme elle avait maîtrisé sa vie. Elle a refusé.

Mon pire cauchemar était en train de se réaliser. Ma mère était en train de mourir, et je ne pouvais pas aller la rejoindre.

En survolant l'Atlantique, au milieu de la nuit, j'ai réfléchi à toutes les solutions. J'ai demandé aux pilotes si nous pouvions faire demi-tour, mais nous n'avions pas assez de carburant. En atterrissant à Schiphol, l'aéroport d'Amsterdam, j'ai pris un billet dans le premier avion pour la Californie. Il décollait six heures plus tard. C'était vraiment comme un de ces rêves horribles où vous courez, vous courez, mais vous n'arrivez nulle part.

Pendant ces interminables heures d'attente et de vol, je me demandais sans cesse pourquoi elle n'avait pas voulu me parler. Pourquoi elle ne m'avait rien dit. Si j'avais fait ou dit quelque chose qui l'avait poussée à abandonner la partie. Peut-être ne pouvait-elle supporter la pensée de m'entendre pleurer. Peut-être se refusait-elle à m'entendre essayer de la convaincre de changer d'avis. Je ne m'étais peut-être pas rendu compte qu'elle avait essayé de me dire quelque chose d'important. Je ne parviens toujours pas à accepter les réponses à ces questions, pas plus qu'à me pardonner de n'avoir pas compris qu'elle avait choisi de mourir. J'aurais dû être là.

J'ai tenu le coup jusqu'à l'atterrissage à San Francisco, près de vingt-quatre heures après avoir appelé l'hôpital. Quand l'avion s'est posé, une immense lune de la moisson resplendissait à l'horizon. C'est là que les larmes sont venues, comme elles reviennent chaque fois que je vois la pleine lune. Quand je suis arrivée à la maison, elle délirait. Je l'ai veillée toute la nuit, et à cinq heures du matin, le 2 décembre, elle a rendu son dernier souffle. J'espère qu'elle savait que j'étais là. J'espère qu'elle m'a entendue lui répéter : « Maman, je t'aime, je t'aime. » J'espère qu'elle a senti mes mains la caresser. Je ne le saurai jamais ; mais au dernier moment, une larme a roulé sur sa joue. Une seule larme.

Nous étions tous en état de choc. Aucun d'entre nous n'avait la force de se lever et de prononcer son éloge funèbre. J'ai donc demandé à l'organiste de jouer ses cantiques préférés, des airs triomphants, émouvants. Pendant les funérailles, et toutes les nuits, des mois durant, j'ai pleuré. Je rentrais du bureau, je dînais, je me couchais et je pleurais. Je n'aurais jamais cru possible de pleurer autant, ni si longtemps.

Je n'oublierai jamais son visage lorsqu'elle a rendu son dernier souffle. Parfois, lorsque je me regarde dans la glace, je la vois si clairement que j'en perds la respiration. Elle me manque, tous les jours. J'essaie de lui donner des raisons d'être fière, tous les jours. Elle est morte trop jeune et trop tôt, mais sa vie a été une bénédiction. Et à la fin, en voyant son courage, j'ai découvert le mien. J'ai vu ce qu'elle avait choisi et enduré. J'ai appris que je pouvais survivre à ce que j'avais tant redouté depuis l'enfance. Et toutes mes autres peurs m'ont paru plus petites.

18

Le recrutement

Lucent faisait beaucoup parler d'elle et, surtout après la publication du palmarès de *Fortune*, j'ai été très sollicitée par des chasseurs de têtes. Je ne les rappelais jamais – je m'étais engagée à rester deux ans à mon poste. Pourtant, un soir de février 1999, je travaillais seule au bureau quand le téléphone a sonné. Une voix a dit : « Ici Jeff Christian, de chez Christian & Timbers. Ne raccrochez pas. Je vous appelle pour le poste de DG de Hewlett-Packard. »

J'ai immédiatement été tentée. Tout ce que j'avais lu sur cette entreprise, tout ce que j'avais vécu personnellement la concernant, tout me disait que la diriger présenterait des difficultés extraordinaires. Hewlett-Packard avait sa place dans l'histoire, c'était la start-up, née dans un garage, qui avait elle-même donné naissance à la Silicon Valley. Et puis la croissance et l'innovation étaient tombées en panne et l'on parlait désormais de la vieille dame de la Silicon Valley. HP n'était plus que rarement mentionnée dans les articles sur les technologies de l'information. Le conseil avait donc décidé de scinder l'entreprise, de séparer son activité d'origine, les équipements de test et de mesure, des ordinateurs et des imprimantes, qui conserveraient le nom de HP. À certains égards, c'était similaire à ce que nous avions fait en séparant Lucent d'AT&T, à une différence (importante) près : les activités d'AT&T qui avaient été dévolues à Lucent n'avaient jamais été considérées comme le cœur de métier d'AT&T. La téléphonie à longue distance, qui l'était, conservait la marque. Chez HP, au contraire, c'étaient les équipements de test et de mesure, par quoi tout avait commencé dans le célèbre garage, qui seraient essaimés et perdraient le nom de HP. Je n'en savais pas plus, mais j'avais entendu dire que la société était aux prises avec des guerres internes concernant la culture d'entreprise, une crise d'identité, et les complexités d'une grande restructuration.

Jeff Christian et moi sommes convenus de déjeuner ensemble au Hilton de Short Hills. J'avais peur de tomber sur des collègues de Lucent : si le bruit commençait à courir que je me préparais à quitter l'entreprise, cela perturberait gravement nos activités. En outre, HP ne tenait certainement pas à ce que les candidats potentiels apparaissent dans les médias. (La recherche d'un nouveau DG ayant été annoncée officiellement, les médias en parlaient, bien entendu. De nombreux noms avaient circulé mais, en six mois, jamais le mien n'avait été évoqué.) Jeff et moi avons donc choisi un coin calme, tout au fond de la salle, et nous avons décidé de parler tout bas. Personne n'a fait attention à nous.

Quand j'avais entendu Jeff dire « Hewlett-Packard » au téléphone, je m'étais demandé pourquoi il me contactait. C'était encore ma réaction, et c'est la première question que je lui ai posée. « Pouquoi moi ? » Et cette question, je la reposerais à de nombreuses reprises avant d'accepter le poste. Il me semblait essentiel d'en comprendre la réponse. Il fallait être réaliste : me choisir, c'était sortir des sentiers battus et même prendre un risque. Je n'avais jamais été DG ; en outre, HP était une entreprise complexe, confrontée à de nombreux défis et à une transition majeure. Le fait que le conseil cherche à l'extérieur était déjà, en soi, révolutionnaire. Envisager de confier la direction à quelqu'un qui n'était ni ingénieur ni du même secteur d'activité et, de surcroît, à une femme, susciterait à coup sûr la controverse.

Jeff avait plusieurs réponses à me proposer. Le conseil estimait avoir besoin d'un véritable agent de changement, il cherchait vraiment à tourner le dos au passé. Le secteur bougeait de plus en plus vite, et la société devait beaucoup changer si elle voulait rester dans la course à l'ère internet. Les administrateurs pensaient qu'avoir vécu l'essaimage de Lucent par rapport à AT&T serait sans doute une expérience très utile pour la scission très complexe qu'ils venaient d'annoncer et devaient maintenant exécuter. En même temps, ils voulaient quelqu'un qui respecterait la culture d'entreprise, le fameux « HP Way », qui l'infléchirait sans le briser pour autant. Conscients du manque de stratégie de HP, ils cherchaient un dirigeant capable d'en élaborer une et de la communiquer. Enfin, certains des collaborateurs de HP que j'avais rencontrés lors de mes visites de benchmarking ou de mes nombreuses tentatives de nouer un partenariat m'avaient recommandée au conseil.

Jeff me décrivit le processus très rigoureux que le conseil s'était imposé pour définir les compétences clés du nouveau DG et les classer par ordre de priorité. Les administrateurs y avaient consacré plusieurs mois et se préparaient à en consacrer plusieurs autres aux entretiens et aux délibérations. Il semblait clair que le processus serait long, ce qui était bien normal. Hewlett-Packard était une entreprise immense et importante. Le choix du DG était crucial. Ce n'était pas une décision à prendre à la va-vite.

Le comité de sélection était composé de Lew Platt, le PDG actuel ; Sam Ginn, qui présidait le comité des nominations et de la gouvernance ; Dick Hackborn, un ancien directeur de la maison ; et John Fery, l'ancien président d'International Paper. Si HP souhaitait poursuivre les discussions avec moi, mon prochain entretien serait avec Lew Platt. Je l'avais vu pour la dernière fois en 1995, quand nous cherchions à nouer un partenariat avec sa société. Nous avions fini par abandonner cette idée et nous tourner vers Sun Microsystems, farouche rival de HP, pour l'unique et simple raison que ce dernier ne parvenait pas à prendre sa décision. Cela lui avait coûté pratiquement toutes ses ventes à Lucent. J'étais sortie de ce premier déjeuner avec Jeff convaincue que ce second rendez-vous n'aurait jamais lieu. Je savais que HP, et en particulier Lew, étaient prudents à l'extrême, et opter pour ma candidature n'était pas un choix prudent. Mais j'étais intriguée, je me prenais au jeu, et je dois reconnaître que j'entendais encore la petite phrase de ma mère : « Tu seras peut-être un jour PDG de Hewlett-Packard. » Cela me faisait un effet étrange et cela m'a persuadée de ne pas écarter complètement cette hypothèse.

J'ai décidé que si le processus continuait, je ferais trois choses : je tiendrais Rich McGinn au courant. Je m'assurerais que les administrateurs de HP savaient exactement qui j'étais et ce que je comptais faire : il ne pouvait pas y avoir de surprises, ils devaient faire leur choix en toute connaissance de cause. En outre, j'avais besoin de savoir où je mettrais moi-même les pieds. Prendre les commandes de HP, c'était un défi qui dépassait tout ce que j'avais connu jusqu'alors. Si cela devenait sérieux, il faudrait que je me prépare avec le plus grand soin.

Armée de ce plan d'action éventuel, je suis retournée au bureau et me suis très vite retrouvée absorbée dans les dossiers de Lucent. Plusieurs semaines ont passé, puis j'appris que Lew Platt souhaitait me voir. Le choix du lieu était important – nous ne voulions ni l'un ni l'autre être vus en public en train de parler ensemble. Lew a donc envoyé un avion de HP me chercher dans le New Jersey, nous avons atterri à l'aéroport de San José et nous nous sommes rencontrés dans le hangar réservé à la flotte de HP.

Lew venait de rentrer d'un voyage au Japon. Le décalage horaire l'avait fatigué. Il consacra néanmoins à notre entretien toute son énergie et toute son attention. Nous avons parlé plusieurs heures – beaucoup plus longtemps, je pense, qu'aucun de nous deux ne l'avait pensé. Lew s'inquiétait manifestement du déclin de la croissance et de la rentabilité de son entreprise. Après les exercices fastes du début des années 1990, la performance s'était détériorée. En mars 1999, les prévisions trimestrielles des analystes n'avaient pas été réalisées pour la huitième fois consécutive, elles ne le seraient sans doute pas non plus pour le trimestre en cours. Chez HP, personne, selon lui, ne voulait se fixer des objectifs ambitieux. Il se sentait presque incapable de piloter l'entreprise vers une performance plus élevée, à cause de sa nature et de sa structure extrêmement décentralisée. Il avait le sentiment que la culture d'entreprise était à la fois une grande force et une source de faiblesse – à tout le moins, elle faisait obstacle au changement. Il pensait que la scission prévue traumatiserait tout le monde.

Nous avons donc parlé des buts qui pourraient créer une aspiration, ainsi que de la culture d'entreprise. Je lui ai dit que l'on pourrait sans doute s'appuyer sur certaines de ses valeurs essentielles pour améliorer la performance. D'autre part, ai-je ajouté, ce qui s'était passé lors de l'essaimage de Lucent permettait de penser que, malgré le traumatisme – ou grâce à lui –, la scission permettrait peut-être de réactiver beaucoup d'énergies latentes.

Cette conversation ne ressemblait pas à un entretien. C'était plutôt déjà une collaboration entre deux personnes vouant toutes deux une grande admiration à HP, discutant de la façon d'en améliorer le fonctionnement. Je suis allée au tableau blanc et, à mesure que nous tombions d'accord sur certaines idées, je les écrivais. L'innovation, la fidélité des clients et le désir des collaborateurs de contribuer à la création de valeur – autant de valeurs qui pouvaient tirer la performance vers le haut. À condition de se fixer des objectifs. Mais pas trop bas : même s'ils étaient dépassés, on resterait alors en retard sur la concurrence ; en revanche, des objectifs ambitieux, même s'ils n'étaient pas atteints, permettraient peut-être de dépasser les cibles extérieures.

Lew utilisait beaucoup le mot *transformation*. L'essentiel de notre conversation ne portait pas sur la stratégie mais sur la performance opérationnelle et les moyens de l'améliorer. Me souvenant des problèmes que j'avais rencontrés avec la multitude d'entités autonomes de HP, j'ai posé beaucoup de questions sur la structure de la société. J'en ai posé également quelques-unes sur le conseil – il y avait manifestement beaucoup de tension entre Lew et plusieurs administrateurs, en particulier Dick Hackborn. J'ai eu l'impression que si Lew était mécontent, il n'était cependant pas prêt à partir, sa « retraite » annoncée étant davantage la décision du conseil que la sienne. (J'apprendrais plus tard qu'après le conseil du mois de janvier 1999, il avait dit à ses subordonnés qu'il était remercié, mais la version officielle a toujours été qu'il avait choisi lui-même de prendre sa retraite à ce moment-là et de se chercher un successeur.)

Lew fut à la fois généreux de son temps et étonnamment franc lorsqu'il m'a parlé des obstacles auxquels il s'était heurté. Il a terminé la réunion en disant : « Cela fait bien longtemps que je n'ai pas eu une conversation aussi intéressante. » En quittant le hangar, je me suis dit que l'homme m'était très sympathique, mais que sa succession serait encore plus difficile que je ne l'avais imaginé, ce qui m'inquiétait profondément. En même temps, je trouvais rassurant que nous soyons sur la même longueur d'ondes concernant la manière de relancer la machine. Et il était clair, pour Lew comme pour moi, que je rencontrerais les autres membres du comité de sélection.

Le premier fut Sam Ginn, qui m'a donné rendez-vous à l'aéroport de San Francisco. Je voyageais sans cesse, et les aéroports sont des endroits très animés et très anonymes. Personne ne s'étonnerait de m'y voir. Sam Ginn, président de Vodaphone et ancien PDG d'Airtouch, était client de Lucent. Nous avions eu l'occasion de travailler ensemble. Nous étions tous les deux passés par Bell System et AT&T, nous avions donc des expériences communes à évoquer.

Sam n'a pas mâché ses mots. Selon lui, HP n'avait aucune stratégie. Sa culture d'entreprise était étouffante. Il n'y avait pas de processus permettant de gérer les talents – le conseil ne parlait jamais des personnes ni de leur développement. Contrairement à ce qui se passait chez AT&T, les gens ne faisaient pas le tour des divers départements, mais restaient indéfiniment dans la même entité – ils devenaient ainsi d'excellents spécialistes de leur domaine, mais leur expérience était restreinte et ils manquaient de recul. La stratégie, la culture et les personnes ont été les thèmes récurrents de Sam chaque fois que je l'ai rencontré. C'est la raison pour laquelle le conseil avait décidé de sortir de ce blocage, de faire appel à un « agent de changement », un « président transformationnel » – c'est ainsi qu'il me décrivit la personne recherchée.

Comme Jeff l'avait déjà fait, Sam m'a décrit le long et rigoureux processus que le conseil avait mis en place pour définir l'ensemble de compétences indispensables au nouveau DG. En tant que président du comité des nominations et de la gouvernance, il était fier du questionnaire auquel les administrateurs avaient été invités à répondre, fier qu'ils l'aient fait en s'appuyant sur une véritable réflexion, heureux de la discussion qui avait suivi. Il pensait que le conseil parviendrait à la bonne conclusion, car la méthode de travail adoptée était rigoureuse, les candidatures seraient passées au peigne fin, et le conseil passait beaucoup de temps à vérifier que tous les administrateurs étaient d'accord chaque fois qu'ils passaient au crible la liste des candidats pour en éliminer les moins bons.

Je l'ai interrogé sur les administrateurs. Comment étaient-ils ? Les désaccords étaient-ils fréquents ? Sam considérait la scission prochaine de l'entreprise, et celle, subséquente, du conseil, comme une excellente occasion d'en modifier la composition. Il n'est pas descendu dans le détail, mais j'ai pensé qu'il faudrait revenir sur ce sujet important si nous devions nous rencontrer à nouveau. J'ai tout de même appris que Phil Condit, le DG de Boeing, partageait largement son propre point de vue sur de nombreuses questions et que Dick Hackborn jouerait un rôle de premier plan dans la recherche du nouveau président. Il n'a jamais mentionné Walter Hewlett, Susan Packard, Pattie Dunn et Jay Keyworth – ce ne devaient pas être des acteurs clés à ses yeux.

Je l'ai interrogé sur ce que je considérais comme une forme extrême de décentralisation : la multitude d'entités individuelles de HP, qui agissaient presque indépendamment. Je lui ai raconté que j'avais fait l'expérience des résultats de cette organisation en tant que cliente et en tant que partenaire potentielle. Tout à fait d'accord avec mon observation, il a dit que cette situation découlait à la fois de l'histoire de l'entreprise, de l'absence de stratégie et du manque de leadership. Je lui ai demandé si le conseil s'inquiétait que HP ne fasse pas figure d'acteur important sur le marché, en tout cas pas comme IBM ou Sun Microsystems. Scott McNealy, le PDG de Sun, avait même fait une remarque restée célèbre, qualifiant HP de « bon fabricant d'imprimantes ». Même si Scott était connu pour son mauvais esprit, cette phrase assassine était un peu trop juste. Il s'avéra que Sam et Scott jouaient au golf ensemble. Sam avait beaucoup de respect pour Scott et souscrivait à son analyse de HP. Il me cita même une autre petite blague au vitriol, selon laquelle HP était la seule entreprise au monde qui pouvait vendre des sushis en disant que c'était « du poisson mort servi froid ». Et de conclure que HP devait à tout prix améliorer son marketing.

Pourquoi, lui ai-je demandé, les administrateurs envisageraient-ils quelqu'un qui, comme moi, venait des télécommunications ? Il m'a répondu que les réseaux et le travail en réseau étaient la pierre angulaire de l'ère internet ; que les ordinateurs intégraient de plus en plus de technologie de la communication ; et que le fait d'avoir joué un rôle clé dans l'essaimage de Lucent comptait beaucoup aux yeux du conseil. J'ai observé que je n'étais pas ingénieur. Nous sommes convenus que cela, plus le fait que je ne venais ni du secteur d'activité ni des rangs de l'entreprise, susciterait beaucoup de commentaires, d'inquiétude et de scepticisme. Nous n'avons à aucun moment évoqué le fait que je sois une femme. À la fin de la conversation, Sam n'était pas certain que j'aurais d'autres entretiens.

J'ai pourtant rencontré John Fery un peu plus tard, dans le même aéroport. Il m'a demandé, en se plaçant successivement sous plusieurs angles, pourquoi je pensais pouvoir relever le défi consistant à prendre les commandes de HP. Bonnes questions. Pourquoi, en effet ? Je lui ai dit que je ne prétendais pas le relever seule, que j'aurais besoin de l'aide et du soutien du conseil et des équipes de direction, faute de quoi il était hors de question que j'accepte le poste. En revanche, ai-je ajouté, j'avais eu de multiples occasions de me trouver dans des situations totalement nouvelles, où j'arrivais en étrangère, et j'avais relevé avec succès d'autres défis qui supposaient de développer de nouvelles compétences quand les miennes ne suffisaient pas. J'ai aussi reconnu franchement que, si j'aimais les défis, celui-ci dépassait tous ceux que j'avais relevés jusque-là. Le conseil ne devait avoir aucune arrière-pensée s'il retenait ma candidature, ou une autre, d'ailleurs. La transformation serait ardue, semée d'embûches. Les grandes entreprises ont une logique bien à elles. Les hiérarchies établies et les bureaucraties ont une capacité destructrice qui n'épargne personne, même le DG. Transformer HP, c'était s'embarquer dans un voyage long et difficile. Il fallait que le conseil sache vraiment où il allait et soit certain de la personne à qui il confierait les commandes.

Le conseil de HP me soumettait à une série d'entretiens, mais le processus était à double sens : j'avais autant de questions à poser à mes interlocuteurs qu'ils en avaient à me poser. Il était vital que nous nous comprenions mutuellement, que j'en sache autant que possible avant de m'engager. Si je quittais Lucent, ce serait une décision douloureuse pour moi ; en outre, je porterais ainsi un coup à une entreprise à laquelle j'étais viscéralement attachée et où je pensais pouvoir accéder un jour aux plus hautes responsabilités. J'étais bien payée. J'avais un gros paquet d'options qui valaient beaucoup d'argent. En partant, non seulement je prendrais un grand risque, mais je perdrais des sommes considérables. Et puis, il y avait notre vie familiale. Notre cadette s'était finalement habituée au New Jersey. L'aînée, aux prises avec un divorce difficile, et notre petite-fille habitaient en Virginie, la famille de Frank près de Pittsburgh. Tous nos amis habitaient sur la côte Est. Comme je l'avais dit à ma mère, je croyais ne jamais revenir en Californie. Nous aimions beaucoup l'Est.

Je commençais cependant à me renseigner sérieusement. J'en étais à ma quatrième lecture du livre de Dave Packard, *The HP Way* (les trois premières remontaient à divers cours de gestion et à mes visites de benchmarking). Je le relirais une cinquième fois avant d'avoir terminé mon second mois chez HP. Je cherchais désormais des références à HP dans tout ce que je lisais sur le secteur d'activité. J'allais régulièrement sur le site web de la société.

Je ne devais pas rencontrer Dick Hackborn avant le mois de juin. Je savais déjà que son opinion revêtait une importance particulière aux yeux du conseil, mais ce rendez-vous était également très important pour moi. C'était Dick qui avait pris en mains la fabrication et la commercialisation de l'imprimante LaserJet pour Bill Hewlett et Dave Packard. Quand Dave était revenu de son passage au Pentagone en 1990 et avait brutalement renvoyé John Young, c'est à Dick Hackborn que Dave et Bill avaient offert les commandes. Il avait refusé trois fois le poste avant qu'ils ne se tournent vers Lew Platt. Et dans ce processus de succession très public, une chose était apparue clairement : John Young avait entrepris trop de changements. Dave ne l'avait pas caché. Lew Platt était loin d'être le candidat préféré des fondateurs et sa mission consistait à préserver. Pour s'en assurer, Dave et Bill avaient fait entrer Dick, leur premier choix, au conseil. Bill et Dave commençant à vieillir, ils y avaient également, pour la première fois, fait entrer leurs enfants. Qui était Dick Hackborn, que pensait-il vraiment de la transformation ?

Cette réunion était importante pour une autre raison : HP venait d'annoncer la mise en place d'une nouvelle structure. Chaque fois que j'allais sur le site web, deux choses me frappaient : si j'étais client, je serais aussi incapable de comprendre comment la société était organisée que de repérer qui appeler pour un contact commercial, le service après-vente, etc. En outre, je ne voyais pas grand-chose de la société ou de la marque. Je voyais beaucoup de produits et d'entités distincts, mais pas de tout cohérent. La société ne semblait avoir ni principe directeur, ni but clair. Autrement dit, sans les deux fondateurs et le « HP Way », il n'y avait plus de HP. Que se passerait-il quand la compagnie serait scindée et qu'il faudrait partager son histoire et ses valeurs avec une autre entreprise qui serait à la fois cliente, partenaire et, dans certains cas, concurrente ? Le passé historique ne suffirait pas, à lui seul, à maintenir la cohésion et stimuler la performance ; la compagnie était déjà en train de se désintégrer et de se détériorer. Le conseil avait manifestement pris la décision de ne pas séparer les ordinateurs des imprimantes. Comment l'appliquer ?

La réorganisation en cours compliquait apparemment beaucoup ces problèmes. Il n'y avait plus un DG, mais cinq. Lew Platt était le DG *corporate*. Quatre autres DG avaient été nommés à la tête, respectivement, des imprimantes LaserJet (Carolyn Ticknor), des imprimantes à jet d'encre (Antonio Perez), des PC et serveurs professionnels (Duane Zitzner), et des systèmes, c'est-à-dire en gros Unix, le stockage d'informations et les systèmes associés (Ann Livermore). Comme le laissaient entendre les titres de ces dirigeants, chaque branche jouissait d'une grande autonomie : chacune avait sa propre stratégie, ses propres ressources de développement et de production, sa propre force de vente. Ce qui était moins clair, c'était la répartition des rôles et des responsabilités entre Lew et eux. Le communiqué annonçant cette réorganisation expliquait que ce changement rendrait HP plus agile et plus réactif.

Je pensais que c'était exactement ce qu'il ne fallait pas faire et le pire moment pour le faire. Cela allait continuer à déchirer HP, au moment où l'entreprise avait le plus grand besoin de retrouver son unité. Qui que soit le nouveau DG, la nouvelle structure rendrait sa tâche beaucoup plus difficile. Si le conseil pensait que c'était la bonne décision et le bon moment pour la prendre, alors ce n'était certainement pas à moi qu'il fallait confier les commandes. J'avais besoin de connaître le point de vue de Dick Hackborn. Puisqu'il était à New York, nous avons décidé de déjeuner ensemble. J'ai été surprise par le personnage : c'était un introverti, et il n'avait pas l'air d'avoir préparé notre entretien. Comme il ne me posait pas beaucoup de questions, j'ai commencé à lui poser les miennes.

« Que pensez-vous de la réorganisation qui vient d'être annoncée ? »

Il n'avait pas l'air de penser que cela changeait grand-chose. « Lew y tenait, c'est tout.

– Mais pourquoi le conseil a-t-il permis une réorganisation de cette envergure juste avant l'arrivée d'un nouveau DG ?

– Oh, il pourra la changer s'il le veut.

– Vous ne trouvez pas que cela fait beaucoup de perturbations, surtout si l'on sait d'avance qu'il faudra tout recommencer plus tard ?

– Pour dire la vérité, avoua-t-il alors d'un air penaud, le conseil en avait tellement assez de se battre avec Lew sur tous les dossiers que nous avons décidé qu'il était plus facile de laisser filer et, le cas échéant, de réparer les dégâts plus tard. D'ailleurs, en fait, il ne nous avait pas vraiment consultés. »

Sa réponse m'a laissée pantoise. Quel DG réorganiserait une entreprise sans, au moins, en avertir le conseil, surtout si son propre départ est imminent ? Quel conseil laisserait faire, à un moment pareil, à moins d'être d'accord avec le principe ? Pourquoi laisser un DG en fin de mandat prendre une telle décision ? Je tenais à dire à Dick ce que j'en pensais.

« Dick, je pense que c'est exactement ce qu'il ne fallait pas faire. Je crois que HP doit définir une stratégie cohérente et une structure qui unifie la compagnie et rende plus facile de travailler avec elle. En tant que client et partenaire potentiel de HP, j'ai toujours cru que son avantage unique venait de son vaste portefeuille d'actifs. S'il n'y a pas de vraies synergies entre les diverses activités, il faut les séparer davantage. Si vous pensez que cette réorganisation tient la route, alors ce n'est pas à moi qu'il faut confier la direction. »

Pour la première fois, Dick s'est animé. « Vous avez absolument raison, Carly. Nous avons besoin de cohérence. » Il a parlé avec un vrai mécontentement, et même avec colère, de sa déception. HP perdait du terrain et tombait dans la médiocrité, tant dans la manière dont elle était perçue que dans la réalité. « Ce qu'il faut, c'est un changement radical ! » a-t-il dit. Je lui ai répondu que cela faisait près de dix ans que j'avais affaire aux gens de HP, et que, pendant tout ce temps, personne ne m'avait semblé animé du moindre sens de l'urgence. Tout le monde était extrêmement agréable, poli, gentil, mais personne ne semblait avoir l'esprit de compétition ou le sentiment qu'il ne fallait pas se laisser prendre par le temps. Tout le monde parlait technologie et valeurs – jamais des clients ou des concurrents. Cela me serait amplement confirmé plus tard, quand je serais dans la maison. Mais, pour le moment, c'était un point sur lequel Dick et moi découvrions avec enthousiasme que nous étions entièrement d'accord.

À la fin de notre déjeuner, ce jour-là, Dick Hackborn et moi étions convenus de trois points très importants : premièrement, HP manquait cruellement d'une focalisation externe sur les clients et les concurrents ; deuxièmement, le temps jouait contre elle, il fallait instiller partout le sens de l'urgence ; enfin la synergie était la meilleure façon de dégager la valeur unique de HP de tout le fatras dans lequel elle était enfermée. Je pensais que la discussion s'était bien passée, mais je restais préoccupée par la réorganisation récente. Comment un administrateur qui souscrivait avec un tel enthousiasme à mon point de vue pouvait-il avoir permis avec une telle passivité une décision aussi importante ?

C'était la première fois que je découvrais une caractéristique dont j'allais apprendre qu'elle était habituelle : chez Hewlett-Packard, on ne prenait pas les problèmes de front. Dick pouvait me dire qu'il était d'accord avec moi, que ce n'était pas une bonne décision, mais il n'avait pas pu affronter Lew pour l'empêcher de la prendre. Le conseil l'avait implicitement soutenue, or c'était exactement l'inverse de ce que je voulais faire si je décrochais le poste. Cela n'a pas facilité mes débuts. C'était pénible pour le personnel, qui ne savait plus quoi faire et consacrait beaucoup d'énergie à la fois à la réorganisation mise en place par Lew et à la mienne. Et la crédibilité de l'équipe de direction en a pris un coup : ils avaient expliqué avec une grande conviction la création de leurs nouveaux titres de DG, avant d'être obligés d'expliquer qu'ils ne les avaient plus et pourquoi.

Au bout de quelques mois chez HP, je me suis rendu compte que les valeurs du « HP Way » s'étaient dévoyées et que cela entraînait des conséquences graves. Le respect de l'individu se réduisait à la courtoisie ; il ne fallait pas se montrer combatif même si, pour le bien de l'entreprise, il eût fallu laisser s'exprimer les désaccords sérieux et en débattre franchement. Les normes d'intégrité s'appliquaient aux péchés par action – on ne mentait pas. Mais pas aux péchés par omission – il n'était pas nécessaire de dire ce que l'on pensait réellement. Et, comme Dick et moi l'avions fait lors de ce déjeuner, les gens disaient des tas de chose derrière le dos de leurs collègues qu'ils n'auraient jamais dites devant eux. On affirmait une chose dans une pièce, une autre à l'extérieur.

Le processus de recrutement avançait lentement, mais le conseil s'intéressait clairement de plus en plus à moi. Lors de notre second rendez-vous, Sam Ginn a commencé à parler rémunération. Le sujet était difficile, car j'avais des dizaines de milliers d'options de Lucent de grande valeur que je pourrais exercer à partir du mois d'octobre. (HP a fini par m'accorder un package considérable, incluant beaucoup d'actions, pour compenser partiellement ces options, mais, en fin de compte, j'ai perdu 85 millions de dollars en partant de chez Lucent au mois de juillet.) Ensuite, Lew Platt m'a expliqué que lui et son comité exécutif avaient subi des tests et un entretien psychologiques. Le conseil avait décidé que tous les candidats à sa succession devraient se soumettre au même processus. Cela semblait raisonnable si le conseil voulait vraiment savoir qui il recrutait, j'ai donc accepté. (J'ai entendu dire plus tard que certains candidats avaient trouvé cette idée insultante, le processus de recrutement beaucoup trop long, et qu'ils s'étaient donc retirés de la course. Je ne sais pas si c'est vrai.)

Le test psychologique consistait en deux parties : un questionnaire sur internet, que j'ai mis plus de trois heures à remplir, et un entretien avec deux psychologues. Cet entretien a eu lieu le jour de la fête des pères à Foster City, en Californie. Nous avons parlé plus de deux heures. Les questions, personnelles, portaient sur tout et sur rien, davantage sur mes relations familiales que sur HP. Plus tard, les deux psychologues ont remis au conseil leur rapport sur moi et sur les autres candidats. On ne m'a jamais communiqué le mien, ni les résultats de ce processus. Je ne connais pas la nature de la discussion du conseil, mais après mon embauche, plusieurs administrateurs m'ont dit que j'avais déjà clairement surpassé tous les autres candidats et que ma franchise ressortait nettement.

Après l'entretien, je suis retournée en voiture à San Francisco, chez mon père. Il trouvait aberrants ces tests psychologiques ; selon lui, c'était de la « californiaiserie » à l'état pur. Il me répétait sans cesse qu'il ne voulait pas influencer ma décision. Il me disait déjà, quand j'étais petite, que « chacun doit suivre son étoile ». Mais il avait été bouleversé par la mort de ma mère et il avait très envie que je revienne en Californie. Je lui ai parlé avec prudence, en choisissant mes mots, car je ne voulais pas encourager des espérances peut-être vouées à être déçues. Je lui ai donc énuméré toutes les raisons qu'avait HP de ne pas m'offrir ce poste : je n'avais jamais été DG, je n'étais pas ingénieur, je n'étais pas du métier, je venais de l'extérieur et, pour couronner le tout, j'étais une femme. J'ai appris plus tard que John Young avait utilisé tous ces arguments pour rassurer ses collègues au conseil d'administration de Lucent : ils ne me perdraient pas, car HP ne m'offrirait jamais ce poste.

Mon père a dit : « Mais, Carly, tu peux leur dire pourquoi tu serais la meilleure. Ils ont besoin de changer, et tu peux les faire changer. » Alors je lui ai expliqué que je ne voulais pas trop me « vendre » pour ne pas leur faciliter la tâche, il fallait que ce soit un choix difficile.

Si ma candidature était retenue, ma tâche serait excessivement délicate et il ne fallait pas que le conseil, pris de remords, me laisse tomber au milieu du gué. Les administrateurs devaient croire en moi, adhérer totalement à ce que je voulais faire, et cela supposait qu'ils comprennent, dans toutes les dimensions possibles, à quel point me choisir serait controversé et risqué, et surtout à quel point la transformation qu'ils disaient appeler de leurs vœux était elle-même difficile et risquée. Ensuite, j'ai expliqué à mon père les raisons pour lesquelles je n'avais pas forcément envie de prendre les commandes de HP. Nous avions fait notre vie dans le New Jersey et, même si je l'aimais beaucoup, déménager serait dur pour la famille. Je lui ai dit combien d'argent je risquais d'y perdre. Je lui ai donné tous les arguments possibles et imaginables pour qu'il n'y croie pas trop. Je savais qu'il comprenait car plus je parlais, plus il semblait se recroqueviller. Cela me faisait mal de l'attrister ainsi, mais je pensais que je n'avais pas le choix. Ce soir-là, je me suis vraiment demandé si j'avais raison de maintenir ma candidature.

C'est ma seconde conversation avec Dick Hackborn, fin juin 1999, qui confirma apparemment ma sélection comme nouveau DG de HP.

Nous nous sommes rencontrés à l'aéroport de Chicago. Le processus de recrutement se poursuivait depuis près de six mois. La spéculation s'intensifiait dans la presse, qui avait publié des articles sur deux candidates internes, Ann Livermore et Carolyn Ticknor. J'ai appris plus tard que le conseil ne les avait jamais considérées comme de vraies candidates mais avait laissé l'entreprise, le monde extérieur et ces deux femmes elles-mêmes croire qu'elles avaient une réelle chance d'obtenir le poste.

Connaissant mal les lieux, nous avions décidé de nous retrouver au Gaslight Lounge. Les serveuses portaient des minijupes et des bas résille. Dick Hackborn semblait mal à l'aise – je l'ai assuré que j'avais eu l'occasion de fréquenter des endroits bien pires (je ne sais pas quelles conclusions il en a tiré !). Il était manifestement décidé à parler aussi longtemps qu'il le faudrait pour prendre sa décision (la réunion, arrosée de litres de thé glacé, a duré quatre heures). J'y étais venue pleine de questions et de doutes.

Pour commencer, nous avons parlé du conseil d'administration. Je voulais savoir comment les administrateurs avaient pris la décision de scinder la compagnie, de renvoyer un PDG (car, clairement, dans l'esprit de Dick, c'est ce qui s'était produit) et d'en chercher un autre à l'extérieur. Lew Platt avait entamé un processus de planification stratégique en se fondant sur la thèse que Hewlett-Packard, avec un chiffre d'affaires d'environ 40 milliards de dollars, était devenu trop grand pour se développer et trop complexe à gérer. Le conseil, avec l'aide des consultants de McKinsey, était tombé d'accord sur la nécessité de scinder l'entreprise (différents scénarios avaient été évalués avant que l'on ne parvienne à une décision définitive) et, au passage, avait dit à Lew qu'il perdrait son poste. Manifestement pris par surprise, il avait le sentiment d'avoir été trahi par le conseil. Cela expliquait la rancœur que j'avais observée chaque fois que je l'avais rencontré. Il essayait de ne pas montrer ce qu'il ressentait, mais il ne pouvait cacher son amertume – qu'il finirait par exprimer lors de son dîner d'adieu et qui influencerait beaucoup sa décision de s'attaquer publiquement au conseil suite à l'acquisition de Compaq.

Je lui ai posé beaucoup de questions sur les administrateurs, en particulier les membres des familles. Dick était prudent et ses réponses empreintes de respect, mais il était clair que Bill et Dave n'avaient jamais voulu impliquer leurs enfants dans leur entreprise. Il m'a dit que le conseil voulait se « professionnaliser » peu à peu. Autrement dit, l'appartenance au conseil dépendrait davantage, à l'avenir, des références professionnelles que des relations familiales. Sam Ginn dirigeait ce processus de professionnalisation au nom du conseil. Walter Hewlett avait décidé de siéger désormais au conseil d'Agilent (le nouveau nom de la branche tests et mesures). Susan Packard Orr, que tout le monde aimait et respectait, resterait quelque temps, mais elle avait exprimé le désir de quitter le conseil aussi tôt que possible après la scission. David Woodley Packard, le fils aîné de Dave, avait été tellement furieux de la scission qu'il s'était retiré du conseil. Quant à Jean-Paul Gimon, le gendre de Bill Hewlett, il avait donné son accord à Sam pour quitter le conseil aussitôt après la nomination du nouveau DG. Très peu de temps après mon arrivée, j'ai appris que ce n'était pas tout à fait ce que Jean-Paul avait compris. J'ai ainsi eu un premier aperçu rapide – et inquiétant – des querelles familiales.

Rétrospectivement, je crois que l'une des choses les plus remarquables de l'ensemble du processus de recrutement a été le peu de place que les familles y ont tenu. Ce n'était pas un sujet de conversation, c'est tout. Les histoires de famille ne semblaient pas influer beaucoup sur la façon dont l'entreprise fonctionnait, et les membres des familles ne semblaient pas être des acteurs influents au conseil. En fait, durant tout ce long processus de recrutement, je n'en avais pas rencontré un seul. Je n'en savais pas assez pour demander à les rencontrer et, de leur côté, ils n'avaient pas l'air d'en ressentir la nécessité.

Avec Dick, nous sommes longuement revenus sur les sujets évoqués lors de notre rencontre précédente. Le temps jouait contre HP. L'entreprise ne se préoccupait pas suffisamment de sa compétitivité. J'ai posé de nombreuses questions sur l'équipe de direction – qui étaient les dirigeants, que valaient-ils ? Dick semblait les tenir tous en haute estime. « Notre plus gros problème, c'est la stratégie, Carly. Les gens sont capables, les produits sont bons. » Nous avons réfléchi ensemble à toutes les opportunités potentielles et aux moyens à mettre en place pour les exploiter. Nous étions d'accord sur tout.

La conversation a ensuite pris un tour intéressant. J'ai demandé à Dick ce qu'il croyait que Lew (qui était à la fois président du conseil d'administration et directeur général) ferait après la nomination du nouveau DG. Dick estimait qu'il devait partir aussi vite que possible. Je pensais qu'une transition plus longue pourrait être utile. D'abord, la direction générale me suffirait amplement dans un premier temps, je n'avais pas besoin d'assumer aussi la présidence. J'ai d'ailleurs dit à Dick que je ne le souhaitais pas, j'aurais besoin d'aide. D'autant que la scission, qui demanderait énormément de temps et d'efforts, compliquait les choses. Agilent et HP devraient tous deux s'occuper très vite d'établir leurs nouvelles identités et leur plan de travail. Il y aurait beaucoup de décisions difficiles pour savoir qui récupérerait quelles ressources, et énormément de discussions, notamment sur la propriété intellectuelle. Il faudrait que quelqu'un arbitre, et cette personne ne pouvait être ni le nouveau DG de HP, ni celui d'Agilent. Il fallait une personne dont l'objectivité et la neutralité soient reconnues de tous. Je pensais que Lew Platt satisfaisait cette exigence.

C'est alors que le mépris de Dick pour Lew est devenu évident. Il n'était pas du tout d'accord avec ma proposition, mais ne pouvant nier la logique de mes arguments, il a botté en touche.

Rick Belluzzo, ancien patron de la branche ordinateurs, avait quitté HP abruptement. Avant son départ, il était largement perçu comme l'héritier présomptif de Lew. En fait, je l'avais rencontré à plusieurs reprises lorsque j'étais chez Lucent ; j'avais même, à sa demande, pris la parole lors d'une réunion commerciale à San Francisco. Dick me disait maintenant : « Rick est vraiment un type bien. Je considère que Lew est responsable de son départ. Pourquoi ne pas le prendre comme président du conseil ? »

Je me demandais ce que Dick avait derrière la tête. Son idée n'était pas viable. Rick et moi avions pratiquement le même âge. Maintenant président-directeur général de Silicon Graphics, il avait manifestement ses propres ambitions. L'idée de Dick nous mettrait tous les deux dans une situation impossible : bien loin de travailler en équipe, le président et le directeur général se feraient concurrence. Par ailleurs, je supposais qu'il était en lice pour le poste de DG. S'il était assez bon pour qu'on lui offre la présidence du conseil, pourquoi ne pas lui offrir aussi la direction générale ? Je l'ai dit. Cela ne marcherait pas et, dans ces conditions, je n'étais pas partante.

Dick a rapidement fait marche arrière, mais sans pour autant retenir mon idée d'offrir la présidence à Lew. Je lui ai donc suggéré de la prendre lui-même. Il a été surpris mais flatté. J'avais besoin de pouvoir m'appuyer sur un ancien de la maison, qui savait dans quels placards on avait camouflé les cadavres, un fin connaisseur du paysage HP. À la fin de ce long déjeuner, j'ai pensé que nous avions trouvé un accord, Dick et moi. Si je prenais la direction générale, il prendrait la présidence.

J'aurais plus tard l'occasion d'interroger Lew Platt au sujet de Rick Belluzzo. Ce fut l'un des rares moments, dans cet interminable processus de recrutement qui avait dû être très pénible pour Lew, où je l'ai vu perdre son calme. « J'ai dit au conseil que je ne voulais à aucun prix que l'on fasse revenir Rick ! Il ne figure pas parmi les candidats. » Quelle atmosphère de panier de crabes révélaient ces paroles, surtout si je les juxtaposais avec celles de Dick ! J'avais alors demandé à Lew ce qu'il ferait pendant la période de transition, sans lui dire ce que Dick et moi avions évoqué au cours de notre dernière conversation. Il m'a dit qu'il partirait dès que le conseil le croirait utile. Il pensait que ce serait très vite.

Plus tard, Lew s'est montré tellement ulcéré que son ennemi juré, Dick Hackborn, soit appelé à prendre la présidence, qu'il a insisté pour prolonger la période de transition. Sam Ginn, qui jouait en général les messieurs bons offices, a alors proposé un compromis : Lew resterait, en qualité de président, jusqu'au mois de décembre. Dick prendrait alors la présidence. Personne ne m'a demandé ce que j'en pensais. Quand on a fini par me l'expliquer, après que j'aie accepté le poste, j'ai dit à Sam qu'il allait y avoir un problème. Je pensais que la haine que se vouaient ces deux hommes rendrait la vie difficile à tout le monde, surtout à moi.

Après environ six mois d'entretiens, j'ai fini par rencontrer le conseil au grand complet au mois de juillet, pour un dîner. Sachant que ce rendez-vous était important, je suis arrivée en avance. J'ai garé ma voiture au parking de Marcus & Millichap. Assise au volant, j'ai médité ce parcours de moins de 500 mètres qui m'avait cependant conduite d'une poste de dactylo et d'archivage à la direction d'une entreprise du Dow 30. J'ai pensé à ma mère, à ce qu'elle m'avait dit, à sa mort, à ce qu'elle penserait et dirait ce soir si elle était encore des nôtres. J'aurais voulu qu'elle le soit.

Avant ce soir-là, je n'avais encore rencontré que quatre administrateurs. La soirée a commencé par un verre de vin dehors, dans le patio. Tout le monde était aimable, j'ai eu l'impression qu'ils avaient déjà pris leur décision. Je ne crois pas que Walter Hewlett était là – s'il l'était, il ne m'a pas fait grande impression. Nous parlions de choses et d'autres mais, à mesure que la soirée s'avançait, j'ai été surprise que l'on ne me pose pas davantage de questions. J'ai donc décidé qu'il me fallait dire quelque chose.

J'ai parlé du respect que m'inspirait Hewlett-Packard, des nombreuses années au cours desquelles j'y avais été associée, de l'opportunité que représentait la scission : ce serait l'occasion d'insuffler une énergie et une réactivité nouvelles dans la maison. J'ai évoqué le « HP Way ». J'ai dit que la chose la plus importante que je pouvais faire, c'était de trouver le juste équilibre entre la préservation et la réinvention. C'était la première fois que j'employais ces mots. J'avais pensé au premier parce que l'héritage historique de la compagnie était un symbole puissant et motivant. Et j'ai choisi le terme *réinvention* parce que l'invention était la vertu cardinale de Bill et de Dave et que j'avais besoin d'un mot incarnant à la fois le changement et leur mentalité de pionniers. Ces mots ont semblé éveiller des échos favorables au conseil, et j'aurais de multiples occasions de les employer à nouveau.

Personne ne me l'avait dit, mais quand je suis revenue chez mon père, ce soir-là, je savais que le conseil avait pris sa décision. Et je savais, dans mon for intérieur, que j'avais pris la mienne.

19

C'est un tailleur Armani ?

Le vendredi 16 juillet 1999, je suis allée voir Rich dans son bureau et je lui ai annoncé que je partais. Les larmes aux yeux, il a dit : « Carly, ce ne sera plus jamais la même chose. Tu es l'âme de Lucent. »

Je ne m'attendais pas à cette réaction. Dès ma première rencontre avec Jeff Christian, j'avais informé Rich que j'étais en négociation avec Hewlett-Packard. Je lui devais la vérité. Pendant tout ce temps, nous n'avions eu que deux conversations à ce sujet. Ni Henry, ni aucun autre administrateur ne m'en a jamais parlé. J'imagine que Rich croyait pouvoir me retenir grâce à l'argent, et il avait fait le pari que l'on ne m'offrirait jamais le poste.

La dernière semaine de juin, peu avant mon dîner avec le conseil de HP, Rich McGinn avait organisé un séminaire du comité de direction dans les monts Pocono. Ce fut un désastre. Pour la première fois depuis quatre ans qu'existait Lucent, la direction pensait ne pas être en mesure de réaliser les objectifs de l'année suivante. Mais Rich n'était pas d'humeur à écouter. Quinze dirigeants et cadres supérieurs avaient beau tenter de lui faire comprendre qu'il s'était coupé de la réalité, il persistait à fixer des objectifs toujours plus élevés. Nul autre que lui n'ayant participé à l'élaboration de l'ordre du jour, nous n'avons eu aucune occasion de discuter ouvertement et objectivement de nos difficultés. L'équipe, hier si unie, était maintenant divisée. Quant à Rich, soit il ne s'en était pas aperçu, soit il s'en fichait.

L'une des tâches d'un patron est d'évaluer ce dont son entreprise est capable. S'il la sous-estime, ses performances restent en deçà de ses capacités. S'il la surestime, elle déçoit. Il doit l'évaluer correctement, puis accroître ses capacités en renforçant ses savoir-faire, ses équipes et leur confiance en elles-mêmes.

Tout patron a entendu un de ses subordonnés dire qu'il ne peut pas atteindre tel ou tel objectif. Le bon leader cherche à savoir quel raisonnement a conduit à cette conclusion. Parfois, cela veut dire : « Je ne peux pas l'atteindre, parce que mon équipe ne sait pas faire ce qu'on lui demande » – dans ce cas, une conversation s'impose. Il faut parler des solutions de rechange possibles. Faut-il se doter de nouveaux savoir-faire, examiner des opportunités différentes, ou réfléchir de façon créative à de nouvelles approches ? Cette façon de résoudre les problèmes suppose un dialogue ouvert, dans un esprit de collaboration. Avons-nous réfléchi à ceci ou à cela ? Essayé ceci ou cela ? Quelqu'un d'autre pourrait-il nous aider ?

Il arrive aussi que les gens disent : « Je ne peux pas », parce qu'ils veulent une réponse facile à un challenge difficile. Une performance médiocre demande, il est vrai, moins de travail qu'une excellente. Dans ce cas de figure, une conversation visant à confirmer la réalité de l'opportunité et la validité du plan d'exécution s'impose. Il faut peut-être accroître les incitations pour que les gens passent du facile au possible, trouver une motivation différente pour les encourager à aller plus loin.

Mais parfois, s'ils disent : « Je ne peux pas », c'est vraiment parce que l'objectif qu'on leur demande d'atteindre est hors de portée. Dans une telle situation, il faut à tout prix s'assurer que tout le monde a la même perception de la réalité. Pourquoi certains voient-ils les faits autrement que les autres ? Sur quoi pourrait-on s'entendre ? Si l'objectif est inatteignable, vers quoi devons-nous tendre ?

Chaque fois qu'un responsable entend une équipe dire : « Impossible ! », quelle qu'en soit la raison, il faut poursuivre longuement la conversation. De telles conversations forgent les équipes, qui se soudent ensuite en travaillant ensemble, en résolvant les problèmes, en atteignant les objectifs, grâce à une collaboration efficace.

Au bout de deux jours de séminaire, nous n'avions pas eu une seule véritable conversation. Pas de conversation, donc pas de collaboration. Nous étions pris au piège de mauvaises habitudes que nous ne connaissions que trop bien. Mes collègues étaient découragés ; beaucoup sont même venus me trouver. Une de ces conversations, en particulier, m'est restée gravée dans l'esprit. Gerry Butters, alors patron du groupe réseaux fibres optiques, m'a prise à part et m'a dit : « Carly, ce n'est pas l'entreprise de Rich, c'est la tienne. Le vrai leader, c'est toi. Il faut que tu prennes la direction des opérations. »

J'ai cru toute ma vie que le leadership n'était pas une question de titre ou de rang hiérarchique. Cela consiste à faire une différence positive pour et avec ses collègues. C'est une question d'intégrité, de niveau des capacités personnelles, de la plus ou moins grande efficacité avec laquelle on sait travailler avec les autres. Tout le monde peut jouer un rôle de leader, où qu'il soit, à tout moment. J'ai vu des gens le faire tout en occupant des postes subalternes, ou au contraire très élevés. C'est pourquoi la demande de Gerry m'interpellait. Lucent me tenait à cœur – fallait-il accéder à cette demande, malgré toutes les difficultés ? C'était vrai, le directeur général de la société que j'aimais tant n'était pas un leader et je ne le respectais pas. En voyant comment se déroulait le séminaire de Pocono, j'ai compris que je ne pouvais plus être loyale envers Rich. Je ne saperais pas son action, mais je ne pouvais pas le suivre. Il était temps que je parte.

Ma dernière semaine chez Lucent a été pénible. Ça devait se voir car les gens passaient leur temps à me demander ce qui n'allait pas. J'aurais voulu dire au revoir à tout le monde, mais ce n'était pas possible. La nouvelle que je quittais Lucent pour entrer chez Hewlett-Packard était une information importante pour les deux firmes, il fallait donc faire une annonce publique – il était hors de question de révéler quoi que ce soit avant. J'en ai cependant informé – non sans larmes – Maybeth Osmun, ma secrétaire et amie, qui travaillait pour moi depuis de longues années, ainsi que Kate Silvieri, qui était mon assistante de direction depuis huit ans, une femme loyale et efficace. J'ai informé aussi Katy Fitzgerald, qui devrait préparer l'annonce. Elle m'a raconté plus tard que j'étais blanche comme un linge en entrant dans son bureau. Nous nous sommes assises et nous avons fondu en larmes. Et la dernière chose que j'ai dite à Rich en quittant son bureau, c'était : « Mets la pédale douce, Rich. Les gens ne peuvent vraiment pas faire ce que tu leur demandes. »

Ce soir-là, Frank et moi avons pris l'avion pour la Californie. J'étais épuisée psychologiquement et je manquais de sommeil. Quand je suis arrivée à l'hôtel, vers deux heures du matin, j'ai écrit une lettre au personnel de Lucent Technologies. Elle ne serait lue que le lundi, mais j'avais besoin de tourner la page avant de me coucher. Quand je me réveillerais, je serais toute à Hewlett-Packard.

Je n'ai pas vu passer le week-end. Pour commencer, je voulais parler à Ann Livermore. Elle était forcément déçue, d'autant que la presse lui avait consacré de nombreux articles. Je voulais lui dire personnellement que je me faisais une joie de travailler avec elle et que j'étais d'accord avec les stratégies dont elle avait parlé. Je lui ai fait une offre généreuse pour l'inciter à rester parmi nous. Elle était ébranlée par les événements des dernières vingt-quatre heures, mais elle s'est néanmoins montrée aimable, professionnelle, très positive. Hewlett-Packard et moi, nous avions tous deux de la chance de l'avoir.

Ensuite, Lew et moi avons commencé à préparer l'annonce de mon arrivée au personnel. Nous avons enregistré ensemble une vidéo. J'y parlais de mon admiration pour lui, de ma gratitude pour l'opportunité qui m'était offerte, de ma joie d'entrer dans une entreprise légendaire. J'ai parlé à la fois de changement et de continuité, de l'importance de l'innovation, de la contribution que chacun pouvait apporter à HP, de la nécessité de se focaliser sur les clients. J'ai souligné qu'il y avait urgence : le temps jouait contre nous, le marché et les concurrents évoluaient beaucoup plus vite que nous.

Il fallait aussi préparer la conférence de presse qui aurait lieu le lundi matin. Comme mon nom n'avait jamais figuré parmi les candidats possibles, tout le monde serait surpris. Il y aurait de nombreux journalistes, nous avons donc passé beaucoup de temps à réfléchir à la façon dont nous répondrions à de nombreuses questions. « Quels sont vos objectifs, en tant que nouveau DG ? » « Quel a été le processus de sélection du conseil ? » « Lew, comment Carly et vous allez-vous travailler ensemble ? » « Carly, croyez-vous que cela fasse une différence que vous ne soyez pas ingénieur ? » « Vous qui venez de l'extérieur, qu'avez-vous à apporter à HP ? » « Quel package vous a-t-on offert ? » « Vous n'appartenez pas au secteur. En quoi votre expérience des télécommunications vous sera-t-elle utile ? »

Est-ce parce que deux des candidats connus étaient des femmes, parce que la question n'avait pas été évoquée lors des entretiens, parce que nous cherchions surtout à démontrer que j'avais les compétences voulues, que je cherchais à faire bonne impression, en ce premier jour, si important ? Quelle qu'en soit la raison, aussi incroyable que cela puisse paraître, la seule question que nous n'avions pas préparée était celle que l'on m'a posée le plus souvent : « Et le plafond de verre ? Quel effet cela vous fait-il de l'avoir brisé ? Est-ce que cela veut dire qu'il n'existe plus ? »

La nouvelle a été rendue publique le dimanche. La veille au soir, Lew et moi avons dîné avec l'équipe de direction. J'avais déjà pris ma première décision : je ne débarquerais pas chez HP avec mon équipe, mais toute seule. J'avais lu tout ce que j'avais pu sur chacun de ces dirigeants, et je savais que certains d'entre eux auraient peut-être du mal à tenir la distance. Néanmoins, il était important de donner à chacun le bénéfice du doute et l'occasion d'être les agents du changement. Ils avaient tous de longues années de maison derrière eux, je devais gagner leur respect et leur confiance avant d'espérer les mobiliser.

HP était une entreprise bureaucratique, avec une culture profondément enracinée. Les personnes venant de l'extérieur étaient rares et, en général, se faisaient rejeter. Un changement significatif et durable ne pouvait venir que de l'intérieur. Je pouvais jouer un rôle de catalyseur, mais si une masse critique de l'équipe actuelle de direction ne s'y ralliait pas, n'en faisait pas son affaire, le changement ne se produirait pas. Quand on demanderait aux salariés de changer, ils regarderaient comment réagissaient les gens qu'ils connaissaient. Il ne suffirait pas que le nouveau DG dise : « Nous devons changer. » Il faudrait que les salariés entendent le même message exprimé par d'autres, voient leur exemple.

Ayant travaillé pendant vingt ans dans de grandes entreprises, je savais que celle où j'arrivais pouvait m'ignorer ou saboter mes initiatives. J'en avais été le témoin. Je ne connaissais ni toutes les relations humaines, ni les événements qui avaient marqué les mentalités, ni les structures informelles du pouvoir chez HP.

En outre, je n'avais pas toutes les réponses. J'étais nouvelle, je prenais les rênes dans une situation nouvelle, et l'entreprise avait connu la prospérité soixante ans durant. Mes nouveaux collaborateurs en savaient plus que moi sur les difficultés auxquelles leur entreprise était confrontée, j'avais besoin de leur aide. Si Hewlett-Packard devait changer, il lui faudrait pour ce faire beaucoup plus qu'un nouveau DG. Il faudrait adopter une nouvelle façon de penser à elle-même, à la nature et à l'évolution de son secteur d'activité, aux demandes et aux exigences de ses clients, à la férocité et au talent de ses concurrents.

Le dîner ne s'est pas bien passé. Les membres de l'équipe, qui n'avaient pas été avertis à l'avance, étaient froids et curieux. Quand nous avons pris place autour de la table, Lew a demandé à chacun de se présenter. J'ai remarqué qu'ils utilisaient tous leur titre de DG. Ils disaient « mon entreprise », « mon personnel », du ton du propriétaire. Le message était clair : « Je vais bien, merci, c'est ma boîte et je n'ai pas besoin de votre aide. » À la fin des présentations, Antonio Perez n'y est pas allé par quatre chemins : « Alors, Carly, dites-nous, pourquoi vous ? » J'ai pensé qu'il ne m'appartenait pas de justifier les décisions du conseil, pas plus que le processus de recrutement, j'ai donc dit : « Lew, vous devriez décrire le processus que le conseil a mis en œuvre ces six derniers mois. » Maintenant que la réalité d'un nouveau DG s'était concrétisée, Lew portait en écharpe sa déception sur la façon dont il avait été traité ; personne ne pouvait ne pas le remarquer lorsqu'il s'est exprimé au nom du conseil.

Ce dîner a tout révélé. Ni le conseil ni Lew n'avaient parlé aux membres de l'équipe de direction de leur conviction qu'un changement fondamental s'imposait. Personne ne les avait tenus au courant du processus de sélection ou des critères retenus. Personne ne leur avait dit que leur nouveau DG estimait qu'une nouvelle stratégie et une nouvelle structure devaient être mises en place. Le conseil d'administration ne me serait d'aucune aide et l'équipe de direction ressentait à mon égard le même scepticisme que les fonctionnaires d'une administration à l'égard d'un nouveau patron nommé à leur tête pour des raisons politiques : « On verra bien combien de temps elle tiendra », se disaient-ils certainement. Ce serait encore plus difficile que je ne l'avais cru.

Avant de me mettre au travail, cependant, il fallait déjà sortir vivante du premier jour. Rétrospectivement, il m'apparaît maintenant que notre préparation à l'attaque de la meute était risible, malgré les experts extérieurs que nous avions consultés. Je savais que chacune des paroles que Lew et moi prononcerions ce lundi matin serait disséquée par le personnel. Nous embarquions ensemble pour un voyage long et difficile, le changement, et il était important de prendre un bon départ. Les mots que j'emploierais pour décrire la société, mes objectifs, nos challenges et nos opportunités, resteraient. Les gens s'en souviendraient, il faudrait que je vive avec. En ma qualité de nouveau leader, je voulais parler à tous les salariés de ce que nous avions en commun, de ce qui nous rassemblait. Je voulais parler de Hewlett-Packard – de notre respect pour l'héritage de cette grande entreprise, de notre désir de construire un avenir ensemble, je voulais dire que nous n'étions pas aussi focalisés ni aussi agressifs qu'il le fallait en cette nouvelle ère internet.

Je n'avais aucune intention d'aborder le fait que j'étais une femme, ni de parler du plafond de verre – ces sujets ne pouvaient que nous divertir de la mission qui nous attendait, sans compter qu'ils me séparaient de la majorité de mes salariés. Toutes ces questions, auxquelles je ne m'étais pas préparée, m'ont donc agacée. Quand j'ai dit : « Le plafond de verre n'existe pas », cela a fait les gros titres. J'essayais simplement de passer à autre chose, étant bien entendu que les femmes pouvaient faire tout ce que les hommes pouvaient faire. En même temps, j'essayais de dire aux femmes que, s'il y a certes beaucoup d'obstacles et de préjugés, aucune barrière invisible ne les empêche de réaliser leurs rêves. Je m'appuyais sur ma propre expérience : on en fait plus lorsque l'on se concentre sur les possibilités que lorsque l'on se polarise sur les limitations ou les inégalités. Je n'ai rien réussi à faire passer de tout cela. Au contraire, du premier au dernier jour, je n'ai jamais pu échapper à la catégorisation « Carly Fiorina, femme-DG ». Ni à l'attention implacable des médias.

Je ne souhaitais pas attirer l'attention sur moi, mais quand cela arrivait, je m'arrangeais pour la diriger sur HP. Chaque fois que j'acceptais une interview, j'en fixais les règles : je ne parlerais ni du plafond de verre, ni de moi, mais exclusivement de HP. Au cours des années suivantes, j'ai refusé de nombreuses demandes émanant de *Glamour*, de *People* ou de *Vogue*, de

Diane Sawyer, Oprah Winfrey et d'autres. Tous ces magazines et personnalités étaient de tout premier plan, certes, mais ils ne s'intéressaient pas à HP, ils s'intéressaient à moi.

De mon premier à mon dernier jour chez HP, j'ai été critiquée à la fois parce que j'étais trop souvent dans la presse et parce que ma porte n'était pas toujours ouverte aux journalistes. Des premiers articles et reportages sur mon arrivée, jusqu'aux derniers sur ma mise à la porte, j'ai eu droit à un régime de faveur par rapport aux autres directeurs généraux. Le ton et le langage étaient plus intenses, les remarques plus personnelles, y compris de longs commentaires sur ma personnalité et mon physique, ma façon de m'habiller, ma coiffure, mes chaussures. Cette première semaine, le rédacteur en chef de *Business Week* est venu me voir avec un journaliste : ils préparaient un article depuis plusieurs mois. Que nous le voulions ou non, Hewlett-Packard ferait la couverture du prochain numéro – tout le monde m'a conseillé de les recevoir. Avant même que nous ne nous soyons assis, le rédacteur en chef me posait sa première question : « C'est un tailleur Armani, que vous portez ? »

Vanity Fair, à qui j'ai fait savoir plusieurs fois que ses articles sur moi étaient de la pure fiction, continuait à informer ses lecteurs que je ne voyageais jamais sans mon coiffeur et ma maquilleuse. Un bruit courait avec persistance dans la presse locale, selon lequel j'avais fait installer une salle de bains de marbre rose à côté de mon bureau. (En fait, j'avais repris celui de mon prédécesseur et n'avais acheté aucun nouvel objet ni fait réaliser les moindres travaux.) Il n'y avait ni salle de bains, ni même de porte privée dans les bureaux de la direction. Les dirigeants de Lucent, Cisco, IBM, Dell, Sun Microsystems, Microsoft, Compaq, Oracle, GE, 3M, DuPont et autres grandes entreprises américaines disposaient tous d'avions privés et HP en avait depuis trente ans. Le fait de les utiliser a cependant été considéré comme une preuve de mon manque de respect pour la culture HP, ma nature « régalienne », la « distance » que j'établissais entre les salariés et moi.

J'étais alternativement décrite comme « tape-à-l'œil », « glamour » et « couverte de diamants », ce dont il était facile de conclure que j'étais superficielle, « marketing ».

Tous les discours que j'ai prononcés à mon poste de DG – et il y en a eu beaucoup, quarante-sept rien qu'en 2004 – répondaient à une demande d'un client ou d'un collaborateur de HP.

J'en ai décliné beaucoup plus que j'en ai acceptés. Chacune de ces occasions de prendre la parole représentait une excellente opportunité de rencontrer et d'influencer les clients, et de présenter les capacités de notre entreprise. D'autres DG étaient toujours invités à prendre également la parole, mais ma présence était toujours interprétée comme une preuve que j'aimais jouer les divas.

En général, en parlant de moi, on se contentait de mon prénom. De nombreux commentaires, particulièrement douloureux, insistaient sur le fait que j'avais décidé de ne pas avoir d'enfants parce que j'étais « trop ambitieuse ». La carrière de Frank, ce qu'il apportait à notre famille et à la communauté, tout cela passait à la trappe, c'était « le conjoint qui reste à la maison ».

Dans les *chat rooms* de la Silicon Valley, du moment où je suis arrivée à longtemps après mon départ de HP, j'étais alternativement qualifiée de « blonde » ou de « salope »[1] – trop molle ou trop dure, et présomptueuse de surcroît. Certes, j'étais une femme, je ne correspondais pas au portrait-robot du DG de la Silicon Valley, dont l'archétype était introverti, ce qui n'est effectivement pas mon cas. À Silicon Valley, les gens adoraient s'habiller « cool », j'aimais pour ma part être bien habillée. Les patrons de start-up parlaient *bits* et *bytes*, moi de l'impact humain de la technologie. Je n'étais pas née dans la Silicon Valley, je venais de la côte Est, j'avais fait carrière dans les entreprises en dur de la vieille économie et non dans les petites start-up de la nouvelle économie.

Pendant les premiers mois de mon mandat, Scott McNealy, le patron de Sun Microsystems, n'a rien trouvé de mieux que de donner le coup d'envoi d'une réunion d'analystes en faisant rire à mes dépens. Sun Microsystems était en pleine forme à la fin des années 1990, Scott aussi, tout ce qu'il faisait ou disait était accueilli béatement par les médias. Il a fait monter un tableau vivant : une actrice affublée d'une perruque blonde et de faux ongles démesurés, vernis de rouge, se tenait debout devant un garage. Et celui-ci s'effondrait sur sa tête, au grand amusement du public.

---

1. « Industry Wants Girls to Stick to Knitting » (L'industrie veut que les filles s'en tiennent au tricot), par Charles Cooper, CENT, vendredi 10 mars 2006.

Je me suis battue toute ma carrière pour être jugée sur mes résultats et mon travail, mais dans les médias, la place faite à mon sexe, mon physique et la perception de ma personnalité l'emporte de beaucoup sur toute autre considération. Cela me déçoit énormément. J'ai toujours cru que les actes parlent plus fort que les mots. Peut-être n'est-ce plus vrai, dans cette nouvelle ère du toujours-connecté-toujours-informé, où les faits, la fiction et l'opinion semblent avoir le même poids. Il est indéniable que tout ce que l'on a écrit et dit à mon sujet a rendu ma vie et mon travail infiniment plus difficiles. Les mots des autres me définissent peut-être plus clairement, dans beaucoup d'esprits, que mes actes. C'est sans doute l'une des raisons pour lesquelles j'écris ce livre.

Au cours de ces premiers jours aux commandes de HP, les commentaires des médias, l'accueil glacial de la Silicon Valley, le scepticisme de l'équipe de direction et la passivité du conseil dans cette si importante période de transition, tout cela a été une douche froide. Mais les salariés de Hewlett-Packard m'ont remonté le moral. Rien que le premier jour, j'ai reçu des centaines et des centaines de courriels. Certains m'interrogeaient sur les « e-services », dont on avait récemment annoncé que ce serait la stratégie internet de la compagnie. Certains me demandaient ce que je pensais du « HP Way ». L'immense majorité exprimait la joie de leur auteur à la perspective du changement. Dès ce premier jour, j'ai lu tous les courriels que l'on m'envoyait et j'ai répondu à un grand nombre d'entre eux. C'est le personnel qui m'a toujours donné le courage de faire ce qui s'imposait. C'est à lui qu'appartient la société, et non pas au conseil, aux fondateurs ou aux familles de ces derniers. Les salariés de HP, c'est HP. Ma tâche, en tant que DG, était de développer de nouveaux savoir-faire, de nouvelles compétences, une nouvelle confiance, de nouvelles aspirations. Je suis convaincue que chaque personne a plus de potentiel qu'elle ne le croit. Je savais que HP avait plus de potentiel que la plupart des gens ne l'imaginaient. Ma tâche était de conduire la transformation d'une entreprise qui avait été remarquable, mais était en panne, en libérant le potentiel de son personnel et de ses actifs.

J'ai reçu des dizaines de milliers de messages des salariés pendant que j'étais chez HP, j'en ai reçu des milliers d'autres quand j'en suis partie. J'en reçois encore. Un seul, au cours de toute cette période, ne portait pas de signature. Les auteurs de tous les autres messages, qu'ils m'encouragent ou me critiquent, m'ont toujours dit non seulement ce qu'ils pensaient, mais aussi qui ils étaient. Je remercie de tout cœur les salariés de HP d'avoir montré tant de franchise et de sagesse. Ce sont les gardiens de son héritage, les bâtisseurs de son avenir.

20

Les mille tribus

J'ai abordé mon nouveau poste comme j'avais toujours approché une nouvelle mission : en rencontrant autant de personnes et en posant autant de questions que possible. J'ai étudié les détails de nos chiffres et de nos plans. J'ai beaucoup voyagé pour rencontrer nos clients, nos partenaires et nos salariés.

Pendant toute la durée de mon mandat, j'ai constamment rencontré nos clients. Je pouvais aider à ouvrir les portes et à décrocher les contrats, mais je voulais aussi savoir ce qu'ils pensaient de notre façon de travailler. Si vous voulez savoir ce qu'il faut changer dans une entreprise, c'est aux clients qu'il faut le demander. « Carly, vous avez les meilleurs spécialistes du secteur ; chaque fois que je leur demande de résoudre un problème, ils réagissent toujours à la perfection et trouvent une excellente solution. Mais je ne sais jamais qui appeler ; et si je ne les trouve pas, ils ne viennent jamais me chercher », m'a dit l'un de nos clients les plus importants, chez GM. Beaucoup d'autres ont réitéré cette remarque : nous étions plus réactifs que proactifs, il était difficile de travailler avec nous. Tous s'accordaient à nous trouver trop lents. Quand je leur demandais de décrire HP en un ou deux mots, ils disaient « bien », « une boîte d'ingénieurs » ou « techniquement excellent ».

Aucun d'entre eux n'a jamais dit « déterminé », « efficace » ou « à la pointe du progrès ». Tous signalaient que nos concurrents avaient pris de l'avance sur nous et que nous étions trop chers. Nos plus gros clients disaient que nous n'investissions pas assez dans les nouveaux produits ou les nouvelles caractéristiques pour rester à la hauteur de nos rivaux. Beaucoup se plaignaient qu'à l'ère des réseaux, les produits HP n'étaient même pas compatibles entre eux. D'autres m'ont fait remarquer que les ingénieurs de nos bureaux d'études avaient l'air de repartir de zéro chaque fois qu'ils concevaient un nouveau produit ; un client, exaspéré, m'a même dit : « Est-ce que vous ne pourriez pas, au moins, mettre le bouton marche-arrêt au même endroit ? »

Quand j'ai demandé à nos commerciaux de me dire comment se passaient les réunions chez le client, ils m'ont tous raconté en riant qu'en général, ils faisaient connaissance devant sa porte. Ils se plaignaient aussi que lorsqu'un client réclamait une réunion importante, soit toutes les divisions envoyaient un représentant, et nous écrasions le malheureux client sous le nombre, c'était la confusion ; soit personne ne venait. HP n'était pas axé sur ses clients. Nous ne collaborions pas bien pour mieux les servir. Nous n'anticipions ni leurs besoins ni les initiatives de la concurrence ; nous attendions que l'on fasse appel à nous. Or nos clients le faisaient de moins en moins – c'était la raison pour laquelle le taux de croissance de HP ralentissait tandis que celui du reste de l'industrie s'accélérait.

J'ai toujours pensé que les entreprises leaders doivent privilégier avant tout leurs clients. Certains préfèrent axer leurs efforts sur la concurrence ou la satisfaction des actionnaires. Les uns et les autres sont évidemment d'une importance vitale, mais seul le client peut acheter les produits de l'entreprise. Il faut vendre, faute de quoi il n'y a pas d'entreprise ; il faut même de la croissance, sans quoi elle décroche et ne figure plus parmi les leaders. La transformation de HP devait commencer par la façon dont nous servions nos clients.

J'avais toujours admiré HP Labs, j'ai donc décidé d'y consacrer ma première « causerie-café ». Bill et Dave avaient inauguré la formule à l'époque héroïque : Lucille Packard préparait des cookies pour l'occasion, Bill et Dave buvaient un café avec leurs premiers salariés en parlant des affaires en cours. Le terme s'appliquait désormais à toutes les rencontres entre les managers et leur personnel.

Je ne trouvais rien d'extraordinaire à commencer par HP Labs – après tout, nous étions une entreprise technologique et l'innovation était notre sève nourricière. Les bureaux de Bill et de Dave, préservés religieusement dans l'état où ils les avaient laissés, sont dans le bâtiment de HP Labs. M'inspirant en cela de l'exemple de Henry Schacht, j'avais pris l'habitude de visiter les Laboratoires Bell une fois par mois quand j'étais chez Lucent, et je considérais ces rencontres comme importantes non seulement pour les chercheurs, mais aussi pour moi, car elles me permettaient de me tenir au courant des avancées technologiques les plus importantes. J'avais l'intention d'aller voir HP Labs aussi une fois par mois.

Mais chez HP Labs, les gens ont trouvé remarquable ce choix de commencer par les laboratoires de recherche, et surtout ma décision d'y retourner régulièrement. Personne ne venait jamais les voir, et personne n'avait l'air de s'intéresser à ce qu'ils faisaient. Les diverses divisions les considéraient comme un centre de coûts dont ils n'avaient pas besoin et ne pouvaient pas contrôler. On clamait que l'innovation était une des valeurs essentielles de HP, mais personne ne la mesurait, n'investissait dedans, ni ne la récompensait. Les résultats étaient clairs : HP était l'une des seules entreprises à posséder un laboratoire de recherches central, mais ne figurait même pas parmi les vingt-cinq premiers innovateurs du monde par le nombre de brevets.

Lors de l'une de mes premières visites, on m'a montré quelque chose qui s'appelait « Cool Town ». C'était vraiment éblouissant. J'en ferais d'ailleurs la pièce maîtresse du premier discours où j'ai présenté publiquement ma vision pour HP. C'était un labo où chaque personne, lieu et objet avait sa propre présence et sa propre identité sur le net. Cela voulait dire que chaque personne, lieu et objet était connecté et pouvait entrer en interaction avec tous les autres. C'était le premier aperçu de ce que j'appellerais plus tard l'avenir « numérique, mobile, virtuel et personnel » – un avenir dans lequel tout, que ce soit physique ou analogique, peut être représenté sous forme numérique ; où tout peut aller partout parce qu'il existe dans le cyberespace et peut être mis en réseau ; où la réalité virtuelle sera sans doute un jour aussi convaincante que la réalité physique ; et où les individus peuvent contrôler des myriades d'actions, d'événements et d'informations à leur convenance. La façon dont HP choisirait d'utiliser ses actifs à l'aube du XXIe siècle, la première ère véritablement numérique, mobile, virtuelle et personnelle de l'histoire humaine, serait le socle de notre stratégie et de notre avantage concurrentiel.

J'ai eu du mal à contenir ma joie et mon enthousiasme à la vue de Cool Town. J'avais sous les yeux ce que HP pouvait faire. Cool Town exploitait tous nos savoir-faire et tous nos actifs et nous différenciait de nos concurrents. J'ai demandé à Dick Lampman, le très remarquable patron de HP Labs, combien de dirigeants de la firme l'avaient vu. « Aucun. Nous n'arrivons pas à les faire venir. » Je lui ai demandé ce qu'il adviendrait de Cool Town. « Nous sommes censés le fermer le mois prochain. Nous n'avons pas de budget. » Tous les responsables de division étaient polarisés sur leur propre ligne de produits. Chacun d'entre eux était responsable de la bonne marche de son activité actuelle. Aucun ne savait comment financer un avenir qui risquait de sortir du périmètre défini de sa branche, aucun ne toucherait de bonus pour avoir dépensé de l'argent sur une possibilité incertaine n'améliorant pas nécessairement la performance actuelle, même si elle semblait déterminante pour l'entreprise au sens large. Personne ne savait comment mettre en commun les ressources considérables de HP ; chacun gérait son propre compte de résultats. En réalité, l'ensemble du processus de management, chez HP, était désormais axé sur l'amélioration marginale. Tout le temps des dirigeants et l'essentiel de nos ressources considérables en termes de développement de produits étaient réservés aux lignes de produits existantes. Si une amélioration de produit demandait plus d'investissements que la branche ne pouvait en financer en un an, l'investissement n'était pas réalisé, même si les conséquences à long terme étaient désastreuses. Cette façon de raisonner, adoptée par la direction, nous avait fait perdre notre position de leader au profit d'Unix. Nous ne mesurions pas les introductions de nouveaux produits, ni les nouveaux brevets. J'ai quitté Cool Town avec la ferme résolution de sauver ce projet et de modifier la façon dont nous financerions et apprécierions nos efforts de recherche. Dick Lampman allait devenir un agent de changement enthousiaste et efficace de ce processus.

Peu de temps après mon arrivée, j'ai réuni pour la première fois mon équipe de direction. Il restait environ quinze jours avant la fin du troisième trimestre. (Chez Hewlett-Packard, les exercices commencent au 1er novembre et se terminent au 31 octobre. Le troisième trimestre recouvre donc les mois de mai, juin et juillet.) J'ai demandé où nous en étions : avions-nous de bonnes chances d'atteindre nos objectifs et de satisfaire ainsi aux attentes des investisseurs ? Il me semblait que tout le monde aurait dû s'attendre à cette question évidente, mais elle a paru les surprendre tous. Un directeur m'a demandé s'il ne serait pas préférable de ne pas atteindre l'objectif trimestriel, d'en rejeter la faute sur Lew, et de repartir sur le bon pied pour le quatrième et dernier trimestre, toujours si important. Je lui ai répondu que nous avions fixé nous-mêmes cet objectif trimestriel, qu'il fallait l'atteindre – la transition d'un DG à l'autre ne changeait rien à l'affaire. Bob Wayman, qui avait le titre de directeur financier, a dit qu'il ne savait pas où nous en étions pour l'ensemble de l'entreprise. Il a expliqué que les quatre DG de branche avaient chacun leur propre directeur financier qui ne lui reportait pas et ne lui communiquait leurs chiffres que lorsque le trimestre était terminé et leur propre compte de résultats arrêté définitivement. Quand j'ai demandé des détails aux directeurs de branche, ils m'ont répondu qu'ils tiendraient ou ne tiendraient pas l'objectif, sans autres détails. Quand j'ai demandé comment les prévisions de chacun pouvaient se cumuler pour contribuer aux résultats de HP et satisfaire les attentes du marché concernant notre performance, personne n'a pu répondre à la question. Quand j'ai entamé une conversation pour savoir si nous pourrions dépasser les objectifs dans certaines divisions pour compenser une performance décevante dans d'autres, je me suis heurtée à une résistance forte et immédiate. Ces dirigeants ne pensaient pas qu'il leur appartenait d'améliorer les résultats d'ensemble de la société – leur boulot, c'était d'atteindre leur propre objectif. Il ne fallait dès lors pas s'étonner que HP ait manqué son objectif neuf trimestres consécutifs. Hewlett-Packard était littéralement la somme de ses parties, que personne ne calculait avant que tout soit terminé. Je savais maintenant pourquoi Lew Platt avait donné le titre de DG aux directeurs de branche, ils l'étaient plus qu'il ne l'était lui-même. Quant à Bob Wayman, il n'était pas vraiment directeur financier ; aucun des directeurs financiers de branche ne lui reportait ; ce que faisaient en revanche, sans doute pour compenser, les ressources humaines et une division baptisée « International ».

Puisque les administrateurs et les clients avaient tous identifié la faiblesse de notre marketing comme la principale cause de nos maux, j'ai rencontré les gens du marketing. Il y avait un service marketing au siège, qui reportait au directeur financier. Ces gens étaient démoralisés et marginalisés. En revanche, les équipes marketing des divisions étaient fières de leurs produits et de leurs marques. Chacune avait son propre budget et sa propre stratégie publicitaire. Chacune travaillait directement avec les circuits de distribution. Il n'y avait aucune coordination entre les diverses équipes. Au bout d'une semaine ou deux de conversations, j'ai noté sur une feuille de papier toutes les diverses marques de produits que nous mettions sur le marché ; il y en avait cent cinquante. Je me suis mise à montrer cette feuille en réunion et à demander aux participants ce qu'ils en pensaient. Neuf personnes sur dix la regardaient attentivement, puis me disaient qu'il manquait telle ou telle marque. Une sur dix seulement demandait : « Et la marque HP, elle est où, là-dedans ? » Cela révélait à l'évidence que les marques de produits étaient devenues plus importantes que la marque de la compagnie, à la fois sur le marché et à l'intérieur de l'entreprise. Mais cela reflétait aussi une réalité, à savoir que les « mille tribus » n'avaient pas d'identité collective. La compagnie, c'était quatre-vingt-sept comptes de résultats différents.

Duane Zitzner, le directeur général de la branche PC, avait organisé un séminaire de deux jours auquel il m'a invitée à assister. Je me suis assise dans la pièce, j'ai écouté et j'ai pris des notes. Duane parlait de « ses » produits et de « ses » hommes. Les membres de son équipe parlaient surtout de leurs produits, beaucoup trop peu de leurs clients et de leurs concurrents… et pas du tout du reste de HP. Ce groupe aurait pu représenter une entreprise autonome. Et chacune de nos quatre-vingt-sept divisions de produit avait ses propres équipes pour les ressources humaines, l'informatique, les finances, le marketing et la vente, ainsi que son équipe de recherche-développement. Chacune avait sa propre manière de travailler et faisait pratiquement tout toute seule.

Je savais, pour avoir lu tant de fois *The HP Way*, que la stratégie de Bill et Dave avait toujours consisté à donner aux ingénieurs des bureaux d'études les outils dont ils avaient besoin pour inventer de nouveaux produits. Si un nouveau produit était bien accueilli par le marché, Bill et Dave créaient autour de lui une entité séparée. Les ingénieurs se muaient alors en chefs d'entreprise. Chaque entité était définie par son compte de résultat. Chaque patron d'une de ces entités était responsable d'en assurer la réussite et contrôlait les ressources nécessaires. Telles étaient les sources du pouvoir des dirigeants, ce qui leur valait le respect de l'organisation. Les produits, et les études qui les avaient créés, étaient au cœur de l'entreprise de Bill et Dave, dont ils assumaient personnellement la direction. Une fois Bill et Dave partis, plus personne n'avait repris leur rôle. Personne ne dirigeait la société.

À peu près au même moment, le gendre de Bill Hewlett est venu me trouver pour se plaindre. Sam Ginn lui avait en effet dit de quitter le conseil, mais Jean-Paul Gimon était certain que je prendrais sa défense. C'était Bill Hewlett, m'a-t-il expliqué, qui l'avait nommé au conseil, ajoutant que le reste de la famille suivait tout cela de très près. Jean-Paul était certain que je reviendrais sur la décision de Sam par respect pour les fondateurs et pour leur famille.

Sam Ginn était intimement convaincu que c'était à lui, en sa qualité de président du comité des nominations et de la gouvernance, qu'il appartenait de décider qui était ou non membre du conseil, et non pas à moi en tant que DG ou à Dick (et plus tard moi), en tant que président du conseil d'administration. Sam Ginn était encore plus convaincu que Jean-Paul n'était pas qualifié pour assumer ces fonctions. En outre, il avait dit aux autres administrateurs que Jean-Paul s'en irait. Il suggéra un rendez-vous avec Walter Hewlett, qu'il estimait davantage, afin d'expliquer la situation. Walter a dit qu'il comprenait la position de Sam, mais que les deux familles devaient continuer à être représentées au conseil. J'ai proposé que Walter, qui était maintenant administrateur d'Agilent, siège également au conseil de HP ; cela semblait un compromis viable, susceptible de satisfaire le besoin de représentation des deux familles et celui de Sam de changer un membre du conseil de HP. Sam était enchanté. Je n'ai pas réussi à décrypter la réaction de Walter, mais il a donné son accord. Jean-Paul était donc évincé.

Nous étions au plus fort de l'euphorie des dotcom. Toutes les entreprises investissaient dans la technologie car elles avaient peur de se laisser distancer et se demandaient quel effet le passage imminent à l'an 2000, que l'on appelait alors Y2K (pour *Year 2.000*), ferait aux systèmes informatiques du monde. J'étais arrivée chez HP convaincue qu'il faudrait lutter contre la montre. Pendant le processus de recrutement, les administrateurs m'avaient souvent dit que le temps jouait contre nous. Il n'y avait pas de temps à perdre ; tous nos clients et tous nos concurrents étaient plus rapides que nous. Pourtant, plus je voyageais et parlais avec le personnel de HP, plus je constatais que le rythme de travail était lent et solennel. Si, partout ailleurs dans la Silicon Valley, tout le monde avait toujours l'air d'avoir bu trop de café et pas assez dormi, les gens de HP avaient l'air calmes, détendus. Tous les jours, nos parkings se vidaient à quatre heures et demie ou cinq heures. La question que les salariés me posaient le plus souvent, durant ces premiers mois, concernait l'équilibre entre le travail et la vie de famille. Lew en avait fait sa priorité numéro un pour la compagnie.

Très vite, Dan Plunkett m'avait demandé de décrire mes réactions lors de mon arrivée. Dan est consultant en comportement organisationnel, je l'avais souvent sollicité lorsque j'étais chez Lucent. Il travaillerait aussi pour moi durant la totalité de mon mandat chez HP. J'avais longuement cherché la bonne analogie. Et j'avais fini par lui dire que j'avais le sentiment que tous les bâtiments que j'allais voir étaient comme enveloppés de nombreuses couches de gaze stérile, des momies. À l'extérieur, dans une cacophonie de sons, une débauche de lumière éblouissante, des milliers d'ambitions se bousculaient pour attirer l'attention. À l'intérieur de HP, les sons étaient étouffés, les lumières tamisées, et les portraits de Bill et de Dave, bienveillantes figures de pères, plus visibles que les dures réalités du marché. HP, surtout au siège, si proche du célèbre garage, exhalait une atmosphère de musée ou de cocon. La réussite se mesurait à l'intérieur d'un environnement protecteur, qui n'excluait cependant pas rivalités et manœuvres de couloirs.

Tant qu'ils sont restés activement aux affaires, Bill et Dave ont été des leaders légendaires. Après leur départ, ils ont pris une dimension épique et, au fil du temps, les événements se sont transformés en histoire et l'histoire en mythologie. HP était l'entreprise de Bill et de Dave, qui prenaient toutes les décisions. Jay Keyworth, administrateur de longue date qui avait été un grand ami de Dave, m'a dit un jour : « Il n'y avait rien de démocratique dans la façon dont Bill et Dave dirigeaient HP. Cela ressemblait plutôt à une dictature bienveillante. » Quand on ne savait pas s'il fallait ou non lancer un produit, Bill et Dave en décidaient. Jusqu'à mon arrivée, Bill et Dave avaient toujours décidé du moment où il convenait de changer de DG et choisi l'impétrant. Quand la scission a été annoncée, on a demandé au fils de Bill et à la fille de Dave de s'adresser au personnel et de dire ce qu'ils pensaient que leurs pères diraient ou feraient. Leur soutien un peu tiède n'a pas tardé à être éclipsé par la décision du fils aîné de Dave de quitter le conseil en signe de protestation.

Bill et Dave étaient des personnages hors normes. Certaines personnes, qui les avaient bien connus, m'ont dit qu'à côté d'eux, tout le monde paraissait petit. Je ne saurais exprimer un avis sur la question, je n'ai jamais vu Dave, qui était décédé à mon arrivée, et quand j'ai vu Bill pour la première et la dernière fois, c'était un infirme. Ce que je sais, en revanche, c'est que lorsque je suis arrivée dans l'entreprise qu'ils avaient fondée, j'ai rencontré un groupe de personnes qui ne pouvaient pas plus imaginer leur avenir sans Bill et Dave que d'autres stratégies et pratiques que celles qu'ils avaient toujours appliquées. J'ai vu une entreprise qui n'avait pas d'identité ni d'image d'elle-même, au-delà du culte de l'héritage de Bill et Dave et des valeurs qu'ils avaient prêchées. Le passé était rassurant, il était source de sagesse, les gens cherchaient donc l'inspiration dans leurs souvenirs. Ils étaient fiers de Bill et de Dave. Depuis leur départ, personne ne les avait égalés, rien n'était plus tout à fait « comme avant ». Les gens n'avaient pas confiance en eux, ni les uns dans les autres. Le temps s'était arrêté pour les salariés de HP ; ils étaient incapables d'aller de l'avant sans leurs fondateurs. Ils avaient peur du changement : ne risquait-on pas, en voulant changer quelque chose, de le briser ? L'entreprise était fragile et frileuse.

Malgré cette peur, je savais que certains étaient impatients que cela change. Mes déplacements, mes conversations et les nombreux courriels reçus m'avaient amenée à conclure qu'une masse critique de collaborateurs savait que si HP n'allait pas de l'avant, elle se ferait distancer. Ceux qui étaient au contact avec les clients et rencontraient les concurrents ressentaient encore plus vivement la nécessité du changement. Ils cherchaient un champion pour un changement qu'ils savaient indispensable.

Le changement demande toujours beaucoup d'efforts. Une fois qu'il est commencé, ce n'est jamais exactement ce à quoi l'on s'attendait ; les gens se lassent parfois, ils regrettent alors le bon vieux temps dont les défauts s'estompent dans les brumes du passé. Dans toute institution, les puissants et les décideurs sont toujours favorables au *statu quo* car la continuité préserve leur position. Comme je l'avais constaté à de nombreuses reprises, on préfère généralement un présent connu, même difficile, aux risques d'un avenir inconnu. « Un tiens vaut mieux que deux tu l'auras » – « On ne change pas de chevaux au milieu du gué » – la sagesse populaire souligne les risques de l'incertitude et les conséquences de l'imprudence. Pour toutes ces raisons, la tendance naturelle d'une entreprise ou d'une institution est toujours de maintenir, de préserver, de protéger ce qui existe. À de nombreux égards très réels, le changement est un acte contre nature, c'est la raison pour laquelle il requiert de mobiliser durablement une force suffisante.

Chez HP, le passé et le *statu quo* étaient en outre auréolés de la religion du « HP Way » et de la mythologie des pères fondateurs. Bill et Dave avaient été des pionniers, mais quand une nouvelle idée surgissait, elle était désormais trop souvent rejetée avec le commentaire « Ce n'est pas pour nous, ce n'est pas conforme au "HP Way". » Dave haïssait d'ailleurs cette expression, craignant qu'on ne lui prête le sens qu'on voulait. Et voilà qu'elle servait maintenant de bouclier contre le changement. Les idées nouvelles avaient bien du mal à survivre, chez HP. Les nouvelles personnes aussi. Susan Bowick, vice-présidente des ressources humaines, avait de longues années de maison. Elle savait que le changement était nécessaire depuis bien longtemps, elle savait aussi qu'il s'avérerait extraordinairement difficile. Elle m'avait prévenue : « Carly, chez HP, ce n'est pas des *agents* du changement qu'il nous faudra, mais des *combattants* du changement. » Elle avait raison. Elle avait prédit aussi, avec raison, que, si je devenais le champion du changement pour certains, je deviendrais en même temps, pour d'autres, une dangereuse hérétique.

Avant même ma première réunion de travail en profondeur avec l'équipe de direction, j'avais pris plusieurs décisions. Tout le monde dans la maison, y compris l'équipe de direction, devrait apprendre à penser à la compagnie comme à un tout, au lieu d'y voir simplement sa branche, sa ligne de produits, etc. Nous devions trouver une inspiration susceptible de transcender le souvenir de Bill et de Dave. Nous avions une belle voiture, mais il nous fallait décider de la direction que nous prendrions en sortant, en allant sur le marché et en regardant droit devant, au lieu de rester dans l'habitacle en se contentant de regarder dans le rétroviseur. Nous devions apprendre à collaborer davantage ; nos clients l'exigeaient, et nos concurrents étaient en train de nous battre. Il fallait prendre conscience que l'indépendance de chacune de nos divisions nous faisait gaspiller nos ressources et diluait nos forces sur le marché. Nous devions viser plus haut et travailler mieux, car il apparaissait déjà tout à fait clairement que notre vaste potentiel était inexploité. HP manquait de discipline et, des années durant, elle n'avait pas utilisé sa force collective ni tiré le meilleur parti de ses atouts uniques.

Il nous fallait davantage de leaders. Les managers contrôlent les ressources, les leaders savent entraîner les hommes. Les managers produisent les résultats désirés au sein de périmètres connus et de conditions définies. Les leaders prennent des risques, agissent, galvanisent, créent du neuf. Et nous devions démystifier et déboulonner le « HP Way », car il entravait désormais la bonne marche de l'entreprise.

Un soir, à la maison, j'ai réalisé que pour réinventer HP, il fallait une approche holistique. C'était un problème de systèmes complexes, comme j'en avais tant étudiés au MIT. Il y avait tant à faire et les enjeux étaient tels que je ne pouvais me permettre d'ignorer aucun des paramètres affectant la performance de l'entreprise. J'ai donc pris une feuille de papier et j'y ai dessiné quatre lignes, pour former un carré, que j'ai intitulé « carré stratégique de HP ». Au-dessus de la ligne supérieure, j'ai écrit « Stratégie et aspiration ». La stratégie d'une entreprise reflète une décision : comment investira-t-elle ses ressources ? Son aspiration reflète la raison et le but de ces investissements. Ensuite, dans le sens des aiguilles d'une montre, j'ai écrit « Structure et processus » le long du côté vertical droit. C'est la façon dont une entreprise s'organise pour faire son travail. Sous le côté inférieur, j'ai écrit « Incitations et indicateurs ». Une entreprise attache de la valeur à ce qu'elle mesure et mesure ce à quoi elle attache de la valeur ; par ailleurs ses collaborateurs sont sensibles aux incitations. Les récompenses entraînent des résultats. Le long du dernier côté, j'ai écrit « Culture et comportement ». La façon dont les gens agissent quotidiennement ; les habitudes et la personnalité d'une entreprise ne se prêtent certes pas aussi facilement à la codification que les structures organisationnelles, mais leur importance est au moins aussi grande.

Si je n'avais pas joint ces lignes les unes aux autres, je n'aurais pas formé un carré complet. De la même manière, si Stratégie et aspiration, Structure et processus, Incitations et indicateurs et Culture et comportement sont contradictoires, l'entreprise est plus faible et moins efficace. Si nous voulions que HP réussisse, il fallait changer les quatre paramètres du carré stratégique. Si nous voulions que HP ne soit plus mille tribus, mais devienne une seule entreprise puissante, il fallait que tout le monde comprenne les quatre côtés du carré de la même manière et y adhère. Quand j'ai quitté HP plus de cinq ans plus tard, ce carré stratégique nous servait toujours de guide.

Cette nuit-là, avant de nous endormir, Frank et moi avons parlé de tout le travail qu'il faudrait faire et de tout ce que j'avais appris au cours de mes deux premiers mois. « Alors, qu'est-ce que tu en penses ? m'a-t-il demandé.

– Je pense que ça va être de la corde raide, sans filet. »

21

J'assume mon rôle de leader

J'ai organisé ma première réunion de travail en profondeur avec l'équipe de direction à Seascape, en Californie, sur trois jours. J'avais plusieurs objectifs. Le premier était d'observer mes nouveaux collaborateurs. Qui étaient-ils ? Comment agissaient-ils, quels rapports entretenaient-ils ? Les leaders se définissent par trois choses : le caractère, la capacité et la collaboration. Les leaders sont francs et courageux ; ils connaissent leurs forces et les utilisent ; ils connaissent aussi leurs faiblesses et y pallient en s'appuyant sur des compétences complémentaires, en apprenant et en s'adaptant constamment ; ils savent quand ils ont besoin d'aide et n'hésitent pas à aller en chercher ; ils savent quand d'autres en ont besoin et n'hésitent pas à la leur apporter. Ils ont de puissants réseaux de pairs et n'ont pas peur de partager les informations dont ils disposent. Il y a toutes sortes de leaders, dans tous les métiers et à tous les niveaux hiérarchiques. Ils peuvent émerger à tout moment, n'importe où, mais ils sont cohérents et constants dans leur action et leur approche. Les leaders reconnaissent, soutiennent et encouragent les autres leaders. J'avais besoin de savoir combien de leaders il y avait parmi nous.

On ne leur avait encore jamais demandé de l'être. Durant toute leur carrière chez HP, les dirigeants que j'avais en face de moi s'étaient développés dans une seule entité ou fonction. Ils la connaissaient admirablement, mais on ne leur avait jamais demandé de réfléchir à ce qui se passait à l'extérieur de son périmètre. En moins de deux mois, j'avais découvert au sein de HP une palette d'activités d'une étendue et d'une diversité dont, faute de recul, ils n'avaient pas idée. Mon second objectif était donc de leur en donner un aperçu. Nous passerions donc en revue l'ensemble du portefeuille de produits, des projets et des investissements de HP. Cela n'avait encore jamais été fait au cours des soixante ans d'histoire de l'entreprise.

Enfin, je leur ai annoncé au début de la réunion qu'aucun d'entre eux ne serait plus au même poste trois mois plus tard. Je ne pouvais pas encore leur dire quel nouveau poste ils auraient – nous allions commencer à le déterminer ensemble – mais je pouvais leur garantir que leurs responsabilités changeraient. Je voulais leur faire prendre conscience de la nécessité d'une réorganisation. Et je voulais surtout qu'ils travaillent dans un contexte nouveau afin qu'ils voient les choses sous un nouvel angle : s'ils abordaient tous les problèmes dans l'optique de protéger leur pré carré, nous ne trouverions jamais de terrain d'entente. Il fallait qu'ils portent sur l'entreprise un regard nouveau, qu'ils prennent du recul, qu'ils laissent de côté les problèmes de leur poste actuel. Les meilleures réunions sont celles dont les participants vivent une expérience commune ; en outre, c'est en découvrant ensemble que l'on progresse le plus.

En passant en revue notre portefeuille d'activités, il est apparu clairement à tout le monde que nous avions d'énormes opportunités. Nous avions de grandes capacités et d'excellentes ressources, hélas trop dispersées. Nous étions organisés autour des produits et, si cela avait bien fonctionné par le passé, nous nous faisions maintenant concurrence en interne, dupliquions nos efforts, et il était difficile de travailler avec nous. Pour en donner un exemple, dans le domaine des imprimantes, nous avions deux divisions séparées : LaserJet et Inkjet Printing ; le bureau d'études de l'une développait des plateformes qui effectuaient les mêmes fonctions que celles sur lesquelles planchaient aussi les ingénieurs de l'autre. Nous faisions deux fois le même travail, parfois plus souvent, à quelques détails près, car nos ingénieurs mettaient leur point d'honneur à ne pas réutiliser les efforts de développement de leurs collègues. Telle était l'origine du problème dont se plaignaient les clients, la raison pour laquelle le bouton marche-arrêt n'était jamais au même endroit. Aucun indicateur ne permettait de savoir si telle ou telle trouvaille ou formule était réemployée et l'investissement correspondant optimisé, ce critère n'étant, jusqu'à nouvel ordre, pas considéré comme important chez HP.

Nous utilisions donc les mêmes compétences dans de nombreuses divisions, mais, dans le même temps, tout le monde se plaignait de ne pas avoir de ressources suffisantes pour investir dans de nouvelles activités. C'était vrai pour les imprimantes, mais ailleurs également. Nous avions quatre-vingt-sept divisions, et chacune avait ses projets de recherche-développement – au total, cela en faisait des myriades. Certains visaient à satisfaire le même besoin du client ou le même segment de marché, mais tous les chefs de projet se plaignaient de ne pas disposer de ressources financières suffisantes. Faute d'utiliser le travail des autres, nous gaspillions de précieuses ressources.

Nos deux divisions imprimantes étaient manifestement les meilleures dans leur univers, mais Antonio et Carolyn, ainsi que leurs équipes de direction, avaient tendance à l'autosatisfaction. Ils ne se cassaient plus la tête à tenter d'améliorer sans cesse leur performance. Nous n'étions plus aussi bons que par le passé, mais quand je posais des questions sur la détérioration de la performance, on me rappelait que nous étions meilleurs que certains concurrents.

Nous consommions des ressources, mais nous ne pouvions en évaluer ni la productivité ni le rendement. Chacune de nos quatre-vingt-sept divisions avait ses marques, ses circuits de distribution, son équipe de ressources humaines, ses systèmes informatiques et sa gestion financière. J'ai demandé combien nous coûtaient la gestion financière, l'informatique ou les ressources humaines pour l'ensemble de HP et comment cela nous situait par rapport à nos concurrents. Personne n'a pu répondre à ces questions. Nous ne savions même pas combien de salariés nous avions au total !

Loin d'être leader de nos marchés, nous en étions plutôt la lanterne rouge. Sun Microsystems nous battait à plate couture pour les applications Unix, notre segment informatique le plus important et le plus rentable. Plusieurs années auparavant, sous l'influence de Dick Hackborn et de Rick Belluzzo, HP avait procédé à un grand redéploiement de ressources au profit des plateformes ISS (*industry standard server*), dérivées de Microsoft, et au détriment des plateformes Unix. Dick était administrateur de Microsoft et Rick devait en rejoindre plus tard l'équipe de direction, où il ne resterait d'ailleurs pas longtemps. Nous avions perdu sur les deux tableaux : nous n'avions pas investi suffisamment sur Unix, et Compaq était en passe de nous battre pour les applications ISS. Après avoir été leader pour Unix, nous n'en étions plus que le numéro deux ou trois, cela dépendait du marché, derrière Sun et IBM. Quant au marché des ISS, nous n'y occupions que la huitième place.

Dans le domaine des PC, nous étions derrière Dell et Compaq. On nous considérait comme une entreprise de produits, alors qu'IBM était considéré comme le spécialiste des systèmes. Notre division de services informatiques ne pouvait rivaliser avec celle d'IBM. Notre seul produit logiciel était OpenView, qui marchait bien et générait les plus fortes marges brutes de la compagnie, mais nous devions en étendre la base de clients. Or notre force de vente ne savait pas vendre les logiciels.

Nous avions toujours été très fiers de nos inventions, mais il n'y avait plus matière à l'être : nous déposions chaque année moins de brevets que tout le monde, de Siemens à Lucent, en passant par IBM et Fujitsu. Nous n'avions aucun indicateur dans ce domaine, et personne n'a été en mesure de me dire combien de brevets nous déposions par an. Nous n'avions aucune idée de la productivité de nos ressources en recherche-développement. En outre, dans nos bureaux d'études, trop d'ingénieurs travaillaient sur le matériel, pas assez sur les logiciels.

Pendant toute la durée de cette réunion, les gens m'ont parlé de leur performance par rapport à leur budget prévisionnel, et non en comparaison avec nos concurrents les plus dangereux. Certains enregistraient une croissance de plus en plus rapide, la nôtre était en pleine décélération. Nous ne savions pas combien nous dépensions, ni combien nous gaspillions. Tous ces problèmes recouvraient des gisements d'opportunités : on pouvait réduire les coûts, délivrer de la valeur, renouer avec la croissance, améliorer notre performance. Autant de raisons, ancrées dans la vie quotidienne des affaires, qui militaient pour le changement. Si ces possibilités enthousiasmaient tout le monde, la réalité de notre position sur le marché n'avait rien de réjouissant ; en outre, en matière d'internet, l'ère du produit pur était désormais révolue. Nous fabriquions des produits, nos clients réclamaient des systèmes et des solutions. Il nous fallait davantage de collaboration, articulée à la fois sur la technologie et sur les clients.

D'un côté, l'abondance de richesses que nous avions sous les yeux nous encourageait ; de l'autre, nous savions qu'il faudrait faire des choix déchirants. C'était comme si nous nous promenions sur une route et que, sous nos pieds, apparaissaient des diamants bruts. Chacun d'entre eux brillait faiblement, comme éclairé de l'intérieur par son potentiel, mais aucun n'était encore taillé ni poli.

En même temps, j'observais mes collègues. C'étaient d'excellents professionnels et ils voyaient clairement qu'ils pouvaient faire mieux. Ils n'avaient encore jamais travaillé ensemble. Ils se connaissaient bien, puisqu'ils étaient dans la même entreprise depuis des années, mais de là à dire qu'ils formaient une équipe... Ils étaient amicaux, mais pas collégiaux. Polis, mais pas francs. Personne ne contestait directement un collègue ; l'agressivité, bien réelle, restait passive, chacun ne me disant qu'entre quatre yeux ce qu'il pensait de ses pairs. Quand j'ai posé des questions directes devant l'ensemble de l'assemblée, cela a choqué tout le monde : on est venu me dire qu'il valait mieux évoquer les problèmes personnels avec la personne concernée, sans témoin. La politesse est de mise dans les entreprises devenues bureaucratiques et ronronnantes. J'avais déjà observé ce phénomène chez AT&T, les symptômes m'étaient familiers. Il n'y a pas d'authentique performance sans franchise ; devant un problème difficile, on ne peut pas se permettre de tourner autour du pot.

Le dernier jour, nous avons parlé des aspirations que nous avions pour notre entreprise et de notre rôle, en tant que dirigeants. J'ai souligné que l'équipe que nous formions – et non pas moi seule – était responsable de l'avenir de Hewlett-Packard. J'ai indiqué que nous prendrions ensemble, en équipe, les décisions les plus importantes concernant notre stratégie et notre structure, précisé ce que nous mesurerions désormais et la façon dont nous nous comporterions. J'ai dit qu'il nous fallait commencer par établir nos aspirations et que, lorsque nous les aurions définies, nous nous y tiendrions, en nous serrant les coudes. Quand nous aurions décidé ce que nous voulions devenir, nous ferions le nécessaire pour atteindre nos objectifs. Une fois la scission accomplie, je voulais que HP ne souffre pas du manque d'imagination que j'avais observé chez AT&T. Je savais que nos aspirations devaient refléter le vrai potentiel des personnes et de l'entreprise, et mériter notre engagement sur la durée. Il fallait viser haut, car nous étions capables de beaucoup. Notre avenir devait être à la hauteur de notre héritage.

Ce fut une journée importante, qui marqua le vrai début de la réinvention. Contrairement à toutes les autres entreprises du secteur, HP fabriquait à la fois des ordinateurs et des imprimantes, et nous avions pour clients aussi bien des particuliers que des entreprises. Après en avoir longuement délibéré, le conseil avait décidé quels actifs resteraient dans le giron HP ou iraient à Agilent. Nous ne reviendrions pas sur cette décision (même si nous devions la réexaminer deux fois pendant mon mandat). En revanche, nous aspirions au leadership, ce qui voulait dire devenir le numéro un ou le numéro deux dans chacun de nos marchés. Nous optimiserions notre portefeuille unique de produits et de clients.

Peu après ces trois jours à Seascape, il y a eu une réunion du conseil d'administration. Pendant le mandat de Lew Platt, l'équipe de direction avait assisté à toutes les réunions du conseil. Cette pratique m'a paru utile – nous entendrions ainsi tous les mêmes choses en même temps. J'avais observé la réunion du mois de juillet, la dernière à laquelle Lew avait assisté en tant que DG. Il y avait présenté les résultats financiers mensuels. Les présidents des divers comités du conseil avaient fait le point du travail accompli par leur groupe. Il n'y avait eu ni questions ni discussion, sauf pendant les pauses, seul moment où les administrateurs avaient pu échanger leurs points de vue. Je souhaitais qu'il en aille autrement, désormais. J'ai demandé à Bob Wayman de présenter la situation financière de HP lors de la réunion de septembre. J'ai également demandé à chacun des directeurs de parler des activités de sa branche. Et j'ai parlé moi-même des conclusions de notre réunion de Seascape et de mes objectifs en tant que DG. Il y a eu beaucoup de questions et d'échanges. À mon sens, ce fut une excellente réunion.

Par le passé, le conseil ne s'impliquait jamais dans la stratégie ou le fonctionnement de l'entreprise. La première fois qu'il était intervenu, c'était pour prendre la décision de la scinder et de recruter un nouveau DG. Avant cela, d'après ce que m'ont raconté plusieurs anciens administrateurs, il se contentait d'enregistrer tout ce que voulaient Dave et Bill. Après leur départ, cela n'avait guère changé. Lew Platt avait donné aux administrateurs l'occasion d'agir. Il était parvenu à la conclusion que la taille et la complexité de HP rendaient l'entreprise ingérable ; c'était, selon lui, la cause profonde du déclin de sa performance. Et c'est ce qui l'avait poussé à proposer la scission.

D'après ce que j'avais vu au cours de ces premiers mois, la gestion de HP manquait de discipline, et cela depuis de nombreuses années. Et c'était la principale raison de ses médiocres performances. Je pensais que la scission était une erreur ; c'était une mauvaise solution stratégique à un problème de nature essentiellement opérationnelle. Nous nous privions volontairement de nos actifs de logiciels et de réseau au moment précis où il fallait au contraire y investir. La scission créait des conflits cauchemardesques sur la propriété intellectuelle. On ne m'avait demandé qu'une seule fois si je pensais que la décision de créer Agilent était la bonne. J'avais répondu en toute franchise. Il m'incombait cependant d'exécuter cette décision, cela faisait partie de mes fonctions. J'ai dit que le plus difficile serait de démêler les systèmes d'information et de départager la propriété intellectuelle. Les deux seraient source de conflits, le processus serait complexe et coûteux. Finalement, ce n'est qu'en 2004 que nous sommes parvenus à effectuer la séparation complète.

Le conseil était une intéressante collection d'individus. Sam Ginn et Phil Condit étaient les seuls administrateurs à diriger une entreprise figurant sur le palmarès Fortune 50. Je m'appuyais énormément sur eux, leur voix pesait très lourd au conseil ; ils étaient les seuls à comprendre d'expérience les complexités de la gestion d'une entreprise d'envergure mondiale. Dick Hackborn, comme beaucoup de dirigeants de HP, était un ingénieur féru de technologie. Durant sa carrière dans la maison, il s'était fait une réputation de brillant stratège, trouvant toujours un homme à poigne pour effectuer pour lui les basses besognes opérationnelles. Il habitait Boise, dans l'Idaho, où était situé le siège de LaserJet, dont il voyait régulièrement de nombreux collaborateurs. Jay Keyworth, spécialiste de la physique nucléaire, avait été conseiller scientifique de Reagan. C'est à cette occasion qu'il avait fait la connaissance de Dave Packard. Patricia Dunn dirigeait un établissement financier, Barclays Global Investors. J'avais entendu dire qu'elle avait, au départ, été favorable à scinder encore plus HP, en séparant les ordinateurs des imprimantes, mais il n'était souvent pas facile de savoir ce qu'elle pensait. Walter Hewlett et Susan Packard étaient généralement ceux qui parlaient le moins pendant les réunions du conseil.

Lors de ce conseil de septembre, j'ai parlé de la tâche qui nous attendait et de mon propre rôle. J'ai informé les administrateurs des conclusions de notre réunion de Seascape. Il en ressortait que je concentrerais mes efforts sur la stratégie et la réalisation de notre potentiel. Concernant la première, j'ai parlé de la nécessité de donner des moyens accrus à E-services, toute nouvelle initiative pour nous frayer une place dans l'univers internet. Le marché avait bien réagi lorsque nous l'avions annoncée au printemps ; mais si nous voulions réellement aboutir à quelque chose, il fallait redéployer nos ressources. Par exemple, toutes nos imprimantes devaient pouvoir, d'ici quelque temps, être mises en réseau ; par ailleurs notre infrastructure informatique devait offrir la disponibilité la plus élevée. Ces deux objectifs supposaient d'investir et de réorganiser nos efforts de développement de produits. J'ai dit que nous devions reprendre la première place pour les applications Unix et annoncé que nous reviendrions au conseil avec une proposition d'investissements importants dans ce domaine. Par-delà ces décisions immédiates, il fallait mettre en place un processus de prise de décision stratégique. La stratégie, cela consiste en fait à choisir où investir les fonds, les hommes et le temps et nous aurions nécessairement, un jour ou l'autre, à faire des choix plus graves que les simples améliorations marginales.

J'ai dit que les choix d'investissement n'étaient qu'un côté de la médaille, l'autre étant la mise en œuvre de la stratégie – cette dernière serait vouée à l'échec si son exécution laissait à désirer. Il nous faudrait améliorer énormément notre productivité : si nous ne parvenions pas à réaliser des économies importantes, nous n'aurions pas les moyens d'accroître nos investissements. Et si nous ne parvenions pas à nous imposer une discipline opérationnelle plus stricte, aucun de nos investissements ne serait rentable.

J'ai ajouté en manière de commentaire que les objectifs et les valeurs originales qui sous-tendaient le « HP Way » avaient longtemps été remarquablement équilibrés. Les premiers mettaient l'accent sur la rentabilité et la croissance, les secondes sur le travail en équipe et la responsabilité de chacun. Trouver le juste équilibre, c'est l'art du leadership – les meilleurs dirigeants rejettent la tyrannie du « ou/ou », ils savent que l'équilibre entre de nombreux objectifs est la clé de voûte d'une performance durable. Or, malgré l'intelligence de ses fondateurs, HP n'était plus équilibrée. Le souci de préservation avait pris le pas sur celui de réinvention, celui des produits sur celui des clients, l'indépendance sur l'interdépendance, la rentabilité présente sur la croissance future, l'aversion du risque sur l'esprit de décision, la prudence sur la rapidité. Il fallait impérativement rétablir le juste équilibre, et mon rôle consisterait à faire contrepoids en cas de nécessité, à utiliser ma position et mon autorité pour lutter contre les vieilles habitudes.

Enfin, réaliser notre potentiel supposait de repenser nos attentes de performance et la façon dont nous mesurions cette dernière. Il fallait viser plus haut, en attendre plus. Nous ne pouvions plus accepter la médiocrité. Nous devions mesurer notre réussite en termes relatifs, par comparaison avec nos concurrents. Chez HP, la réussite avait toujours été définie comme la réalisation du budget prévisionnel. Nous placions la barre suffisamment bas pour que tout le monde puisse tenir ses objectifs en se baladant. L'ennui, c'est que même s'ils étaient dépassés, nous étions perdants sur le marché. Chaque division avait son propre budget prévisionnel. Le seul moment où nous mesurions la performance de l'ensemble de l'entreprise, c'était lors du plan semi-annuel de distribution des bénéfices. L'intéressement du personnel était calculé à partir de chiffres absolus, ceux des résultats totaux. Il n'y avait aucune pénalité pour l'absence de croissance, une performance insuffisante par rapport aux concurrents ou la non-réalisation des objectifs globaux de HP. Total, HP avait beau ne pas avoir atteint ses objectifs neuf trimestres consécutifs de suite, ses performances avaient beau ne pas être à la hauteur de ses capacités, ses salariés touchaient cependant un intéressement record. Il ne fallait pas s'étonner que le personnel soit convaincu que tout allait bien dans le meilleur des mondes : il était généreusement récompensé pour une performance inférieure à la moyenne du secteur. Si nous voulions faire mieux, ce dont nous avions évidemment le potentiel, il fallait mesurer et récompenser autrement la réussite.

Nous avons discuté de tous ces sujets, puis quelqu'un a demandé ce qui m'inquiétait le plus dans la scission imminente. J'ai dit que j'avais vu AT&T passer à côté de l'occasion de se redéfinir après sa propre scission. Agilent était en train de vivre un processus que je savais par expérience difficile, mais passionnant, au terme duquel les activités concernées seraient plus fortes et meilleures qu'auparavant. La scission représentait un travail aussi difficile pour les collaborateurs restés chez Hewlett-Packard, au terme duquel il ne fallait pas qu'ils se retrouvent face à la même entreprise que par le passé, avec tous ses défauts, mais amputée de certains actifs. Nous aussi, nous devions entreprendre un processus de remise à plat et en émerger plus forts et meilleurs. Nous devions, nous aussi, utiliser le traumatisme de la séparation pour galvaniser notre énergie et notre enthousiasme. Une entreprise aussi nouvelle qu'Agilent devait sortir de l'épreuve. Nous avions le devoir d'être inspirés.

Quand on m'a demandé combien de temps je pensais que prendrait le processus de changement chez HP, j'ai dit qu'il y en avait au moins pour trois ans. Cela paraissait très long, à l'époque. Nous ne pouvions prévoir ni l'éclatement de la bulle technologique, ni le 11-Septembre, ni le ralentissement économique de quatre ans et le malaise boursier qui allaient rendre notre voyage encore plus difficile et plus long que je l'avais prédit. Quoi qu'il en soit, un changement durable suppose de trouver le juste équilibre entre la patience et l'urgence. La transformation réussie d'une entreprise complexe, très attachée à ses traditions, ne pouvait qu'être longue, dans les circonstances les plus favorables, mais il fallait l'entreprendre vite et procéder avec détermination.

J'étais contente que l'équipe de direction ait entendu toute la discussion. J'ai ensuite entrepris une grande tournée de causeries-café pour parler au personnel de la stratégie, de l'équilibre à trouver et de la nécessité de réaliser notre potentiel. Dans une entreprise productive, tout le monde a son rôle. Il fallait que les gens sachent comment je voyais le mien et quelle forme prendrait le changement. J'ai parlé de l'enthousiasme que m'inspirait l'entreprise, rappelé à tout le monde qu'il n'y avait qu'un seul nom sur nos feuilles de salaire, un seul nom sur les actions, un seul nom auquel nos clients faisaient confiance. J'ai cité les exemples les plus criants de la désintégration de HP en mille tribus. J'ai répété ce que m'avaient dit nos clients, informé mes auditeurs que nous avions cent cinquante marques différentes. C'est à Susan Bowick que je devais l'exemple le plus éloquent : quand nous avions enfin pris le temps de les compter tous, nous nous étions aperçus qu'il existait mille cinq cents sites internes destinés à la formation du personnel – comme chaque division avait ses propres systèmes informatiques et sa propre équipe de ressources humaines, chacune avait construit ses propres sites. Les salariés comprenaient que ce système ne pouvait pas être optimal ; or tout le monde, dans la maison, attachait un grand prix à la formation.

En novembre, le conseil prit une décision historique : il approuva une modification du plan d'intéressement mis en place plusieurs décennies auparavant. Nous avons institué un bonus lié à la performance de l'entreprise. Désormais, nos objectifs de rentabilité seraient établis par comparaison avec nos concurrents, et le bonus serait fonction de notre performance relative. Plus tard, nous élargirions ces objectifs pour y inclure non seulement les profits, mais aussi la croissance et la satisfaction des clients. Nous définirions trois niveaux de performance : le niveau idéal, le niveau cible et un seuil minimal. Si l'on n'atteignait pas le niveau idéal, mais que l'on faisait mieux que l'objectif cible, le bonus était plus généreux que si l'on n'atteignait que l'objectif cible. Et si l'on ne dépassait pas le seuil minimal, le bonus était minimal ; en dessous du seuil, il n'y avait plus de bonus du tout. Bill Hewlett aimait à dire : « On accomplit ce que l'on mesure. » HP avait obtenu de ses salariés exactement ce qu'on leur avait demandé. Nous avions besoin qu'ils visent plus haut et qu'ils tiennent compte du monde extérieur.

Nous ferions d'autres changements, au fil du temps. Par exemple, il fallait que les dirigeants ne se contentent pas d'être des directeurs de division mais deviennent des leaders ; un plus grand pourcentage de leur rémunération serait donc dorénavant lié aux résultats d'ensemble de HP. Nous avons également mis en place plusieurs indicateurs de l'appréciation des investisseurs. Après l'acquisition de Compaq, nous ajouterions des indicateurs spécifiques du processus d'intégration. Néanmoins, dès l'introduction du bonus de performance de l'entreprise, plusieurs nouveaux principes très importants avaient été établis. Nous utilisions désormais les bonus et les indicateurs pour stimuler la performance et nous pourrions changer d'indicateurs quand nous aurions besoin d'une performance spécifique. Et ce n'est pas parce que nous avions modifié le plan d'intéressement que le « HP Way » serait détruit. Nous étions capables de mieux, il fallait donc aspirer à mieux. Gagner, c'était plus que réaliser ses promesses, c'était réaliser ce qui était nécessaire. L'excellence ne consistait pas à ne jamais manquer son objectif mais à se battre pour le dépasser.

22

Les combattants du changement

D'août à novembre 1999, mon équipe de direction et moi avons discuté et délibéré. J'avais dit aux membres du comité de direction qu'ils pouvaient arriver aux réunions avec deux casquettes : celle de leur division, comme par le passé, mais aussi la casquette HP. Ensemble, nous allions prendre les décisions stratégiques et opérationnelles essentielles. J'étais déterminée à forger une équipe solide, capable de faire les choix difficiles indispensables pour piloter l'entreprise au seuil du vingt et unième siècle. J'avais vu chez Lucent à quel point ce type de travail en équipe était important. Ensemble, nous allions déterminer notre stratégie et décider ce qu'il serait nécessaire de faire pour la mettre en œuvre, en suivre l'exécution et, le cas échéant, corriger le tir.

Nous avons décidé d'apporter de grands changements à trois côtés du carré stratégique HP. Côté aspiration, nous étions déjà convenus de la nécessité de reprendre le leadership de nos marchés. À l'ère internet, se contenter de concevoir et de construire des produits robustes, techniquement parfaits, mais indépendants, n'était à l'évidence plus une bonne stratégie : nous devions développer des systèmes fonctionnant en permanence, des appareils et des applications en réseau, ainsi que des services.

À l'instar des fondateurs, nous allions inventer, investir dans la recherche-développement et l'innovation.

Nous étions parvenus à la conclusion qu'il fallait modifier la structure : nous ramènerions à dix-sept nos quatre-vingt-sept divisions de produits. Ces dernières formeraient deux grands pôles technologiques, ce qui nous permettrait de tirer un parti optimal de nos plateformes et de nos investissements en recherche-développement. Le pôle imprimantes regrouperait en une seule entité toutes les activités de développement de produit, de production, de gestion et de marketing de LaserJet et d'Inkjet. Il fallait éliminer la concurrence entre les deux. Carolyn Ticknor prendrait la direction de la nouvelle entité. De la même manière, nous rassemblerions sous le même chapeau tout ce qui tournait autour des ordinateurs. Duane Zitzner en assumerait la direction. Nous savions qu'il nous faudrait dépenser des centaines de millions de dollars pour retrouver notre place de leader pour les applications Unix, mais nous savions aussi qu'éliminer le gaspillage et la duplication des efforts en matière de recherche-développement se traduirait par des économies considérables. Pour parler simplement, la tâche de Duane consistait à la fois à dépenser ce qu'il fallait et à économiser autant que possible. Nous savions aussi que le simple fait de standardiser nos méthodes de travail dans l'ensemble de l'entreprise – que ce soit en matière de finances ou de recherche-développement – améliorerait notre productivité.

Nous regrouperions aussi les équipes commerciales, car il fallait simplifier notre façon de travailler avec les clients. Ils nous demandaient de plus en plus souvent des solutions fondées sur des systèmes, qui généraient d'ailleurs de meilleures marges. Tant que nous ne demanderions pas à une force de vente unifiée de se concentrer sur la vente des systèmes, nous ne serions pas en mesure de répondre à ce type de demande. Nous avons rassemblé en une seule entité, sous la direction d'Ann Livermore, toutes les équipes commerciales et de service en contact avec le monde de l'entreprise ; la vente aux particuliers serait confiée à une autre entité sous la direction d'Antonio Perez. Désormais, c'est nous qui rassemblerions les ressources de HP pour satisfaire les besoins du client et non celui-ci qui tâtonnerait dans un dédale de divisions et d'entités différentes.

Nous modifierions nos processus de gestion en matière de finance et d'informatique, fonctions clés de HP, afin d'en réduire drastiquement le coût et la complexité. Nous avions identifié près de deux milliards de dollars d'économies potentielles à condition d'éliminer redondances et duplications. Pour les réaliser, nous redéploierions horizontalement, dans l'ensemble de l'entreprise, les équipes de nos diverses divisions. Les personnes concernées resteraient dans la division où elles avaient l'habitude de travailler, mais sous l'autorité d'un directeur, au siège, pour chacune de ces deux fonctions, ce dernier étant tenu responsable d'obtenir une performance comparable à celle de notre meilleur concurrent. Par exemple, tous les directeurs financiers reporteraient désormais à Bob Wayman, qui devrait faire fonctionner les systèmes financiers de la compagnie pour un coût normal dans notre secteur d'activité.

Le conseil ayant approuvé la création du bonus de performance, nous avions mis en place de nouveaux indicateurs. Au début du nouvel exercice, au mois de novembre, nous avions élaboré des business plans détaillés pour doper la croissance et les marges. Nous avions établi des plans opérationnels représentant ce dont nous étions capables, mais qu'il fallait faire pour être dans la course. Ils n'étaient pas sans risques, mais faute d'aspirations ambitieuses, nous ne progresserions jamais.

Chacune de ces décisions représentait un changement considérable par rapport à un modèle pratiquement inchangé en soixante ans. Prises ensemble, elles représentaient un changement gigantesque pour l'entreprise – plus que j'en avais conscience à l'époque. Mais chacune était une réponse logique à un problème avéré et devait nous permettre d'améliorer notre performance. Non seulement nous étions tous d'accord sur les problèmes, les opportunités et les améliorations indispensables, mais personne ne voyait de meilleure solution.

Nous prenions un risque en entreprenant un changement d'une telle envergure, mais si on voulait que ça bouge, il fallait donner une impulsion forte dès le début. Le changement incrémental, réputé plus sûr, manque souvent de la force nécessaire pour surmonter l'inertie et les résistances. Si le mouvement se grippe, le changement est voué à l'échec. Quelquefois, il faut savoir brûler ses vaisseaux.

Au début du mois de décembre, j'avais informé le conseil de nos conclusions, que j'avais déjà communiquées à Lew. Ce dernier m'avait encouragée et avait fait quelques remarques utiles sur les forces et faiblesses des divers membres de l'équipe de direction. Comme ils avaient tous subi le même processus d'évaluation psychologique que moi, il m'en a transmis les résultats. Certains se jugeaient assez bien. D'autres ne se souvenaient manifestement pas des conclusions de cette évaluation ou les ignoraient.

Nous avons alors organisé une réunion de la direction au sens large, c'est-à-dire environ trois cents personnes. Nous voulions informer les cadres dirigeants de nos décisions et les convaincre de nous aider à exécuter les nombreux changements prévus. La veille, j'avais réuni le comité de direction pour mettre la dernière main à l'ordre du jour et à la façon dont nous aborderions la réunion. J'ouvrirais la séance du lendemain matin en décrivant les raisons pour lesquelles le changement nous paraissait indispensable. Ann, Duane, Carolyn et Antonio prendraient ensuite la parole pour parler de leur nouveau rôle, leur nouveau titre (car ils n'étaient dorénavant plus DG), ils expliqueraient qu'ils collaboreraient désormais et assumeraient la responsabilité d'améliorer la performance. Ensuite, nous commencerions à parler de l'exécution de nos plans.

Au bout de quelques heures de réunion, le mélange de passivité et d'agressivité dont j'avais déjà eu quelques aperçus s'est à nouveau étalé au grand jour. Carolyn et Antonio se regardaient en chiens de faïence. Ils se méfiaient l'un de l'autre et se détestaient, ce que tout le monde (sauf moi) savait apparemment. Duane, malgré les immenses nouvelles responsabilités qui lui avaient été confiées, ne cessait de s'inquiéter de ce qu'il perdait. Il prétendait se contenter de répéter « ce que lui disaient ses gens », mais ne voulait manifestement perdre ni un salarié ni la moindre parcelle de pouvoir. Ann Livermore a expliqué, mais avec la prudence qui la caractérise, qu'elle approuvait les décisions prises. Bob Wayman s'est montré beaucoup plus silencieux et analytique qu'à l'accoutumée. Il était très favorable aux changements, mais il m'a laissé le soin de les défendre toute seule. Debra Dunn, qui a l'époque dirigeait la stratégie et le business development, et Susan Bowick ont fait de leur mieux pour m'aider, mais elles faisaient un peu figure de second couteau, les autres les ont donc ignorées.

C'était un ultime combat d'arrière-garde pour revenir sur les accords auxquels nous étions parvenus et les décisions prises. Nous tournions en rond et perdions un temps précieux. Quand l'heure de vérité arrive et que les gens doivent s'engager publiquement sur une ligne d'action difficile, ils en remettent parfois tous les aspects en cause : la façon dont les décisions ont été prises, les faits sur lesquels on s'est appuyé pour les prendre, l'autorité de ceux qui les défendent. Si le processus de prise de décision est valide, les faits exacts et reconnus de tous et surtout si les décisions en question constituent la meilleure option possible, le leader ne doit pas avoir d'états d'âme. Atermoyer, dans de telles circonstances, c'est perdre la possibilité de choisir et de décider la fois suivante. Faute de montrer sa force quand c'est nécessaire, il ne peut plus jouer son rôle aussi efficacement que par le passé. Hésiter, c'est perdre le soutien de tous ceux qui se sont rangés dans votre camp. Si un leader n'est pas capable de rester droit dans ses bottes face à l'incertitude, au risque et à l'adversité, personne d'autre ne le fera non plus. Hésiter, sombrer dans l'indécision, c'est opter pour ne rien faire. Quand le *statu quo* est manifestement inacceptable, les leaders choisissent d'agir.

Vers la fin de son mandat, John Young avait tenté de rationaliser et de consolider de nombreuses activités, mais Dave Packard était alors revenu de ses deux ans au Département de la Défense, expérience dont tout le monde savait qu'il l'avait mal vécue. Il avait alors déclaré que John « centralisait » trop la compagnie et l'avait mis à la porte du jour au lendemain. L'entreprise en avait tiré les conclusions et était revenue aux traditionnelles divisions centrées sur les produits, avec une chaîne verticale de commandement et de contrôle des ressources. Et quand Lew avait pris la succession de John, tout le monde avait compris que Dave Packard ne voulait pas trop de changement.

Vers quatre heures de l'après-midi, j'en ai eu assez. J'avais écouté, raisonné, passé en revue tout ce que nous avions découvert auparavant. Il fallait revenir à la réalité. J'ai dit : « Chers collègues, nous ne quitterons pas cette pièce tant que vous n'accepterez pas de présenter nos décisions et les accords conclus entre vous. Dave Packard ne va pas revenir sur son cheval blanc pour vous épargner ces changements. » La séance s'est prolongée jusqu'à huit heures du soir. Cela n'a pas été facile, mais nous y sommes arrivés. Et le lendemain, nous lancions l'équipe de management élargie de HP dans la réinvention de la compagnie.

J'avais longuement réfléchi à la façon d'expliquer la nécessité du changement. Je savais que je ne pouvais pas donner aux gens l'ordre de changer et qu'ils ne m'accorderaient jamais la confiance aveugle qu'ils réservaient à Bill et à Dave. Mais je savais aussi que les gens changent s'ils le veulent vraiment – je ferais donc appel à leur intelligence et à leur amour-propre.

Pour commencer, j'ai passé un film d'interviews de certains de nos clients. Ces derniers disaient ce que j'avais si souvent entendu : « Vous êtes en train de vous faire distancer, il est trop difficile de travailler avec vous, vous êtes en retard, vous êtes lents, vous ne prenez jamais l'initiative, nous attendons mieux de vous car nous avons besoin de vous et nous vous respectons. » Ensuite, je leur ai montré un film réalisé lors d'une réunion similaire à celle de ce jour-là avec Lew Platt, deux ans auparavant. Ils s'y disaient mutuellement ce que je voulais leur dire maintenant.

Les gens intelligents savent en général ce qui doit changer dans une entreprise. Ces managers connaissaient tous nos problèmes, ils connaissaient aussi les opportunités que nous tentions de saisir. Mais en deux ans, pratiquement rien n'avait changé. Ils ont regardé ce film avec gêne, car ils voyaient bien que le changement qu'ils avaient souhaité n'avait jamais eu lieu ; ils n'avaient pas pris l'initiative de faire ce qu'ils savaient indispensable.

Pour changer, il ne suffit pas d'en comprendre intellectuellement la nécessité. Il faut être soutenu par ses collègues, avoir conscience que battre en retraite serait bien pire qu'aller de l'avant et avoir le courage de continuer malgré les obstacles. Cela suppose aussi de décider de prendre la direction du changement. Celui-ci ne s'opère pas tout seul. Il faut de nombreux leaders, à de nombreux niveaux. C'est la raison pour laquelle il faut une masse critique de personnes prêtes à se battre pour le mener à bien. En outre, il faut agir avec audace – le leader ne peut pas se permettre d'avoir des états d'âme.

Une entreprise, ça ressemble beaucoup à un ordinateur. Les deux ont un but ou une mission. Les deux comportent du *hardware* et du *software*. Le *hardware* de l'entreprise, c'est sa structure, ses processus, ses plans, ses indicateurs, ses résultats. Ces aspects tangibles de l'entreprise sont représentés par les comptes de résultats et les bilans, les organigrammes et les descriptions de poste, les manuels et les objectifs, les tableaux de bord et les rapports. Le *software* de l'entreprise, c'est sa culture, ses valeurs, ses habitudes, ses mentalités et ses comportements. Pour certains, ces éléments intangibles ne méritent pas que les dirigeants y consacrent un temps précieux. C'est mal comprendre comment les entreprises fonctionnent, ne pas se rendre compte que ce sont les hommes et les femmes qui génèrent produits et profits. Un ordinateur ne fonctionne que si le *hardware* et le *software* marchent tous les deux, et il en va de même d'une entreprise. À l'instar de l'ordinateur, l'entreprise ne peut mieux fonctionner que si elle améliore à la fois son *hardware* et son *software*. Il fallait améliorer le *software* de HP. Nous devions nous faire une nouvelle idée à la fois de nous-mêmes et du changement, acquérir de nouvelles habitudes en matière de prise de décisions, apprendre à travailler ensemble. En fait, il nous fallait redécouvrir le vrai sens des valeurs autour desquelles HP s'était développé.

Pendant la réunion, le second matin, nous avions prévu une séance de questions-réponses. Un manager a levé la main : « Carly, vous avez beaucoup parlé de changement, de prise des risques, de mettre le turbo. Mais ne risquons-nous pas de commettre des erreurs ? »

« Rester statique, c'est perdre du terrain », avait écrit David Packard dans *The HP Way*. En 1999, toutes les habitudes et pratiques de Hewlett-Packard poussaient à l'immobilisme. D'instinct, on ne bougeait pas avant d'avoir envisagé tous les cas de figure, répondu à toutes les questions et défini tous les risques possibles et imaginables. Dans la Silicon Valley, on disait que la meilleure manière de gérer une entreprise de haute technologie, dans un environnement caractérisé par un changement ultra rapide, c'est d'obéir au commandement « Prêts ? Feu ! En joue ! En joue ! En joue ! » Autrement dit, la rapidité de l'action et de la décision prime sur tout le reste ; une fois la décision prise, mais alors seulement, on veille à ce que tout fonctionne au mieux. Les mauvais esprits susurraient que la philosophie de management, chez HP, était plutôt : « Prêts ? En joue ! En joue ! En joue… » Personne ne faisait jamais feu avant que tout soit tiré au cordeau, de sorte que personne ne faisait jamais feu du tout. Susan Bowick disait que c'était comme ne pas vouloir partir en voyage à moins d'être paré absolument à tous les événements susceptibles de se produire en chemin. Quand nous étions enfin munis de tout pour faire face à toute éventualité, nous étions tellement surchargés que nous ne pouvions plus bouger, et le bon moment était passé.

L'idéal, affirmait-on dans la maison, c'était la prise de décision consensuelle. Il y a, bien entendu, des occasions où le consensus est important, mais il y en a aussi où un individu ou un petit groupe doit décider au nom du plus grand nombre. Quoi qu'il en soit, chez HP, la recherche de consensus était une façon très efficace de bloquer le processus de décision. En tout état de cause, celui-ci était trop long, car il fallait que tout le monde dise oui – et tout un chacun pouvait dire non.

J'ai répondu au manager en question : « Oui, nous ferons des erreurs. J'en ferai. Vous aussi. Si nous n'en faisons pas, c'est que nous ne faisons rien de nouveau. Le but, ce n'est pas la perfection, c'est d'aller de l'avant. Et dans un contexte où tout va de plus en plus vite, une décision imparfaite mais prise au bon moment et bien exécutée est préférable à une décision parfaite prise trop tard. Nous ferions des erreurs, mais il faudrait en tirer les enseignements, ne pas faire la même deux fois. Quand nous échouerons, ne parviendrons pas à atteindre notre objectif ou commettrons une erreur, nous nous relèverons, nous reprendrons nos esprits, tirerons les enseignements de l'incident et repartirons de l'avant. Dans tous les sports, c'est ce que font les champions. » J'allais le répéter d'innombrables fois dans les cinq ans à venir.

Chez Lucent, il m'arrivait de dire : « En gros, c'est bon. On prend la décision et on fonce. » Ce langage n'était pas assez châtié pour les ingénieurs de HP. Pour eux, j'emploierais l'expression « suffisamment parfait », par exemple : « Il faut nous mettre au rythme de nos clients et de nos concurrents, nous arrêterons la décision dès l'instant où elle sera *suffisamment parfaite.* »

Quand Bill et Dave dirigeaient activement leur entreprise, elle réalisait un chiffre d'affaires d'un milliard de dollars. À l'époque, une causerie-café avec l'équipe de direction pouvait changer le cours des événements. Même après leur départ, tout ce qu'ils disaient avait un poids et une influence énorme car tout le monde les révérait. Il n'en allait plus de même. Ma réponse à une question, même si les trois cents principaux responsables de l'entreprise l'écoutaient, ne pouvait suffire à changer les mentalités et les comportements. Je ne le prenais pas pour une offense personnelle ; c'était simplement la nature humaine et celle des grandes entreprises.

J'y avais passé la totalité de ma carrière ; je savais donc qu'elles sont fondamentalement différentes des autres, en particulier des PME. Pour prendre une analogie, un Jet Ski et un porte-avions sont tous deux des embarcations motorisées. Pour conduire un Jet Ski, il faut quelques connaissances et de la pratique, mais un champion de Jet Ski serait incapable de prendre les commandes d'un porte-avions. Il aurait beau avoir lu tous les manuels imaginables, suivi tous les cours possibles pour apprendre à commander un porte-avions, seule l'expérience permet de maîtriser cette compétence. Dans un porte-avions, il y a un commandant, de nombreux officiers supérieurs et des milliers de techniciens, chacun jouant un rôle important pour que le bâtiment puisse accomplir sa mission. À supposer que les trois cents cadres dirigeants qui m'écoutaient adoptent mon point de vue sur la prise de décision et de risque, cela ne suffirait pas. Il fallait que tout le monde change sa façon de penser. Quand on met à jour un logiciel, il faut qu'elle soit à la fois systématique et systémique.

En particulier, tout le monde devait changer sa façon de voir le changement. J'ai cité Charles Darwin : « Ce ne sont ni les plus forts ni les plus intelligents de l'espèce qui survivent, mais ceux qui s'adaptent le mieux au changement. » Nombre de mes auditeurs devaient le répéter à beaucoup de leurs collègues. Le changement n'est pas mauvais, il est nécessaire, et l'immobilisme est dangereux. Les équipes qui ne s'adaptent pas sont vouées à l'extinction ; les individus qui cessent d'apprendre vieillissent avant l'âge. Quant aux entreprises, celles qui cessent de s'adapter et d'apprendre s'étiolent au fil du temps et ne retrouvent jamais leur gloire d'antan.

J'ai aussi évoqué les corridas. Chaque taureau a sa propre *carencia*, l'endroit de l'arène où il revient quand il est menacé. À mesure que la corrida se déroule et que le taureau est de plus en plus souvent menacé, il y revient de plus en plus souvent. Et, s'il croit se réfugier en lieu sûr, il se met en réalité dans une situation plus dangereuse puisqu'il devient de plus en plus facile de l'attaquer. Chez HP, nous ne pourrions ni revenir dans nos zones de confort ni nous réfugier dans le bon vieux temps.

Nous devions comprendre que pour une entreprise technologique tentant de reconquérir sa première place sur son marché, le changement serait constamment au programme. Rien ne serait acquis. Nous avons donc commencé à parler du voyage dans lequel nous nous lancions. Il était hors de question de nous reposer sur nos lauriers ; notre histoire glorieuse ne garantissait en aucune manière notre avenir – il nous appartenait de continuer à l'écrire en avançant résolument vers le futur. Et cela supposait de repenser la façon dont se prenaient les décisions. Cette fois, j'ai filé une métaphore marine. Un bateau à voile n'avance pas en ligne droite, même s'il doit s'élancer vers l'avant et acquérir une vélocité suffisante. Le skipper détermine sa destination, choisit son parcours, puis vire de bord, réglant ses voiles pour tirer parti du vent ou en compenser les changements, en tenant compte d'autres paramètres changeants comme la marée, les courants et la météo. Pour parvenir à destination sans encombre, il fait preuve d'une extrême flexibilité.

Les analogies et les métaphores sont de remarquables outils de communication à condition d'être simples et faciles à retenir. Et le changement, particulièrement le changement systémique de l'ensemble d'une entreprise, exige une communication authentique, claire, persistante, cohérente et omniprésente. Les salariés entendent des messages contradictoires, résistent à celui que vous voulez faire passer, certains ne l'entendent pas du tout ; c'est pourquoi, à mon avis, un véritable changement demande dix fois plus de communication qu'on ne l'avait prévu au départ. J'ai donc pris l'habitude de profiter de toutes les occasions pour communiquer avec les salariés de HP. Il fallait non seulement qu'ils m'entendent, mais aussi qu'ils me croient ; il fallait donc que ma communication soit authentique, que je parle à la fois de nos aspirations et des risques à prendre, que je fasse preuve à la fois d'optimisme et de réalisme, que j'évoque les grandes idées, mais aussi les petits détails. En outre, ma communication devait coïncider avec tout ce qu'ils m'avaient entendue dire auparavant. L'essentiel était de les convaincre que le changement était nécessaire et possible – à condition de le vouloir véritablement.

Même avant l'acquisition de Compaq, près de quatre-vingt mille salariés de HP travaillaient dans plus de cent trente pays différents. Tous les jours, ils étaient inondés de messages provenant du bureau local, de leur supérieur immédiat, de leur division, du monde qui les entourait. Mille choses se disputaient leur attention. En arrivant chez HP, j'avais demandé comment je pouvais communiquer simultanément avec tous nos salariés. Cette question avait suscité un silence stupéfait – personne ne l'avait encore posée. Une fois par trimestre, Lew Platt enregistrait une vidéo dans laquelle il annonçait les résultats et surtout les sommes qui seraient versées au titre de l'intéressement. Les cassettes vidéo étaient expédiées dans le monde entier par la poste, le texte par courriel (par le truchement de nombreux systèmes différents et non d'un seul système mondial), et la bande audio était diffusée dans certains de nos bâtiments américains équipés de haut-parleurs. En dehors de ce processus, il était impossible de communiquer simultanément avec tout le monde.

Comme je l'avais fait à tous les postes que j'avais occupés avant celui-ci, je voyageais souvent, sillonnant les États-Unis et le monde entier pour voir les salariés de HP. C'était un geste de respect, et chaque fois que j'allais à un endroit, en particulier dans un service où l'on n'avait jamais vu le directeur général, le personnel appréciait. J'apprenais toujours beaucoup de choses au passage, et les gens me connaissaient mieux. Mais, évidemment, je ne pouvais ni voir tout le monde, ni parler à chacun en tête à tête, ni aller partout – même si je l'avais pu, cela aurait pris trop de temps. Je devais disposer très vite d'autres façons de communiquer efficacement, faute de quoi nous serions épuisés et pris par le temps avant même que le processus de changement soit entamé. Il fallait que j'envoie des signaux forts et convaincants aux membres du personnel.

Nous finirions par construire un site web dédié à la communication interne et par intégrer nos systèmes de messagerie vocale et de courriel dans le monde entier. Nous organisions régulièrement des réunions de direction virtuelles et physiques ; nous remettions aux dirigeants des documents destinés à les aider à faire passer la communication dans leur division. Deux fois par an, des réunions virtuelles de l'ensemble du personnel étaient organisées grâce à un système de vidéo mondial. J'envoyais régulièrement des courriels à tous les salariés, dans le monde entier, sur des sujets aussi variés que les nominations, mutations et promotions, les attaques terroristes du 11-Septembre, nos résultats trimestriels et les secours aux victimes du tsunami. Ce système de communication mondial a été un outil remarquable pour accélérer l'intégration de Compaq ; cela contribuait aussi à ce que tout le monde reste sur la même longueur d'ondes et avance dans la même direction. Mais nous ne pouvions pas attendre que tous ces outils soient en place pour commencer. Il fallait se lancer, et il fallait que le message soit suffisamment fort et clair pour être entendu malgré le bruit, le désordre, les résistances et les malentendus.

Comme chacun sait, une image vaut parfois mille mots. De la même manière, dans une entreprise dotée d'une riche histoire et même d'une mythologie, les symboles sont très importants – un peu à la manière des panneaux de signalisation, que tout le monde comprend. Chez HP, le symbole roi, c'était le garage où tout avait commencé, et aucune image ne suscitait plus de fierté que la photo de Bill et Dave en train d'y inventer leur premier produit. Le changement systémique, chez HP, devait venir de l'intérieur, et cela supposait de susciter des vocations de combattants du changement dans l'ensemble de l'entreprise. Il fallait les réveiller, les faire passer à l'action. Ils devaient entendre que nous étions une et une seule entreprise et non mille tribus ; que cette entreprise avait été fondée par des inventeurs, que c'est en inventant que l'on construit l'avenir ; que si nous cherchions où et comment tout avait commencé, nous trouverions l'aspiration d'aller de l'avant et de galvaniser notre performance. Comme on examine toujours très attentivement les motivations et les intentions du chef, les salariés devaient entendre une autre chose : que leur nouveau DG était fière de l'héritage de HP. Elle se battrait aux côtés des combattants du changement et serait tenue responsable du voyage que nous allions entreprendre. Elle croyait qu'il était possible d'arriver à bon port, elle croyait en eux.

Pour inspirer et expliquer tout cela, un groupe rédigea « The Rules of the Garage », règles qui se référaient explicitement à la façon dont nous pensions que l'entreprise fonctionnait dans les premiers temps. C'était la première étape du travail de démolition et de démystification du « HP Way ». Nous devions être explicites concernant les valeurs, les comportements et les pratiques qui étaient le cœur même de HP. Par exemple : « Ce n'est pas parce qu'une idée est radicale qu'elle est mauvaise. » Collaborer, cela suppose de se parler et d'adopter les meilleures pratiques. Nous avons décrit cette philosophie de la façon suivante : « Partagez les idées et les outils, ne les mettez pas au coffre-fort » et « C'est le client qui définit un travail bien fait ». Ce qui devait compter, c'était l'excellence, ce n'est pas parce que nous nous appelions HP que nous étions les meilleurs. « Apportez chaque jour quelque chose à l'entreprise. »

Nous sommes revenus à la marque originale, HP – celle qui était inscrite dans les murs de brique de HP Labs – et y avons ajouté un seul mot, écrit en dessous : *INVENT*. Nous avons dévoilé notre nouvelle campagne de marque en novembre, à la grand-messe annuelle du Comdex (salon professionnel d'informatique qui se tenait à Las Vegas et a depuis été victime de l'éclatement de la bulle des dotcom). Dans le discours que j'y ai prononcé, j'ai parlé de ma vision pour l'avenir de l'entreprise, en terminant mon intervention par un film de deux minutes. Nous étions en 1999, le secteur était en pleine euphorie, et je tenais à rappeler à tout le monde ce que Bill et Dave avaient fait soixante ans plus tôt. Le film reprenait beaucoup de photos et de films de l'époque. J'y racontais les premières publicités et je concluais debout devant la porte du garage. J'avais hésité à accepter, mais l'idée était venue de certains collaborateurs, et d'autres avaient insisté : « Nous avons besoin de savoir si vous êtes d'accord pour vivre cette aventure avec nous, Carly. »

J'avais commencé à négocier discrètement avec le propriétaire, qui les louait depuis vingt-cinq ans, le rachat de ce garage mythique et de la première maison de Dave et Lucille Packard, celle où elle préparait ses fameux cookies. Je trouvais que nous avions le devoir de les protéger et de les restaurer pour que les deux hommes qui y avaient travaillé avec tant de créativité puissent inspirer de nombreuses nouvelles générations de collaborateurs de HP. Nous avons déboursé 2,1 millions de dollars pour les acheter et un peu plus pour les restaurer. Les travaux ont été assez longs, car le directeur qui en était responsable a eu un cancer auquel il a fini par succomber tragiquement – et nous n'avons pas voulu lui enlever ce projet auquel il tenait tant pendant sa maladie. La maison et le garage ont finalement été ouverts au public en 2005. (Je n'ai même pas été invitée à l'inauguration, ce qui m'a attristée.)

Avant de mettre la dernière main à la nouvelle campagne de marque, j'avais invité les familles Hewlett et Packard, y compris les petits enfants, à un cocktail devant les bureaux de Bill et de Dave. Beaucoup d'entre eux voyaient les célèbres bureaux de leur grand-père pour la première fois. Quant aux enfants, ils se retrouvaient après une période de froid, apparemment. Je leur ai parlé du respect que je vouais à leurs pères et à leurs familles, de mon espoir de voir HP renouer avec l'excellence et avec sa position de leader. Je leur ai expliqué le lancement de la marque et la campagne de publicité. Je leur ai montré le film de deux minutes sur Bill et Dave. Aux dernières images, beaucoup d'entre nous avaient les larmes aux yeux. J'en étais, et l'émotion renaît chaque fois que je vois ces images ou que j'entends cette musique. Et Jim Hewlett a dit doucement : « Cela fait longtemps que je n'ai pas été fier de HP. Je veux l'être à nouveau. »

Certains m'ont critiquée dans les médias, estimant en particulier que le fait d'apparaître dans les spots publicitaires révélait mon ego. Lee Iacocca, Hank McKinnell ou Victor Kiam l'avaient fait avant moi, mais pour eux, c'était différent. Certains anciens allaient jusqu'à parler d'hérésie, insinuant que j'essayais de remplacer Bill et Dave. Les mêmes personnes me reprocheraient plus tard la présence de mon portrait dans le hall à côté des leurs, preuve supplémentaire de mon ambition de supplanter les pères fondateurs ; ceux de John Young et de Lew Platt y avaient été accrochés aussi, au même endroit, quand ils étaient aux commandes de HP, mais là encore, ce ne devait pas être la même chose. Elles se demandaient pourquoi j'avais choisi un nouveau logo : était-ce pour éliminer les noms de famille de Bill et de Dave ? Elles avaient sans doute oublié que nous avions choisi leur logo préféré, à moins que ce détail les dérange. Pendant la guerre des pouvoirs, nos adversaires ont communiqué tous ces exemples d'hérésie aux médias qui les ont dûment rapportés en se plaçant dans la perspective des tenants de la vraie foi. Comme cela arrive souvent, les critiques, même en petit nombre, font plus de bruit que la majorité.

Malgré la controverse, je savais que les combattants du changement avaient entendu mon appel – leurs courriels, l'expression de leur visage étaient révélateurs. Nos clients, nos partenaires et nos concurrents avaient eux aussi reçu le message, et c'était important. Mais surtout, au sein de la compagnie, ça bougeait, les têtes se relevaient, l'enthousiasme se propageait. Les gens commençaient à y croire. Nous pouvions imaginer notre nouvel avenir, et surtout retrouver nos racines, l'invention. Le passé et l'avenir, ce n'était pas thèse et antithèse, c'était la synthèse indispensable au changement.

Les critiques qui m'accusaient de vouloir supplanter Bill et Dave ne connaissaient pas les grandes entreprises, ils ne comprenaient pas pourquoi je voulais changer tant de choses. Hewlett-Packard était désormais trop grand, trop complexe et trop international pour qu'il soit possible de tout diriger à coups de décrets, de diktats, ou par la seule force d'une personnalité dominante. Pour diriger une entreprise complexe, d'envergure mondiale, il faut s'appuyer sur un système holistique conjuguant les stratégies et les objectifs ; les structures, les processus et les pratiques ; les indicateurs, les évaluations et les incitations ; la culture, les comportements et les mentalités. Ce système doit être cohérent et profondément enraciné. Le changement ne se concrétise que s'il est porté par une impulsion plus forte que le poids de l'histoire et l'inertie du *statu quo*. Un leader qui respecte les hommes et les institutions qu'il a le privilège de diriger doit avoir à cœur d'inscrire la performance dans une durée excédant très largement celle de son propre mandat. « Un bon chef est celui que ses hommes révèrent. Un mauvais chef est celui que ses hommes méprisent. Un grand chef est celui dont les hommes disent : “C'est nous qui avons remporté la victoire”. »

23

« Vous êtes exactement pareils, tous les deux »

Au cours de ce premier automne, j'ai rencontré une vingtaine de membres de la vieille garde, ceux-là même, qui me considéraient comme une hérétique. Un jour, à ma grande surprise, Rosemary Hewlett, la seconde femme de Bill, m'a appelée au bureau. « Carly, Bill et moi aimerions vous avoir, Frank et vous, à déjeuner à la maison. » Cette invitation m'a beaucoup touchée et je le lui ai dit.

Quand nous sommes arrivés, Rosemary et Bill n'étaient pas seuls : il y avait aussi, assis autour de la piscine, une vingtaine d'hommes que je ne connaissais pas, apparemment tous anciens managers de HP en retraite. Bill, dans son fauteuil roulant, incapable de parler, avait tant de mal à tenir la tête que je ne pouvais pas le regarder dans les yeux. Je me suis donc agenouillée sur le ciment, à côté de lui, pour lui dire à quel point je le respectais, ajoutant que je considérais comme un immense honneur de diriger l'entreprise qui portait son nom. Puis, pour détendre un peu l'atmosphère, je lui ai raconté que les femmes, chez HP, se pâmaient encore devant les photos de lui en tenue d'alpiniste (il avait la réputation d'avoir été un grand séducteur). Il a murmuré une réponse inaudible, puis sa garde-malade l'a emmené, car il déjeunait toujours seul. Le reste du groupe est passé à la salle à manger.

Rosemary présidait à un bout de la table et m'a invitée à m'installer à l'autre. Mes inquisiteurs, car c'est ce qu'ils se sont révélés être, ont pris place de part et d'autre de la table. Puis, trois heures durant, ils m'ont fait subir un feu roulant de questions. À la fin, l'un a pris la parole pour dire : « Eh bien, Carly, je crois que le jury peut vous accorder vingt sur vingt. » Rosemary s'est montrée charmante et flatteuse. Les autres n'ont rien dit. Beaucoup plus tard, ce groupe formerait le noyau dur de la résistance à la fusion et à ma stratégie.

Je regrette beaucoup de n'avoir pas connu Bill Hewlett en meilleure santé et de n'avoir jamais rencontré Dave Packard. Jay Keyworth me l'a d'ailleurs dit un jour : « C'est vraiment dommage que tu n'aies pas connu Dave.

– Oui, c'est dommage, avais-je répondu, nous sommes différents, mais je crois que nous nous serions très bien entendus.

– Non, vous n'êtes pas différents. Vous êtes exactement pareils, tous les deux. Dave était peut-être un peu plus grand, mais vous avez tous les deux une perspective ouverte, humaniste. Et comme Dave, tu es audacieuse, tu n'acceptes pas les compromis et tu as le culte de l'excellence. »

C'était l'une des choses les plus agréables que l'on m'ait jamais dites. Une autre fois, il a dit que j'étais « le fils que Dave Packard n'a jamais eu ». C'était cruel à l'égard de son ami David, mais ce qu'il voulait dire, c'est que je comprenais l'entreprise que son père avait bâtie, qui m'inspirait une véritable passion.

Lors de la réunion du conseil de novembre, sans prévenir, Lew a réclamé une session exécutive pour discuter de ma gestion en me demandant de ne pas y assister. Il a parlé au conseil plus d'une heure. À la fin de la réunion, Dick Hackborn, qui devait lui succéder le mois suivant à la présidence du conseil, est venu me trouver.

« Carly, le conseil m'a demandé de te parler. Lew dit que tu vas trop vite, que tu veux changer trop de choses à la fois. Il trouve que tu ne l'as pas suffisamment consulté. Il dit qu'il t'en a parlé et que tu as fait la sourde oreille. »

Ces paroles m'ont fait l'effet d'une douche froide. Il me semblait prématuré de vouloir faire marche arrière, d'autant que le conseil en général et Dick en particulier m'avaient souvent dit ce qu'ils pensaient de Lew, et ce n'était pas flatteur. Le cœur battant, j'ai compris tout à coup que c'était un instant de vérité.

« Et le conseil, qu'est-ce qu'il a dit ?

– Franchement, nous étions tous tellement sidérés que nous en sommes restés pantois. Sam Ginn a fini par dire que nous savions parfaitement à quoi nous attendre en te confiant les commandes de HP. Carly, est-ce que Lew t'avait fait part de ses préoccupations ?

– Non, Dick, Lew et moi n'avons jamais eu ce genre de conversation. Il avait même l'air d'approuver les changements que nous préparions. Mais ce que je voudrais savoir, c'est ce que pense le conseil. Ou bien nous sommes d'accord sur le processus de changement, ou bien il ne se produira pas. Il faut impérativement que nous soyons tous d'accord.

– Tu as raison. Et tu peux compter sur nous. »

J'étais très ennuyée. Dick me disait-il la vérité ? Le même jour, Jay est venu me trouver. « Est-ce que cela t'ennuie si je te donne un conseil ? Fais du charme à Dick. Fais-lui la cour. » Ce vocabulaire m'a paru curieux, sans compter qu'il donnait à penser que l'opinion des autres administrateurs ne comptait pas. De fait, Jay ne respectait que Sam et Phil, tous deux PDG d'entreprises florissantes, et il estimait manifestement que lui-même et Dick étaient les gardiens de la flamme de Bill et de Dave.

J'avais déjà décidé de participer bien plus souvent à la conversation pendant les réunions du conseil que Lew ne l'avait fait pendant son mandat. Les administrateurs semblaient apprécier le dialogue moins formel, plus riche d'informations, que j'avais engagé avec eux, et je tenais à ce qu'ils sachent tout ce que je faisais et pensais. Ils m'avaient recrutée pour mener à bien un changement manifestement plus difficile qu'ils ne l'avaient dit ; il fallait que nous soyons bien d'accord.

Ce conseil et moi, nous allions tenter de relever ensemble un défi. Nous devions être sur la même longueur d'ondes, autrement dit avoir la même vision de nos choix stratégiques et opérationnels. J'avais siégé au conseil de plusieurs grandes entreprises, et je savais que le rôle d'administrateur est difficile par nature. Le conseil se réunit six à huit fois par an, il ne peut évidemment pas connaître suffisamment bien les détails de la vie quotidienne de l'entreprise pour en assumer la direction. Néanmoins, pour défendre correctement les intérêts des actionnaires, il doit en savoir assez pour poser les bonnes questions, vérifier si l'entreprise est ou non sur la bonne voie. Une entreprise peut se fourvoyer sur les problèmes d'éthique, ou en raison de mauvaises décisions stratégiques, ou encore par manque de discipline opérationnelle. Elle peut courir à l'échec si sa direction n'a plus la volonté de prendre les bonnes initiatives ou les décisions qui s'imposent. J'en concluais que le conseil de HP ne pouvait s'acquitter de sa tâche que s'il connaissait bien notre carré stratégique et toutes les décisions que nous prenions pour l'infléchir. Cela signifiait en pratique qu'outre l'examen régulier de nos résultats et de nos plans financiers concernant l'avenir, nous discuterions des choix stratégiques, des structures organisationnelles, des indicateurs, des programmes éthiques, de la réinvention culturelle et du personnel de direction. J'avais également décidé que le conseil devait disposer d'autant d'informations et être aussi à même que possible de savoir ce qui se passait dans l'entreprise. Mes actions et mes décisions devaient lui être totalement transparentes. J'avais commencé à inviter régulièrement les administrateurs aux réunions de direction comme celle que nous avions organisée au mois de décembre. Je les encourageais à rencontrer nos salariés et nos managers sans que je sois présente, ce que Dick et Jay prirent l'habitude de faire régulièrement. J'encourageais aussi des conversations fréquentes avec les membres du comité de direction. Nous avons revu le site web du conseil pour permettre à ses membres d'avoir accès aux informations dont disposaient les salariés. Je savais, pour avoir été administrateur dans d'autres entreprises, que ce type d'interaction entre tous les niveaux de management de l'entreprise et le conseil, en dehors des réunions du conseil, était inhabituel ; comme l'était la mise à sa disposition d'une telle quantité d'informations détaillées. Plus tard, certains membres de mon comité de direction finiraient par s'en plaindre ; il arrivait que les administrateurs prennent à nos collaborateurs un temps qu'ils auraient dû consacrer à d'importantes tâches quotidiennes. Après la fusion avec Compaq, de nombreux administrateurs de cette entreprise ont exprimé leur surprise face à la nature des interactions du conseil avec les salariés et la direction.

Mon approche comportait d'autres inconvénients. Les administrateurs ne savaient parfois pas où s'arrêtait leur mission et où commençait celle des cadres dirigeants. Comme ils ne s'intéressaient en général de près qu'aux domaines qui les intéressaient, ils avaient une vision limitée de l'entreprise et manquaient de recul. Dick et Jay, techniciens tous deux, adoraient rencontrer les équipes techniques. Mais comme ils n'étaient pas impliqués dans l'exploitation opérationnelle, ils évaluaient mal les conséquences de leurs suggestions et essayaient parfois de réorienter à la volée nos investissements en recherche-développement. D'une manière générale, les administrateurs proposaient toutes sortes d'idées – pendant les réunions du conseil, ou lorsqu'ils rencontraient nos collaborateurs.

Certaines étaient sujettes à caution. Par exemple, Bob Wayman, selon eux, n'était pas à la hauteur ; ils m'avaient conseillé de m'en défaire. Certes, avant mon arrivée, ce n'était pas un brillant directeur financier, mais on ne lui avait jamais donné les moyens de faire son travail. J'ai dit qu'il fallait les lui donner et effectivement, grâce à ses nouvelles responsabilités, Bob Wayman est devenu l'un des meilleurs directeurs financiers du monde. Mais les administrateurs nous ont aussi donné de bonnes idées : c'est Dick et Jay qui m'ont apporté celle de la fusion avec Compaq. Les membres du comité de direction et moi-même passions beaucoup de temps à évaluer la pertinence de leurs suggestions.

Il est toujours préférable d'avoir trop d'idées que pas assez, et les avantages d'une approche ouverte, informelle, l'emportaient sur les risques. Je savais que je ne devais pas essayer de contrôler le flux d'informations : je ne voulais pas risquer de malentendus. La transparence, le partage de l'information et un dialogue franc et continu créent les conditions de la confiance et de la cohésion. Tous les membres de l'équipe de direction et tous les administrateurs devaient parvenir aux mêmes conclusions, il fallait à tout prix éviter les dissensions au sein de ces deux groupes. La réinvention de HP comportait trop de risques et de difficultés pour être entreprise sans leur soutien. J'encourageais également le conseil à organiser régulièrement sans moi des sessions exécutives. Je ne voulais pas laisser s'installer des rancœurs, comme dans d'autres conseils auxquels j'avais siégé. Dick se chargeait de m'informer de ce qui s'y était dit, puis quand il a quitté la présidence, ce fut Sam Ginn, en sa qualité de président du comité des nominations, ou Phil Condit, président du comité des rémunérations.

En janvier 2000, nous avons emmené le conseil et le comité de direction au grand complet réfléchir ensemble, trois jours durant, à notre stratégie. Nous y avons parlé de l'évolution de cette dernière, de nos projets pour l'année et des difficultés rencontrées. J'avais demandé à John Chambers, le PDG de Cisco, de venir s'adresser au conseil. Il connaissait bien HP ; il me connaissait aussi, car nous avions été de farouches concurrents lorsque j'étais chez Lucent. Je pensais qu'un point de vue extérieur pouvait être utile au conseil. Il ne s'est pas caché derrière son petit doigt : il ne nous donnait pas plus de cinquante pour cent de chances de réussir.

À la fin de ces trois jours de réflexion, le conseil a organisé l'une de ses sessions exécutives régulières. Quand on m'a demandé de venir rejoindre les administrateurs, nous avons parlé de nos divers choix stratégiques et nous sommes félicités de la réunion qui venait de s'achever, durant laquelle nous avions travaillé de façon intensive, en descendant dans le détail. À la fin, j'ai pris la parole : « J'estime vous devoir la franchise, je dois donc vous dire que la session exécutive précédente m'a beaucoup inquiétée. Ce qu'y a dit Lew m'a désagréablement surprise, et j'ai besoin de savoir si vous soutenez le programme que nous venons de vous présenter. » Pendant toute la durée de mon mandat, j'ai pris l'habitude de demander continuellement aux administrateurs de me dire ce qu'ils pensaient de ce qu'ils avaient entendu au cours de la séance, d'exprimer mes inquiétudes et de solliciter les leurs.

Le conseil nous soutenait unanimement. Susan Packard a pris la parole : « Carly, je suis désolée que nous vous ayons causé tant de soucis. La façon dont vous abordez votre travail est très différente de ce à quoi nous avons été habitués. Cela fait du bien de discuter d'idées au lieu de passer nos réunions à regarder des pages entières de chiffres. Nous n'avons pas bien compris pourquoi Lew a dit tout cela. Je crois qu'il a mal digéré son départ. »

À mon grand regret, mais comme elle l'avait prévu depuis un certain temps, Susan Packard a quitté le conseil en 2000 et, plus tard, nous nous sommes retrouvées dans des camps opposés lors de la guerre des pouvoirs. Mais Susan s'est toujours montrée franche, compréhensive, et a toujours fait preuve de beaucoup de classe. Elle porte avec dignité et compétence l'héritage de David et Lucille Packard.

En juin 2001, quand j'ai prononcé le traditionnel discours le jour de la remise des diplômes à Stanford, dont je suis ancienne élève, j'ai parlé du plaisir que j'avais eu, en arrivant chez Hewlett-Packard, à y retrouver des valeurs auxquelles je suis personnellement très attachée. C'était même la raison pour laquelle j'avais accepté ce poste, malgré toutes les difficultés qui m'y attendaient.

J'ai cité l'un des premiers objectifs officiels de l'entreprise Hewlett-Packard : « L'amélioration de notre société est une tâche qui ne doit pas être réservée à quelques-uns. Tout le monde doit en partager la responsabilité. » J'ai également cité Dave Packard : « Les gens croient à tort que le profit est une fin en soi. Non, le profit, c'est ce qui rend possible la réalisation d'autres ambitions. » Bill et Dave demandaient à leurs ingénieurs non seulement d'inventer, mais d'inventer des objets à la fois utiles et ayant un réel impact sur les personnes. HP devait inventer pour le plus grand nombre, pas seulement pour de rares privilégiés.

J'ai ensuite expliqué qu'à l'aube du XXIe siècle, la technologie de l'information en réseau portait en germe l'équivalent moderne de la Renaissance. J'avais étudié l'histoire médiévale parce que j'étais fascinée par la façon dont l'humanité était passée d'une période d'obscurantisme et de peur à une ère marquée par l'optimisme et la foi en l'homme et en son potentiel. La Renaissance avait libéré l'imagination humaine. Aujourd'hui, internet créait une nouvelle forme de communication ouverte, démocratique, immédiate, sans aucun carcan hiérarchique. Le monde numérique, mobile, virtuel et personnel fait crouler peu à peu les obstacles que créaient traditionnellement le temps, la géographie, la possibilité d'accéder aux choses, la richesse et le pouvoir. Il libère ainsi le potentiel de chacun. Notre époque se définit par le pouvoir des idées, qu'accroît immensément la possibilité de se connecter au savoir, à l'information et entre individus. Il est désormais facile d'entrer en contact avec des gens intelligents, bourrés de toutes sortes d'idées intéressantes, où qu'ils vivent sur toute la surface de la planète.

Une très grande entreprise a une audience mondiale et, par conséquent, des responsabilités planétaires. Beaucoup réalisent un chiffre d'affaires plus élevé que le PIB de bien des pays. Une entreprise peut et doit changer le monde dans le bon sens. Et la technologie peut contribuer à libérer le potentiel de chaque individu comme il ne l'a jamais été dans l'histoire humaine.

Ces idées me tenaient à cœur, c'est la raison pour laquelle j'avais été si heureuse d'entrer chez Hewlett-Packard. Cette entreprise avait un caractère incarné par des valeurs auxquelles je m'identifiais. Elle servait de son mieux les consommateurs, les entreprises et les administrations. Par le passé, elle avait toujours collaboré avec les gouvernements, les écoles et les leaders de communautés. Rien ne me rendait plus fière que d'encourager, galvaniser, célébrer et soutenir la bonté intrinsèque des collaborateurs de HP et leur désir d'apporter une contribution utile à leur communauté, où qu'elle se situe sur notre planète.

Début 2000, Debra Dunn et moi avions commencé à nous demander comment cibler plus efficacement les initiatives philanthropiques de HP. Comme tout le reste, c'était devenu un foisonnement de projets bien intentionnés mais incohérents, que rien ne reliait, manquant tous de fonds. Certes, les salariés s'y impliquaient avec beaucoup d'enthousiasme, mais tous ces projets étaient conduits en marge du reste de l'entreprise et ne faisaient figure de priorité pour aucun des membres du comité de direction. En ma qualité de DG, il m'appartenait, me semblait-il, de donner le ton. Exercer nos responsabilités citoyennes n'était pas simplement accomplir un devoir, cela ferait partie intégrante de notre façon de travailler. Nous allions faire du bien et nous nous en trouverions bien.

Pour la première fois, nous avons passé au crible l'ensemble de nos projets. Et nous nous sommes fixé deux priorités : l'éducation et le développement communautaire. Chacun des programmes qui serait approuvé recevrait suffisamment de fonds et d'attention de la direction pour déboucher sur des résultats probants et durables. Si un programme avait un impact insuffisant ou ne cadrait pas avec nos priorités, nous cesserions d'y participer après une période de transition appropriée.

En matière d'éducation, nous nous sommes attachés à identifier les élèves originaires de milieux défavorisés, afin de leur apporter un soutien scolaire susceptible de les mettre à niveau en maths et dans les autres matières scientifiques. Nous accordions des bourses et des stages et nous collaborions intimement avec les lycées et les établissements universitaires. Ce type d'efforts changeait à coup sûr la vie de ces jeunes ; de nombreux établissements s'en sont inspirés. Ils allaient également dans le bon sens pour notre entreprise, à long terme : à l'avenir, l'industrie informatique risque en effet de manquer d'ingénieurs et de scientifiques.

Dans le même temps, nous concentrions nos efforts sur l'amélioration de la vie quotidienne au sein des communautés par le biais de la formation technique, de l'aide à la création d'entreprises et du partenariat. Que ce soit à Houston ou en Afrique du Sud, à San Diego ou en Inde, toutes les communautés auxquelles les collaborateurs de HP ont prodigué leurs efforts jouissent désormais d'une meilleure qualité de vie. Nous y avons engagé le temps et l'attention des dirigeants, ainsi que de l'argent, pour une période de trois ans. Nous nous sommes fixé pour but la mise en place de programmes capables de perdurer, et ces efforts ont porté leurs fruits. D'autant que nous pouvions ainsi espérer créer, à terme, de nouveaux marchés et de nouveaux clients pour nos produits (c'est dans les pays en développement que le marché des produits informatiques connaît la plus forte croissance). Aux États-Unis, les études de marché révélaient que la marque HP était bien connue de la population masculine blanche d'âge moyen ; mais les femmes, les jeunes et les minorités ne nous connaissaient pas ou ne nous achetaient pas. Nous allions certes repositionner la marque et modifier nos produits pour régler ce problème, mais nos activités caritatives confortaient efficacement ces efforts. Elles apportaient la preuve tangible des qualités de la marque. Nous voulions améliorer la vie des plus défavorisés, et cela ne nous empêcherait pas, plus tard, de leur vendre nos produits.

Nos efforts pour aider efficacement ceux qui en avaient besoin n'étaient pas simplement des actes de charité, mais de charité bien ordonnée, éclairée. C'est la raison pour laquelle le comité de direction et le conseil devaient donner leur avis, comme pour toutes nos priorités. La philanthropie a toujours suscité l'enthousiasme des collaborateurs de HP. Nous allions y introduire la discipline à laquelle nous soumettions notre travail quotidien. Nous mesurerions l'impact de nos efforts, nous exigerions du professionnalisme de nos partenaires et de nous-mêmes.

Debra finirait par avoir la haute main sur tous ces programmes. Elle, et les personnes avec qui elle a travaillé partout dans le monde, ont fait une œuvre réellement utile. Ils ont fait beaucoup de bien et ils ont contribué à la réussite de notre entreprise – c'étaient des leaders.

24

Grandes idées et petits détails

HP devait apprendre à penser et à agir horizontalement pour des raisons élémentaires de productivité et d'efficacité. Nous réalisions un chiffre d'affaires de plusieurs milliards de dollars, nos achats représentaient littéralement des milliards de dollars de composants et de fournitures, mais nous négociions avec nos fournisseurs en ordre dispersé : ils avaient en face d'eux nos quatre-vingt-sept entités distinctes. Inutile de dire que nous n'en obtenions pas les meilleurs prix. Nous dépensions beaucoup trop en technologie, car personne ne partageait les ressources. Nos coûts salariaux et financiers, à eux seuls, représentaient un gisement de plusieurs milliards de dollars d'économies potentielles.

En outre, nous étions totalement décalés par rapport à nos clients. Ils croyaient à tort que tout le monde, chez HP, travaillait dans la même entreprise ; de notre côté, nous ne les connaissions pas mieux. Nous ne savions ni combien ils nous achetaient au total, ni ce qu'ils pensaient de nous. Nous n'étions pas en mesure de les servir en tant que HP – nous n'en avions d'ailleurs pas envie. Quand les clients achetaient des systèmes comportant de nombreux produits différents, ils finissaient par devoir les rassembler eux-mêmes ; chacune de nos divisions développait et livrait ses propres produits, mais personne n'avait jamais pensé qu'il incombât à HP de gérer l'ensemble de ce processus, facilitant ainsi la vie du client.

Ce que j'avais vécu chez Lucent me disait que rien ne serait plus difficile, chez HP, qu'apprendre à collaborer horizontalement. Les gens travaillaient certes ensemble, mais au sein d'entités articulées sur un produit. Les équipes étaient définies par l'organigramme ; leur création ne répondait jamais à la nécessité de saisir une opportunité, de résoudre un problème ou de répondre à la demande d'un client. Tant que nous n'apprendrions pas à définir, gérer et contrôler des processus horizontaux avec efficacité et discipline, nous ne parviendrions pas à réduire nos coûts, ni à améliorer notre rentabilité, ni à accélérer notre croissance.

Le passé historique de HP rendait particulièrement difficile une telle collaboration horizontale, mais la mise en place de ce type de processus est un challenge auquel sont confrontés les dirigeants de toutes sortes d'institutions. Au XXe siècle, on résolvait les problèmes et on transmettait les savoirs par le truchement des chaînes de commandement verticales. Alfred Sloan, père de l'organigramme de l'entreprise moderne, a promu la pratique du management. Les universités dispensaient les savoirs au sein de départements spécialisés. Dans toutes les formes de gouvernement, que ce soit au niveau national ou local, les missions sont accomplies au sein de silos et, en tant que citoyens, nous nous sommes tous heurtés à des problèmes nés de l'absence de communication entre ces silos.

À l'ère de la mondialisation, dans le contexte toujours plus complexe du XXIe siècle, les technologies de réseau et des communications dominent le commerce, la science et le gouvernement ; les chaînes de commandement vertical ne suffisent dès lors plus à résoudre les problèmes ou à saisir les opportunités. Les avancées scientifiques les plus remarquables se produisent à l'intersection de disciplines comme la biologie et l'ingénierie ; c'est la révélation que j'ai eue lorsque j'ai étudié les réseaux neuraux au MIT, par exemple, et c'est la base même de la nanotechnologie. Nous avons tous vu des opérations de sauvetage, après un désastre, entravées par les problèmes de coopération entre les divers organismes concernés. De la même manière, les pandémies potentielles, comme la grippe aviaire, exigent la collaboration horizontale de nombreuses entités et nations. Le renseignement est sans doute l'exemple le plus spectaculaire de cette nécessité. Par le passé, la CIA et le FBI travaillaient sur la base d'une information compartimentée ; aujourd'hui, le défi consiste à la partager rapidement et efficacement dans l'ensemble d'un vaste réseau horizontal composé d'alliés et d'autres agences de renseignements.

La collaboration horizontale suppose une modification radicale des comportements : elle suppose d'accepter d'assumer ses responsabilités tout en les partageant, de partager aussi les informations et de tenir compte du fait que d'autres ont également un rôle important à jouer. Par exemple, en développant son produit, l'ingénieur doit penser à l'installateur : les produits peuvent être conçus de telle manière que leur installation chez le client pose des problèmes extrêmement ardus, ou au contraire de façon à éliminer ces difficultés. Chaque entité doit prendre conscience de son impact sur les autres et sur le résultat final de l'ensemble du processus. HP devait s'adapter ; nous devions prendre de nouvelles habitudes, apprendre à collaborer transversalement. La tâche du leader est de renforcer les capacités et la confiance, de sorte que, bien souvent, elle consiste à donner aux gens l'occasion d'apprendre de nouveaux savoir-faire.

Notre stratégie pour retrouver notre prééminence pour Unix reposait en grande partie sur le lancement d'un nouveau serveur que nous avions baptisé Superdome. Ce serait la plateforme informatique la plus grande et la plus complexe que nous ayons jamais lancée. Pour la première fois, nous serions en concurrence avec les plus gros ordinateurs d'IBM. Nous avions prévu de le mettre sur le marché en septembre 2000. Pour que ce lancement soit réussi, il fallait un excellent produit, doté de spécifications ambitieuses et complexes. Il fallait aussi identifier les premiers clients susceptibles de bénéficier des caractéristiques du produit, les persuader de l'acheter, apprendre à les former. Enfin, HP devrait assumer la responsabilité de l'installation de la totalité du système – les clients seraient incapables d'y procéder eux-mêmes. Bref, si nous voulions que cela marche, il fallait que tous nos départements travaillent ensemble en adoptant le point de vue du client. Il nous appartenait de faire passer ce produit complexe de nos laboratoires de recherche aux locaux des clients, et cela supposait de mettre en œuvre un processus horizontal traversant de nombreux départements et de multiples chaînes de commandement. Et ce processus, il nous fallait apprendre à le définir, le faire fonctionner, l'évaluer et le gérer.

De même que la stratégie et l'exécution sont les deux côtés de la même médaille, le changement passe à la fois par les grandes idées et les petits détails. J'ai réuni toutes les équipes appelées à participer au lancement de Superdome, de la recherche-développement aux commerciaux, des études de marché au support technique, en passant par l'installation. Comme nous n'étions pas dans un rapport de patrons à subordonnés, mais qu'il s'agissait d'apprendre de nouveaux savoir-faire, nous avons convoqué des managers de tous les niveaux. Et, plusieurs mois durant, nous nous sommes réunis pour nous mettre d'accord sur les détails des logiciels, les techniques d'installation, la façon de faire remonter les problèmes rencontrés et le choix des premiers clients.

Nous avons appris énormément de choses à l'occasion de ces réunions, qui m'ont également permis d'en apprendre beaucoup sur HP. Les participants découvraient des disciplines qu'ils ignoraient, les ingénieurs prenaient conscience que peut-être, après tout, les gens du marketing pouvaient servir à quelque chose ; quant aux commerciaux, ils s'apercevaient qu'il n'était pas forcément indispensable de développer toutes les spécifications. Les ingénieurs du bureau d'études se sont mis à réfléchir aux éventuels problèmes de fabrication et d'installation. Nous avons mis au point un indicateur, baptisé Total Customer Experience (TCE), permettant d'évaluer la réussite du produit du point de vue des clients. Si le produit était développé dans les délais prévus et conformément aux spécifications, mais que l'installation s'avérait défectueuse, le TCE en porterait la trace. Il ne suffisait pas que chacun des individus ou services concernés s'acquitte bien de sa tâche ; tous devaient le faire, en travaillant de concert, afin de créer une expérience et un processus complets, donnant toute satisfaction au client.

Aujourd'hui, le TCE est la trame même du tissu HP. Nous le mesurons régulièrement, nous nous fixons des objectifs susceptibles d'entraîner des améliorations constantes ; les rémunérations sont fonction des résultats obtenus. Or il est impossible d'améliorer le TCE sans que toutes les entités susceptibles de toucher ou d'affecter un client collaborent horizontalement.

Le Superdome est l'un des produits phares, et aussi l'un des plus rentables de HP, et son lancement a été salué comme l'un des meilleurs de l'histoire de HP. (Certains médias, parmi les plus sceptiques, ont parlé de la Superbombe de septembre 2000, mais ils ont dû reconnaître qu'ils avaient tort.) Nos collaborateurs ont vu l'avantage réel, tangible, de la collaboration transversale et, au fil du temps, cette façon de travailler a gagné du terrain. La pratique consistant à rassembler les personnes appelées à travailler à telle ou telle tâche sans tenir compte de leur niveau hiérarchique, plutôt que des managers du même niveau « répercutant » plus tard des directives à leurs subordonnés, est aussi devenue une nouvelle habitude. C'est ce que nous avons fait, par exemple, pour conduire l'intégration extrêmement réussie de Compaq et de HP, puis pour nous lancer dans les loisirs numériques.

Nous étendrions plus tard ce que nous venions d'apprendre à tous nos processus. Nous finirons même par demander aux managers de définir des schémas de processus et des indicateurs, afin que notre collaboration horizontale ait la même rigueur opérationnelle et la même discipline que tous les autres aspects de nos activités. Nous tenions à en améliorer constamment la productivité. Par exemple, même après que l'intégration de Compaq ait été achevée, nous savions que nous pouvions encore économiser un milliard de dollars par an en améliorant les processus de notre chaîne d'approvisionnement.

Qui dit *horizontal* ne dit pas nécessairement *centralisé.* La prise de décision centralisée (dans un lieu unique) est un comportement traditionnel des hiérarchies verticales. La prise de décision horizontale est, au contraire, répartie entre de nombreux lieux et entités. Toute personne appelée à prendre une décision connaît son rôle grâce au schéma de processus. Les décisions individuelles peuvent faire l'objet d'une évaluation, mais il importe d'évaluer aussi l'efficacité de l'ensemble du processus.

On confond fréquemment prise de décision horizontale et centralisée. Chez HP, cette confusion était parfois naturelle, mais c'était parfois aussi une technique de résistance – le dogme stigmatisant la centralisation était en effet enraciné au plus profond de la culture d'entreprise. Bill et Dave avaient toujours chanté les louanges des entités décentralisées, et leurs directeurs jouissaient d'un pouvoir qu'ils n'avaient aucune envie de partager. Ils tenaient à être respectés et à ce qu'on leur fasse confiance, mais ils n'étaient pas prêts à accorder leur respect et leur confiance aux autres. Ajoutons que certaines personnes manquaient tout simplement de l'expérience nécessaire pour comprendre que des processus bien conçus peuvent influencer les comportements aussi efficacement que des directives émanant de la hiérarchie.

Les collaborateurs de HP faisaient traditionnellement carrière au sein d'une seule division ou d'une seule fonction, les promotions reflétaient leur expertise dans leur domaine. Cette compétence étroitement spécialisée était sans doute un ingrédient important de leurs qualités de manager, mais ce n'était pas une préparation suffisante pour un leader. De fait, l'expertise spécialisée de certains de nos collaborateurs les gênait lorsqu'ils accédaient à des responsabilités de direction. Ils passaient en effet le plus clair de leur temps à des détails que leurs subordonnés pouvaient et souhaitaient régler, mais pas assez au développement de leurs cadres supérieurs ou à la réflexion stratégique. Certains dirigeants chevronnés avaient le plus grand mal à distinguer l'arbre de la forêt. Ils n'avaient aucune vision d'ensemble et ne voyaient pas non plus la cause profonde des problèmes.

En juin 2000, nous avons présenté officiellement le carré stratégique HP à nos cadres dirigeants. À cette occasion, j'ai répété l'une de mes citations chinoises fétiches : « Le grand chef est celui dont les hommes disent qu'ils ont remporté eux-mêmes la victoire. » Mes auditeurs devaient consacrer leur réflexion aux problèmes de fond de HP. L'affectation des ressources reflétait-elle bien notre stratégie ? Cette dernière était-elle valide ? Étions-nous organisés, travaillions-nous de façon à optimiser la productivité et l'efficacité ? Nos indicateurs mesuraient-ils ce qui comptait réellement, nos résultats étaient-ils acceptables ? Dans le cas contraire, que devions-nous faire pour améliorer la performance de l'entreprise ? Nous qui étions censés donner le bon exemple, incarnions-nous les valeurs et les comportements dont HP avait besoin ? Avions-nous la mentalité et l'attitude qu'il fallait ? Enseignions-nous à notre personnel de nouveaux savoir-faire, de nouvelles compétences ? Telles sont les questions que doivent se poser les responsables en ce début de XXIe siècle. L'expression commandement-contrôle ne correspondant plus à la tâche, nous en avons proposé une nouvelle : « Déterminez le cadre, puis libérez les gens. » Le leader doit effectivement poser un cadre, afin que les personnes qui travaillent avec lui puissent faire ce qu'il faut, comme il faut, le mieux qu'ils peuvent. Un bon leader doit doter l'entreprise qu'il sert de compétences pérennes.

Ces réunions de direction étaient des événements sérieux, la présence et la participation y étaient obligatoires, mais il y avait des moments de détente. De la première à la dernière de celles auxquelles j'ai assisté, les activités ludiques et les concours ont toujours joué un grand rôle pour souder les équipes. Une fois, nous avons demandé aux équipes de réaliser une vidéo sur « l'ancien HP » et le « nouveau HP ». Une autre fois, nous leur avons demandé de trouver et de chanter des refrains susceptibles d'être fredonnés dans l'ensemble de l'entreprise. Nous découvrions toujours des talents cachés parmi nos dirigeants. Des activités de ce genre ne pouvaient pas faire de mal, elles aidaient les gens à décompresser et leur permettaient de mieux se connaître mutuellement. J'ai souvent fait les frais de ces moments de détente où nous nous amusions comme des fous et, comme vous l'imaginez aisément, le coiffeur mythique prétendument toujours de service à bord de mon avion a été le héros de bien des blagues.

Je connaissais Bob Knowling depuis un certain temps. Il avait participé à de nombreuses initiatives de changement radical au cours de sa carrière dans plusieurs grandes entreprises ; il avait également dirigé plusieurs entreprises technologiques plus petites. Je lui ai demandé de prendre la parole lors de cette réunion de direction. Je voulais que nos dirigeants entendent, de la bouche d'une personnalité extérieure et capable de parler d'expérience, à quel point il était difficile de changer, à quel point aussi il était indispensable que chacun d'entre eux s'implique personnellement. Jay Keyworth et Sam Ginn ont entendu sa présentation. Extrêmement impressionnés, ils appuieraient plus tard avec enthousiasme la nomination de Bob au conseil de HP. Le public, ce jour-là, a approuvé unanimement ce qu'il disait.

Je savais d'expérience que si l'on ne naît pas leader, on peut le devenir ; le leadership s'apprend. Une condition essentielle de la réinvention de HP était de parvenir à transformer nos managers en leaders. Dans cette perspective, plusieurs années durant, nous avons remis à plat toutes les formations destinées à nos cadres. Nous avons commencé par regarder ce qui se faisait autour de nous, puis nous avons conçu un ensemble unique de cours et d'expériences afin de préparer nos futurs dirigeants à mieux assumer leurs responsabilités. Nous avons pris une décision fondamentale : le talent était un actif de l'entreprise et non pas de telle ou telle de ses divisions, et nous avons entrepris de faire tourner les dirigeants d'une division et d'une activité à l'autre afin d'élargir leur expérience et leurs perspectives. Une fois par an, nous faisions, avec le conseil, le point sur leur potentiel. Le comité de direction faisait régulièrement de même, je participais à ces séances, et nous décidions ensemble comment développer les managers les plus prometteurs pour en faire d'authentiques leaders.

S'il est vrai que l'on devient leader, tous les managers ne peuvent pas le devenir. Un leader se définit par la force de caractère, les compétences et l'aptitude à la collaboration. Nous avons pu constater qu'Antonio et Carolyn étaient incapables de collaborer efficacement. Tous deux devraient quitter HP. D'autres suivraient. Il n'est jamais facile de demander à quelqu'un de quitter une entreprise, mais un patron doit parfois faire mal à quelques-uns pour protéger le plus grand nombre. Avant, et surtout après la fusion, chaque fois qu'un dirigeant nous quittait, les médias affirmaient que c'était à cause de moi. J'étais trop difficile, trop autoritaire, j'orientais l'entreprise dans la mauvaise direction, etc. Il y a beaucoup de gens compétents, mais moins d'individus conjuguent caractère et compétence, et encore moins sont, en outre, capables de collaborer efficacement avec leurs collègues. Quelques membres de la direction sont partis d'eux-mêmes, quand il est devenu évident qu'ils n'obtiendraient pas le poste qu'ils croyaient mériter ; il arrive que les gens ne soient pas aussi bons qu'ils le croient. J'ai observé avec intérêt que lorsque des PDG masculins remerciaient des gens, on disait d'eux qu'ils étaient « résolus ». Quant à moi, j'étais qualifiée de « vindicative ». J'ai également observé avec intérêt qu'après mon départ, six vice-présidentes de HP ont quitté HP, et personne n'a jugé utile de commenter.

En septembre 2000, tous les indicateurs allaient dans le bon sens. Le cours de l'action HP était en forte hausse, le chiffre d'affaires avait progressé de 15 %, les résultats se redressaient. Dick Hackburn insistait pour quitter la présidence (à ma grande surprise, il m'en avait parlé pour la première fois en février, en m'indiquant qu'il ne resterait que jusqu'au mois de septembre), et j'ai été nommée à son poste. Le conseil a annoncé une distribution d'actions gratuites, deux pour une. Après une réunion d'analystes un peu houleuse, en décembre 1999, nous avons enregistré un grand succès en juin, et l'action a monté de 13 dollars en un seul jour.

Nous avons organisé notre première réunion de l'ensemble du personnel en vidéoconférence mondiale. Ces réunions plénières virtuelles, grisantes, sont rapidement devenues l'occasion de passer en revue nos réussites, de parler des événements futurs et de nos projets, et de faire en sorte que tout le monde, chez HP, utilise le même vocabulaire et ait la même vision. Nous tenions régulièrement les salariés au courant des décisions prises concernant chaque facette du carré stratégique. Les vidéoconférences mondiales offraient également au personnel l'occasion de mieux connaître leur entreprise – j'étais toujours frappée, lorsque je rencontrais des salariés dans d'autres pays, de voir à quel point ils la connaissaient mal. Cela n'aurait peut-être pas dû me surprendre. Les salariés passent leur temps à travailler à résoudre leurs propres problèmes et, durant de très nombreuses années, les seules questions d'importance, au niveau de l'ensemble de l'entreprise, avaient été le plan d'intéressement, le « HP Way » et les fondateurs. J'estimais pour ma part qu'il était important d'élargir les perspectives de nos salariés en les tenant au courant du travail de leurs collègues dans les autres divisions et dans les autres pays. Les collaborateurs de HP faisaient des choses remarquables, tous les jours, pour leurs clients, leur communauté, et les uns pour les autres ; il était bien normal que nous le sachions tous et que nous les en félicitions. J'adorais parler aux gens de HP des gens de HP. J'éprouvais un plaisir intense à voir leur fierté quand ils réalisaient qu'ils en avaient accompli plus qu'ils n'avaient cru possible.

Dan Plunkett venait me voir régulièrement. Il me posait alors une seule question, essentielle : « Qu'est-ce qui t'inquiète ? » Désormais, je lui répondais : « Cela a été trop facile. Nous n'avons même pas commencé, et les gens croient que nous avons terminé. La première année, ce n'est que la fin du commencement. Nous avons encore énormément de chemin à parcourir. »

En arrivant chez HP, j'avais une conscience aiguë de prendre la direction d'une entreprise qui était plus qu'une entreprise, c'était une institution porteuse de sens. HP avait joué un rôle de pionnier en matière de technologie, mais aussi en matière de pratiques de travail. Bill Hewlett et Dave Packard avaient démontré la différence que peut faire une entreprise dans sa communauté si la direction s'implique en ce sens ; ils avaient contribué personnellement à bâtir l'écosystème de collaboration et d'innovation caractéristique de la Silicon Valley.

Quand un dirigeant s'embarque dans un changement d'envergure, sa réflexion ne doit pas se borner à un horizon de quatre-vingt-dix jours. La durée de la réinvention institutionnelle se chiffre en années et non en trimestres. J'étais consciente que, comme il s'agissait de HP, je portais une responsabilité particulièrement lourde. Une fois le voyage commencé, nous ne pourrions plus revenir sur nos pas, nous n'avions pas le droit d'échouer. Nous prenions un gros risque, mais revenir sur nos décisions serait plus dangereux encore. Le rôle du PDG est de penser en termes d'années, non de trimestres. Les résultats trimestriels mesurent la pertinence des décisions et des actions passées – or, quand on est aux commandes d'une entreprise, il faut toujours regarder devant soi. Il faut obtenir une performance pérenne, viser l'excellence opérationnelle, faire des choix pour la santé à long terme de l'entreprise. À mon sens, un PDG ne doit « gérer » ni les bénéfices trimestriels ni le cours du titre (ce qui revient souvent au même). C'est l'entreprise qu'il doit gérer, avec discipline, en faisant les bons choix, en la dotant des compétences dont elle a besoin, en lui fixant des objectifs appropriés et en créant une culture privilégiant l'excellence, la responsabilité et l'intégrité. Quant au cours du titre, il faut le laisser se gérer tout seul.

Si je ne nie pas que le cours soit important, je pense qu'on lui accorde aujourd'hui une importance excessive. Pour beaucoup, il éclipse tout le reste, de la position concurrentielle de l'entreprise à la compétence et à l'expérience de son PDG. Et si de nombreux experts vous diront que ce n'est pas ou ne devrait pas être vrai, la réalité est là : rien n'est plus important pour le cours de l'action que la performance trimestrielle réalisée par l'entreprise par comparaison avec les estimations des analystes. Quand une entreprise déçoit par rapport à ces estimations, ce n'est bon ni pour son appréciation boursière ni pour son PDG.

Dans une entreprise immense, complexe et surtout en pleine mutation, on ne peut pas être parfait tous les quatre-vingt-dix jours. Il est normal de commettre des erreurs en phase d'apprentissage. Chacune de ces erreurs révèle la nécessité de se remettre à l'ouvrage, chacune de ces déceptions est une occasion de progresser. Pendant les vingt-trois trimestres que j'ai passés chez HP, nous avons enregistré trois mauvais résultats trimestriels :

le quatrième trimestre 2000, le troisième trimestre 2003, et le troisième trimestre 2004. Chacun de ces trois échecs révélait de réels problèmes qu'il fallait résoudre.

Au quatrième trimestre 2000, nous rémunérions encore notre force de vente en fonction des commandes enregistrées et non du chiffre d'affaires. HP procédait ainsi depuis de très nombreuses années, car il était plus facile d'imputer les commandes que le chiffre d'affaires à un commercial ou à une équipe. En période de croissance relativement lente, ce système fonctionnait correctement, car les commandes et le chiffre d'affaires croissaient à peu près au même rythme. Nous avions néanmoins décidé de modifier ce système car nous voulions que les commerciaux prennent conscience qu'une vente n'est réellement achevée que si le client est satisfait.

À la fin de l'année 2000, notre taux de croissance atteignait 17 %. C'était très satisfaisant : nous avions demandé à l'entreprise de se montrer plus ambitieuse et les gens répondaient à nos attentes. Au quatrième trimestre, cependant, les commandes arrivaient bien plus vite que nous ne pouvions installer les systèmes et comptabiliser le chiffre d'affaires. Nous payions les frais liés à l'accroissement des ventes un trimestre, mais cela ne se traduisait par une hausse du chiffre d'affaires que lors des trimestres suivants. Au quatrième trimestre, le décalage fut suffisamment important pour nous empêcher de réaliser les estimations des analystes. Nous aurions modifié les barèmes de rémunération des commerciaux plus tôt si nous l'avions pu, mais cela demandait du temps et des investissements. Nous ne disposions pas encore de systèmes informatiques permettant de suivre le chiffre d'affaires en l'imputant aux commerciaux ou aux équipes, et nous ne pouvions calculer leur rémunération correctement que si nous pouvions mesurer précisément leur chiffre d'affaires.

En 2003 et 2004, c'est à nouveau l'organisation de nos ventes qui a plombé nos résultats trimestriels. Le mauvais chiffre de 2003 a révélé que la force de vente rémunérait à tort plusieurs équipes pour la même vente. Nous avons apporté les changements nécessaires au niveau du système et à celui du personnel. Quant au mauvais résultat du troisième trimestre 2004, il nous a permis de découvrir d'autres problèmes de système liés à des produits vendus et des chiffres d'affaires enregistrés par nos partenaires du circuit de distribution. Une fois encore, nous avons procédé aux changements qui s'imposaient au niveau du système et du personnel.

Chacun de ces échecs a révélé de réels problèmes opérationnels enterrés trop profondément dans l'organisation. Chaque fois, nous avons réglé le problème ; nous n'avons pas fait deux fois la même erreur. Nous avons tiré de celles que nous avions commises des enseignements qui nous ont permis de nous améliorer et de nous renforcer. Si de nombreuses personnes étaient responsables des erreurs et de leur correction, en dernière analyse, en ma qualité de PDG, je les assumais.

Chacun de nos mauvais résultats trimestriels a été douloureux. Chaque fois, les combattants du changement perdaient courage. Chaque fois, les récalcitrants reprenaient du poil de la bête. Chaque fois, je devais convaincre tout le monde que nous étions bien sur la bonne voie, que nous pouvions atteindre le but que nous nous étions fixé, je redisais mon enthousiasme pour nos aspirations et notre potentiel. Quand je parlais aux collaborateurs de HP, je parlais à tous ceux qui s'intéressaient à nous et nous observaient : nous étions déjà à l'ère du toujours connecté. Beaucoup prenaient mes paroles pour de la naïveté ou la preuve que je ne comprenais pas les détails de notre activité. En fait, je voyais clairement ces détails, j'étais consciente des difficultés et des embûches. Je savais que notre but était le progrès et non la perfection, je savais surtout que le plus grand danger de tous, c'était d'abandonner en chemin. « Quand nous ne parviendrons pas à atteindre notre objectif ou commettrons une erreur, nous nous relèverons, nous reprendrons nos esprits, tirerons les enseignements de l'incident et repartirons de l'avant. »

Ne pas réaliser les estimations des analystes tel ou tel trimestre n'était pas fatal. Ce qui l'eût été, c'est tourner le dos au changement, renier nos nouvelles ambitions.

25

Carly la tronçonneuse

À la fin de l'année 2000 et pendant toute l'année suivante, la conjoncture économique a dévissé. Durant toute cette période, les analystes n'ont cessé de revoir à la baisse les prévisions concernant notre secteur d'activité et les entreprises en faisaient autant pour leurs propres prévisions. Au milieu du mois de décembre 2000, l'ensemble de l'économie semblait en panne. J'ai dit lors d'une conférence téléphonique avec des analystes : « On dirait que quelqu'un a coupé la lumière. » Et Scott McNealy, héros des dotcom, a répondu avec éclat : « Chez nous, toutes les lumières sont allumées. »

Le décrochage des investissements était si net que la Fed a réagi d'une façon extraordinaire en janvier 2001, abaissant à deux reprises son taux directeur de cinquante points. La première fois, les marchés ont été pris par surprise, car la décision avait été prise dans l'urgence et non dans le cadre des réunions régulières de la Fed. La crise boursière qui s'ensuivit fut l'une des plus sévères de l'histoire, éclipsant celle de 1973-1974 tant en termes d'effondrement des cours (– 48 % de l'indice Standard & Poor par rapport au plus haut de mars 2000) que de durée (plus de deux ans et demi).

Personne, à Wall Street, ne voulait que l'euphorie des dotcom s'achève. Elle avait fait gagner trop d'argent à tout le monde. Le marché s'installa donc dans le déni plusieurs trimestres de suite. En plein cœur de la crise, avant et après le 11-Septembre, nombre d'analystes réputés continuaient à prédire une reprise imminente des investissements en produits technologiques. En juin 2001, tout le monde s'accordait à penser que le second semestre marquerait le retour à la normale.

La réalité allait se révéler très différente. Les entreprises interrompirent totalement leurs investissements en équipements technologiques, et il faudrait plus de quatre ans pour résorber complètement l'énorme surinvestissement dû à la bulle des télécommunications et de la technologie de la fin des années 1990. Les anciens de la Silicon Valley décrivaient cette période comme la pire récession qu'ait connu le secteur en vingt-cinq ans. Fin 2004, la santé de l'économie était encore l'objet de nombreux débats et discussions. Ce n'est qu'en 2005 que toutes les grandes économies du monde ont commencé à retrouver une croissance respectable et durable.

De toute évidence, la crise économique et boursière me compliquait la tâche à tous égards, le seul avantage étant qu'elle rendait plus évidente la nécessité de réduire les coûts. La peur s'était substituée à l'optimisme des années 1990. L'appréciation boursière était si faible que les investisseurs, comme les salariés, peinaient à discerner les progrès accomplis et les changements positifs. La succession de scandales qui éclatèrent coup sur coup – Enron, Tyco, Adelphia, WorldCom et bien d'autres – engendrait un climat de méfiance et de doute. Pour changer, il faut aller de l'avant, mais en leur for intérieur, les gens étaient plus tentés de faire le dos rond. Nos activités quotidiennes étaient également plus difficiles. Les clients n'achetaient plus.

Début 2001, j'ai pris conscience que nous assistions à un phénomène plus grave qu'une simple récession économique. Ce n'était pas un retournement cyclique mais bel et bien un changement structurel de notre industrie. Nos clients ne se comportaient plus de la même manière. Ils serraient les boulons et réalisaient à cette occasion qu'ils avaient consacré trop d'argent à leurs investissements technologiques, que ceux-ci n'avaient pas toujours été bien avisés et n'avaient pas permis d'engranger le retour espéré. Ils avaient décidé d'arrêter ce type de dépenses, mais si néanmoins ils faisaient un investissement, ils en attendaient davantage que par le passé. Les technologies qui formaient notre cœur de métier étaient le centre vital de pratiquement toutes les entreprises. Elles s'intégraient aussi de plus en plus intimement à tous les aspects de la vie quotidienne.

Lorsqu'une industrie devient indispensable, elle se consolide. Les clients en veulent toujours plus pour leur argent, poussant ainsi les concurrents à se rapprocher. Cela s'est produit dans tous les secteurs, des céréales à l'automobile en passant par la banque et l'énergie, les télécommunications et les compagnies aériennes. Je disais depuis 2001 que les entreprises technologiques devraient s'y résoudre, mais cette idée ne fut prise au sérieux que lorsque Larry Ellison, le DG d'Oracle, le dit lui aussi en 2003 et se mit à appliquer cette stratégie à sa propre entreprise.

Vers la fin de l'année 2000, Jay Keyworth est venu me voir. « Dick Hackburn et moi, nous en avons longuement discuté, et nous sommes tous deux convaincus qu'il faut racheter Compaq. » Et d'énumérer toutes les raisons qui les avaient poussés à cette conclusion. Débordant d'enthousiasme, il voulait que j'appelle immédiatement le DG de Compaq. Plus tard, Dick me confirma qu'il partageait effectivement ce point de vue.

Une acquisition, surtout de cette envergure, cela ne se fait évidemment pas de façon aussi cavalière. Il fallait au moins savoir ce qu'en pensaient les autres administrateurs, s'assurer qu'une telle décision correspondait à une logique stratégique, voir si l'intégration poserait des problèmes. Enfin, il fallait choisir notre tactique de négociation – en particulier déterminer qui ferait le premier pas, détail apparemment anodin mais souvent d'une importance capitale.

Inquiète de la désinvolture avec laquelle Jay présentait l'affaire, j'ai pensé que la première urgence était de calmer ses ardeurs. Il avait en effet tendance, quand une idée le passionnait, à parler un peu trop à un peu trop de monde. Tout récemment, nous avions dû abandonner nos négociations pour l'achat de la branche conseil de PricewaterhouseCoopers. La presse avait été informée de nos discussions, ce qui nous avait obligés à défendre la logique de cette acquisition sur la place publique. Comme à l'accoutumée, des rumeurs erronées avaient circulé, notamment sur le prix que nous étions prêts à payer. J'avais quitté la table de négociations à plusieurs reprises, de sorte que nous étions passés de 16 à 3 milliards de dollars. La direction de PWC voulait aboutir à un accord et, théoriquement, il semblait intéressant de nous doter d'une capacité en matière de conseil.

Néanmoins, un examen approfondi avait révélé que nous ne pourrions pas retenir et intégrer le principal actif de PWC, son personnel. De plus, les résultats financiers du cabinet se détérioraient, et j'étais convaincue que le secteur du conseil allait, dans un proche avenir, subir un changement structurel profond. Les clients exigeaient désormais des retours sur investissement plus tangibles quand ils s'adressaient à un cabinet de consultants : les prix allaient donc s'effondrer, le cycle des ventes s'allonger et les missions raccourcir.

Échaudée, j'étais bien décidée à ne plus jamais négocier en public. Si nous devions un jour faire une grande acquisition, nous conduirions les négociations préalables dans le secret le plus absolu, même si cela devait durer des mois. J'ai énuméré à Jay toutes les raisons qui militaient contre une telle opération. Je voulais le faire redescendre sur terre, lui faire prendre la mesure des difficultés. Il se défendit farouchement, me donnant à son tour toutes les raisons pour lesquelles Dick et lui considéraient cette acquisition comme nécessaire. À la fin d'une discussion animée, nous sommes convenus de trois choses : premièrement, nous n'envisagerions pas l'acquisition de Compaq avant d'avoir évalué sa pertinence par comparaison avec de nombreuses alternatives ; deuxièmement, Compaq était trop gros pour être approché à la légère – il faudrait mener avec le conseil des conversations détaillées sur tous les aspects de l'opération, du prix à l'intégration, et il se pouvait fort bien que nous parvenions à tout moment à la conclusion que Compaq n'était pas pour nous ; enfin, nous attendrions qu'ils fassent le premier pas. J'ai dit à Jay que ce n'était pas à nous de le faire et que nous ne le ferions pas. J'étais convaincue que le PDG de Compaq viendrait à nous.

Cela faisait un an que j'observais Compaq. En décembre 1999, après la première réunion avec les analystes où nous avions déclaré que l'ère du produit isolé était révolue et annoncé notre intention de nous lancer dans les infrastructures toujours branchées, le tout-connecté et les services, j'avais remarqué que Compaq tenait le même langage et adoptait pratiquement la même stratégie. Je savais que, si l'entreprise subissait de plein fouet la concurrence de Dell pour les PC, elle avait un meilleur circuit de distribution que nous et nous battait largement dans le segment qui connaissait la plus forte croissance, celui des serveurs. Elle avait racheté Tandem et DEC, ce qui lui conférait des atouts précieux dans le domaine des ordinateurs haut de gamme et des services. Je savais que la récession et les changements structurels de notre industrie toucheraient Compaq plus durement que nous, car son portefeuille de produits n'était pas aussi diversifié que le nôtre, de sorte que sa position sur le marché, ses résultats financiers et le cours du titre s'affaibliraient plus rapidement. Ils avaient plus besoin de nous que nous n'avions besoin d'eux, nous n'avions donc qu'à attendre qu'ils nous appellent. J'avais rencontré plusieurs fois Michael Capellas, je pensais que nous pouvions travailler ensemble. Et si j'avais contredit Jay, je savais parfaitement pourquoi nous avions tout intérêt à combiner nos activités avec celles de Compaq. Je le pensais depuis un an. Mais je savais aussi que HP n'était pas encore capable d'exécuter un tel rapprochement.

En janvier 2001, je suis allée au conseil et j'ai dit aux administrateurs que tous les métiers liés à la technologie allaient être soumis à une pression intense. Cela représentait une opportunité pour HP, il fallait donc s'y préparer. Nous demanderions une consultation à McKinsey et nous examinerions une large gamme d'options stratégiques, en particulier des acquisitions dans le domaine des imprimantes, des services et des ordinateurs, et même la scission de HP. J'ai proposé que nous commencions à en discuter tout de suite, car il fallait être prêts quand viendrait l'inévitable coup de fil de Compaq. Dès le départ, j'ai été très claire : je ne tenterais pas de convaincre le conseil d'adopter telle ou telle ligne de conduite. Il devait trouver le consensus sur deux points essentiels : possédions-nous les actifs indispensables à la réalisation de nos ambitions ? Que ferions-nous en cas de réponse négative ? J'ai également été très claire sur deux autres points. Il était de la plus haute importance que nos délibérations soient entourées du secret le plus absolu. Faire une acquisition – même énorme – est chose facile par comparaison avec l'intégration harmonieuse du nouvel ensemble. Beaucoup de gens succombent à la fièvre de la négociation : l'excitation, la montée d'adrénaline, le choc des ego peuvent l'emporter sur le jugement et le bon sens. Ces personnes, même si elles sont par ailleurs raisonnables, se laissent entraîner à payer trop cher et ne planifient pas assez soigneusement la suite. J'ai donc souligné qu'avant de faire intervenir les banquiers, nous devions savoir clairement comment nous exécuterions notre décision ; nous devions également avoir élaboré un plan détaillé pour intégrer, ou désassembler, les actifs.

Comme prévu, Michael Capellas a appelé. Lui et Shane Robison, son directeur technique, voulaient venir nous voir pour discuter une éventuelle coopération au niveau de la recherche et du développement de produits. Les entreprises clientes continuant à réduire leurs investissements en technologie, tout le monde cherchait des moyens de comprimer les dépenses en recherche-développement sans sacrifier sa position sur le marché. À la fin d'une réunion cordiale, Michael a demandé à me parler en tête à tête. Sans beaucoup de préambules, il a dit : « Carly, nous pensons que HP devrait racheter Compaq. HP serait la marque du nouvel ensemble, le siège serait à Palo Alto, et tu prendrais la présidence. » C'était une façon étonnante d'ouvrir la négociation, puisqu'il se privait ainsi lui-même d'une bonne partie de sa marge de négociation.

Sans commenter les détails, je lui ai demandé si son conseil savait qu'il était venu me voir et qu'il m'avait fait cette suggestion. Il m'a assuré qu'il avait l'accord de son conseil. Plusieurs années auparavant, lorsque j'étais chez Lucent, le conseil de Compaq m'avait offert un siège d'administrateur. Je savais donc que l'un de ses membres, Larry Babbio, de chez Verizon, avait fait la recommandation initiale. Mais je me demandais pourquoi le conseil permettait à son DG de céder sur tant de points dès la toute première conversation.

Entre le mois de janvier et le 4 septembre 2001 (jour où nous annoncerions la nouvelle), trois choses se sont déroulées simultanément. Premièrement, le conseil de HP a procédé à des délibérations détaillées concernant ses prochaines décisions. Deuxièmement, quelques membres du comité de direction et moi-même avons participé à des discussions et à des négociations avec nos homologues de chez Compaq. Troisièmement, je me suis efforcée de préparer HP à subir la tempête de la récession économique. Certes, on annonçait un peu partout une reprise imminente, mais je savais qu'il fallait s'attendre à ce que la crise dure. HP n'avait jamais perdu d'argent, pas un seul trimestre. Pour éviter que cela se produise, il allait falloir, à nouveau, réduire spectaculairement notre structure de coûts. Il faudrait licencier beaucoup de monde.

L'un des mythes fondateurs de la maison, c'était que l'on ne s'y faisait pas licencier. En réalité, Bill et Dave mettaient dehors les salariés qui, selon eux, l'avaient mérité. Certains anciens, dont la mémoire avait gardé la trace des faits au lieu de s'emplir de légendes, savaient que Dave aimait à dire : « Si vous ne pouvez pas faire ce boulot, je trouverai quelqu'un qui le peut. » Des usines étaient fermées et implantées ailleurs chaque fois que cela s'avérait nécessaire. La grille d'évaluation, en place depuis de très nombreuses années, comportait cinq niveaux de performance : Exemplaire, Excellent, Satisfaisant, À améliorer, Insatisfaisant. Quand elle avait été introduite, la direction pensait clairement qu'un certain pourcentage du personnel se rangerait forcément dans les deux catégories les plus basses.

La volonté de privilégier coûte que coûte le mérite, l'excellence et la performance s'était hélas évanouie en chemin. La seule manière « acceptable », selon la culture maison, de réagir à la dégradation de la situation économique, était de faire accepter à l'ensemble du personnel une réduction de salaires ou du temps de travail. Je ne nie pas le mérite de ces méthodes, je les utilise moi aussi, mais il fallait aussi s'attaquer aux questions fondamentales de la productivité et de nos coûts – que personne ne s'était posées depuis bien longtemps chez HP. Le système d'évaluation du personnel ne produisait plus une courbe de Gauss. La grande majorité des salariés se retrouvait toujours dans les deux catégories supérieures ; il y avait très peu de « satisfaisants », et pratiquement personne n'avait une performance insatisfaisante ou à améliorer. Même quand nos diverses divisions avaient du mal à faire face à la demande, durant la période euphorique des années 1990, l'immense majorité des managers étaient censés avoir une performance exemplaire ou excellente. Un tel décalage révèle soit que les tâches accomplies ne sont pas les bonnes, soit que les critères de performance sont trop indulgents.

Nos collaborateurs avaient conscience du problème. Quand je suis arrivée, nous avons continué à procéder régulièrement à ces évaluations, considérées comme sacro-saintes. En 2000, 82 % de nos salariés ont déclaré lors d'une enquête que la direction ne sanctionnait pas la médiocrité. Ce pourcentage n'avait pas beaucoup varié au cours des dix dernières années, mais on continuait à décerner à tout le monde des notes supérieures à la moyenne. Les managers et les employés dont les performances laissaient réellement à désirer (malgré les notes obtenues aux évaluations, tout le monde, dans une entreprise, sait toujours qui relève de cette catégorie) étaient mutés dans un autre service ou dans une autre division et, quand ce n'était pas possible, on les tolérait. En fait, quand une entité avait besoin d'étoffer son personnel, il était de bon ton de recruter en interne. Cela voulait souvent dire que ces postes étaient pourvus par des personnes médiocres ou insuffisamment qualifiées. Il n'était pas admissible de licencier quelqu'un en raison de ses piètres performances et de recruter simultanément à l'extérieur. Cela revenait à institutionnaliser l'incapacité à affronter directement les cas difficiles. Tout le monde était gentil, tout le monde était sûr de conserver son poste, et personne ne se demandait s'il était bon qu'il en fût ainsi.

En période de crise économique, toutes les faiblesses éventuelles d'une entreprise apparaissent au grand jour. En ce sens, les retournements de conjoncture peuvent être un outil de management utile. On ne peut plus ignorer les problèmes qui, en temps ordinaire, se fondent dans le paysage. Maintenant, pour HP, il ne suffisait plus d'être « bien ». Il fallait dire la vérité. J'ai parlé de cette nécessité au comité de direction et à l'ensemble du personnel. Je rappelais fréquemment qu'il fallait se regarder dans la glace, dire la vérité et en tirer les conséquences. Je soulignais que, si l'on respectait quelqu'un, on lui devait la vérité – et si ses performances n'étaient pas à la hauteur de nos attentes, il fallait le lui dire. Nous avions le devoir de lui donner une chance de s'améliorer, mais s'il n'y parvenait pas, nous devions agir. Le refus d'affronter la vérité et d'en tirer les conclusions portait préjudice à ses collègues qui, eux, travaillaient efficacement.

Construire un environnement tel que les gens puissent se dire la vérité n'a rien d'évident, surtout si la culture d'entreprise exclut toute confrontation. Il m'appartenait de donner l'exemple dans mes rapports avec l'équipe de direction et avec le personnel au sens large. Dès la première réunion de direction, à Seascape, il est apparu clairement que mon attitude, la façon dont je traitais l'information, tranchaient par rapport à celles des managers qui travaillaient dans la maison depuis de longues années. Dès l'enfance, j'avais été habituée à discuter avec mon père pendant les repas familiaux. Ensuite, j'avais passé dix ans dans la culture combative de Network Systems et de Lucent. J'ai besoin de débattre et de dialoguer pour éprouver ma propre réflexion et prendre une décision. Et je teste les convictions et les opinions de mes interlocuteurs en contredisant leurs arguments pour voir avec quelle force ils les défendent. Dans une telle situation, défendent-ils leur opinion ou battent-ils en retraite ? Poussés dans leurs retranchements, donnent-ils d'autres informations pour étayer leur position ou se contentent-ils de répéter la même chose un peu plus fort ?

J'ai vite compris que ce n'était pas ainsi que l'on procédait chez HP. J'ai adopté plusieurs techniques pour inciter au débat honnête et au dialogue franc dont nous avions besoin tant aux réunions du comité de direction qu'à celles du conseil. J'essayais de ne pas oublier d'expliquer ma méthode de travail : « J'ai besoin de beaucoup débattre avant de me faire une idée et de prendre une décision. Si je vous contredis ou si je réponds à vos questions par d'autres questions, cela ne veut pas forcément dire que je ne suis pas d'accord ou que j'ai déjà pris ma décision. Je pense tout haut, c'est tout. J'essaie de m'assurer que nous abordons le problème sous tous les angles. » Je sais que je peux être très impressionnante dans un débat et, dans les réunions de direction, j'étais *de facto* en position de force ; ces rappels étaient destinés à mettre mes interlocuteurs à l'aise – je voulais leur donner envie de me répondre, surtout pas les intimider au point de ne pas ouvrir la bouche. J'essayais aussi de bien leur faire comprendre que nous en étions encore au stade de la discussion pour qu'ils ne croient pas que nous avions atteint celui de la décision si ce n'était pas le cas.

Je suis sûre qu'en plusieurs occasions, j'ai involontairement intimidé mes interlocuteurs. Les dirigeants et à plus forte raison les administrateurs sont payés pour savoir de quoi ils parlent, se faire des opinions intelligentes et les défendre, mais certains s'expriment moins bien que d'autres. Pour résoudre les problèmes et prendre des décisions, il faut savoir sur quels points on est d'accord ou non. Systématiquement, à la fin de chaque réunion, nous résumions les points sur lesquels nous avions trouvé un accord, les questions posées, les prochaines étapes. Ce résumé se faisait souvent par écrit, soit sur un tableau blanc (il y en avait dans toutes les salles de conférences), soit sur un ordinateur. Si une discussion doit conduire à une décision puis à l'action, il est important d'être bien clair ; en outre, ce processus suscite souvent des commentaires et la participation de ceux qui se montrent les plus réticents à s'engager dans le débat.

Chaque fois que c'est possible, quand tous les faits ont été passés en revue et abondamment discutés, une décision consensuelle est bien sûr préférable. Aux réunions du conseil et du comité de direction, je demandais toujours à chaque participant d'exprimer son opinion et de dire quelle décision il préférait. Tout le monde doit avoir l'occasion de parler et d'être entendu, et les gens qui ont mérité le droit de s'asseoir autour d'une table où l'on prend des décisions ne sont pas là pour se taire. Si tout le monde est d'accord et le dit, la décision est claire.

D'un autre côté, si l'on ne parvient pas à trouver le consensus, il ne faut pas que cela fasse obstacle à une décision indispensable. Tout dirigeant responsable et respectueux du processus de décision se range derrière la décision prise, la soutient et l'exécute. Idem pour le conseil d'administration.

Dans une entreprise, des milliers et des milliers de décisions sont prises chaque jour sans que le PDG s'y implique et il est normal qu'il en soit ainsi. En revanche, nous avions précisé explicitement quelles décisions devaient remonter jusqu'au comité exécutif : celles qui concernaient le carré stratégique de HP. Quelle stratégie adopter ? Comment organiser l'entreprise ? Que souhaitons-nous mesurer ? Quelles incitations financières voulons-nous mettre en place ? Quel type de culture et de comportement souhaitons-nous encourager ? Parfois, pour des raisons qui les concernaient, certains me demandaient de prendre des décisions en dehors du processus de décision accepté d'un commun accord, mais je transmettais pratiquement toujours le dossier au comité. Après tout, je voulais encourager nos dirigeants à porter la casquette HP, j'essayais de transformer des managers en leaders. En général, nous trouvions un consensus. Quand nous n'y parvenions pas, ce qui est arrivé quelquefois quand nous étions en train de repenser nos structures ou pendant le processus annuel d'élaboration du budget prévisionnel, je demandais le point de vue de tous, puis je prenais la décision. Toutes les décisions que le conseil d'administration a prises l'ont été à l'unanimité, à l'exception de la dernière réunion du conseil à laquelle j'ai participé, en février 2005.

Parfois aussi, les dossiers arrivaient au comité exécutif parce qu'ils étaient trop sensibles pour être traités en interne. Le nombre de personnes que nous déciderions de licencier en ce fameux été 2001 faisait partie de ces décisions difficiles, que les responsables situés plus bas dans la hiérarchie préféraient ne pas trancher eux-mêmes. À la fin de l'année précédente, nous avions demandé aux managers d'utiliser le système d'évaluation de la performance sans indulgence, c'est-à-dire tel qu'il avait été conçu à l'origine. Nous voulions les obliger à aboutir à une courbe de Gauss, nous pourrions ainsi identifier les salariés relevant des deux catégories les plus basses. Nous accorderions les bonus appropriés aux collaborateurs ayant obtenu les meilleures notes, ceux de la catégorie « Exemplaire ». Nous ne voulions plus de l'approche traditionnelle qui consistait à donner les mêmes notes et les mêmes bonus à tout le monde. Nous souhaitions que les managers évaluent honnêtement la performance de leurs subordonnés et qu'ils soient prêts à défendre leur décision. Petit à petit, nous apprendrions à redevenir une méritocratie.

Nous n'avions rien modifié, nous avions simplement décidé d'utiliser le système avec rigueur, comme il devait l'être à l'origine. Cela a néanmoins suscité une controverse. Si de nombreux managers et administrateurs étaient enchantés que nous nous attaquions enfin à ce fléau, devenu envahissant, de la médiocrité, beaucoup d'autres y voyaient la preuve que je manquais de compassion pour les salariés et que je battais en brèche le « HP Way ». Et comme l'atmosphère était à la controverse, certains managers préféraient ne pas défendre leur propre décision. Sachant que je ne ferais pas marche arrière, ils me faisaient porter le chapeau : « Carly dit que… » Certains, dans les médias, annonçaient que j'avais « importé » un nouveau système d'évaluation de la performance et que je manquais de respect pour les fondateurs. J'étais froide et sans pitié.

La polémique ne fit bien entendu qu'enfler quand il devint évident que beaucoup des salariés les plus mal notés devraient quitter la compagnie. À la fin du printemps 2001, nous étions parvenus à la conclusion qu'il fallait supprimer des milliers d'emplois. Finalement, nous avons licencié six mille personnes au mois d'août. Nous avions mis en place un système de préretraite l'année précédente pour diminuer le nombre de salariés, mais cette fois, c'était différent, c'était même un énorme traumatisme. Non seulement nous demandions aux managers d'affronter la médiocrité pour la première fois depuis de nombreuses années, mais nous leur demandions aussi de supprimer des postes. Dans un cas comme dans l'autre, c'était difficile, même pour les managers les plus chevronnés. La plupart ne savaient littéralement pas comment aborder la situation. À leur inexpérience s'ajoutait l'émotion car, dans la plupart des cas, managers et subordonnés étaient non seulement collègues de travail, mais aussi amis et voisins ; ils s'étaient côtoyés des années durant sur leur lieu de travail et se voyaient régulièrement à l'extérieur.

C'est la raison pour laquelle les gens, chez nous, préféraient la cordialité à la franchise – cela rendait la vie plus facile à tout le monde, même si cela entravait la performance de l'entreprise.

Il aurait peut-être été plus facile de repousser les licenciements à une période ultérieure, après l'annonce de l'acquisition de Compaq : licencier vingt et un mille personnes au lieu de quinze mille n'aurait pas changé grand-chose. Mais je ne pouvais pas me permettre le luxe d'attendre. Tout d'abord, en cet été 2001, nous ne savions pas encore si l'acquisition se ferait ou non. Deuxièmement, si nous ne passions pas rapidement à l'action, nous serions contraints d'annoncer une perte pour le trimestre en cours, et je ne voulais à aucun prix être le premier PDG à le faire en soixante ans. Enfin, tôt ou tard, l'entreprise devrait apprendre ce nouveau comportement – le plus tôt serait le mieux. Quoi qu'il arrive en termes de conjoncture, quoi qu'il advienne de notre projet d'acquisition, les managers de HP devaient apprendre à gérer la performance et la productivité. Nous devions développer de nouveaux savoir-faire, et l'un des plus importants était d'être capables de regarder quelqu'un droit dans les yeux et de lui dire que sa performance n'était pas acceptable ou qu'il était licencié. C'est un élément désagréable, mais nécessaire, d'une gestion efficace.

À mon sens, rien ne sert de prolonger les souffrances. Si l'on doit licencier, autant en informer les personnes concernées aussi vite que possible. Rien n'est pire que laisser courir des rumeurs des mois durant, chacun se demandant avec angoisse s'il fait ou non partie de la charrette. Je pense qu'il faut également éviter d'humilier les personnes concernées. Tout le monde a droit à la dignité. Tout le monde a le droit d'être traité avec humanité. Tout le monde, même ceux qui doivent quitter l'entreprise, lui a apporté quelque chose, même si cette contribution n'est plus nécessaire ou plus suffisante.

Tout le monde doit être traité avec respect et ce respect consiste, entre autres, à dire la vérité, avec compassion, face à face, au lieu de confier à la lettre de licenciement le soin d'annoncer la mauvaise nouvelle. Ce respect consiste aussi à donner aux gens les outils et le temps dont ils ont besoin pour préparer l'étape suivante. En 2001, je suis parvenue à la conclusion que nous devions nous faire assister par des spécialistes pour réaliser les licenciements indispensables avec rapidité et dignité. Nous avons donc fait appel à un cabinet extérieur qui nous a aidés à préparer nos managers à faire face à leurs subordonnés et pour apporter des conseils personnalisés à ceux qui quittaient HP. Nous avons donné aux personnes concernées le temps de dire au revoir à leurs collègues et de boucler leurs dossiers avant de partir. Nous avons accordé des indemnités de licenciement généreuses – beaucoup plus que celles de nos concurrents et que celles de nos collègues d'Agilent. J'ai reçu de très nombreux courriels de salariés ayant perdu leur poste, mais qui ont pris le temps et la peine de me remercier de l'assistance de qualité que nous leur avions apportée. J'ai continué à en recevoir jusqu'à la fin de mon mandat, car les programmes d'assistance à nos anciens salariés restaient à leur disposition.

Cet été douloureux, où nous demandions des sacrifices, supprimions des emplois et, en coulisses, préparions une fusion importante, fut aussi l'occasion de démontrer que les salariés pouvaient poser à leur PDG des questions difficiles et en obtenir des réponses directes. C'était une nouvelle occasion d'apprendre à l'entreprise à regarder la vérité en face et à dire la vérité. J'avais toujours encouragé mes interlocuteurs à me poser beaucoup de questions lors de nos causeries-café. Quand ils me posaient les plus épineuses, que tout le monde avait en tête, je les remerciais. Quand les gens voient que l'on peut soulever des problèmes difficiles sans se faire sanctionner, cela fait passer un message important. Et un leader se doit de dire la vérité, même si ce n'est pas ce que les gens ont envie d'entendre.

Cela faisait partie de mon travail, en tant que PDG, d'encaisser les réactions suscitées par cette opération vérité. Il y a des choses que j'aurais dû faire autrement. J'aurais probablement dû prendre plusieurs semaines de plus, afin de donner aux managers un peu plus de temps pour identifier les futurs licenciés. Si je n'avais pas voulu aller aussi vite, la décision aurait peut-être été mieux acceptée. J'ai peut-être sous-estimé la capacité de notre personnel à redresser la situation. Néanmoins, il reste vrai que pour beaucoup, il était plus facile de me faire porter le chapeau en m'affublant d'un nouveau surnom : « Carly la tronçonneuse. » Il me collait encore à la peau quand les fils des fondateurs ont déclaré la guerre à notre fusion avec Compaq ; j'avais accepté sans broncher de supprimer des emplois, c'était un indice clair de mon dédain pour l'héritage de leurs pères. Ironiquement, certains devaient dire beaucoup plus tard que j'avais été virée parce que je n'étais pas capable de couper des têtes et de comprimer les coûts. Apparemment, j'étais trop dure pour certains, pas assez pour d'autres.

Un bon dirigeant doit sentir, avant les autres, le danger et les opportunités et aider son entreprise à s'y adapter. Avec le temps, HP s'endurcirait et mûrirait. En 2002, les managers savaient qu'il faudrait continuer à comprimer les coûts ; il y eut donc d'autres vagues de licenciements en 2002, 2003, 2004 et des projets pour 2005 (qui seraient exécutés plus tard).

Au cours de l'été 2001, lors d'une réunion stratégique de l'équipe de direction élargie, il est apparu évident à tout le monde que notre activité PC n'était pas près de conquérir une place de leader et il en allait de même des serveurs ISS. Nous dépendions beaucoup trop d'Intel et de Microsoft, mais nous étions en position de faiblesse pour négocier avec eux, nos volumes n'étant pas suffisants pour nous conférer un poids comparable à celui de Compaq ou de Dell. Dans le domaine des services informatiques, nous manquions encore de crédibilité et nous n'avions pas la taille critique, même si nous avions demandé à Ann Livermore de conduire nos efforts. À la fin de la session, je me suis levée pour réitérer ces observations, ainsi que les autres conclusions de ces deux jours de travail. J'ai terminé par la phrase suivante : « Notre métier est de plus en plus difficile. Seuls les plus forts survivront et l'emporteront. Nous livrons trop de batailles, sur trop de fronts, et nous les livrons seuls. Il nous faut davantage d'alliés ou moins de batailles. » Je ne pouvais encore rien dire de spécifique, mais j'essayais ainsi de préparer les esprits à ce qui allait peut-être se passer.

Je regrette de n'avoir pas été mieux armée pour préparer l'entreprise à la fusion. J'aurais peut-être dû être plus explicite quant à ses dangers potentiels, parler plus souvent de nos points faibles, les gens l'auraient peut-être accueillie avec soulagement et non avec effroi. Mais les négociations auraient pu achopper… Qu'auraient pensé nos investisseurs et nos clients si nous nous étions étendus sur nos problèmes sans y apporter de solution ? Nos rivaux n'auraient-ils pas été tentés de profiter de ce que nous révélions ainsi au grand jour ? Enfin, comment nos collaborateurs pouvaient-ils continuer à aller de l'avant si la direction leur disait que nous ne savions pas comment atteindre notre destination ?

À la réunion du mois de mai 2001, le conseil était parvenu à un consensus : nous ne scinderions pas l'entreprise en mettant les ordinateurs dans une structure, les imprimantes dans l'autre.

Les administrateurs étaient également parvenus à la conclusion que si nous faisions une acquisition importante, ce qui était encore loin d'être certain, ce serait probablement dans le domaine des ordinateurs (et non dans celui des imprimantes ou des services, par exemple). Nous continuerions à examiner en détail l'éventuelle acquisition de Compaq, même si nous n'étions pas encore tous d'accord sur sa nécessité. À partir de ce moment, le conseil allait parler des deux grands volets de l'opération : la stratégie et l'exécution. En effet, si nous ne réussissions pas à intégrer harmonieusement les lignes de produits, la fusion ne nous permettrait de créer aucun surcroît de valeur, même si elle reposait sur une logique stratégique impeccable. Nous avons donc prévu toute une série de réunions spéciales du conseil, et les administrateurs ont débattu des détails des plans d'intégration des produits et de la structure organisationnelle avec la même rigueur que lorsqu'ils se penchaient sur l'économie de l'industrie du PC. Ils ont posé les questions les plus épineuses : les synergies permettraient-elles réellement de réduire les coûts ? Que valaient les dirigeants qui nous viendraient de chez Compaq ? Quand nous avons pris notre décision finale et l'avons annoncée, le conseil avait débattu en détail de tous les sujets possibles et imaginables, de l'attribution des postes de direction à l'évaluation des parts de marché que la fusion nous ferait perdre sur le marché des serveurs ISS en Europe. Toutes les voix ont été entendues et toutes les décisions, y compris la dernière, ont été prises à l'unanimité, les administrateurs votant chacun à leur tour. C'était la seule façon responsable d'approcher un choix appelé à changer définitivement la face de notre entreprise et de notre industrie.

La préparation des réunions était rigoureuse, la présence y était obligatoire, une participation attentive de rigueur. Nos administrateurs réagissaient chacun à leur manière. Pattie Dunn voulait être certaine que nous avions examiné à fond l'éventualité de scinder la compagnie. Plus tard, elle a fait remarquer qu'elle espérait que nous profiterions de la fusion pour « cesser, une fois pour toutes, de parler du "HP Way" ». Sam Ginn et Bob Knowling, très inquiets pour notre activité PC, étaient les plus sceptiques. Jay Keyworth ne parlait pas beaucoup en réunion, mais dès le début, tout le monde savait ce qu'il voulait. Dick passait au peigne fin les détails des plans d'intégration des produits et les parts de marché que nous risquions de perdre. Phil Condit s'inquiétait de l'intégration culturelle, mais pensait que la fusion nous permettrait d'étoffer notre équipe de direction.

Bob Wayman a montré un enthousiasme étonnant, presque dès le début. La première fois que nous avions rencontré Jeff Clarke, le directeur financier de Compaq, et Michael Capellas, ils nous avaient cité les chiffres que la fusion devait nous permettre d'atteindre. Bob les avait trouvés « éloquents » et n'a jamais changé d'avis. En août, Walter Hewlett a exprimé une inquiétude : la nouvelle entreprise serait trop grosse, trop lourde pour continuer à se développer. (C'est le souci qui avait inspiré l'essaimage d'Agilent, Lew Platt ayant postulé que HP était trop gros, ce qui le rendait difficile à gérer et faisait obstacle à sa croissance.) Comme les banquiers planchaient déjà sur l'opération, nous leur avons demandé de faire une étude corrélant la taille, la croissance du chiffre d'affaires et l'appréciation boursière de diverses sociétés. Il s'avéra qu'à l'exception de la période de la bulle des dotcom, les très grandes entreprises comme IBM et GE s'en sortaient mieux, sur la durée, que beaucoup d'entreprises plus petites. Un large portefeuille de capacités, combiné avec une envergure mondiale, leur permettait de mieux supporter les crises et de triompher sur les marchés porteurs. En outre, grâce à la solidité de leur trésorerie et de leur capital, elles pouvaient investir pour le long terme. Lorsque l'étude nous a été présentée, Walter a dit qu'il la trouvait remarquablement intéressante et s'est déclaré rassuré. Pendant les neufs mois qu'ont duré les délibérations, Walter a toujours été le plus silencieux de tous les administrateurs. C'est aussi le seul à ne jamais avoir manqué une réunion.

Durant ces nombreux mois, c'est l'exécution qui me préoccupait le plus. Une gamme de produits plus complète et plus diversifiée, des économies d'échelle favorables, une position de leader en termes de parts de marché, et une taille nous permettant à la fois de mieux servir nos plus gros clients et de négocier sur un pied d'égalité avec nos plus grands partenaires, en particulier Microsoft et Intel, tout cela était très convaincant au plan stratégique. Mais la stratégie perdrait sa pertinence si nous ne réussissions pas notre intégration. Nous avons donc commencé dès le moi de mai à élaborer un plan d'intégration détaillé, et le jour où nous avons annoncé notre accord, nous savions exactement qui ferait quoi, comment, et combien de valeur cela nous permettrait de capturer. Fin juillet, j'étais convaincue que cette intégration était possible, même si aucun rapprochement de cette ampleur n'avait jamais été tenté dans notre secteur d'activité. D'autres secteurs, comme les laboratoires pharmaceutiques, l'énergie, l'aérospatial, les télécommunications et la banque avaient eu leur part de méga-fusions et d'intégrations réussies, et nous pouvions en tirer un certain nombre d'enseignements. L'acquisition par Compaq de Tandem et de DEC avait été l'occasion d'apprendre beaucoup de choses sur ce qui marche et surtout sur ce qui ne marche pas, et nous en avions tiré aussi des enseignements. Par ailleurs, nous avions examiné les hypothèses et les détails de notre plan d'intégration avec un tel soin, et nos espoirs étaient si prudents, que nous pensions bien connaître les pièges et les risques qui nous attendaient.

Juste avant que le conseil, entouré d'une nuée de banquiers, ne prenne son ultime décision, je me suis dit que c'était de réalisme que nous avions le besoin le plus criant. Je n'étais pas sûre que le conseil mesurait les difficultés qui nous attendaient. Manifestement, le marché ne comprenait pas ce qui se passait dans l'univers de la technologie. Aucun des analystes de Wall Street ne parlait encore des changements structurels de notre industrie. Personne n'avait vu que la consolidation était de toute évidence la prochaine étape de l'évolution d'une industrie qui ne connaîtrait plus jamais une croissance cinq fois supérieure à celle du PIB. (La première fois que je l'ai dit en public, mes paroles ont été interprétées comme une tentative de me justifier.)

Quand j'ai rencontré le conseil de Compaq à New York, au mois d'août, j'ai également été frappée de la nécessité de revenir à plus de réalisme. La réunion avait lieu dans une salle où les banquiers de Compaq venaient de faire une présentation. Quelques plaquettes étaient restées sur la table, et j'ai pu constater que l'on avait dit au conseil de Compaq de s'attendre à une importante progression du titre quand la fusion serait annoncée. J'ai commencé ma propre présentation en parlant de la nature des délibérations auxquelles le conseil de HP s'était livré. J'ai expliqué notre conception de l'intégration des lignes de produits, évoqué les pertes de parts de marché à prévoir, les questions de rétention des clients et la réaction de la concurrence. Ensuite, j'ai ajouté : « Je tiens à être claire. Le marché portera un jugement très hostile à cette fusion. Les investisseurs ne comprendront pas, ils vont nous sanctionner. Nos deux titres s'effondreront. Nous devrons convaincre que nous avons raison, et cela prendra du temps. Wall Street n'a toujours pas compris ce qui se passe dans nos métiers. » Je crois que la plupart des administrateurs ont pensé que j'étais encore en train de négocier. Mais à l'époque, la perspective de cette acquisition nous enthousiasmait et, quoi qu'ils en pensent, j'estimais de mon devoir de faire preuve de sobriété et de réalisme. Je savais que la réaction du marché serait impitoyable et je l'ai dit, sur tous les tons.

C'était la première fois que je rencontrais les administrateurs qui siégeraient plus tard à notre conseil. Tom Perkins avait travaillé chez Hewlett-Packard avant d'aller chez Kleiner Perkins, un établissement de capital-risque. Sa réussite avait fait de lui un homme immensément riche. Il adorait la technologie, mais les autres complexités de l'affaire l'ennuyaient à mourir. Larry Babbio avait les pieds sur terre, beaucoup de bon sens et encore plus d'expérience du terrain. Comme Sam Ginn, il avait débuté dans les télécoms. Lucy Salhany, qui venait du monde des variétés, était maintenant à la tête d'un cabinet de consultants, JH Media. Sandy Litvak, avocat, avait été directeur juridique de Disney. Il y avait d'autres administrateurs au conseil de Compaq, mais ce sont ces quatre-là, ainsi que Michael Capellas, qui viendraient renforcer notre propre conseil.

Après avoir examiné tous les détails de l'exécution et de l'intégration et m'être assurée que nous étions aussi réalistes que possible sur tous les aspects du challenge, je me suis félicitée de la qualité du processus de prise de décision. Les seules inconnues étaient les questions de personnes. Peter Blackmore, en particulier, m'inquiétait. Compaq lui avait naguère promis le poste de directeur d'exploitation et nous pressait aujourd'hui de lui ménager un rôle majeur, mais je doutais qu'il soit à la hauteur. J'avais exprimé ces réserves au conseil de Compaq (puis, à plusieurs reprises, à celui de HP), mais on m'avait certifié qu'il était qualifié ; Tom Perkins était son plus ardent défenseur. Mais en fait, c'était la personnalité de Michael Capellas qui m'inquiétait le plus.

Il était d'humeur changeante, à la limite de la cyclothymie. Il pouvait donner son accord sur telle ou telle décision un jour et s'y opposer farouchement le lendemain. Il pouvait être charmant, se concentrer à fond sur son travail, comme il pouvait sombrer dans la déprime, se désintéresser de tout. Il était à l'occasion impoli et même grossier. S'il avait offert de lui-même, dès le premier jour, d'abandonner la présidence, il a semblé par la suite s'intéresser davantage à son titre et à sa place dans la future hiérarchie qu'à toute autre chose. Nous avons passé des heures et des heures à parler de ce sujet, et il avait rompu plusieurs fois les négociations parce que l'organigramme ne lui plaisait pas. Je comprenais parfaitement que son job compte énormément pour lui, mais cela semblait tourner à l'obsession. De plus, il changeait souvent d'avis. Vers le milieu de l'été, j'ai dit au conseil de HP que notre plus gros problème, lors de l'intégration, ce serait Michael. J'ai dit que je ferais l'impossible pour qu'il réussisse au sein de la nouvelle entreprise, mais qu'il fallait cependant envisager la nécessité de l'évincer dès la première année. J'ai demandé à Bob Wayman et à Larry Sonsini, qui avaient tous deux beaucoup travaillé avec lui durant les négociations, de venir donner leur sentiment au conseil. Ils ont tous deux affirmé sans ambages qu'il poserait un énorme problème. Nous en avons parlé longuement, car il n'était pas possible de s'illusionner sur la qualité de ce dirigeant. J'ai conclu l'une de ces conversations en disant : « Michael, quand il est bien, il est très, très bien, mais quand cela ne va pas, c'est catastrophique. » J'apprendrais plus tard que les dirigeants de Compaq connaissaient bien ses faiblesses et s'informaient mutuellement de son humeur du jour.

Fin juillet, je savais qu'il me faudrait bientôt donner mon propre point de vue. Étais-je favorable ou non à cette opération ? Un soir, en revenant en avion d'un long déplacement, j'ai parlé à Frank de mon processus de décision. Je savais que la logique stratégique était impeccable, je savais que nous étions capables de l'exécuter, et je savais que les chiffres étaient réels. Mais j'hésitais à adhérer totalement au projet. Frank m'a demandé : « Tu peux le faire ?

– Oui.

– Tu crois devoir le faire ?

– Oui.

– Le conseil veut-il le faire ?

– Oui.

– Alors, pourquoi n'es-tu pas plus enthousiaste ?

– Parce que cela va être abominable. Ce sera un choc énorme, et il faudra se battre du début à la fin. Sur le marché, parce que les gens ne comprendront pas pourquoi cette fusion est nécessaire. Mais aussi au sein de l'entreprise, parce que nous devrons licencier des dizaines de milliers de personnes. »

Je savais qu'accomplir cette fusion demanderait une habileté, une énergie, un engagement et une volonté incroyables. L'intégration serait difficile ; il le serait également de « vendre » la décision ; et il serait tout aussi pénible de gérer les émotions des gens quand ils comprendraient vraiment ce que cela impliquait. Après l'annonce, nous n'aurions pas immédiatement le feu vert des autorités compétentes, il faudrait donc continuer à gérer HP comme s'il ne devait pas y avoir de fusion. Ce serait difficile, car les gens ne penseraient plus qu'à ce qui se préparait et parce que nos concurrents clameraient haut et fort que nous étions affaiblis et trop pris par les problèmes d'intégration pour bien servir nos clients.

Dans le meilleur des cas, les gens hésiteraient, se poseraient des questions, en imagineraient les réponses. Certains s'opposeraient d'emblée à notre décision. J'avais déjà vu à quel point le personnel de HP se montrait récalcitrant face au changement, et celui-ci faisait pâlir tout le reste par comparaison. Une fois que le conseil aurait pris sa décision, nous ne pourrions plus nous permettre le luxe d'hésiter, de douter ou de faiblir. Je devrais être forte, rappeler à tous que nous avions choisi notre destin et que nous réaliserions nos objectifs. Je savais que, lorsque les temps sont durs, les gens cherchent, et suivent, un leader. Et je savais que nous allions à coup sûr au devant de temps très durs.

Quand j'ai enfin pris ma décision, je n'étais pas grisée par l'importance de l'opération, ni parce que je me retrouverais à la tête d'une entreprise bien plus importante, à un poste plus considérable. J'étais calme, parce que j'avais confiance en mon propre jugement et que je savais que nous avions mis en place un processus excellent. Mais je me préparais à ce qui nous attendait. Une fois encore, je me suis mise à répéter le *Notre Père* tous les soirs, comme quand j'étais petite. Je savais que ce serait dur, mais je ne m'attendais pas à devoir me battre avec les familles.

26

Tous les coups sont permis

Nous avons annoncé la nouvelle le 4 septembre 2001. La journée avait mal commencé. Le *New York Times* et le *Wall Street Journal*, au courant depuis la veille au soir, nous avaient pris de court. Je ne saurai jamais qui avait organisé ces fuites, mais il s'agissait manifestement de sources internes et bien informées. Ces gens croyaient peut-être bien faire, mais, comme prévu, l'information a suscité une levée de boucliers. Ayant perdu le bénéfice de la surprise, nous avons été confrontés à une levée de boucliers avant même d'avoir pu donner le contexte, expliquer le pourquoi et le comment de notre décision. Dès le départ, nous nous retrouvions sur la défensive.

La salle où se tenait la conférence de presse était bondée. Les flashes crépitaient à jet continu, comme s'ils ne devaient jamais s'arrêter. Michael et moi-même avons fait chacun notre présentation. Nous étions optimistes sur les opportunités de croissance, mais nous n'avons pas masqué la nécessité de réduire la main-d'œuvre de façon significative. Nous avons également expliqué qu'il faudrait élaborer un plan d'intégration détaillé. Mais, dès la première question, il est apparu clairement que nos interlocuteurs s'étaient déjà fait une opinion en lisant les articles publiés le matin, et que nous ne les avions pas fait changer d'avis. Par ailleurs, cet accord avait pris tout le monde par surprise, et de nombreux analystes étaient mortifiés de n'avoir pas vu le vent venir. Ce soir-là, un seul d'entre eux, George Elling, de la Deutsche Bank, écrivit un commentaire positif.

Quand nous sommes descendus du podium, Michael et moi, je savais que la bagarre ne faisait que commencer. Nous avions décidé de passer la semaine à New York afin de rencontrer autant d'investisseurs que possible. Mais j'étais tout de même soulagée de passer enfin à l'action. Les neufs derniers mois d'analyse et de négociation dans le plus grand secret avaient été difficiles. Maintenant, au moins, nous n'avions plus à nous cacher. J'en étais soulagée. Nous avions pris notre décision, nous pouvions passer à l'étape suivante. La conférence de presse avait été difficile, mais j'étais optimiste. Michael, lui, était abattu. Il passait son temps à suivre les cotations sur son portable. Comme je l'avais prévu, les deux titres s'effondraient. Il était déçu car il avait cru, au contraire, que l'action Compaq monterait. Autre déception, il avait espéré être présenté comme le héros désintéressé n'ayant pas hésité à sacrifier son poste pour le bien de son entreprise – ce n'était pas le cas. J'ai passé de plus en plus de temps, toute la semaine, à tenter de lui remonter le moral. Lors de nos réunions avec les investisseurs, on voyait bien qu'il était furieux. Il semblait de moins en moins persuadé que nous ayons pris la bonne décision et, du coup, ses arguments me semblaient moins convaincants.

Fait exceptionnel, nous avons tout de même reçu des encouragements dès ce premier jour, en arrivant à une nouvelle réunion d'investisseurs hostiles. Nous sommes en effet tombés par hasard sur un groupe de commerciaux de HP. « Bravo, Carly ! se sont-ils écriés. C'est fantastique ! Nous sommes ravis ! » Je leur ai demandé pourquoi ils se réjouissaient alors que le monde entier avait l'air de trouver épouvantable l'opération projetée. « Nous sommes contents parce que nous aurons plus de choses à vendre, parce que nos clients le sont, et aussi parce que cela nous donne la puissance de frappe dont nous avons besoin pour gagner. » Les commerciaux avaient tout compris d'entrée de jeu parce qu'ils étaient chaque jour au contact des clients. Ils savaient que notre position concurrentielle était meilleure que celle de quiconque. Et, dès cette toute première semaine, les commerciaux des deux entreprises ont compris l'enjeu et ce qu'il y avait à gagner. J'ai remercié mes quatre supporters et leur ai demandé de communiquer leur enthousiasme à tous ceux qu'ils pouvaient. Ce sont toujours les collaborateurs de HP qui m'ont donné la force de faire ce qu'il fallait faire.

Au bout de deux jours, nous avons tous éprouvé le besoin de souffler. Cela faisait des mois que nous subissions une pression terrible, et les derniers jours avaient été particulièrement éprouvants. Il fallait décompresser. Le lendemain, mercredi, étant le jour de mon anniversaire, cela m'a semblé un bon prétexte pour nous retrouver dans un bar passer une bonne soirée. Après avoir porté un toast, nous avons évoqué en riant beaucoup les nombreuses personnes rencontrées ces derniers jours et la façon dont elles nous posaient toutes indéfiniment les mêmes questions, chacune, semblant se croire la seule à y avoir pensé. Même dans les moments les plus difficiles, on trouve toujours matière à rire ; c'est important, car cela aide à gérer le stress. Et puis, rire ensemble des mêmes choses crée des liens. Ce soir-là, l'équipe a commencé à se souder.

Michael avait hélas refusé de se joindre à nous et, vers minuit, il a appelé Jeff Clarke en lui intimant l'ordre de venir le rejoindre à son hôtel. Jeff s'est exécuté à contrecœur. Le jeudi, Michael m'a demandé, ce qui n'était pas prévu, de faire étape au Texas avant de rentrer en Californie. J'étais morte de fatigue, et ce détour allongeait de cinq ou six heures une journée déjà très longue, mais j'ai pensé qu'il était important de répondre à son geste. Il avait organisé un déjeuner somptueux auquel il avait confié son équipe de direction. D'excellente humeur, il a porté un toast à l'occasion de mon anniversaire, puis a remarquablement parlé à ses collaborateurs de l'avenir prometteur qui s'ouvrait à nous.

À la vérité, nous achetions Compaq : HP était l'actionnaire majoritaire de la nouvelle entreprise issue de la fusion ; nous avions davantage de sièges au conseil et davantage de postes de direction. Mais, dès le premier jour, nous avons baptisé fusion cette acquisition. Notre objectif n'était pas de reprendre Compaq, comme ce dernier l'avait fait pour DEC et Tandem, mais d'utiliser ce que chacune des deux entreprises avait de mieux pour bâtir une nouvelle entité meilleure et plus puissante. Nous prendrions ce qu'il y avait de mieux dans chacune des gammes de produits, dans chacune des équipes de management, dans chacune des deux cultures d'entreprise. Nous avions besoin des gènes des deux entreprises pour faire naître une nouvelle entité mieux armée pour relever les défis du XXIe siècle ; il nous fallait conjuguer nos chromosomes pour nous adapter au paysage changeant de notre industrie. Et, dès le début, nos efforts pour forger une nouvelle culture ont revêtu autant d'importance à nos yeux qu'établir la feuille de route de l'intégration de nos technologies, de nos systèmes informatiques et de nos activités de service aux clients. Nous avions besoin de l'esprit combatif, de la vélocité et de la « positive attitude » de Compaq, mais aussi de préserver les traditions de qualité et d'intégrité de HP. Il nous fallait célébrer le passé glorieux de nos deux entreprises et leur construire un avenir commun.

Néanmoins, le passé historique de HP serait inévitablement un peu dilué dans la nouvelle entité, c'est peut-être ce qui n'a pas plu à Walter Hewlett. Nous en avions longuement parlé pendant les délibérations du conseil, mais il n'avait peut-être pas prêté une oreille suffisamment attentive pour réaliser qu'une fois la décision prise, nous ne pourrions plus faire marche arrière. Il a peut-être pensé que le souvenir de son père, récemment décédé, s'effacerait trop vite dans la nouvelle entreprise, puisque les salariés venant de Compaq n'auraient aucun lien historique avec Bill et Dave. Peut-être aussi certains avocats et banquiers ont-ils vu en lui un client potentiel intéressant : en l'aidant à faire achopper une opération impopulaire, ils arrondiraient au passage leur fortune personnelle.

Nous savions dès le départ que la fusion serait très difficile à « vendre ». Nous n'aurions pas pu tomber à un pire moment, puisqu'elle a été annoncée une semaine avant le 11 septembre 2001. La peur et le pessimisme s'emparèrent de Wall Street. Ensuite, ce fut l'effondrement d'Enron. Sans crier gare, une entreprise que les banquiers, les universitaires et les médias avaient tous portée aux nues, y voyant le modèle de l'innovation et de la réussite pour le XXIe siècle, passa du pinacle aux abysses. On s'aperçut soudain que son conseil d'administration, naguère salué comme le meilleur d'Amérique, somnolait aux manettes. Pourquoi aucun administrateur n'avait-il levé le doigt pour dire : « Arrêtez le massacre ! » ? Quant au PDG, couvert de lauriers à tant de reprises, il apparaissait maintenant sous son vrai jour : corrompu et incompétent. Pour couronner le tout, la fusion AOL-Time Warner, initialement saluée par le marché comme très prometteuse, était maintenant décriée, c'était l'exemple même de l'énorme *deal* qui tourne mal. L'intégration était un échec.

Malgré ce contexte pour le moins difficile, au bout de cinq ou six semaines de communication ininterrompue et d'incessantes réunions avec les investisseurs, les clients et les salariés, nous avions fait de réels progrès. Les cours des deux titres commençaient à se redresser. Notre équipe d'intégration s'était mise à la tâche. Un jour, en fin de matinée, j'ai eu la surprise d'entendre ma secrétaire me dire que Walter Hewlett me demandait au téléphone, ce qu'il n'avait encore jamais fait. J'ai eu la stupéfaction de l'entendre m'informer, d'une voix glaciale, aussi brièvement que possible, qu'il avait l'intention d'annoncer son opposition à la fusion et d'utiliser ses propres droits de vote et ceux de la fondation Hewlett contre l'accord d'acquisition. La voix tremblante, je lui ai demandé pourquoi puis, en désespoir de cause, j'ai sollicité un entretien au cours duquel nous pourrions discuter et peut-être apaiser les inquiétudes qu'il venait de se découvrir. Il m'a opposé sèchement une fin de non-recevoir. Je lui ai alors demandé de prendre le temps de réfléchir à nouveau à sa décision – un actionnaire n'est jamais tenu de déclarer sa position à l'avance et le vote n'aurait lieu que deux mois plus tard. Walter s'est contenté de répondre : « Je voulais juste vous prévenir avant d'annoncer publiquement ma décision, ce qui sera fait dans une demi-heure environ. » J'ai tout de même eu la présence d'esprit de lui demander d'attendre au moins la fermeture de Wall Street.

J'ai apprécié que Walter ait pris la peine de m'appeler lui-même. Notre réaction publique à son annonce a été calme et mesurée. Nous ne savions pas encore que nous avions une guerre des pouvoirs sur les bras. L'un des conseillers de Walter a rencontré Sam Ginn en privé pour le persuader de se ranger dans son camp. Puis Walter est venu en personne assister à une séance du conseil afin de demander aux administrateurs de « changer d'avis ». « Ne pouvons-nous pas tout simplement annuler l'accord signé ? » demanda-t-il d'un ton plaintif. Des administrateurs responsables et raisonnables ne reviennent pas en quelques jours sur une décision que l'on a mis neuf mois à prendre. Par-delà le mépris évident des délibérations du conseil qu'impliquait sa demande, Walter semblait compter pour rien la réalité, à savoir que nous avions fait une offre d'achat officielle. Nous étions engagés juridiquement ; renier cet engagement serait coûteux, prendrait du temps et porterait préjudice aux deux entreprises. En outre, nous étions engagés aussi dans nos esprits et affectivement.

Je ne sais pas exactement quand Walter a mandaté son armée de banquiers et d'avocats et je ne sais pas non plus précisément quand ils ont décidé de déclencher une guerre des pouvoirs. Ce que je sais, c'est que ces conseillers étaient payés pour tuer l'accord passé avec Compaq. Ils n'avaient aucune solution alternative à proposer, pas plus qu'ils n'auraient à gérer les conséquences de leurs actes. Tout ce qu'ils avaient à faire, c'était inciter une majorité d'actionnaires à voter contre la fusion. S'ils y parvenaient, ils s'enrichiraient chacun de plusieurs millions de dollars. Dans le cas contraire, ils n'empocheraient pas ce pactole, mais leurs efforts auraient été grassement rémunérés entretemps.

Je suis sûre qu'ils croyaient avoir d'excellentes chances de réussir. Walter avait un nom de famille magique, et il convaincrait tous les membres des familles Hewlett et Packard, ainsi que leurs fondations, de voter contre l'acquisition de Compaq. David Woodley Packard régla sa position sur celle de son ami d'enfance. (La chaîne de télévision CNBC, pourtant spécialisée dans le monde des affaires, confondit David Packard et Dave Packard, le fondateur de HP.) Pratiquement tous les médias et tout le petit monde des analystes s'étaient rangés dans le camp de l'opposition. Tous ces commentateurs n'hésiteraient évidemment pas à se faire les alliés de Walter. Et tout à coup, ils ont eu l'air encore plus intelligents. Un membre de conseil pensait lui aussi, maintenant, que cette fusion n'était pas une bonne idée !

La version officielle de l'histoire, c'est que le conseil de HP était comme celui d'Enron – paresseux, peu attentif. Il s'était fait duper par un PDG entêté qui, à l'instar de Ken Lay, s'intéressait plus à sa fortune personnelle qu'au sort des salariés. Walter était le type même de l'administrateur que tout le monde aurait voulu voir au conseil d'Enron – il n'avait pas hésité à protester bravement et à se dresser, seul contre tous, malgré les pressions exercées par ses collègues plus faibles. Comme dans le cas de la fusion AOL-Time Warner, l'intégration des deux entreprises poserait des problèmes insurmontables. Toujours comme dans la fusion AOL-Time Warner, les synergies ne se concrétiseraient jamais et l'entreprise résultant de la fusion serait trop grande et trop lourde pour prétendre à la croissance. Et, tandis que la presse se faisait l'écho des difficultés économiques et des vagues de licenciements nombreuses à l'époque, Walter et David répétaient inlassablement le mythe selon lequel Bill et Dave n'avaient jamais cru aux stratégies impliquant des suppressions d'emplois, affirmant en outre que l'opération réduirait à néant le « HP Way ». Nous nous privions d'une remarquable philosophie de management au moment précis où nous en avions le plus grand besoin.

On commença à susurrer que les membres du conseil de HP avaient été choisis dans un objectif bien précis – tous sauf un y siégeaient déjà avant mon arrivée, mais ce détail n'était jamais mentionné. Dans l'une des actions en justice intentées par les actionnaires, l'exposé des motifs affirmait que j'avais « ensorcelé » le conseil. Cet automne-là, le conseil délibérait sur la rémunération et les indemnités de départ des dirigeants de HP et de Compaq. Le conseil de Compaq avait approuvé antérieurement des dispositions prévoyant une indemnité de départ en cas de changement de majorité, et le conseil de HP avait pour sa part mis en place un système de rémunération visant à la rétention des cadres dirigeants au moment de l'essaimage d'Agilent. Un certain nombre de documents particulièrement confidentiels et sensibles concernant la rémunération des dirigeants après la fusion furent, à notre insu, remis aux conseillers de Walter, qui les communiquèrent à la presse. Les médias se jetèrent sur ces documents de travail, présentés comme une preuve de plus de l'avidité du PDG. Plus de six mille managers étaient concernés par ces accords, mais ce fait ne semblait guère compter. La presse ne montra pas plus d'empressement à informer ses lecteurs que j'avais refusé d'accepter ma prime de rétention, comme j'avais refusé le bonus garanti contractuellement l'année précédente.

Une nuit, un peu après minuit, j'ai été tirée de mon premier sommeil par la sonnerie du téléphone. À cette heure-là, on s'attend toujours au pire, j'ai donc décroché le cœur battant. C'était Michael, et il hurlait. Apparemment, il venait d'apprendre que je refusais ma prime de rétention, et il avait peur que cela ne nuise à sa propre image. J'ai tenté de lui expliquer rationnellement que ma décision n'avait rien à voir avec son propre cas, puisque le conseil de Compaq avait mis en place le système auquel il devrait sa propre indemnité bien avant à la fusion. Ma propre situation était tout à fait différente et, compte tenu de la controverse, je voulais éviter toute confusion quant à la motivation qui me poussait à souhaiter la fusion.

Impossible de raisonner Michael ; il tenait des propos injurieux et incohérents. Je me demandais avec inquiétude s'il avait appelé d'autres personnes avant moi et je lui ai posé la question en demandant les noms. Il m'en a cité quatre. Mon premier réflexe a été de tenter de protéger tout le monde : son comportement avait dû terroriser ces personnes qui le connaissaient à peine et étaient toutes relativement peu expérimentées. Je me suis assise bien droite sur mon lit et j'ai dit : « Écoute, Michael, maintenant tu arrêtes, d'accord. C'est fini. On est au milieu de la nuit, je refuse de continuer cette conversation et je te demande de n'appeler personne d'autre. Nous en reparlerons demain matin. » Après un long silence, il a accepté. En fin de compte, il décida de refuser lui aussi de toucher sa prime de rétention. Mais cette conversation nocturne m'avait ébranlée et me hanta longtemps. J'ai fini par comprendre que c'était non pas une aberration, mais un comportement habituel.

Tous les collaborateurs de HP qui avaient résisté au changement s'étaient trouvé un champion en la personne de Walter Hewlett. Les retraités, défenseurs de la vraie foi, avaient désormais un saint patron. Walter et David se mirent à solliciter des courriels de salariés de leur bord ; ils les transmirent au conseil de la Fondation Packard qui menait sa propre délibération concernant notre projet de fusion. Enfin, Walter et David feraient effectuer des « enquêtes auprès des salariés » de quatre usines HP situées dans le Nord-Ouest du pays, région où le personnel était particulièrement attaché aux traditions de la maison. Les enquêteurs appelaient les gens à leur domicile. La méthodologie était douteuse et les résultats, d'un point de vue statistique, pas valables, mais ils furent évidemment présentés en grande fanfare à la presse comme preuve que la « majorité » des salariés était opposée à la fusion. En réalité, nous savions grâce aux enquêtes que nous avions menées de notre côté qu'elle y était favorable.

David fit paraître plusieurs publicités en pleine page dans le *Wall Street Journal* – de longues diatribes expliquant que j'étais incompétente, amorale, que je n'avais pas l'étoffe voulue. Je refusais de les lire, mais j'ai su par Jay Keyworth que ces textes étaient particulièrement misogynes.

Quand j'ai noté, de mon côté, que Walter était « universitaire et musicien », ce qui était rigoureusement exact, on m'a reproché de m'abaisser à des attaques personnelles. J'ai alors expliqué que dans ma bouche, ce n'était pas une critique – mon père était universitaire et j'avais moi-même envisagé une carrière de pianiste –, mais aucune de ces deux professions ne qualifiait Walter pour aller à l'encontre d'une décision prise par l'ensemble du conseil.

Les thèmes de l'appât du gain et de l'incompétence, le mépris de la direction et la résistance acharnée des salariés ont été martelés plusieurs mois durant. Les médias en faisaient leurs choux gras. Le scénario convenait particulièrement bien à la télévision, le héros au grand cœur luttant vaillamment pour défendre l'héritage de son père et protéger le petit peuple des menées d'une femme sans doute cruelle, manifestement orgueilleuse, autoritaire et décidée à n'en faire qu'à sa tête. D'autres arguments furent avancés : je n'étais pas ingénieur, je ne comprenais donc rien à la recherche et à l'innovation. Je sacrifiais les produits HP haut de gamme, réellement novateurs, au profit des produits Compaq bas de gamme et banalisés. Il serait peut-être préférable de scinder l'entreprise afin de la recentrer. D'énormes sommes étant en jeu, Wall Street commençait à prendre des paris sur le camp qui finirait par l'emporter dans cette bagarre. Certains fonds spéculatifs s'étaient mis à acheter des titres HP de façon à pouvoir voter contre la fusion et nous contraindre à scinder l'entreprise. Ils étaient convaincus que c'était la façon la plus rapide de gagner de l'argent.

Dans le contexte de l'époque, la petite musique jouée par le camp de Walter dans cette campagne remarquablement orchestrée touchait une corde sensible. Les mêmes thèmes furent repris inlassablement tout au long de mon mandat. En 2005, on me décrivait encore comme intéressée et arrogante, à moins que ce ne soit comme une marketeuse ignare en matière de technologie. Les journalistes continuaient à affirmer que le conseil avait été « trié sur le volet » et des articles fallacieux prétendaient que les salariés avaient « applaudi à deux mains » à l'annonce de mon départ. (Je le sais, car nombre d'entre eux m'ont écrit pour me dire que c'était faux, et au moins un journaliste a été contraint de le reconnaître publiquement.) Et même après que nous eûmes gagné la guerre des pouvoirs, beaucoup de ceux qui s'étaient opposés à nous se souviendraient de tous les problèmes annoncés par Walter. Leurs doutes ne disparaîtraient jamais complètement. D'autres continuaient à espérer la scission qui aurait été opérée, pensaient-ils, si Walter l'avait emporté. Beaucoup de ceux qui avaient parié sur Walter et avaient perdu beaucoup d'argent cherchaient toujours des moyens de se renflouer.

Dès que Walter eût déclaré ses intentions, nos banquiers nous ont conseillé d'organiser notre défense. Nous nous y sommes refusés, pensant naïvement que la Fondation Packard se rangerait derrière le conseil lors du vote. Susan Packard, qui présidait le conseil de la Fondation, connaissait les administrateurs. Elle me connaissait. Nous n'engagerions donc la guerre des pouvoirs que lorsque la famille Packard aurait pris sa décision. Je ne suis pas sûre que les deux familles se seraient brouillées sur l'avenir de l'entreprise. En outre, la Fondation était une entité philanthropique, et l'incertitude ne pouvait que nuire à sa dotation : ses intérêts financiers allaient de pair avec la stabilité et la prévisibilité du cours du titre HP. En revanche, Lew Platt était administrateur de la Fondation, et dès la première réunion que nous avons eue avec le conseil, il est apparu clairement qu'il s'opposerait à la décision de ses anciens collègues. Pendant la guerre des pouvoirs, Lew rencontra régulièrement des investisseurs, ainsi que des salariés, qu'il venait voir dans nos locaux. Il parla même à Walter de la possibilité de reprendre sa place de PDG une fois que la fusion aurait achoppé.

J'espérais cependant encore que tout s'arrangerait, du moins jusqu'au vendredi 7 décembre 2001. Ce jour-là, Susan Packard m'a appelée pour m'informer que la Fondation Packard et la famille s'opposeraient à la décision du conseil de HP. Ils avaient procédé à leur propre évaluation « indépendante » et substituaient désormais leur propre jugement à celui du conseil. Je crois qu'elle était sincère en me disant que c'était « le coup de téléphone le plus difficile qu'elle ait jamais eu à passer ». Je lui ai été reconnaissante d'avoir eu le courage et la courtoisie de le faire elle-même. Je lui ai répondu que les gens de HP seraient navrés d'apprendre que les familles et le conseil s'étaient rangés dans des camps opposés. Mon sang s'est glacé dans mes veines quand j'ai entendu le ton sur lequel elle a rétorqué : « Oh, je ne me fais aucun souci en ce qui concerne le personnel. Nous avons toujours pu compter sur nos salariés. » À l'entendre, elle en était propriétaire.

Je réalisais maintenant que nous étions confrontés à un formidable obstacle. J'ai immédiatement appelé Michael pour le mettre au courant, puis le conseil, par vidéoconférence. Ensuite, j'ai convoqué l'équipe restreinte qui avait préparé le projet avec moi. J'étais de plus en plus démoralisée et trop fatiguée pour réfléchir aux initiatives à prendre. Je n'arrivais pas à comprendre comment nous avions pu en arriver là alors que nous avions délibéré si longuement, tout préparé avec tant de soin. Je ne comprenais surtout pas pourquoi les deux familles ne croyaient pas, au moins, que nos intentions étaient honorables.

Quand toutes les réunions eurent été terminées, je me suis retrouvée seule dans mon bureau. J'étais encore sous le choc. Allison Johnson, qui s'était battue chaque jour à mes côtés, est entrée pour me demander si ça allait bien. « Oui. Et toi ? Allez, rentre chez toi, repose-toi. » C'est Charles Charnas qui m'a donné l'impulsion dont j'avais besoin. C'était un avocat de la vieille garde, qui manifestait un humour grinçant en dehors des heures de bureau, mais était en général assez taciturne le reste du temps. Je ne le connaissais pas encore très bien, mais je savais que c'était un professionnel chevronné. « Carly, je sais que tu es déçue. Nous le sommes tous. Mais je tiens à te dire que je crois en toi, que je crois en ce projet, et que je suis convaincu que tu l'emporteras. » J'ai essayé d'exprimer ma gratitude, mais je ne suis pas sûre qu'il se soit rendu compte de l'importance de son geste.

Quand je suis rentrée à la maison, Frank, pensant que j'en aurais besoin, avait préparé des cocktails. Nous les avons à peine touchés. Je lui ai dit en souriant que ça allait, et c'était vrai. « Tu me sidères. J'étais convaincu que tu serais au trente-sixième dessous.

– Je l'ai été, mais ça va, maintenant. Je sais pourquoi nous devons nous battre. »

Et cette nuit-là, pour la première fois depuis près d'un an, j'ai dormi profondément et longtemps. Je savais que c'était une guerre entre le passé et l'avenir, entre les intérêts particuliers et l'intérêt général, entre une poignée de gens et le plus grand nombre. Et je savais maintenant que si nous nous battions bien, nous pouvions gagner la bataille.

Le dimanche soir, nous avons organisé une nouvelle conférence téléphonique avec le conseil. Je voulais demander leur avis à chacun de nos administrateurs (sauf, bien sûr, Walter, qui n'assistait plus aux réunions). Sachant que les deux familles, les deux fondations et un ancien PDG faisaient cause commune contre nous, la décision de continuer à nous battre, comme auparavant la décision initiale de racheter Compaq, ne pouvait pas être prise par moi seule, et le conseil lui-même ne pouvait pas la prendre à la légère. Chaque administrateur devrait s'exprimer. J'ai commencé par résumer les possibilités qui s'offraient à nous. « Nous pouvons choisir d'abandonner la fusion et commencer le processus de désengagement. Nous pouvons choisir de réaliser l'opération sur des bases différentes. J'ai demandé à une autre équipe de banquiers de nous faire des recommandations en ce sens et ils ont proposé d'essaimer la nouvelle entité PC (HP + Compaq), soit avant que la fusion soit approuvée, soit après. Enfin, nous pouvons continuer sur la voie que nous avons choisie et nous engager dans une guerre des pouvoirs qui promet d'être difficile et coûteuse. J'aimerais que chacun d'entre vous dise ce qu'il en pense. » Je n'avais pas encore donné d'indications concernant ma propre opinion.

Plusieurs administrateurs ont posé des questions concernant les suggestions formulées par l'autre banque que j'avais interrogée par prudence quelques semaines auparavant estimant, malgré ma propre conviction que nous pouvions l'emporter, qu'il fallait toujours envisager les alternatives. Les chiffres n'engageaient pas à modifier la structure de l'opération : nous détruirions plus de valeur que nous n'en créerions en essaimant l'activité ordinateurs, et ce serait une affaire complexe. Ce groupe d'analystes nous avait néanmoins conseillé d'éliminer la partie la plus controversée de l'opération pour gagner de la crédibilité. Nous en avons discuté un moment, puis j'ai demandé à chacun des administrateurs de donner son point de vue. Ils ont tous déclaré leur détermination de continuer comme prévu. Aucun n'a exprimé de doute quant à sa décision, mais tous étaient préoccupés de la réalité qui nous attendait. On m'a ensuite demandé ce que je voulais faire. « Je crois que nous devons aller de l'avant. Je crois que nous l'emporterons », ai-je répondu.

Dans une guerre des pouvoirs, traditionnellement, tous les coups sont permis. Il existe toute une armada de juristes et d'avocats, ainsi que des cabinets de relations publiques spécialisés dans l'art de mener des campagnes de dénigrement. Nous devions décider comment nous nous battrions. La façon dont on fait les choses est aussi importante que ce que l'on fait. Telle est l'essence même du caractère, et si la victoire était importante, la fin ne justifiait pas n'importe quels moyens. Pendant toute la durée de la bataille, on m'a demandé d'approuver un certain nombre de tactiques diverses et variées. J'en ai refusé beaucoup, car elles ne cadraient pas avec le caractère de la société pour laquelle nous nous battions.

Une marque authentique et forte, c'est plus qu'un logo ou un slogan marketing. Il n'est pas possible de se tailler une part de marché si l'on ne se fraie pas une place dans la tête des clients, c'est la raison pour laquelle il faut investir dans la marque, la conforter au fil du temps. Mais cet investissement serait gaspillé si le comportement de l'entreprise ne correspondait pas à la promesse de la marque. Les paillettes de la marque n'ont que de lointains rapports avec les valeurs qu'elle recouvre – ou non. Une marque authentique, puissante, est à la fois une promesse et un rappel que tout sera conforme à la promesse. Entre autres valeurs clés de HP pour lesquelles je me battais maintenant, il y avait la confiance, le respect et l'intégrité. Cela voulait dire agir correctement, même si personne ne vous voit, même quand cela entraîne des conséquences difficiles. Notre marque nous obligeait à défendre la nécessité positive de la fusion. Nous nous battrions à la loyale, sans remuer de la boue.

L'assemblée extraordinaire, au cours de laquelle tous les bulletins de vote seraient déposés dans les urnes puis comptés afin de décider du destin de la fusion, fut chaotique. Elle se tenait dans le même auditorium que celui où se tenaient toutes les assemblées annuelles, et comme la Silicon Valley était l'épicentre des supporters de Walter et de David, il était plein à craquer d'opposants. Tous avaient revêtu une chemise verte, couleur du pouvoir de Walter. Quand je suis montée sur le podium pour déclarer la séance ouverte, j'ai été accueillie par des cris et des huées. Légalement, je n'étais pas tenue de donner la parole à Walter, mais je lui ai assez rapidement passé le micro. Il a été bruyamment ovationné. Je l'ai remercié, puis ai répondu à toutes les questions que l'on m'a posées. Elles étaient légitimes, et je crois avoir fait changer d'avis une ou deux personnes. Cependant, quand j'ai observé que le monde entier ne pensait pas nécessairement la même chose que la Silicon Valley, je me suis à nouveau fait huer. Je ne me souviens pas combien de temps l'assemblée générale a duré, mais cela m'a paru très long.

Nous nous sommes retirés en coulisses pendant le dépouillement. C'est alors que Sam Ginn, ébranlé par ce qu'il venait de voir, est venu me trouver pour me demander si je me laisserais convaincre de permettre à Walter de reprendre son siège d'administrateur. J'ai réfléchi une minute, puis j'ai dit : « Tout ce qui peut permettre de panser les blessures vaut la peine d'être tenté. Va lui parler si tu veux. » Nous étions déjà, en cet instant, presque certains d'avoir la majorité. J'ai annoncé que nous l'avions emporté avec une marge « étroite, mais suffisante ».

Plusieurs jours plus tard, Sam a informé le conseil que Walter reviendrait y siéger si nous étions d'accord. Sam plaidait en ce sens, mais tous les autres administrateurs hésitaient – personne ne savait si nous pouvions encore lui faire confiance. C'est Jay qui parlait le plus fort et qui était le plus opposé à son retour. Il trouvait hors de question de laisser pénétrer dans la salle du conseil une personne ayant divulgué à la presse des délibérations confidentielles. En outre, ajoutait-il, Walter n'avait jamais été très qualifié pour y siéger et n'avait jamais participé très activement à ses délibérations. Finalement, j'ai convaincu Jay de la nécessité de tourner la page. Nous avons décidé de publier un communiqué annonçant le retour de Walter au conseil le lendemain matin. Au lieu de cela, il nous a intenté un procès, ce que j'ai appris à la radio dans ma voiture, en allant au bureau. Nous avons organisé à la hâte une conférence téléphonique au cours de laquelle le conseil est unanimement revenu sur sa décision de lui rendre son siège.

Le dossier reposait exclusivement sur le texte d'un discours que j'avais prononcé devant les investisseurs et sur une seule page, incomplète, de l'un des rapports de l'équipe d'intégration indiquant qu'il existait encore un décalage entre nos objectifs de capture de valeur et les plans opérationnels permettant de les atteindre. Plus tard, l'enregistrement d'un message que j'avais laissé sur la boîte vocale privée de Bob Wayman a été divulgué à un journal local. Nous n'avons jamais su qui était à l'origine de la fuite. Pendant le procès, un enregistrement non autorisé de l'une de nos réunions avec les investisseurs est mystérieusement apparu entre les mains de l'avocat de Walter. Apparemment, l'un des conseillers de ce dernier, qui espérait gagner deux millions de dollars s'il parvenait à démanteler l'accord d'acquisition, avait persuadé l'un de ses bons amis, qui assistait à la réunion, d'enregistrer ce que nous y disions.

Le processus de certification du vote des actionnaires se déroulait simultanément au procès. L'équipe de Walter se mit à examiner un à un tous les bulletins de vote – on se serait cru en Floride après l'élection présidentielle. Sa tactique consistait à faire volontairement traîner le processus aussi longtemps que possible dans l'espoir de trouver dans l'intervalle un nouveau détail dévastateur à utiliser contre nous. Finalement, le juge leur a intimé l'ordre de rendre leurs conclusions.

J'ai passé presque deux journées entières à la barre – de fait, j'étais publiquement accusée d'avoir menti et truqué la consultation pour obtenir un vote favorable à la fusion. Une fois encore, les conseillers de Walter profitaient du climat dans lequel se déroulaient ces événements. Après tout, ne découvrait-on pas chaque jour de nouveaux scandales dans le monde des affaires, ne constatait-on pas à chaque fois que le PDG avait menti et triché ? Tyco, WorldCom, Qwest, Adelphia – autant d'exemples de corruption des dirigeants. La presse faisait ses délices de nos démêlés. La moindre parcelle d'information mise au jour au tribunal faisait changer des titres de mains à Wall Street. Qui sortirait vainqueur du procès ? Les paris étaient ouverts, et l'écart entre les cours des actions HP et Compaq reflétait désormais les pronostics des parieurs.

Le premier jour, je me suis montrée patiente et respectueuse. En observant ce qui se passait autour de moi, je me suis fait la réflexion que la plupart des gens ne comprennent pas le fonctionnement d'une entreprise. Cette révélation a été l'une des premières choses qui m'aient inspiré le désir d'écrire ce livre. La plupart des gens ne comprennent pas que c'est en se fixant des objectifs que l'on détermine les priorités et que l'on infléchit la performance dans le sens désiré. Et c'est par itérations successives du plan opérationnel que l'on détermine la façon dont on réalisera les objectifs. Entre le jour où l'on se fixe un objectif et celui où les résultats sont atteints, il y a en général de nombreux décalages entre ce que les gens ne savent pas encore faire et ce qu'ils finiront par savoir faire.

Le second jour, j'étais en colère. Le dossier n'avait strictement aucun intérêt. Il est apparu, devant la cour, que Walter n'avait même pas lu les accusations avant de nous assigner. Au cours de l'une de ses premières dépositions, il a été confronté à une preuve qu'il n'avait pas dit la vérité. Il a alors déclaré que le mensonge était parfois justifié, citant pour exemple l'attitude à adopter vis-à-vis des Nazis lorsqu'on savait où se cachaient des familles juives. Pendant le procès, il a répété à la barre qu'il pensait que la fin justifiait parfois les moyens. Son équipe perdait énormément de temps et d'argent dans l'espoir de trouver quelque chose – n'importe quoi, à vrai dire – qui soit susceptible de faire obstacle à la fusion.

Aucun d'entre eux ne se battait à la loyale – il faut dire qu'ils espéraient empocher deux millions de dollars chacun. J'étais censée avoir le mauvais rôle, mais c'était eux qui abusaient la compagnie, ses salariés et la justice pour servir leurs intérêts pécuniaires personnels. J'ai poussé un immense soupir de gratitude et de soulagement quand le juge a tranché en notre faveur de la façon la plus éclatante, ajoutant, fait exceptionnel, qu'il se posait des questions sur la « crédibilité de certains dirigeants ».

Le discours à propos duquel Walter nous avait traînés en justice était mon plaidoyer le plus complet et le plus passionné en faveur de la fusion. Je l'avais prononcé le 4 février 2002. À l'époque, les bons esprits s'accordaient à penser que nous n'obtiendrions jamais la majorité des pouvoirs. En voici un extrait :

> Vu les difficultés auxquelles nous avons été confrontés depuis que nous avons annoncé notre projet de fusion avec Compaq en septembre dernier, pourquoi restons-nous si déterminés à réaliser cette fusion ?... Nous savons tous que l'industrie de la technologie est en pleine transformation. Nous entrons dans une période qui défie toutes les limites et se rit de toutes les frontières, où tout fonctionne avec tout, partout, tout le temps... L'ère du produit pur est révolue... L'internet change tout... La bulle des dotcom a certes éclaté, mais l'effet d'internet sur les affaires et sur la vie quotidienne est incontournable.
>
> Il y a près de trois ans, nous avons entrepris un processus destiné à préserver le meilleur de HP et à réinventer le reste... Cet effort était essentiel. Pour autant, nous n'avons jamais considéré comme une fin de restructurer et de réorienter notre entreprise, mais bien plutôt comme la première étape de la reconquête de notre place de leader. Pour y parvenir, il faut avoir une taille permettant de travailler à l'échelle mondiale, d'imposer nos standards et d'attirer des partenaires. Cela exige aussi d'être mieux placé dans les catégories de croissance, comme le stockage en réseau des données, les serveurs Windows et Linux, les services et l'assistance technique, de nouvelles catégories de produits et de nouveaux marchés.

Pour retrouver notre place de leader, toutes nos activités devront s'inscrire dans un modèle opératoire plus puissant, plus rentable et plus équilibré car, comme le disaient souvent Bill Hewlett et Dave Packard, la rentabilité conditionnera toujours la préservation des emplois, des investissements en recherche-développement et donc de l'innovation et, en dernière analyse, c'est elle qui permet à l'entreprise d'assumer ses responsabilités au sein de la communauté. En outre, nous avons compris que pour devenir leader sur ces nouveaux marchés, il faut tenir compte de tendances lourdes : les platesformes fondées sur des standards s'imposant à l'ensemble de l'industrie, le développement des communautés utilisant des logiciels ouverts et la tendance à la consolidation sont des évolutions inévitables. Nous pouvons soit les accompagner, soit nous laisser laminer sans réagir…

Premièrement, dans le domaine de l'informatique professionnelle, nous devons impérativement tirer notre épingle du jeu avec les trois systèmes d'exploitation actuellement utilisés – Unix, NT et Linux… Concernant l'organisation du service et de l'assistance technique… nous avons certes les moyens humains de rivaliser avec les meilleurs, mais nous n'avons pas la taille requise… Les imprimantes contribuent de façon disproportionnée à la rentabilité de notre entreprise, et cela depuis trop longtemps. Nous investissons pour y garder notre place de leader, ce qui veut dire que nos autres activités sont condamnées à s'autofinancer. Nous avons réfléchi à la possibilité de nous concentrer uniquement sur ce métier, mais les conséquences seraient inacceptables. Si nous voulons continuer à nous développer et à rester rentables… nous devons diversifier notre offre… en faisant la part belle aux serveurs, aux logiciels de stockage et de gestion des réseaux et aux services aux entreprises.

Concernant notre activité PC, nous avons plusieurs possibilités. Nous pouvons mettre la clé sous la porte, ce qui nuirait à notre prééminence dans le domaine des imprimantes et se traduirait par d'importantes suppressions d'emplois. Nous pouvons l'essaimer… mais ce n'est pas une entité viable, cela ne créerait pas suffisamment de valeur pour les actionnaires. En revanche, nous pouvons pallier ces difficultés en ajoutant du volume et des capacités de distribution…

L'héritage de HP – les hommes et les femmes de HP – est capable de faire, de réaliser et d'être infiniment mieux qu'un sépulcre blanchi. Certes, nous avons des lacunes à combler, mais nous avons aussi d'immenses capacités… Laissez-moi citer Dave Packard, qui écrivait dans *The HP Way :* « Une croissance soutenue est essentielle si nous voulons atteindre nos autres objectifs et rester compétitifs. Et comme nous travaillons dans le domaine de technologies avancées qui changent très vite, rester statique, c'est perdre du terrain. »

Certains de nos critiques font remarquer que plus gros ne veut pas nécessairement dire mieux. J'en conviens volontiers. Mais il ne faudrait pas en conclure que plus gros ne peut pas être mieux, surtout dans une industrie qui est en train de se consolider...

Cette fusion n'est pas simplement ce que je juge personnellement la meilleure façon d'assurer l'avenir de notre entreprise. Elle représente le jugement collectif d'une équipe dont les membres ont consacré tout leur talent, ces dernières années, à la préparer... en particulier en participant à des réunions où nous avons posé les questions difficiles... Ces mêmes personnes ont étudié les alternatives... C'est vrai, l'un de nos administrateurs ne partage pas notre point de vue et cela me désole. Walter Hewlett est un homme bien. Et il a le droit de ne pas être d'accord. Mais nous avons, nous aussi, le droit de ne pas être d'accord avec lui.

Franchement, le problème n'est pas que certains opposants disent non à la fusion, mais que nous ne puissions pour notre part dire oui à rien, puisqu'ils ne proposent aucune solution pour surmonter les défis auxquels nous sommes confrontés... On nous demande de tenir pour rien deux ans et demi de travail, de réflexion et de stratégie, au cours desquels toutes les options ont été étudiées et rejetées... on nous propose de battre en retraite et de repartir de zéro... S'il y a une chose que nous y perdrions à coup sûr, c'est du temps... Et c'est la seule chose que l'on ne retrouve jamais...

Se contenter de dire non sans offrir de plan de rechange, c'est demander aux collaborateurs de HP de renoncer à leur vision, d'oublier leurs ambitions, de rester en deçà de ce que leur entreprise est capable de réaliser. Les gens de HP ne veulent pas se reposer sur l'héritage du passé. Ils tiennent à accroître ce patrimoine... Nous avons le choix entre affronter l'obstacle ou battre en retraite et repartir de zéro. C'est le choix entre participer à la révolution qui transforme notre industrie ou tenter vainement de préserver le *statu quo*, entre mener le mouvement ou se contenter de le suivre.

En un autre temps et un autre lieu, à l'aube d'une autre ère informatique, Grace Murray Hopper, l'une des premières femmes ingénieurs d'Amérique à travailler sur les logiciels et aussi l'une des premières à être Amiral de l'US Navy, a dit quelque chose qui s'applique remarquablement à notre situation. On lui

> demandait pourquoi elle préférait être en mer, en pleine action, plutôt qu'en sécurité, chez elle. Elle répondit : « Un bateau ancré au port est en sécurité. Mais les bateaux ne sont pas faits pour cela. »
>
> C'est vrai, HP pourrait rester au port et regarder passer le reste du monde. Il pourrait préférer les eaux tranquilles de l'inaction aux assauts furieux de la concurrence. Mais il n'est pas fait pour cela.

Plusieurs mois après la fin de la guerre des pouvoirs, on m'a demandé ce qui m'y avait préparée. J'ai répondu : « Tout et rien. » J'ai été soumise à des pressions auxquelles je n'aurais jamais cru pouvoir résister. J'avais beaucoup à apprendre, il fallait faire très vite, et les enjeux étaient énormes. Mais je me suis appuyée sur ce que je savais : je savais rassembler des équipes, les souder, je savais soutenir l'effort dans la bonne humeur, concentrer les gens sur l'essentiel. Je me suis fiée à ma boussole interne, cet instrument de navigation qui ne se trompe jamais même quand le vent hurle et que le ciel est sombre. Je savais que je faisais ce que je croyais devoir faire pour les bonnes raisons, le mieux possible. Et je tirais ma force de ma foi dans les gens. La plupart sont bons et intelligents, et si on leur donne suffisamment de temps et d'informations, ils font des choix bons et intelligents.

La force du progrès triomphe toujours sur la peur du changement. Et la marche de l'histoire démontre que la majorité l'emporte sur la minorité. HP appartient à la majorité qui se préoccupe de l'avenir, non à la minorité qui se bat pour conserver son poste, s'enrichir ou préserver le passé. C'est pour cela que je me battais. Et c'est pour cela que je savais que nous l'emporterions.

27

Adopté, on y va !

Entre le 4 septembre 2001 et le 6 mai 2002, jour où la fusion a été consommée et où le nouveau titre a été coté pour la première fois à la bourse de New York, les hommes de HP et de Compaq ont remarquablement travaillé. Malgré tout ce qui eût pu les en empêcher, les deux entreprises ont continué à servir leurs clients, à développer des produits et à tenir leurs objectifs. Je faisais la tournée des investisseurs avec une équipe relativement peu nombreuse, assistant parfois à huit ou dix réunions par jour, mais cela ne nous empêchait pas de joindre nos efforts à ceux de tout le monde pour rassurer les clients, répondre aux questions des salariés et faire tourner la boutique. Le jour où nous avions annoncé la fusion, nous avions nommé les deux responsables qui veilleraient à l'intégration, Webb McKinney et Jeff Clarke, et toutes les semaines, quoi qu'il arrive par ailleurs, les autres membres du comité de pilotage et moi-même rencontrions l'équipe d'intégration pour en suivre les progrès et procéder aux ajustements nécessaires.

L'intégration de Compaq et de HP a été une réussite extraordinaire. Même nos détracteurs reconnaissent que nous l'avons accomplie avec douze mois d'avance sur notre programme ; les synergies nous ont permis de réduire nos coûts de 3,5 milliards de dollars – alors que nous n'en avions promis que 2,5 (chiffre exagéré, d'après les accusations entendues au tribunal). En revanche, dès le début, ce fut une pomme de discorde entre Michael et moi. Il trouvait que nous y consacrions trop de temps et trop de personnel. Je savais, pour ma part, qu'une intégration réussie suppose de tout vérifier au peigne fin et qu'il ne fallait rien tenir pour acquis. J'ai insisté pour que nous chargions de cette tâche un nombre suffisant de collaborateurs et pour que nous fissions appel à des chefs de projet professionnels, comme nous l'avions fait chez Lucent pour ce programme énorme et complexe qu'était FTS2000. J'ai également insisté pour être informée des progrès de l'intégration toutes les semaines, sans aucune exception et quoi qu'il arrive. Le comité de pilotage deviendrait la dernière instance du processus de décision concernant l'intégration.

Nous avons immédiatement mis en place une équipe d'intégration qui finirait par compter plus de deux mille personnes. En mai, nous avions déjà investi plus d'un million d'heures de travail dans l'intégration. L'équipe travaillait à plein temps car nous avions décidé dès le début qu'il était impossible de gérer un processus aussi énorme et aussi complexe à temps partiel. Nous avons commencé par étudier les données de centaines de fusions, dans des dizaines de secteurs différents. La nôtre était la plus importante qui ait jamais été tentée dans notre métier – nous n'y trouverions donc pas d'exemples de réussite. Quoi qu'il en soit, nous avons étudié des intégrations dans tous les secteurs – les bonnes, les mauvaises et les catastrophiques – afin d'en tirer les enseignements qui nous aideraient à réussir la nôtre. Nous avons tiré de cette étude quelques principes et pratiques importants qui nous ont guidés.

Au tout début, un client m'avait dit : « N'oublie pas, Carly, la fusion, c'est votre problème, pas le nôtre. » Il me rappelait poliment que cette opération visait à mieux servir les clients – il fallait donc éviter de nous laisser absorber par nos problèmes internes au point de les oublier, éviter qu'ils aient à pâtir de notre décision. Notre premier principe serait donc que le client passe avant tout le reste. Pas question d'en détourner, pour travailler à l'intégration, ceux qui le servaient tous les jours. C'est même l'une des principales raisons qui nous avaient poussés à ne demander à personne de s'occuper d'intégration à temps partiel. Donner la priorité aux clients nous a aussi permis de trancher dans les cas vraiment difficiles, en particulier lorsqu'il fallait choisir un groupe, ou un cadre supérieur, et pas un autre. Le client devenait l'arbitre des décisions les plus épineuses. Qui obtient les meilleurs résultats avec tel ou tel client ? Quel produit se vend le mieux ? Nous demandions même à nos clients ce qu'ils préféraient, en termes de personnes et de produits. Et les choix d'intégration les plus importants aux yeux des clients devenaient nos priorités.

Notre second principe était ce que nous appelions « Adopté, on y va ! », particulièrement important dans une culture d'ingénieurs toujours en quête de perfection. « Adopté, on y va ! », cela voulait dire qu'il fallait avoir l'esprit de décision. Il ne s'agissait pas d'inventer de nouveaux produits ou processus, mais de choisir entre ceux qui existaient déjà, et d'en adopter un pour l'ensemble de la nouvelle entreprise. Nous regardions toutes les pratiques, tous les processus, tous les produits ou candidats à tel ou tel poste des deux entreprises. Nous choisissions le meilleur, nous arrêtions la décision, et nous avancions.

Troisièmement, nos choix devaient créer de la valeur. En 2001, lorsque nous avions élaboré notre premier plan d'intégration, nous avions identifié les principaux domaines où la fusion devait le permettre et nous avions quantifié ces gisements de valeur. Nous demandions maintenant à notre équipe d'intégration non seulement de vérifier ces opportunités, mais aussi d'en identifier d'autres, susceptibles d'en créer davantage – en haut ou en bas du bilan – pour nos clients, nos actionnaires et nos salariés. À partir de cette liste exhaustive d'opportunités quantifiées, nous avons créé des plans d'intégration de référence. C'étaient des feuilles de route détaillées, destinées à déterminer comment capter la valeur et à identifier qui devait faire quoi et quand. Ces plans de référence allaient finir par devenir la base du pilotage opérationnel, et les bonus des salariés et des dirigeants seraient liés à leur réalisation.

Nous planifiions à court et à long terme. Nous avions fixé à la nouvelle entreprise des objectifs ambitieux pour ses tout premiers jours, ses trente premiers jours, ses soixante premiers jours et ses quatre-vingt-dix premiers jours. Nous avions aussi des objectifs clairs pour la première, la seconde et la troisième année. Une fois ces objectifs établis, nous faisions ce qu'il fallait pour les atteindre. Par exemple, quand nous avons dit que tous nos salariés devaient pouvoir communiquer entre eux par le truchement d'un système de courriels intégré dès le premier jour, nous y croyions, et le système a été mis en place en temps voulu.

Nous savions toujours exactement où nous en étions par rapport à nos objectifs et aux tâches qu'ils supposaient d'accomplir. Toutes les semaines, moi et d'autres, nous regardions où en était le tableau de bord d'objectifs, d'indicateurs, de faits, d'étapes importantes et de décisions clés.

Nous avons intégré les organisations verticales, mais aussi les processus horizontaux, en confiant les diverses activités et processus correspondants à des équipes spécifiques, chacune ayant ses objectifs, ses indicateurs et ses délais à respecter. Nous avons remarqué que, dans de nombreux cas, les gisements de valeur les plus importants se situaient sur la dimension horizontale, par exemple les processus de la chaîne d'approvisionnement.

Chacune de ces équipes de projet devait organiser des réunions régulières pour étudier les problèmes dossier par dossier et rassembler les informations nécessaires à la décision. Les chefs de projet énuméraient les conflits à leur niveau, les directeurs de programme en faisaient autant au leur et, toutes les semaines, ces problèmes remontaient au comité de pilotage correspondant qui pouvait trancher rapidement. Nous avions mis en place une voie hiérarchique clairement définie pour ne pas laisser traîner les problèmes. Si une décision ne pouvait pas être prise au niveau de l'équipe, elle remontait jusqu'à celui où elle pouvait l'être. Si un dossier remontait jusqu'au comité de pilotage de la direction générale, nous prenions la décision. En général, nous étions d'accord mais, si c'était nécessaire, je décidais.

Nous avons accompli la plus grande intégration jamais entreprise dans notre secteur d'activité grâce à une attention rigoureuse aux détails, à des processus disciplinés, à la collaboration et à notre volonté d'aller vite et de travailler avec précision. Si nous y sommes parvenus, c'est grâce à l'immense dévouement du personnel des deux entreprises.

La technologie était notre colonne vertébrale, c'est ce qui nous a permis de prendre toutes ces décisions, de communiquer tout ce qui se faisait, et ce qui a permis à nos collaborateurs de travailler ensemble, dans le monde entier, même s'ils n'appartenaient pas à la même entreprise. Nous avons créé des « e-rooms », lieux de rencontre électroniques, pour chaque équipe et pour chaque comité. Et l'intégration de 229 000 boîtes à lettres électroniques, de 232 632 comptes, de 220 000 ordinateurs, de 1 093 sites internet, et de plus de 7 000 applications fut une entreprise aussi héroïque que tous les autres aspects de la fusion.

L'intégration, comme tous les autres défis opérationnels dans une activité mondialisée à évolution ultra rapide, me rappelait beaucoup les dissertations de philosophie que je faisais à l'université. On ne pouvait en comprendre et en extraire l'essence que si l'on avait commencé par en comprendre les détails. Un bon professeur peut en expliquer les principes généraux, car il connaît à fond toutes les particularités. De la même manière, le chef d'entreprise peut communiquer ce qu'il faut faire parce qu'il sait comment les gens vont opérer et quels résultats ils obtiendront.

L'intégration de nos deux entreprises allait se faire produit par produit, processus par processus et, surtout, individu par individu. Tous nos salariés attendaient de leur supérieur qu'il traite aussi vite que possible ce que nous appelions le *moi* de la fusion. Ils ne pourraient entrer complètement dans la nouvelle réalité que lorsqu'ils auraient compris ce qu'elle signifiait dans leur cas personnel. Il fallait donc commencer par mettre en place une communication fréquente et honnête. Nous avons annoncé combien d'emplois seraient supprimés et pourquoi. Nous avons dit dans combien de temps les gens sauraient s'ils conservaient leur poste dans la nouvelle entreprise. Plus tard, nous leur avons dit quels processus de sélection nous mettrions en place. Nous avons expliqué comment nous les aiderions s'ils perdaient leur poste. Dans les périodes de grands bouleversements, les gens ne tiennent plus rien pour acquis. Ils ne savent pas ce qui restera inchangé et, à moins qu'on ne leur dise le contraire, ils croient que tout va changer.

Notre but explicite était de marier les gènes de nos deux entreprises pour en créer une nouvelle, meilleure et plus vigoureuse. Les deux entreprises impliquées dans la fusion avaient des habitudes, une personnalité et des valeurs différentes. Nous avons joué les pionniers en créant ce que nous appelions la *due diligence* culturelle. Le processus de *due diligence* technique et financière est habituel dans une fusion, mais nous pensions nécessaire d'examiner en détail ce en quoi nos cultures différaient. Nous avons procédé à des entretiens en profondeur avec plus de cent cadres dirigeants et deux mille salariés des deux entreprises, et nous avons mis en place 138 *focus groups* dans

22 pays. Nous leur demandions de décrire les principales caractéristiques de leur entreprise et de nous dire quelles valeurs ils souhaitaient trouver dans la nouvelle entité.

Les résultats ont été passionnants et utiles. Il y avait des différences réelles entre les deux entreprises – il y avait en fait dix différences substantielles. Loin de les gommer, nous en avons parlé. Par exemple, Compaq privilégiait la prise de décision rapide, alors que HP attachait la plus haute importance à ce qu'elle soit parfaitement informée. Il arrivait que les collaborateurs de Compaq doivent revenir à de nombreuses reprises sur leurs décisions parce qu'ils n'avaient pas pris en compte tous les faits pertinents. Il arrivait que HP laisse échapper une opportunité parce que la décision avait été trop lente. Nous avions maintenant une chance de commencer à développer une prise de décision à la fois rapide et refléchie. Notre méthode d'intégration s'en voulait l'illustration même. L'expression « suffisamment parfait » devint « suffisamment rapide » – ni trop rapide, ni trop lent : suffisamment rapide.

Sur la question des valeurs, la concordance était étonnante. Quand nous avons résumé tout ce que l'on nous avait dit pendant les entretiens et les *focus groups*, il est apparu que tout le monde, partout, aspirait aux mêmes choses. Les valeurs sont des repères destinés à servir de guide quand les règlements ne sont pas clairs et que le supérieur hiérarchique est absent. Si les objectifs et les indicateurs concernent ce que l'on fait, les valeurs concernent la *façon* dont on le fait. Toutes les recherches que nous avions conduites aboutissaient aux valeurs essentielles qui avaient toujours figuré dans le « HP Way » : confiance, respect, intégrité, dévouement aveugle aux clients, travail en équipe et collaboration, innovation, contribution – plus une : la rapidité.

Pour bâtir notre nouvelle entreprise, il faudrait éduquer, multiplier les conversations, développer de nouvelles normes communes et un nouveau langage commun. Nous avons demandé aux nouvelles équipes de passer du temps, ensemble, à parler des aspects pratiques et tangibles de l'intégration – ainsi que de l'intangible, c'est-à-dire la culture. Par exemple, les gens avaient des idées différentes de ce que recouvrait le mot « respect » – était-ce la manière dont les hommes devaient traiter les femmes ou les dirigeants leurs subordonnés ? Pourquoi certains salariés avaient-ils peur dans certaines activités et dans certains lieux et pas dans d'autres ? Comment pouvions-nous former les managers à encourager et à pratiquer un dialogue ouvert et la diversité ? Nous menions deux fois par an des enquêtes auprès du personnel pour évaluer nos progrès sur ces points importants.

Les valeurs sont des idéaux – dans la pratique, tout le monde ne parvient pas tous les jours à les atteindre. Mais il y a une immense différence entre ne pas parvenir à la rapidité et à l'agilité auxquelles on aspire et violer délibérément des principes fondateurs comme la confiance, le respect et l'intégrité.

On ne saurait permettre à un dirigeant de faire ce qui vaudrait le licenciement à un simple salarié. L'un des nouveaux membres de mon conseil stratégique était un jeune et talentueux dirigeant de Compaq. Il était promis à un grand avenir ; j'appréciais son énergie, sa vivacité et son intelligence. Lui demander de partir a été la décision personnelle la plus difficile que j'aie jamais eue à prendre. Il avait une relation sentimentale avec un autre dirigeant de HP et si, en soi, cela ne posait pas problème, le fait qu'il ait abusé de sa position et des ressources de l'entreprise pour faire plaisir à cette personne en posait un. Quand un délateur attira l'attention de Bob Wayman sur ses actes, nous n'avons pas eu le choix. J'en ai informé le conseil et les administrateurs ont été unanimes : ils devraient partir tous les deux. Pour la seule fois de ma vie, j'ai pleuré dans la salle du conseil. C'était la bonne décision, mais cela ne m'empêchait pas d'en être bouleversée.

Le comportement de Michael était désormais contre-productif. Il donnait un exemple détestable. J'avais sincèrement espéré qu'il en aille autrement, mais au fil des mois, il était devenu évident, pour l'ensemble du conseil, qu'il fallait faire quelque chose. Une fois encore, la décision a été unanime et douloureuse.

Dans le monde extérieur, on murmurait que c'était mon intransigeance qui avait provoqué le départ de ces dirigeants. À l'intérieur, heureusement, les gens comprenaient que les valeurs et la personnalité comptent – autant quand il s'agit des dirigeants que pour tous les autres.

28

Tout est possible

Le 6 mai 2002, le symbole HPQ s'afficha pour la première fois sur la liste des cotations de la Bourse de New York. Certaines personnes, qui se refusaient encore à croire que la fusion avait bel et bien eu lieu, insinuèrent à nouveau que j'avais abandonné l'ancien symbole, HWP, parce que j'en voulais aux familles. Cela n'avait rien à voir avec elles. L'équation était évidente : HWP+CPQ=HPQ. Tous les salariés comprenaient le calcul simple selon lequel une compagnie plus une autre, cela faisait plus que deux compagnies séparées. Nos destinées n'en formaient plus qu'une.

Le 9 mai, j'étais à nouveau dans l'auditorium où, moins de deux mois plus tôt, je m'étais fait huer pendant le vote des actionnaires. Pour la première fois, nous avions organisé une réunion de l'ensemble du personnel de la nouvelle compagnie ; l'événement serait retransmis en direct dans le monde entier. En coulisses, j'ai entendu des milliers de personnes applaudir, taper des pieds, m'appeler en criant. Quand je suis montée en scène pour les saluer, j'ai été accueillie avec enthousiasme.

J'avais tenu à ce que la première règle du manuel « Rules of the Garage » soit : « Vous pouvez changer le monde, croyez-le », et la dernière : « Ensemble, nous pouvons tout faire, croyez-le ». Certains avaient trouvé ces formulations grandiloquentes, mais j'y croyais de tout mon cœur. Et, face à toutes ces personnes qui avaient tant travaillé à réaliser ce en quoi tant d'autres ne croyaient pas, j'ai eu le sentiment qu'elles me donnaient raison : tout est possible. Cela ne veut pas dire que ce soit facile, que cela arrive vite ou exactement comme vous l'aviez cru, mais quand tous, inspirés par une grande ambition, joignent leurs efforts pour réaliser un objectif commun, alors, oui, tout est possible.

« Tout est possible » est devenu le cri de ralliement du nouvel HP. Nous le reprenions dans nos communications internes et dans nos publicités. Cela résumait nos aspirations et nos responsabilités, notre conviction que la technologie donnait plus de possibilités à plus d'individus, dans plus d'endroits que cela n'avait jamais été le cas dans l'histoire, et notre certitude que notre dévouement et notre collaboration nous permettraient d'atteindre nos objectifs et d'aider d'innombrables autres individus à atteindre les leurs.

J'ai vu de mes yeux les merveilles du XXIe siècle, moment du destin de l'humanité qui diffère totalement de tout ce qui l'a précédé. Pour la première fois, nous opérons désormais dans une économie authentiquement mondiale. Bien entendu, beaucoup et même beaucoup trop d'individus sont encore laissés pour compte, privés de la dignité élémentaire d'accéder à de l'eau potable, une nourriture suffisante et un toit. Trop d'hommes et de femmes ne peuvent pas encore participer à l'économie mondiale parce que leur pays est en proie à la guerre et à l'insécurité et qu'ils n'ont ni formation, ni travail, ni soins médicaux, ni un bon gouvernement. Malgré ces tragédies et difficultés réelles, trois milliards de personnes ont rejoint le système commercial mondial au cours de la dernière décennie. La Chine, l'Inde, la Russie, le Brésil, la Pologne, la Lituanie et bien d'autres nations et peuples participent activement au marché mondial, dont ils stimulent l'activité. Nombre de ces nations ont un riche passé de réussites scientifiques et académiques. Si un citoyen sur dix, parmi ces trois milliards de personnes, est motivé et préparé à apporter sa contribution au monde, alors trois cents millions d'individus, plus que la population totale des États-Unis, pourront jouer un rôle de leader au XXIe siècle.

Au cours de l'un de mes nombreux voyages en Chine, on m'a demandé de faire une conférence à l'université pékinoise de

Tsinghua, où la plupart des gouvernants sont formés depuis de nombreuses décennies. La première question m'a été posée par une jeune femme : comment trouvais-je l'équilibre entre ma vie professionnelle et ma vie familiale ? Une autre étudiante m'a ensuite demandé si j'avais jamais envisagé de créer ma propre entreprise et comment elle devait s'y prendre elle-même. Un jeune homme souhaitait changer d'orientation – il avait entendu dire que j'avais moi-même abandonné mes études de droit – qu'est-ce que j'en pensais ? Ses parents ne voulaient pas qu'il change de cursus. Je lui ai dit en riant : « Vous voulez rentrer chez vous pour dire à vos parents que Carly Fiorina vous a donné raison ? » Il s'est mis à rire à son tour, ainsi que des centaines d'autres étudiants. Ces questions, formulées dans un anglais irréprochable, étaient les mêmes que celles que l'on me posait sur les campus américains. En rentrant chez moi, j'ai reçu de touchants messages de remerciements d'étudiants comme Mei Hongming, Xiao Chen Xi et Tracy Guo.

Au XXIe siècle, la technologie transforme tous les aspects de notre vie. Il suffit de penser aux changements qui ont marqué la photographie ces dix dernières années. La photographie traditionnelle reposait sur un processus physique, chimique et analogique. Quand on prenait une photo, un processus physique se déroulait dans l'appareil ; ensuite on faisait développer son film et, dans le laboratoire, un nouveau processus physique et chimique transformait les images imprimées sur le film en images sur papier ; on allait chercher ses photos, on les triait et, quand on avait le temps, on les envoyait à sa famille ou à ses amis ou on les disposait dans des albums. Aujourd'hui, un appareil numérique ou un téléphone portable créent un contenu numérique. Ce contenu peut être mis sur réseau et envoyé partout dans le monde, sans passer par des fils ; les images peuvent être modifiées, archivées et partagées. On crée ainsi une expérience virtuelle : d'autres personnes peuvent admirer exactement les mêmes images, en même temps, à des millions de kilomètres de distance. Et cette expérience est personnelle car les individus contrôlent toutes les étapes du processus ; ils peuvent même, s'ils le souhaitent, créer chez eux des photographies d'une qualité telle qu'ils peuvent les encadrer.

Il y a des milliers d'exemples plus sophistiqués de ce passage du physique et analogique au numérique, mobile, virtuel et personnel. Les jeux en ligne, les blogs, la gestion de son compte bancaire personnel, la musique, les films – la liste est longue, et les changements surviennent de plus en plus vite. Qu'est-ce que cela voudra dire quand tout un chacun, partout dans le monde, aura accès à toutes les informations qu'il veut, à tout moment, sur n'importe quel appareil ? Le XXIe siècle démocratise totalement l'information, il brise les barrières traditionnelles du temps, de la distance et de la fortune ; nous sommes à l'aube d'une transparence absolue. L'ère du numérique, du mobile, du virtuel et du personnel donne de plus en plus de pouvoir à l'individu par rapport aux institutions, et c'est vrai de tout le monde, partout.

Il y a eu un moment, dans l'histoire, où l'on pouvait postuler que si un individu n'avait pas d'opportunités, il n'avait pas non plus de potentiel. Nous savons maintenant que ce n'est pas vrai. Toute personne a en soi un potentiel, et ce potentiel peut être libéré si elle est bien dirigée, dispose de la bonne technologie et peut collaborer utilement avec d'autres.

Saraswati et Gowri habitent Kuppam, en Inde. Dans leur village, une personne sur trois est analphabète, plus de la moitié des foyers n'ont pas l'électricité et la plupart des adultes sont séropositifs. Ces jeunes femmes n'ont pas pu faire d'études secondaires parce que leurs parents n'avaient pas les moyens de payer leur scolarité. Un certain nombre de salariés HP, qui travaillaient avec cette communauté, ont inventé un appareil photo numérique et une imprimante solaires qui tenaient dans un sac à dos. Saraswati et Gowri ont été parmi les dix jeunes femmes sélectionnées pour bénéficier d'une formation de photographe ; on leur a donné l'équipement.

Sachant que les gens aiment être pris en photo, elles ont saisi l'opportunité. Elles ont décidé de suivre dans ses tournées le préfet de la région et de vendre leurs photos aux villageois pour un prix très raisonnable. En moins d'une semaine, elles avaient gagné l'équivalent d'un mois de salaire. Aujourd'hui, elles ont leur petite entreprise et ont créé un fonds de solidarité afin d'aider d'autres jeunes femmes à créer leur propre petite entreprise.

Dans le cadre de nos efforts pour l'extension des équipements informatiques, nous nous sommes impliqués dans le développement d'une communauté rurale, Mogalakwena, en Afrique du

Sud. J'ai vu des gens qui n'avaient ni l'eau courante ni l'électricité utiliser sans difficulté les vingt ordinateurs mis à leur disposition en divers endroits, de la bibliothèque au dispensaire, en passant par l'école. J'ai rencontré beaucoup des trois mille personnes qui avaient suivi avec succès des cours et des stages de formation informatique. Ils avaient de treize à soixante-quatorze ans, et ils appliquaient leur nouveau savoir-faire de mille façons intéressantes – de l'apprentissage de la distance à l'amélioration des soins médicaux, en passant par l'expression de leur point de vue dans les décisions qui affectent leur vie quotidienne.

J'ai rencontré Sali George Missinga, jeune villageois pauvre qui n'avait pas fini sa scolarité. HP l'avait recruté pour transporter des caisses dans le centre communautaire, mais Sali George avait l'esprit curieux. Ayant passé trois semaines à observer ce qui se passait, il a demandé à nos techniciens de lui montrer comment fonctionnaient nos appareils. Un an plus tard, HP l'envoyait procéder à l'installation d'ordinateurs dans une université voisine.

Je lui ai dit que je pourrais parler de lui au président d'Afrique du Sud. Et ce jeune homme, armé de sa toute nouvelle confiance en lui, m'a regardé droit dans les yeux et m'a répondu : « Oui, vous devriez le faire. Je crois que je le mérite. » Ce jour-là, j'ai présenté au public Sali George, puis le président, Thabo Mbeki. Ce dernier a demandé à Sali George de prendre la parole. Il a expliqué avec une grande éloquence que sa vie avait été transformée grâce à des gens qui lui avaient donné sa chance et grâce à la technologie. À la fin de son discours, le président Mbeki a dit : « Jeune homme, je vais vous envoyer à l'université. »

Au XXIe siècle, pour la première fois dans l'histoire humaine, tout le monde peut assumer de grandes responsabilités. Certes, l'injustice, les idées reçues et les inégalités sont encore des réalités. Néanmoins, aujourd'hui, le leadership n'a rien à voir avec le titre, l'argent ou le pouvoir. Pas plus qu'avec le sexe ou la couleur de la peau, les talents physiques ou l'origine nationale. S'il est bien soutenu et bénéficie des bonnes opportunités, tout un chacun peut prendre des initiatives passionnantes, où qu'il soit, n'importe quand. Cela suppose simplement d'avoir du caractère, de vouloir apporter sa pierre à l'édifice. Les leaders savent déceler le potentiel de leadership de leurs collaborateurs, ils savent le mettre en valeur grâce à la collaboration et à ce merveilleux outil qu'est la technologie.

Quand nos efforts d'intégration ont été achevés, j'ai demandé à nos collaborateurs de prendre du recul pour voir d'un côté la distance que nous avions parcourue ensemble sur la voie de la transformation et, de l'autre, la destination vers laquelle nous nous dirigions. La phase I avait porté sur l'aspiration et l'unification. Nous avions choisi de conquérir une place de leader sur nos marchés et fédéré mille tribus pour accroître nos forces. Reconnaissant que nous ne pouvions atteindre seuls nos objectifs, nous avions choisi de nous allier avec Compaq. La phase II avait donc été consacrée à la consolidation et à l'intégration.

La phase III, à laquelle nous nous étions attaqués au second semestre 2003 et qui devait caractériser nos efforts pendant toute l'année 2004, était dédiée à la conquête. Nous pouvions désormais utiliser tous nos actifs pour façonner la nouvelle ère technologique. Nous nous étions dotés d'un portefeuille d'activités unique et nous pouvions nous en servir pour répondre à la demande de solutions de plus en plus souvent exprimée par nos clients. Ils ne voulaient plus acheter la technologie en morceaux ; l'ère des équipements et des logiciels trop complexes était définitivement révolue. Plus la technologie s'enracinait dans le quotidien des affaires et de leur vie, plus les clients demandaient à leurs fournisseurs de leur apporter des solutions complètes.

Nos clients professionnels attendaient des solutions technologiques gérables, économiques, susceptibles de les aider à s'adapter plus vite et plus efficacement aux changements de leur propre environnement. Notre stratégie consistait à les aider à construire une entreprise flexible et à obtenir le meilleur retour sur investissement possible (ROIT). En termes pratiques, cela voulait dire leur apporter un coût d'usage plus faible, une plus grande facilité d'utilisation, l'interopérabilité, la fiabilité et la sécurité, ainsi qu'une moindre complexité. Nos efforts, en termes de logiciels, viseraient la maniabilité et l'interopérabilité des systèmes. Nos plateformes informatiques seraient flexibles, très performantes, compatibles avec les principaux standards du marché. Grâce à notre savoir-faire en matière d'impression et de services, nous pouvions offrir des solutions complètes de gestion documentaire.

Les consommateurs, eux aussi, demandaient des offres plus intégrées. Notre stratégie était de leur permettre des expériences satisfaisantes : une technologie et des solutions simples à posséder, à acheter et à faire fonctionner, qui leur faciliteraient la vie, la rendraient plus productive, plus amusante et plus créatrice de valeur.

Nous pouvions nous appuyer sur nos économies d'échelle, une grande capacité d'innovation et une discipline de plus en plus efficace, axée sur la satisfaction du client. Notre unique proposition de valeur était donc d'offrir au client une satisfaction totale (Total Customer Experience – TCE), de conjuguer haute technologie et prix attractif : il s'agissait d'offrir une innovation fiable, pertinente, à un prix abordable, en nous distinguant de tous nos concurrents.

Pour mettre en œuvre la phase III en réalité, il fallait élaborer un plan détaillé. Nous avons utilisé la même gouvernance de gestion de programme que celle que nous avions employée pour les programmes de la phase II : concentrer l'entreprise sur une croissance rentable, ramener nos coûts au niveau de ceux de nos concurrents, améliorer la discipline de performance, améliorer et accélérer les lancements de produits. Chacun de ces grands axes avait ses objectifs, ses plans et ses indicateurs spécifiques, et chacune de nos divisions avait son rôle à jouer.

Nos programmes de croissance rentable étaient axés sur l'amélioration de nos marges brutes, par exemple en misant davantage sur la distribution directe, en accélérant le développement de nos activités de logiciels, en mettant l'accent sur la vente de solutions et en calculant la rémunération des commerciaux en fonction des marges. Ramener nos coûts au niveau de ceux des concurrents, c'était avoir le souci constant d'améliorer la productivité et de réduire notre base de coûts. Cela voulait dire, par exemple, évaluer constamment le nombre de nos salariés, savoir où ils étaient, s'assurer que nous gérions au mieux la main-d'œuvre temporaire ainsi que les processus exigeant beaucoup d'heures de travail, comme les garanties et les réparations. Améliorer la discipline de performance, cela consistait à généraliser les processus de gestion de programme à l'ensemble de l'entreprise afin d'obtenir une exécution fiable et régulière.

Enfin, l'amélioration des lancements de produits reposait sur un ensemble de programmes destinés à notre force de vente. Nos commerciaux devaient être qualifiés pour vendre des solutions technologiques. Ceux qui y étaient déjà formés devaient être déployés rationnellement. Il nous fallait aussi utiliser au mieux notre vaste réseau de partenaires. Nous ne pouvions pas réussir la transition entre une entreprise vendant des produits et une entreprise vendant des systèmes et des solutions intégrées sans adapter nos capacités de vente.

Le carré stratégique devint le langage commun permettant à 150 000 personnes travaillant dans plus de 150 pays différents de rester sur la même longueur d'ondes. La constance et la cohérence sont indispensables à la cohésion, faute de laquelle toute entreprise court à l'échec. Nous avons investi dans des programmes de formation et de communication pour nous assurer que nos salariés comprenaient bien notre stratégie. Notre modèle opérationnel décrivait nos structures et nos processus. Chaque activité verticale, chaque processus horizontal, avait ses objectifs et ses indicateurs spécifiques. Nous mesurions les résultats et accordions les bonus en fonction d'un tableau de bord qui tenait compte des indices de performance financière comme la croissance du chiffre d'affaires et l'amélioration des résultats ; d'indicateurs d'efficacité opérationnelle comme la rotation des stocks et la capacité d'autofinancement ; enfin nous prenions en compte la satisfaction du client et celle des salariés (mesurée par nos enquêtes « Voice of the Workforce »). Tous les managers étaient évalués par rapport à ces divers critères. Tous les salariés et tous les dirigeants étaient aussi évalués par rapport à nos valeurs et au comportement que nous attendions des leaders. La façon dont on fait les choses est aussi importante que ce que l'on fait, et il y avait de la rigueur, de la discipline et une approche systématique dans un cas comme dans l'autre.

Les années 2003 et 2004 n'ont pas été parfaites. L'économie mondiale continuait à tourner au ralenti et la mise en œuvre de notre stratégie était parfois irrégulière. Nous avons manqué nos objectifs du troisième trimestre, ces deux années-là. Malgré cela, il était évident que nous avions renoué avec la croissance. Chacune de nos quatre principales activités était maintenant rentable. Nous avions retrouvé notre place de leader des serveurs, Linux compris, et la branche imprimantes avait une croissance plus forte et générait plus de profits qu'elle ne l'avait jamais fait. Nous étions au second rang mondial pour les PC, domaine dans lequel nous avions maintenant une rentabilité durable. Nos produits de consommation occupaient plus de linéaires, tous pays confondus, que HP et Compaq n'en occupaient séparément avant la fusion, et nous avions une position de leader tant pour les ordinateurs que pour les imprimantes grand public, les deux étant rentables. Notre branche services se battait au coude à coude avec IBM, mais elle était plus rentable et se développait plus vite. Nous avions racheté et intégré sept entreprises de logiciels et nous étions en passe d'atteindre la masse critique dans ce domaine. Nous avions complètement repensé les systèmes de vente et de service en ligne que nous mettions à la disposition de nos clients professionnels et individuels. Nous avions revitalisé et repositionné la marque HP tant sur le marché professionnel que pour les produits grand public. Nos études de marché nous montraient que la marque était maintenant considérée non seulement comme de grande qualité, mais aussi comme pertinente et moderne.

Durant ces deux années, nous avons dépassé de 2 milliards de dollars les estimations des analystes avec un chiffre d'affaires de 73 milliards de dollars en 2003 et de 80 milliards de dollars en 2004 – 7 milliards de dollars de mieux en croissance interne. Les résultats, mesurés par le chiffre du bénéfice net tel qu'il ressort des principes comptables américains (GAAP), étaient passés d'une perte de 928 millions de dollars en 2002 à un bénéfice de 2,5 milliards de dollars en 2003 et 3,5 milliards de dollars en 2004. En 2003 et 2004, nous avons dépassé de 0,01 dollar les estimations de bénéfice par action des analystes. En 2002, la perte par action avait été de 0,31 dollar par action. En 2003, le bénéfice par action s'élevait à 0,83 dollar, et ce chiffre passa à 1,15 dollar par action en 2004. Nous générions un *cash flow* annuel d'entre 5 et 6 milliards de dollars, contre 2,6 milliards de dollars avant la fusion. Pendant ce temps, nous continuions à verser des fonds au plan de pensions et à servir des dividendes (notre titre offrait le meilleur rendement du secteur), comme nous l'avions fait pendant les trente années précédentes. En 2004, nous avions passé toutes nos charges de restructuration dans nos résultats opérationnels et nous avions accru nos rachats de titres, qui étaient passés de 670 millions de dollars en 2002 et 750 millions de dollars en 2003 à 3,3 milliards de dollars en 2004.

En 2003 et en 2004, nous avons déposé onze brevets par jour, le plus haut taux d'innovation de l'histoire de la société ; du coup, en 2005, HP s'est classé au troisième rang mondial en termes d'innovation. La satisfaction totale du client continuait à s'améliorer. L'étude de satisfaction du consommateur du Technology Business Research (TBR) notait : « Les progrès de HP sont réguliers au point d'être prévisibles, et l'entreprise reste numéro un du marché pour la fidélité des clients. Cette confiance ne présente pas l'image d'un fournisseur coincé entre deux géants sans territoire propre, comme la presse technique le laisse entendre. » Notre propre enquête auprès du personnel révélait que ce dernier comprenait notre stratégie et pouvait soutenir notre image sur le marché. Nos salariés décrivaient HP comme un environnement ouvert, fondé sur la collaboration, avec une communication puissante.

J'ai toujours beaucoup travaillé – aucune de mes réussites n'a été facile, mais HP exigeait un engagement et une discipline infiniment plus rigoureux. Tout le monde ne s'en rendait peut-être pas encore compte, mais fin 2004, nous avions réussi à transformer durablement notre entreprise : ce n'était pas parfait, mais c'était *suffisamment parfait*.

Un tel résultat suppose plus que du travail en équipe, même si ce dernier est absolument indispensable. Pour transformer une entreprise, il faut de grandes idées afin de se donner des priorités et de faire travailler tout le monde dans le même sens. Nous en avons eu une dès le début : celle du carré stratégique, destiné à changer tous les aspects d'une institution qui avait commencé à s'atrophier. La fusion, autre grande idée, devait nous permettre de retrouver, ou d'acquérir, une place de leader dans une industrie qui change très vite. Mais, pour l'essentiel, la transformation repose sur les détails – une myriade de détails.

Notre plan produits est-il compétitif ? Nous permettra-t-il de sortir des secteurs en difficulté ? Mettons-nous suffisamment d'énergie à conquérir le marché que nous visons ? Comment concentrer plus efficacement l'attention des managers sur l'aspect financier de leur activité ? Comment améliorer la rentabilité de tel ou tel produit ? Notre portefeuille de contrats de service est-il équilibré ? Pourquoi le compte clients augmente-t-il ? Je pourrais continuer indéfiniment – la liste des questions opérationnelles auxquelles il faut répondre quotidiennement est interminable.

Plus la transformation est indispensable, moins le PDG en déléguera les détails. Certes, il doit en déléguer certains, mais il ne peut pas présider aux destinées de son entreprise dans un splendide isolement, pas plus qu'il ne peut se réserver à la haute stratégie. Dans les affaires, les résultats l'emportent sur les concepts, même si les idées peuvent motiver le comportement et inspirer l'action. Et les résultats sont le fruit des détails, pas des grandes idées. Le PDG doit trouver le juste équilibre entre laisser les gens faire leur boulot et vérifier constamment que les détails sont correctement exécutés, puis corriger le tir si nécessaire. Certains ont cru que je n'étais pas du genre à mettre les mains dans le cambouis. Mais tous les dirigeants qui réussissent savent que la mise en œuvre opérationnelle dépend de ce que le dirigeant a dans le ventre, et non de son style ou de sa personnalité.

La transformation d'une entreprise se fait produit après produit, décision après décision, individu après individu, jour après jour. C'est ainsi que HP est devenu ma vie. J'étais totalement accaparée par l'entreprise et ses exigences. Sans aucune exagération, je travaillais douze à quatorze heures par jour, dormais très peu et ne pensais qu'à HP. Je ne saurais non plus exagérer la profonde satisfaction que m'ont inspirée nos réalisations à la fin de 2004. Une fois encore, je ressentais une joie profonde d'avoir cru en une équipe plus qu'elle n'y croyait elle-même ; voir leur fierté d'avoir réalisé plus que ce qu'ils avaient cru possible était ma plus belle récompense. Malgré toutes les difficultés, toutes les critiques dont nous abreuvait le monde extérieur, cent cinquante mille personnes, dans le monde entier, étaient sur la même longueur d'ondes. Bref, nous savions où nous allions et nous savions comment y parvenir. Nous parlions la même langue, nous avions la même vision. Certes, il y avait encore beaucoup à faire. Il y a toujours beaucoup à faire, et nos projets pour 2005 consistaient à continuer d'améliorer tous les aspects de nos activités. Nous n'avions pas encore réalisé la totalité de notre potentiel. Mais nous avions mis en place les budgets et les plans détaillés qui nous permettraient d'y parvenir.

La presse et le cours du titre étaient les seuls nuages à l'horizon. C'étaient des préoccupations réelles, mais j'étais convaincue que la vigoureuse performance que nous pouvions réaliser en 2005 réglerait ces deux problèmes. Notre contre-performance du troisième trimestre a ranimé la controverse sur la fusion. Une fois encore, ceux qui s'y étaient toujours opposés ont répété que c'était une mauvaise idée et un échec. Une fois encore, certains ont réclamé la scission de HP. La presse s'est remise à formuler des critiques personnelles et, dans certains cas, malveillantes, mais nous pensions réduire très vite nos critiques au silence. En 2005, nous serions récompensés de tout le travail acharné accompli depuis juillet 1999.

29

Lutte de pouvoir

Après notre contre-performance du troisième trimestre 2003 au regard des attentes des analystes, j'ai parlé au conseil de mes réserves croissantes concernant Peter Blackmore. Le sujet n'était pas nouveau, mais le moment était venu d'intervenir, me semblait-il. Peter était un excellent directeur commercial, je l'aimais beaucoup, mais il devenait de plus en plus évident qu'il ne veillait pas d'assez près aux détails de gestion de sa division, très grande et très complexe. Le conseil n'avait pas voulu me suivre. Tom Perkins et Lucy Salhany tenaient particulièrement à ce que nous lui donnions une seconde chance. J'ai accepté ; il est donc resté à son poste une année de plus. C'était une erreur, et j'en assume l'entière responsabilité puisque le PDG est responsable du choix des membres de son équipe. J'ai insisté auprès de Peter pour qu'il me tienne régulièrement au courant et j'ai exercé sur sa division une supervision plus serrée, mais cela n'a pas suffi. Quand les mêmes problèmes nous ont coûté une nouvelle contre-performance en 2004, je n'ai pas donné le choix au conseil. Peter devrait nous quitter et Mike Winkler le remplacerait avec le titre de directeur du Customer Solution Group (CSG). Mike a remarquablement réussi à imposer la discipline et à transformer la force de vente.

J'aurais vraiment préféré que Peter nous quitte dans d'autres circonstances. Je sais que lui et sa famille ont vécu son départ comme une épreuve. J'ai moi-même trouvé très pénible de le lui annoncer en face, d'autant que certains de ses collaborateurs étaient également concernés. Mais Peter avait mérité ma franchise et mon respect. Nous lui avions confié un poste qui ne lui convenait pas et nous l'y avions laissé trop longtemps, mais c'était un excellent directeur, un homme très droit, et il avait beaucoup contribué à la réussite de la fusion. Quand nous avons annoncé ce troisième dérapage, surprenant et non négligeable, les investisseurs ont naturellement voulu savoir comment nous comptions y remédier. J'ai expliqué les problèmes en détail, précisant ce que nous avions décidé de faire pour rectifier les imperfections des systèmes et des processus qu'ils avaient révélés, ajoutant que nous allions procéder à certains changements au niveau de la direction. Certains analystes ont tenté de me faire citer des noms, mais je m'y suis refusée. Il fallait agir, mais je me refusais à l'exécution en place publique.

Ces explications revêtaient une grande importance. Le décalage par rapport aux prévisions trimestrielles était significatif, mais il résultait d'une série isolée d'événements au sein d'un seul département, les autres ayant obtenu de très bons résultats. Et si Wall Street avait besoin de savoir comment nous avions décidé de régler le problème, le personnel de HP en avait encore plus besoin. Quand on veut construire une culture de responsabilité et de discipline, il faut que les conséquences des manquements soient claires et réelles.

En août et septembre 2004, après l'annonce de nos résultats trimestriels, Bob Wayman et moi-même étions allés voir nos plus gros actionnaires. Certes déçus par les performances boursières du titre, ils continuaient à croire en notre stratégie. Plusieurs d'entre eux avaient même profité de la faiblesse du titre pour accroître leur participation. Ils nous avaient pratiquement tous demandé de racheter beaucoup plus de nos propres titres. Après ces visites, j'ai informé le conseil que la réunion de septembre serait consacrée à l'examen de notre stratégie et de nos plans opérationnels, ce que je considérais comme un préalable indispensable à la décision de racheter de grandes quantités d'actions, signe de confiance envers la direction et la stratégie. Le conseil ne pouvait prendre une telle décision à bon escient que s'il connaissait les plans opérationnels en place et les alternatives stratégiques.

Cette fois encore, nous avions fait appel à McKinsey pour évaluer les mérites de notre stratégie par rapport à d'autres possibilités, dont la scission de l'entreprise. Nous avions invité à la fois les banquiers et les consultants à la réunion du conseil pour qu'ils apportent leur point de vue. Nous avons présenté une première ébauche du plan opérationnel de 2005, qui décrivait déjà en détail nos objectifs, articulés sur quatre axes : croissance rentable, compression des coûts, amélioration de la discipline et des lancements de produits. La conversation s'est prolongée de quatre heures de l'après-midi au dîner, qui s'est terminé tard. Le lendemain matin, le conseil délibérait à nouveau, avec des consultants extérieurs et avec d'autres membres du comité de direction. Le conseil a approuvé une augmentation considérable de nos rachats de titres, renouvelé sa confiance au comité de direction et réitéré son soutien à notre stratégie.

Sam Ginn et Phil Condit s'étaient tous deux retirés du conseil en janvier 2004. Étant eux-mêmes chacun à la tête d'une entreprise, ils savaient d'expérience comment fonctionnent les grandes entreprises et leur conseil d'administration. Ils savaient qu'un PDG doit trouver le juste équilibre entre les exigences des actionnaires, des salariés, des clients et de la société. Ils savaient qu'un PDG est responsable des résultats de l'entreprise et des détails opérationnels nécessaires pour les obtenir. Ils savaient que ce n'est pas au conseil de gérer l'entreprise. Ils savaient aussi qu'un petit groupe d'individus peut parfois s'égarer. Ils apportaient des perspectives intéressantes aux discussions du conseil. Leur présence nous a terriblement manqué, surtout à moi. Les seuls administrateurs à avoir des responsabilités dans le monde des affaires étaient désormais Larry Babbio et Bob Knowling, qui partageaient le point de vue de Sam et de Phil sur les rôles respectifs du conseil et du PDG.

Dick Hackborn, Jay Keyworth et Tom Perkins (jusqu'à son départ en retraite en janvier 2004, date à laquelle il avait atteint l'âge limite que nous avions fixé à soixante-douze ans) formaient ensemble le comité technologie, dont la création était une initiative de Tom. Tous trois adoraient leur sujet et passaient des heures à en discuter tant durant les réunions du comité qu'en dehors. Shane Robison, directeur de la technologie et de la stratégie, leur ressemblait beaucoup et siégeait au comité technologie. Les quatre hommes passaient beaucoup de temps ensemble.

Dick, Jay et Tom étaient des techniciens, ils n'avaient pas de responsabilités opérationnelles et ne se préoccupaient guère des détails pratiques à mettre en place pour faire avancer les dossiers. Comme beaucoup de techniciens, ils se reconnaissaient et s'appréciaient entre eux, mais ne faisaient guère d'efforts pour s'intéresser aux autres, qu'ils n'hésitaient pas à critiquer. Ils avaient des idées très arrêtées sur la technologie et pratiquement sur tout. Aucun d'entre eux ne faisait confiance à Ann Livermore, dont je devais souvent prendre la défense. En revanche, ils pensaient que Shane Robison pouvait prendre n'importe quel poste, proposant successivement de lui confier celui de Duane Zitzner à la tête du Personal Systems Group, puis de lui faire remplacer Vyomesh Joshi à la direction de l'Imaging and Printing Group et, plus tard, Ann Livermore au Technology Systems Group. Dick, Jay et Tom appréciaient Shane parce qu'il avait les mêmes centres d'intérêt qu'eux. Ils étaient convaincus qu'à partir du moment où ils comprenaient la technologie, ils comprenaient tout. Shane était un excellent directeur de la technologie, très conscient de ses forces et de ses faiblesses, mais il n'était pas fait pour diriger un département. Il n'en avait d'ailleurs pas envie.

Mon travail, en tant que PDG responsable de la performance de l'entreprise, était de séparer le bon grain de l'ivraie parmi les suggestions de Dick, de Jay et de Tom. Je les écoutais toujours et, quand je n'étais pas d'accord, j'expliquais pourquoi. Mais nous étions très souvent d'accord. En général, quand ils s'en tenaient à la stratégie technologique, leurs conseils étaient précieux ; ils nous ont beaucoup aidés à hiérarchiser les priorités en matière d'acquisitions de logiciels. Mais quand ils s'aventuraient dans d'autres domaines, ils semaient la zizanie. Et ils n'avaient pas conscience de leurs limitations.

En 2004, l'épouse de Jay est morte après une longue lutte contre le cancer. Jay l'avait soignée avec beaucoup de dévouement. Il m'a appelée pour me demander si je pouvais prononcer un éloge funèbre. J'ai accepté, bien entendu. Après les funérailles, son fils est venu me trouver. Il s'inquiétait pour son père, craignant qu'il ne sombre dans la dépression, et se demandait si je pourrais faire en sorte de l'occuper davantage. Jay avait fait de la recherche en physique nucléaire au laboratoire national de Los Alamos. Intellectuel et solitaire, il s'était énormément appuyé sur le soutien affectif de sa femme. En rentrant en Californie, j'ai dit à l'équipe qui travaillait à notre entrée dans les loisirs numériques que Jay assisterait souvent à nos réunions. Il avait toujours un point de vue intéressant, et je voulais l'aider dans ce moment difficile. C'était une décision du cœur, non de la tête, et ce fut une erreur.

Quand l'été laissa la place à l'automne, Jay se mit à passer de plus en plus de temps au siège, venant souvent me voir à mon bureau. Il avait toujours des tas d'idées, surtout des idées d'acquisitions. AMD, TiVo, Veritas – la liste était longue et variée. Les détails pratiques ne l'intéressaient pas. Il défendait mordicus l'intérêt stratégique de ces acquisitions, nous laissant le soin de nous débrouiller du reste. Passant outre à mon désaccord, Jay a apporté le dossier au comité technologique. J'ai passé un temps fou à discuter de l'intérêt stratégique de ces acquisitions et à expliquer que ces opérations, vraiment complexes, nous imposeraient en outre des contraintes financières. Pour une raison ou pour une autre, aucune n'était envisageable.

Jay n'a pas apprécié que je rejette ses nombreuses suggestions. Un beau jour, il m'a appelée pour me dire qu'il avait rencontré une femme. Plus tard, il m'a dit qu'il l'emmenait en Italie, où il avait une maison, et qu'ils iraient voir Tom Perkins dans sa propriété en Angleterre. J'espérais que ces projets le rendraient heureux et l'occuperaient.

Jay avait toujours eu des idées très arrêtées sur tout, y compris sur les autres administrateurs. En particulier, il avait toujours mis en doute les compétences de Pattie Dunn, se plaignant souvent qu'elle ne comprenait pas notre entreprise et se réfugiait dans les procédures. Il m'avait conseillé de la remplacer à la présidence du comité d'audit. Plusieurs administrateurs envisageaient même de démissionner, m'a-t-il dit un jour, si elle n'abandonnait pas la présidence du comité. Pattie ne semblait pas entièrement satisfaite de sa carrière chez Barclays. Je savais qu'elle serait profondément déçue de perdre la présidence du comité d'audit, même si elle a réagi en professionnelle en reconnaissant que son successeur était plus qualifié qu'elle. Je n'avais guère le choix : les plaintes du comité de direction, des auditeurs extérieurs et de ses collègues au conseil indiquaient qu'un changement s'imposait.

Jay critiquait également Lucy Salhany, qu'il trouvait émotive et lunatique. Il souhaitait qu'elle soit, elle aussi, remplacée. Plus il passait de temps chez HP, plus il se plaignait de la faiblesse de notre conseil, me pressant de recruter rapidement de nouveaux administrateurs.

Nous cherchions depuis un certain temps des administrateurs indépendants, à cause de la loi Sarbanes-Oxley, mais il n'était pas évident de trouver des dirigeants en poste dont l'entreprise n'avait ni conflit ni relations avec HP. Il était difficile également d'en trouver qui acceptent de passer du temps à siéger au conseil d'une autre entreprise, car la charge de travail et les responsabilités s'étaient beaucoup accrues. Quand Sam Ginn présidait le comité des nominations et de la gouvernance, il travaillait directement avec des chasseurs de têtes pour identifier des candidats. Beaucoup d'administrateurs s'étaient plaints de ne pas être tenus au courant de ses activités ; après son départ, j'ai donc commencé à faire le point sur nos efforts de recrutement d'administrateurs à chaque réunion du conseil. Nous passions la liste de candidats en revue et, après discussion, nous ajoutions ou supprimions des noms. En juillet, nous avions réussi à nous adjoindre Bob Ryan, directeur financier de Medtronic, qui prit la présidence du comité d'audit. Bob ne put être présent à la réunion de septembre. Nous espérions bien voir arriver un autre PDG en automne, mais à la dernière minute il estima que son agenda ne lui permettrait pas de participer assez régulièrement à nos réunions. (Les deux administrateurs qui entrèrent au conseil de HP en 2005 étaient aussi sur la liste.)

Comme tous les ans, la réunion de novembre était réservée à une discussion détaillée du plan opérationnel de l'année suivante. En novembre, nous donnions des détails supplémentaires sur ces plans dont nous avions déjà discuté en septembre. Le comité de direction participait toujours au grand complet à cette réunion, et celle de novembre 2004 ne fit pas exception. La discussion fut animée, les administrateurs étaient contents. Nous avions baptisé notre plan le SPAR accéléré (pour *strategic planning and review*), car nous nous engagions à dépasser les seuils de performance guidant l'attribution des bonus. Lors de cette réunion, le conseil approuva officiellement le plan de la direction et les bonus autorisés qui seraient versés à l'équipe de direction, y compris le mien.

Comme d'habitude, le conseil passa à l'examen de l'action de la direction à l'issue de la réunion. Bob Knowling présidait le comité des nominations et de la gouvernance, où il remplaçait

Sam Ginn. Lucy Salhany s'était battue pour obtenir cette présidence. Elle n'était vraiment pas qualifiée pour tenir ce rôle dans une entreprise de cette taille, mais je savais qu'elle était vexée que je ne lui aie pas offert le poste. En sa qualité de président du comité des nominations et de la gouvernance, Bob dirigeait les sessions exécutives. Il était également, à juste titre, très attaché à l'efficacité du conseil en tant que groupe. Depuis un certain temps, il pressait ses collègues administrateurs d'entreprendre des auto-évaluations. Jay y avait toujours résisté, tant durant les réunions qu'au cours de conversations privées. Il expliquait que c'était une perte de temps, et plus Bob insistait, plus Jay m'en parlait avec virulence. Lors des réunions, Jay semblait manquer de respect envers Bob, et ce dernier n'était pas sans le remarquer. Malgré la résistance de Jay, cependant, Bob avait fini par obtenir que les administrateurs acceptent de répondre à un questionnaire.

Quand on m'a demandé de venir rejoindre le conseil, Bob a dit que l'un des problèmes qui étaient apparus en dépouillant les questionnaires était que le PDG était mal informé des conclusions de ces sessions. Pour y pallier, le conseil avait décidé que Bob serait désigné pour me tenir au courant de ce qui s'y était dit d'important. Je comprenais cette décision, c'est ainsi que nous avions travaillé quand Sam et Phil étaient au conseil, c'était donc un retour à notre pratique normale. Je devinais, même si je n'en avais aucune certitude, que Jay avait tenté de s'y opposer.

Puis, Bob a dit quelque chose de surprenant. « Carly, certains administrateurs pensent qu'il faudrait faire revenir Tom Perkins au conseil. Nous avons du mal à recruter un autre expert technique pour remplacer Dick quand il décidera de prendre sa retraite. [Dick était plus jeune que Tom, mais il menaçait depuis des années de prendre sa retraite.] Le reste du conseil est d'accord, mais nous voudrions savoir ce que tu en penses. »

N'ayant pas prévu cette question, j'ai commencé à réfléchir tout haut. « Eh bien, je ne crois pas que le manque d'experts techniques soit notre plus grand problème. Je pense qu'il y a un besoin beaucoup plus pressant, et c'est l'expérience opérationnelle de la vie d'une grande entreprise. Par ailleurs, vous vous souvenez sans doute que nous avons eu en 2003 de nombreuses conversations orageuses sur l'âge du départ en retraite et nous étions parvenus à la conclusion que nous ne voulions pas faire d'exceptions. Je ne suis pas sûre que cela fera très bon effet de rappeler un administrateur qui vient de partir parce qu'il avait dépassé la limite d'âge. Tom n'a pas caché en partant qu'il n'avait pas envie qu'on lui demande de rester, de toute manière. Est-ce que nous savons même si cela l'intéresserait ? »

C'est alors que Jay est intervenu : « Comme tu le sais, Carly, je suis allé en Angleterre passer quelques jours chez Tom. Je crois que le conseil lui manque vraiment et qu'il aimerait beaucoup y revenir. » Lucy en a ajouté une couche : « Je crois qu'il se sent un peu seul. Il manque d'activité. Il viendrait si tu le lui demandais. » Et Jay a ajouté : « Il devrait peut-être assister au séminaire de janvier pour se remettre au courant avant d'être officiellement réintégré en mars. » Nous avions prévu un séminaire de plusieurs jours au mois de janvier, comme nous l'avions déjà fait en 2000 et en 2003.

Tom, comme Jay, avait perdu sa femme après une longue bataille contre le cancer. Cette expérience commune les avait rapprochés, ils étaient maintenant très intimes. J'en étais ravie pour eux. Ce n'est que plus tard que j'ai appris que Jay avait longuement raconté à Tom toutes les idées que j'avais rejetées, des acquisitions aux questions de personnes.

J'aurais dû tout refuser en bloc. Mais aucun autre administrateur n'exprimait de réserves, et je n'ai pas pensé que c'était une décision très grave, dans un sens ou dans l'autre. Pourquoi en faire une montagne puisque cela n'intéressait personne d'autre ?

Plus tard, quand j'en ai parlé à Bob Wayman, il a été horrifié. Selon lui, j'avais fait une lourde erreur, nous aurions l'air ridicules vis-à-vis du monde extérieur. Ann Baskins, notre directeur juridique, partageait ce point de vue, ainsi que notre conseiller juridique extérieur, Larry Sonsini, quand nous l'avons consulté. Mais il était trop tard. Aucun d'eux n'était hélas à mes côtés pour me conseiller quand j'en aurais eu besoin, et Jay s'était précipité pour appeler aussitôt son cher ami Tom.

Après la réunion, j'avais été contente que Jay vienne me dire qu'il avait apprécié la façon dont Bob Knowling avait joué son rôle. J'ai espéré qu'il le soutiendrait peut-être à l'avenir. « Carly, je pense que Bob peut jouer un rôle important en te tenant au courant de ce qui se dit pendant les sessions direction. » Mais Jay ne laissa pas Bob jouer ce rôle et peut-être, rétrospectivement, n'avait-il soutenu cette idée, en novembre, qu'à la suite d'un marchandage, Bob acceptant en échange le retour de Tom.

Des rumeurs persistantes circulèrent apparemment en automne 2004 dans les couloirs de HP, selon lesquelles je me préparerais à quitter la maison pour entreprendre une carrière politique. De fait, sans que j'aie rien demandé, on m'avait offert plusieurs opportunités en ce sens. Je n'avais pas donné suite. Certaines me tentaient, mais ce n'était vraiment pas le moment de partir. Nous avions pris un bon départ et il fallait appliquer nos plans afin d'ancrer notre réussite dans la durée. Je pensais que j'aurais peut-être achevé ma tâche douze mois plus tard, mais au minimum, il fallait nous mettre d'accord sur un plan de succession avant mon départ. C'est ce que j'avais dit à tous ceux qui étaient venus me proposer des projets.

Mon comité de direction m'a conseillé de tordre le cou à ces rumeurs pendant la réunion du personnel du mois de décembre. J'ai donc rappelé à nos salariés que je leur avais toujours dit que notre objectif était de devenir leader mondial de nos métiers. Notre place de numéro un se définirait par les chiffres, mais aussi par notre façon de collaborer et d'assumer nos responsabilités au sein de la société. « Il y a un temps pour tout, cela s'applique aussi aux dirigeants, et le mien prendra sans doute fin un jour, mais ce n'est pas encore le moment. Nous avons encore beaucoup de travail à faire ensemble. »

En ce même mois de décembre, nous avions notre réunion semi-annuelle avec les analystes et les investisseurs de Wall Street. Lors de la réunion précédente, en juin, j'avais indiqué que nous nous attachions désormais en priorité à la mise en œuvre de notre stratégie afin d'assurer notre croissance et de nous arroger une place de leader. La stratégie étant en place, l'heure étant désormais aux programmes opérationnels. Nous avions décrit ces derniers. J'avais également indiqué que leur application disciplinée devait permettre une croissance de 20 % ou plus de nos résultats par action.

Pour le quatrième trimestre 2004, nous avions réalisé une performance vigoureuse, avec des chiffres d'affaires record dans tous nos métiers, dont la rentabilité était désormais plus équilibrée qu'elle ne l'avait jamais été grâce à la fusion. Pour l'ensemble de l'exercice, malgré le faux pas du troisième trimestre, notre chiffre d'affaires avait progressé de 9 %, atteignant 80 milliards de dollars avec un résultat d'exploitation record de 5 milliards de dollars. À la réunion de décembre, nous avons répété ce que nous avions dit en juin : 2005 serait consacré à la mise en œuvre de notre stratégie. Compte tenu de notre contre-performance du troisième trimestre, je savais que je me heurterais à un grand scepticisme, tant sur notre aptitude à la réaliser que sur une éventuelle croissance de 20 % du résultat par action. Nous avons donc fourni aux analystes énormément de détails sur nos programmes opérationnels.

J'ai rappelé à nos investisseurs et aux analystes ce que nous avions dit au mois de juin concernant nos priorités. J'ai rappelé les plans opérationnels spécifiques et les incitations financières mises en place pour accélérer une croissance rentable, ramener nos coûts à un niveau équivalent à la meilleure pratique du secteur, améliorer la discipline de performance et les lancements de produits – tout ce que nous avions validé en conseil d'administration. Les membres du comité de direction qui m'ont succédé à la tribune ont présenté soixante-trois transparents détaillant les programmes d'exécution dans tous les services de HP. Cela a duré plus de cinq heures. Nous n'avons pas précisé le nombre d'emplois que nous avions décidé de supprimer, car nous voulions orienter Wall Street sur la performance de HP, pas sur le nombre de têtes qui allaient tomber. Nous avions néanmoins prévu d'en supprimer encore dix à douze mille en 2005.

En conclusion, j'ai expliqué qu'il y avait toujours un décalage entre nos prévisions officielles, toujours plus que prudentes, et nos objectifs internes, par exemple augmenter de huit à dix points notre marge d'exploitation et de vingt pour cent le résultat par action, ces chiffres reflétant réellement le potentiel de notre entreprise.

Quand on m'a posé une question sur la situation économique en 2005 et la nature de notre secteur d'activité, j'ai répondu : « Comme je l'ai dit en annonçant la fusion, les technologies de l'information sont en train de subir une transformation structurelle, il ne s'agit pas simplement d'un retournement du cycle économique... [Néanmoins] le contexte économique s'améliore manifestement. Notre industrie est désormais plus stable, plus mature ; elle peut espérer un taux de croissance environ double de celui du PIB, et non plus le quintuple... L'économie va mieux, la confiance revient. »

En 2005, la situation économique était redevenue florissante et HP enregistra une croissance de 20 %.

Deux jours avant le séminaire de janvier du conseil, Dick, Jay et Pattie sont venus me trouver. C'était un groupe et un moment improbables. Qu'avaient-ils de si urgent à me dire quarante-huit heures avant que nous ne passions trois jours ensemble ? Pourquoi se présentaient-ils comme parlant « au nom du conseil » alors qu'à la dernière réunion de ce dernier, nous étions convenus que ce rôle incombait à Bob Knowling ? Leurs propos furent plus étranges encore. Ils ont commencé par exprimer la préoccupation légitime que leur inspirait le cours du titre, la perception de la performance de HP et la façon dont les médias parlaient de nous. Pour pallier ces maux, ils m'ont donné une ordonnance précise : il fallait réorganiser l'entreprise en la scindant en deux entités, avec un président pour chacune. Ils les désignaient même nommément : Shane prendrait les commandes du Customer Solution Group (CSG), Mike Winkler et Ann Livermore lui reporteraient. Vyomesh Joshi prendrait, lui, la direction de la nouvelle entité regroupant les actuels Personal Systems Group (PSG) et Imaging and Printing Group (IPG). Pour couronner le tout, il fallait mettre en place des communications continues entre le conseil et le PDG.

Je leur ai demandé pourquoi ils pensaient cette réorganisation nécessaire à ce moment précis. Cela montrera que nous sommes « flexibles », m'a-t-on répondu. Nous subissions la pression, à la Bourse et dans la presse ; la réorganisation aurait au moins le mérite de changer le sujet de conversation. Cela montrerait que nous « faisions quelque chose ». Je me suis ensuite étonnée du prétendu manque de communication entre le conseil et la direction. Outre les réunions du conseil et des comités, les administrateurs dialoguaient fréquemment et sans aucune restriction avec tous les membres du comité de direction, quand ils le voulaient. Ils avaient également accès, par voie électronique, à toutes les informations qu'ils voulaient concernant l'entreprise. Pattie a dit qu'elle pensait que nous aurions dû organiser une téléconférence quand IBM avait annoncé sa décision de vendre son activité PC. J'ai répondu que cela ne m'était pas venu à l'esprit, puisque nous avions immédiatement mis à la disposition des administrateurs, sur le site web, toute l'information dont nous disposions sur cette opération. J'ai également exprimé ma surprise que, trouvant cette affaire si importante, ni Pattie ni aucun autre administrateur n'aient posé de questions à ce sujet à la réunion du mois de septembre, quelques semaines après qu'IBM ait annoncé son opération.

Dans mon esprit, cette entrevue surprise était une simple discussion. Je ne pensais pas que ce trio puisse, ou doive, me donner des ordres. Voyant que je n'adhérais pas immédiatement à leurs idées, ils se sont vexés. Jay avait l'air particulièrement exaspéré, au point que je lui ai demandé pourquoi. De mon point de vue, leurs suggestions ne reposaient pas sur une réflexion suffisamment informée et raisonnée. En outre, la priorité, comme nous en étions convenus en novembre, était de tenir notre cap, d'exécuter le plan 2005. Après environ une heure de conversation assez vive, j'ai suggéré que nous changions l'ordre du jour du séminaire : toute la première journée serait consacrée à la réorganisation qu'ils proposaient et à la communication. Le lendemain, j'ai réuni le comité de direction et nous avons modifié nos emplois du temps conformément à ce changement de programme.

Quand nous avions le temps de parler, nous avions toujours réussi à trouver un terrain d'entente avec le conseil. Le mercredi soir, je suis donc arrivée détendue à San Francisco, même si cette réunion m'agaçait, car j'avais le sentiment qu'il y avait quelque chose de louche. Jay Keyworth est immédiatement passé à l'attaque : « Carly, je croyais que nous étions convenus de nommer Tom Perkins administrateur tout de suite. Ann Baskins dit qu'on ne peut pas voter cette motion cette fois-ci. » Jay ne tenait pas en place. « C'est ridicule de s'encombrer de toute cette procédure. Cette réunion est très importante. »

J'ai pris la défense d'Ann. « Jay, le conseil doit approuver le 10-K. Tom n'est plus au conseil depuis un an. Il ne peut pas attester de la performance de l'entreprise ni approuver les comptes. Il n'a pas besoin d'être nommé cette fois-ci. Il peut participer à la réunion en invité comme nous l'avions dit à la réunion de novembre, nous lui ferons signer les documents appropriés pour qu'il s'engage à ne pas divulguer d'informations confidentielles.

– C'est ridicule, Carly. Il peut jeter un coup d'œil sur le 10-K en une heure et le signer. »

Une fois encore, Jay se montrait agacé par le dispositif de bonne gouvernance. Il voulait avoir son ami à ses côtés, même si je ne comprenais pas pourquoi il trouvait cela si urgent. J'ai tenu bon.

« Non, Jay, ce n'est pas possible. Ce sont des documents sérieux, que tous les administrateurs doivent étudier sérieusement. Bob Wayman et moi sommes personnellement responsables de leur exactitude. Il n'est pas question d'y jeter un coup d'œil. Ce n'est pas comme cela que l'on travaille, ici. »

Jay a fini par faire marche arrière, mais en disant qu'il en parlerait le lendemain matin devant l'ensemble du conseil. Ce soir-là, nous nous sommes tous retrouvés pour un dîner amical et décontracté. Jay a présenté sa nouvelle compagne à tout le monde. Il avait l'air d'avoir particulièrement envie de me la faire admirer.

Le lendemain matin, nous avons eu à nouveau cette même conversation devant le conseil au grand complet, en présence de Tom Perkins. Je n'ai pas cédé, car je ne voulais à aucun prix sacrifier notre gouvernance pour une urgence irrationnelle de faire revenir Tom au conseil. Ayant traité cette question, j'ai demandé à chacun des administrateurs de me dire ce qu'il pensait. Tom a immédiatement commencé à prendre une part très active à la conversation. Nous n'avions pas en face de nous une personne qui se remettait au courant après une très longue absence, mais un homme ayant des opinions très arrêtées sur tout, des questions de personnel aux acquisitions, alors qu'il n'avait jamais vu le plan 2005 que le conseil avait approuvé en novembre. Il a dit que nous avions fait une erreur en n'acquérant pas un grand éditeur de logiciels quelques mois plus tôt. Quand je lui ai communiqué l'opinion de notre banque, selon laquelle cette acquisition absorberait la moitié de notre trésorerie et ferait sans doute baisser le titre de 20 %, cela n'a pas semblé le faire changer d'avis. Il était certain qu'Ann Livermore n'était pas qualifiée pour diriger le Technology Solutions Group. Nous devions procéder à une réorganisation immédiate, celle que Dick, Pattie et Jay avaient suggérée, et promouvoir Shane Robison. Jay approuvait vigoureusement toutes les suggestions de Tom.

Je leur ai dit qu'en ma qualité de PDG, j'étais responsable de la performance de HP. Shane n'était pas qualifié pour ce poste. J'ai rappelé les faits exacts concernant la performance d'Ann. J'ai également rappelé à Tom qu'il avait commis des erreurs de jugement concernant le personnel par le passé. C'était parce que je l'avais écouté que j'avais, à mon corps défendant, laissé Peter Blackmore à son poste neuf mois de plus qu'il n'eût été raisonnable. J'assumais cette décision, mais on ne m'y reprendrait pas deux fois. Lucy Salhany est alors intervenue : « Tu as raison, Carly, je me souviens que tu nous avais dit qu'il fallait changer Peter Blackmore de poste. C'est nous qui t'avons convaincue d'attendre. » Je lui ai été reconnaissante de son honnêteté.

Les heures passèrent tandis que chaque administrateur exprimait son propre point de vue sur les réorganisations éventuelles et les questions de personnes. Contrairement à ce qu'avaient affirmé Pattie, Jay et Dick le lundi, les administrateurs, comme à l'accoutumée, n'avaient pas tous le même point de vue. À la fin d'une interminable journée, nous étions cependant tombés d'accord sur plusieurs choses. La première était de fusionner les divisions Personnal Systems et Imaging and Printing en une seule entité, sous la direction de Vyomesh Joshi. J'étais d'accord sur ce point. Il était temps de prendre cette décision et nous étions prêts à la mettre en œuvre. Ce soir-là, nous avons travaillé jusqu'à minuit passé, avec plusieurs dirigeants, pour pouvoir faire l'annonce le lendemain matin.

Deuxièmement, comme les administrateurs jugeaient très différemment les compétences divers directeurs, nous demanderions à Shane, Ann et Vyomesh de rencontrer individuellement le conseil le samedi. C'est moi qui l'avais proposé, dans l'espoir qu'en leur parlant plus longuement, les administrateurs parviendraient peut-être à rapprocher leurs points de vue. Nous étions aussi tombés d'accord, du moins je le croyais, sur la façon dont nous évaluerions les diverses alternatives organisationnelles au cours des trois à six mois suivants. Mike Winkler et moi avions prévu qu'il prenne sa retraite l'été suivant, lorsque la transformation de la force de vente serait achevée. Logiquement, c'est à ce moment-là qu'il conviendrait de fusionner le TSG et le CSG.

Je n'étais pas opposée au changement, pas plus que je ne refusais d'envisager les suggestions qui m'avaient été présentées. Mais j'étais certaine que l'une d'entre elles serait une erreur, et je pensais qu'il m'appartenait de trancher. Si le PDG est responsable des résultats, c'est à lui de prendre les décisions nécessaires pour les obtenir. En outre, je ne croyais pas aux effets d'annonce. Je n'étais pas du tout convaincue qu'il fallait faire ceci ou cela pour faire preuve de « flexibilité ». Les réorganisations provoquent toujours des perturbations, il ne faut donc les envisager que si les bénéfices attendus l'emportent sur leurs coûts réels. Jouer aux chaises musicales, c'est peut-être très bien sur le papier, mais cela fait des ravages.

Le samedi, le conseil avait rencontré les trois directeurs, mais personne n'avait vraiment changé d'avis. Jay et Tom maintenaient leur point de vue sur Shane et Ann. Les autres administrateurs portaient des jugements variés sur diverses personnes. Bob et Larry trouvaient que le conseil devait s'effacer, laissant la décision au PDG. Nous avons résumé tout ce dont nous étions convenus sur la façon de poursuivre la discussion au cours des prochaines réunions du conseil. J'ai précisé que je ne prendrais pas une décision que je considérais comme vouée à l'échec, même si je pensais que nous pouvions effectivement continuer à simplifier et à rationaliser l'entreprise au cours des trimestres suivants. J'ai également fait remarquer que si nous ne parvenions pas à un consensus sur le personnel et la structure organisationnelle, il m'appartiendrait, en dernier ressort, de prendre la décision.

« Tu sais, Carly, tout le monde peut se tromper et, cette fois, c'est le conseil qui s'est trompé », a dit Lucy à la fin de la réunion. Et ce soir-là, Dick m'a pris à part pour me dire qu'il trouvait que j'avais absolument raison concernant Shane. Le soir, l'ambiance était aussi chaleureuse et détendue que d'habitude, et la petite amie de Jay m'a assuré que Jay avait beaucoup d'affection et d'admiration pour moi.

À la fin de ces trois journées, j'étais fatiguée. Je trouvais que nous avions dépensé une immense énergie à évoquer trop de problèmes, d'autant que ce n'étaient pas les bons. Je pensais néanmoins que nous avions fini par avoir une conversation raisonnée et raisonnable. Le conseil avait entendu encore plus de détails concernant les plans opérationnels, maintenant en place, que nous allions mettre en œuvre. Il avait déclaré sa satisfaction concernant tant les détails opérationnels que les résultats attendus de ces plans, comme j'en ai informé mon comité de direction par courriel à la fin de la réunion. J'étais satisfaite, mais j'avais remarqué que Jay et Tom s'étaient retrouvés en petit comité à chaque pause, pendant toute la durée de la réunion, et cela me mettait mal à l'aise.

Le vendredi suivant, j'ai reçu dans l'après-midi un coup de téléphone urgent d'un de nos attachés de presse. Le *Wall Street Journal* se préparait à publier le lundi suivant un récit détaillé de la dernière réunion du conseil. La journaliste affirmait avoir parlé à deux ou peut-être trois administrateurs. Était-il vrai que nous allions entreprendre une réorganisation ? Est-ce que je voulais faire un commentaire ?

J'ai peine à dire à quel point j'étais ulcérée. Jusqu'à ce qu'un conseil prenne une décision, ses délibérations sont confidentielles. La personne qui avait pris cette initiative avait bafoué la confiance qui la liait à moi, mais aussi à tous les autres administrateurs. Je me souvenais des dégâts qu'avait causés la fuite concernant la fusion avec Compaq, la veille de l'annonce. Je me souvenais à quel point ces mêmes administrateurs avaient été outragés que Walter ait alors bafoué notre confiance en divulguant aux médias les dispositions envisagées par les conseils de HP et de Compaq sur la rémunération des dirigeants. Dans les affaires, la confiance est indispensable. Aucun conseil, aucun comité de direction ne peut fonctionner sans.

En outre, j'étais furieuse. Les individus qui avaient pris bouche avec le *Wall Street Journal* étaient assez arrogants et assez bêtes pour croire que leurs visées personnelles, quelles qu'elles fussent, primaient sur toute autre considération. Ils avaient fait passer leurs intérêts avant ceux de l'entreprise. Ils croyaient peut-être m'obliger ainsi à la réorganiser à leur idée. Peu leur importait, sans doute, d'imposer du même coup une pression énorme à chacun des salariés de HP, à commencer par les dirigeants nommés dans l'article. Ce dernier serait maintenant le sujet de conversation incontournable avec chacun de nos clients, chacun de nos partenaires, et à chacune de nos réunions. C'est de cela que le personnel parlerait autour des fontaines d'eau réfrigérée. Cela donnait encore un peu de grain à moudre à nos concurrents et à nos critiques. Au lieu de nous aider à améliorer notre performance, cela nous empêcherait de travailler.

La pression était d'autant plus forte que Mike Winkler, Ann Livermore et moi-même étions sur le point de partir au Forum économique mondial de Davos, où se retrouvent tous les ans la plupart des grands noms du monde des affaires et de la politique, ainsi qu'une nuée de journalistes du monde entier. C'était une occasion extraordinaire de rencontrer les clients et de faire des affaires, énormément de gens étant rassemblés dans un seul lieu sur une période de quelques jours. Nos agendas étaient pleins à craquer de rendez-vous importants pendant toute la durée du forum. L'article du *Wall Street Journal* paraîtrait en première page, le premier jour. Littéralement, mes deux collègues et moi-même devrions nous expliquer devant le monde entier. Quand l'article paraîtrait, il serait évident qu'il y avait des dissensions au sein du conseil et que certains administrateurs avaient choisi d'en parler sur la place publique.

J'ai adressé un courriel au conseil pour informer les administrateurs de la fuite. J'y disais que je trouvais ce comportement inadmissible de la part d'un administrateur et je proposais une téléconférence pour le samedi matin. Pendant cette téléconférence, j'ai été glaciale. J'ai dit que le conseil ne pouvait pas se comporter ainsi et que je ne mangeais pas de ce pain-là. Pattie était en vacances à Bali et ne savait pas encore ce qui s'était passé. Elle ne m'a jamais posé la moindre question sur cette téléconférence, même si j'ai su qu'elle avait dit que « tout avait changé » à dater de ce jour. Jay, Dick et Tom ont tous les trois reconnu que la journaliste les avait contactés. Ils ont tous nié lui avoir parlé. Jay, en particulier, s'est lancé dans une explication détaillée des raisons excluant qu'il eût été à l'origine de la fuite. Lucy avait également été contactée par la journaliste, mais elle avait immédiatement appelé notre bureau de presse. Elle, Bob Knowling et Larry Babbio ont dit tous les trois qu'ils étaient outrés. Y avait-il des micros dans la salle du conseil ? Je les ai rassurés : je faisais toujours vérifier que ce n'était pas le cas par le personnel de sécurité. Quelqu'un aurait-il pu mettre la main sur les grandes feuilles du tableau blanc que j'avais utilisées pour résumer la réunion ? Non, je les avais moi-même passées à la déchiqueteuse.

Larry Babbio trouvait que tous les administrateurs devraient immédiatement donner leur démission ; je déterminerais qui pourrait se représenter au mois de mars. J'ai répondu par une autre proposition : demander au comité des nominations et de la gouvernance de faire procéder à une enquête par un cabinet extérieur. Les rares fois où nous avions eu un problème éthique réclamant l'attention du conseil, c'est ainsi que nous avions fait. J'estimais qu'il appartenait au comité des nominations et de la gouvernance de traiter ce dossier. Personne n'en a disconvenu.

Dix minutes plus tard, Bob Knowling convoquait le comité par téléphone. Ses membres ont décidé de demander à Larry Sonsini d'interroger individuellement tous les administrateurs. Bob a proposé de faire d'une pierre deux coups : Larry profiterait de ces entretiens pour les évaluer objectivement. En dehors de la fuite qui venait de se produire, la dynamique du conseil posait problème à bien des égards. Le comité a donné son accord. Chaque administrateur serait interrogé sur ce qu'il pensait de l'efficacité du conseil, les qualifications de chacun de ses membres et la façon dont on pourrait améliorer les réunions et les délibérations. J'ai trouvé que c'était une excellente idée. Nous avions besoin de savoir ce qui s'était passé pour faire en sorte que cela ne se reproduise plus, et nous pouvions en profiter pour régler les problèmes sous-jacents. Je pensais que nous pouvions surmonter cette tempête, nous en avions vu d'autres. Je ne pensais pas que cela pousserait quiconque à démissionner et je n'avais pas l'intention de poser la question. Cet avertissement sans frais serait, pensais-je, utile à beaucoup d'administrateurs qui n'étaient pas aussi forts qu'ils le croyaient.

C'est moi qui ne l'étais pas. Au cours de la quinzaine suivante, pour des raisons que j'ignore, certains administrateurs allaient décider de me mettre dehors.

30

Je garde mon âme

Le dimanche 6 février 2005, je prépare chez moi la réunion du conseil du lendemain. Il y a dix jours, à la dernière téléconférence du conseil, Larry Sonsini a présenté les résultats de son enquête sur la fuite et son évaluation du fonctionnement du conseil. Il nous a informés que deux et peut-être trois administrateurs ont divulgué des conversations confidentielles. Seul Tom Perkins a eu l'honnêteté de reconnaître avoir parlé à la presse ; sans nommer personne, il a précisé n'avoir été qu'une « source secondaire ». J'apprécie sa franchise, mais le fait qu'aucun autre administrateur n'avoue me trouble profondément. Pendant la téléconférence, tous les administrateurs sauf un ont posé des questions ou fait des commentaires.

Le rapport de Larry a révélé des dysfonctionnements importants du conseil. Cela confirme ce que je pensais moi-même, et je sais que d'autres administrateurs le pensent aussi. Je trouve à la fois épuisant et contre-productif de ménager les personnalités, les ambitions et les susceptibilités. Certains administrateurs ont en outre la mauvaise habitude d'entraîner le conseil dans de longues digressions sur des sujets fort éloignés de l'ordre du jour.

Certains se comportent en dilettantes, manquent de maturité ou ne préparent pas les réunions. Certains ont des idées très arrêtées sur certains sujets, pas d'idées du tout sur d'autres. Certains s'ennuient et se permettent de distraire leurs collègues lorsque nous discutons de sujets importants comme le développement des dirigeants ou la responsabilité sociale de l'entreprise. C'est la raison pour laquelle Bob Knowling a réclamé cette évaluation des administrateurs ; je l'approuvais absolument : nous avons besoin d'identifier et de traiter les problèmes réels que posent les compétences et le comportement des administrateurs pris individuellement, mais aussi la dynamique du groupe.

Après le rapport de Larry, nous avons tourné notre attention sur l'assemblée générale annuelle des actionnaires qui devait se tenir lors de notre prochaine réunion du conseil. Compte tenu de toute la publicité récente, il fallait s'attendre à ce qu'ils demandent des éclaircissements à la direction et au conseil. Allons-nous conserver la même stratégie ? Envisagons-nous de réorganiser l'entreprise et peut-être de la scinder comme le demandent beaucoup de nos détracteurs ? Nous avons donc décidé de convoquer une réunion spéciale du conseil au mois de février pour rapprocher nos points de vue et préparer nos réponses aux actionnaires. Pour éviter que la presse ne spécule à nouveau sur nos activités, nous avons décidé que cette réunion aurait lieu à l'aéroport de Chicago et non au siège de Palo Alto.

Je ne comprends rien à l'attitude récente du conseil. Les dénégations véhémentes de Jay au moment de la fuite, puis son mutisme lors de la dernière téléconférence me paraissent troublants. La réémergence de Tom Perkins et le rôle actif qu'il joue manifestement m'inquiètent – il n'a même pas encore officiellement réintégré le conseil. Autre grave sujet de préoccupation, je n'ai été contactée par aucun administrateur depuis notre dernière téléconférence. Larry Sonsini m'a dit que divers administrateurs se parlaient. De quoi ont-ils parlé pendant cet intervalle de dix jours ? Pourquoi éprouvent-ils le besoin de m'exclure ? Qui a fait des accusations à mon sujet que je ne peux ni réfuter ni défendre ?

Depuis cinq ans et demi, je déploie d'immenses efforts pour atteindre les objectifs que nous avons adoptés d'un commun accord. Je crois avoir mérité, au minimum, d'être informée honnêtement de ce qui se trame. Mais je connais Dick, un tel comportement n'est pas dans ses habitudes. Quant à Tom, il mijote manifestement quelque chose, je ne sais pas quoi. Jay est très tendu. Lucy n'est pas sûre d'elle, les autres peuvent facilement la faire changer d'avis. Pattie a l'air extraordinairement heureuse de jouer un rôle plus important que par le passé. Bob Bryan vient à peine d'entrer au conseil. Je ne peux pas le juger, mais il ne connaît pas ses collègues aussi bien que moi.

Je suis donc tendue, pessimiste, ce dimanche soir. On peut trouver surprenant que je n'aie pas pris sur moi d'appeler tous les administrateurs pour plaider ma cause, demander des explications ou faire amende honorable, mais je n'ai pas eu une minute à moi ces dix derniers jours. En outre, je ne pense pas que ce soit mon rôle de convaincre le conseil d'agir dans un sens ou dans l'autre ; je ne l'ai pas forcé à me recruter et je ne l'empêcherai pas de me congédier s'il l'envisage véritablement. J'assume tout ce que j'ai fait et décidé. Maintenant, c'est au conseil d'assumer ses décisions et ses actes.

Frank me répète sans arrêt de ne pas m'inquiéter. Il y a à peine trois semaines, me rappelle-t-il, Jay proposait que la réunion du conseil de mai se tienne sur notre bateau. (Peu après la mort de son épouse, il avait demandé s'il pouvait venir nous voir en Californie avec son petit-fils. Frank s'était occupé d'eux pendant deux jours, et Jay avait adoré son bateau.) Il me rappelle aussi une conversation avec Pattie, le même soir. Elle et son mari sont en semi-retraite, et Frank venait de rêver tout haut à la belle vie que nous mènerons quand je ne travaillerai plus. « Désolée, Frank, avait-elle dit, mais mon devoir d'administrateur m'empêche d'encourager Carly à prendre sa retraite. »

Mais il ne parvient pas à me convaincre. Je sais que mon anxiété est justifiée. Je repense à une brève conversation avec Pattie, il y a quelques jours. Je lui ai téléphoné parce que c'est sa secrétaire qui a organisé la réunion de Chicago, afin qu'elle ne s'ébruite pas. Nous avons parlé logistique, puis j'ai plongé : « Pattie, je me demande si l'on ne me cache pas quelque chose. Qu'est-ce que tu me conseilles de faire ?

– Carly, je sais que cette affaire de fuite est très regrettable. Si tu réussissais à revenir à la situation d'avant San Francisco, je pense que ce serait bien. Mais je t'en prie, ne parle à personne de cette conversation. »

À San Francisco, nous avons évoqué des questions de stratégie, de personnes et d'éventuelles modifications structurelles. Nous sommes tombés d'accord sur beaucoup de choses, pas sur d'autres. Qu'est-ce que j'ai bien pu dire, et pourquoi ? Quels ont été les points d'accord et de désaccord ? Compte tenu de tous les événements survenus depuis, il y a peut-être eu confusion. Certains de nos administrateurs ont tendance à oublier ce que nous disons d'une réunion sur l'autre, d'autres à m'attribuer des paroles que je n'ai jamais prononcées. Jay et Tom parlent à certains de leurs collègues, pas à d'autres. Je me dis qu'il faut à tout prix que je résume en détail tout ce qui s'était dit à San Francisco.

Je me mets donc à écrire quelques notes, suivant le conseil de Pattie. Je commence par affirmer que je respecte le conseil et apprécie son rôle. Il m'a recrutée, il peut me congédier. Je note que je suis d'accord sur le fait que le débat est salutaire et même vital : si j'ai fait obstacle à une communication libre et ouverte, je le regrette sincèrement. J'écris pour clarifier les choses après une série d'événements dévastateurs et déstabilisants. Quel que soit le mobile qui les a provoqués, nous ne pouvons plus nous permettre le moindre problème de communication. Aucun conseil ne peut accomplir sa tâche si ses membres ne se disent pas la vérité, s'ils ne respectent pas la procédure et s'ils n'ont pas la certitude absolue que cette confiance ne sera pas bafouée. J'utiliserai ce texte pour ouvrir les discussions, demain matin. Je ne sais pas ce que pensent un certain nombre d'administrateurs, mais je suis décidée à tourner la page, ne plus parler de cette regrettable fuite, partir du principe que tout le monde en a tiré des enseignements, et repartir sur la base de la clarté et du respect mutuel.

Le lendemain, la conversation n'était pas à l'ordre du jour. Quand je suis arrivée dans la salle de conférences, la dynamique était claire. Malgré le dédain qu'il avait si souvent exprimé à son égard, Jay chuchotait quelque chose à l'oreille de Pattie, ils se sont mis à rire. C'est elle qui a déclaré la séance ouverte. Ceci, en soi, était étrange, puisqu'elle ne présidait aucun comité. Tout le monde sauf moi semblait savoir ce qui allait se passer. Elle a demandé au conseil d'accepter la démission de Sandy Litvak. Ce dernier avait apparemment informé ses collègues qu'il préférait démissionner que souscrire à ce qui allait se passer au cours de cette réunion. Ensuite, elle a demandé au conseil de voter la réélection de Tom Perkins. Je me suis abstenue. J'étais tiraillée entre la méfiance que m'inspirait le rôle qu'il jouait et mon devoir fiduciaire. Je ne comprenais pas ce qui se passait. Deux administrateurs ont voté contre sa réintégration. Depuis le début de mon mandat chez HP, c'était la première fois qu'une décision du conseil n'était pas unanime. Mon renvoi serait la seconde.

Larry Sonsini a parlé d'une réunion qui s'était apparemment tenue la veille au soir entre certains administrateurs et un spécialiste de la gouvernance. Je présidais officiellement le conseil d'administration, mais je n'en avais pas été informée et je n'y avais évidemment pas été invitée. Tout se passait comme si je n'étais pas dans la pièce. Tout le monde évitait de croiser mon regard. Puis, Pattie a dit : « Tu as quelque chose à dire, Carly ? »

J'étais stupéfaite. Il n'y aurait pas de conversation. Apparemment, le conseil voulait une déclaration. J'avais fait des photocopies du document que j'avais rédigé la veille – je les ai fait passer autour de la table. J'ai exprimé mon regret qu'une déclaration officielle soit nécessaire, mais je comprenais bien sûr qu'il était indispensable que les choses soient bien claires. J'ai commencé à lire, en espérant être interrompue.

Voici ce que j'ai lu :

> Je suis au service du conseil pour bâtir une grande entreprise. Le conseil croyait que HP pouvait retrouver, au XXIe siècle, la place de leader dont il avait joui dans les années 1950, 1960, 1970 et 1980. Cette mission m'a été confirmée quand le conseil a décidé d'entreprendre l'opération complexe, difficile et risquée de la scission entre HP et Agilent. Elle m'a été re-confirmée quand le conseil a décidé d'entreprendre une autre opération complexe, difficile et risquée : l'acquisition de Compaq. Durant toute cette période, nos métiers ont été marqués par un changement d'une magnitude et d'une rapidité sans précédent, et cela continue.
>
> Compte tenu de la difficulté de notre mission, notre entreprise a besoin de la participation éclairée de tous ses administrateurs. Il appartient au conseil d'éprouver la validité de la réflexion, des hypothèses et des projets de la direction. Il faut qu'il y ait autour de la table un débat et un dialogue francs. Chacune de nos voix doit être entendue, chacune de nos idées examinée. Je suis passionnément attachée à cette entreprise et je crois que ce conseil mérite ma franchise absolue. Cependant, s'il m'est arrivé de me mettre en colère, d'être sur la défensive ou de faire preuve d'étroitesse d'esprit durant ces discussions, j'ai eu tort. Après un débat franc et ouvert, le moment vient où il faut prendre une décision. Et une fois qu'elle est prise, il y a normalement une période d'exécution, durant laquelle on maintient le cap.

Je me suis investie dans HP parce que je crois profondément en cette entreprise, en son personnel, en son potentiel de faire évoluer dans le bon sens notre industrie et même le monde, mais aussi parce que je crois que notre mission – nous assurer une place de leader – est réalisable. Si j'apprécie les décisions du conseil concernant ma rémunération, ce n'est pas l'appât du gain qui me motive. J'ai volontairement refusé des bonus garantis contractuellement et des primes de rétention, de même que j'ai abandonné mon contrat de travail, afin que le conseil puisse se conformer à un vote des actionnaires et que tous les dirigeants de HP soient traités de la même manière. Nous avons été très ambitieux en termes d'objectifs et d'aspirations. Pendant cette période, j'ai reçu beaucoup de propositions intéressantes. Mais ma première obligation, c'est à HP qu'elle me lie, et je ne partirai que si c'est l'intérêt de notre entreprise – ou que le conseil décide que le moment en est venu.

La stratégie

Ce conseil a décidé et entériné à plusieurs reprises les aspects les plus importants de notre stratégie, à savoir que si nous sommes en concurrence avec Dell et IBM, nous devons aussi nous en différencier ; que nous souhaitons conserver une gamme unique par sa diversité – imprimantes, ordinateurs, logiciels et services – ; enfin, que nous servirons à la fois les particuliers, les entreprises et le secteur public. Toutes ces décisions peuvent et doivent être revues si le conseil le juge nécessaire. Personnellement, je suis convaincue que notre stratégie est valide, même si sa mise en œuvre présente des difficultés. Je note cependant qu'un élément de cette stratégie – les logiciels – nécessite encore beaucoup de travail. Quant à nos autres activités, si l'implémentation de la stratégie a parfois été inégale, je crois que nous sommes capables de réaliser notre mission. En matière de logiciels, nous devons à mon avis envisager soit l'acquisition de nouveaux actifs, ce qui sera difficile, peut-être même presque impossible financièrement à court terme, soit adopter une politique active et volontariste de banalisation des logiciels.

La mise en œuvre

C'est l'aspect le plus important de notre activité, celui qui réclame le plus d'attention de la direction et du conseil. Je crois que nous avons exactement le même point de vue sur l'urgence d'accélérer la mise en œuvre cohérente de notre stratégie. C'est sur les solutions structurelles envisageables que nous différons. Peut-être partons-nous d'hypothèses et de principes opératoires différents. Permettez-moi d'apporter ici quelques précisions sur ma façon de penser.

1. Je sais que le conseil cherche activement à recruter à l'extérieur mes successeurs potentiels. Il a indiqué en mars, mai et juillet 2004 que c'était une priorité absolue. Par ailleurs, nous sommes tous d'accord pour reconnaître la nécessité de renforcer l'équipe de direction. Nous avons donc entrepris une large recherche dans plusieurs secteurs d'activité (vous trouverez ci-joint une liste des candidats avec lesquels nous sommes en pourparlers). Je crois que pour recruter un ou plusieurs d'entre eux, il nous faudra peut-être leur créer un poste sur mesure. Autrement dit, les solutions structurelles envisagées devront peut-être tenir compte du profil du candidat retenu.

2. Certaines acquisitions pourraient également avoir une incidence sur notre organisation structurelle. Par exemple, si nous devions faire l'acquisition d'un grand éditeur de logiciels, il faudrait créer une entité autonome reportant directement au PDG. Le patron de cette entité pourrait, le cas échéant, être candidat à sa succession.

3. Il existe peut-être des divergences entre nous concernant la façon dont HP travaille aujourd'hui. Notre entreprise est moins caractérisée par des fonctions centralisées et des activités décentralisées que par des processus horizontaux, distribués, et une chaîne verticale de centres de profit. Cette situation n'est certainement pas unique à HP. Pratiquement toutes les grandes entreprises complexes évoluent en ce sens. Ces processus horizontaux nous ont permis de réduire simultanément nos coûts et nos frais tout en nous dotant de nouvelles capacités. Notre modèle opératoire actuel se traduit par le fait que les changements au niveau des processus entraînent des changements réels au niveau des comportements. Autrement dit, le changement de processus peut être aussi significatif que le changement structurel. C'est la raison pour laquelle je crois que changer nos processus ASPIRE et SPAR, ce qui est immédiatement réalisable, peut avoir un impact réel sur la rapidité et la localisation de notre portefeuille d'activités et sur la prise de décisions en matière d'investissements.

4. Nous étions totalement d'accord que la création d'IPSG était la bonne décision et que le moment était venu de la prendre. Les réorganisations perturbent toujours le fonctionnement de l'entreprise. Il faut donc toujours se demander si le moment est bien choisi et si l'on est prêt – c'est le meilleur moyen de s'assurer que les avantages de la réorganisation envisagée l'emportent sur les risques. IPG et PSG étaient prêts. J'ai la conviction personnelle que CSG et TSG ne le sont pas encore, même s'ils le seront dans un délai relativement court – certainement dans le courant du présent exercice. Nous sommes d'accord que la

fusion de ces deux entités sera une bonne chose si elle est faite au bon moment, sous l'autorité d'un dirigeant à la hauteur. Nous divergeons apparemment sur le moment approprié et sur la personnalité du dirigeant. Nous portons des jugements différents sur les capacités de certaines personnes.

5. Sachant que, dans le meilleur des cas, dans nos métiers, l'exécution au jour le jour est complexe et difficile, je crois que la constance et la stabilité sont essentielles jusqu'à ce que nous soyons prêts à effectuer un changement. Les rumeurs de changements risquent toujours de nuire à l'entreprise.

Si j'ai mis sur le papier ces considérations sur la mise en œuvre de notre stratégie, c'est pour clarifier le débat, non pour y mettre fin. Il arrive que les divergences sur une solution ne reflètent qu'une différence de perspective sur l'appréciation du problème ou les hypothèses sous-jacentes.

Je crois que le travail engagé par l'équipe de direction pour l'exercice 2005 est extrêmement important. Nous avons maintenant des programmes détaillés dans l'ensemble de l'entreprise, articulés sur quatre axes privilégiés : la croissance rentable, la compression des coûts, l'amélioration de la discipline de performance et des lancements de nouveaux produits. Nous continuerons à faire régulièrement le point sur ces programmes et les progrès accomplis avec le conseil. Il ne faut pas sous-estimer l'impact de ce travail sur la rentabilité, le *cash flow* et la croissance de nos divers métiers.

La performance du PDG

Je suis quasiment certaine que le processus d'évaluation de ma propre performance est en cours. Sachant que le conseil dispose déjà de beaucoup d'informations, j'ai pensé utile de revenir sur le contexte, d'autant que la presse récente a été très négative et, dans certains cas, inexacte.

Comme vous le savez, la performance des dirigeants s'évalue par référence à un ensemble d'indicateurs concernant les résultats financiers, l'amélioration opérationnelle, la satisfaction des clients et les questions relatives au personnel. Nos objectifs, dans chacune de ces catégories, sont difficiles à atteindre mais représentent une amélioration réelle.

Vous trouverez en annexe certaines données que les médias n'ont pas toujours bien diffusées sur notre performance financière ou opérationnelle. Concernant les salariés, le taux de participation à notre « Voice of the Workforce » est passé de 67 % en 2003 à 77 % en 2004. Nous avons accompli de grands progrès dans la réalisation de nos objectifs prioritaires depuis 2003 (les chiffres figurent en annexe). Nous avons également identifié quatre domaines sur lesquels nous souhaitons concentrer nos efforts (voir les annexes) et élaboré les plans d'action correspondants. Nous venons d'achever une rapide enquête pour évaluer le progrès accompli. Quatre-vingts pour cent de nos salariés déclarent constater que cela évolue vraiment dans le bon sens.

Concernant les clients, j'ai mis en annexe les résultats du TCE. Nous avons accompli des progrès réels, mais il y a encore beaucoup à faire.

Nous nous sommes également fixé un objectif de retour total pour l'actionnaire – faire au moins aussi bien que l'indice Standard & Poor pour 2004, 2005 et 2006 pour recevoir nos bonus. Nous nous sommes fixé ces objectifs en dépit du fait que, sur une période de vingt années, IBM et HPQ ont fait moins bien que l'indice S&P et le Dow Jones, même si l'écart a été plus marqué pour IBM et s'est renouvelé tous les ans, alors que HPQ a fait mieux que ces indices à certains moments, pareil ou moins bien à d'autres. Vous trouverez en annexe la comparaison des performances boursières sur plusieurs années de HPQ par rapport à IBM, Dell, SUNW, EMC, LXK, EDS, Intel, MSFT, ORCL, CSCO, MOT, Agilent, EK et GTW.

Les communications avec le conseil

J'ai le plus vif désir de discuter de la communication avec le conseil et de procéder à tout changement susceptible de l'améliorer. Vous trouverez ci-dessous la liste de ce que nous avons déjà fait pour enrichir le flux d'informations qui s'ajoutent aux réunions régulières du conseil et des comités.

– Site Web du conseil

– Accès au portail @HP

– Les membres de l'équipe de direction viennent régulièrement tenir le conseil au courant de nos activités, tant aux réunions du conseil qu'à celles des comités. Fréquents contacts avec la direction en dehors des réunions régulières et à la demande des administrateurs.

– Publication du calendrier des sujets abordés en conseil pour aider à la préparation de l'ordre du jour.

– Enquêtes régulières auprès des administrateurs pour savoir quels points ils souhaitent inscrire à l'ordre du jour.

– Tous les changements organisationnels importants sont discutés à l'avance avec le conseil.

– Évaluation régulière des compétences des dirigeants.

– Enfin, nous venons de convenir d'une téléconférence mensuelle.

Le conseil et la direction conviennent également de la nécessité de recruter de nouveaux administrateurs. Ce processus a été lent et frustrant pour tout le monde. J'ai mis en annexe la liste des candidats potentiels auxquels nous avons parlé. Je suis désireuse de chercher, en collaboration avec le conseil, à améliorer ce processus pour obtenir de meilleurs résultats.

J'ai achevé ma lecture en espérant qu'on allait me poser des questions. Je me suis heurtée à un silence complet. Ensuite, Pattie m'a demandé de sortir. J'avais parcouru plus de trois mille kilomètres, et l'on m'a congédiée au bout de vingt-neuf minutes.

Trois heures allaient s'écouler avant qu'on ne me demande de revenir dans la salle de conférences. Dans l'intervalle, j'ai repensé à l'époque où j'étais administrateur chez Kellogg. Le conseil avait déterminé qu'un changement au sommet était nécessaire. Le PDG n'avait pas envie de céder la place, mais il était au courant des délibérations du conseil et il savait pourquoi la décision avait été prise. On lui a demandé de recommander un successeur, et la personne qu'il a désignée a finalement été retenue. Il a été consulté sur la période de transition. Il a été remercié, et on l'a félicité du travail accompli. Il y a eu des pots d'adieux. Le relais est passé d'une génération à l'autre. Il en avait été de même lorsqu'on avait demandé à John Young et à Lew Platt de céder leur poste. Leur travail a été reconnu, ils ont été remerciés, ils ont passé le relais.

À l'exception de quelques rares cas de présomption d'escroquerie ou de malversations, il en avait été de même pour la succession de pratiquement tous les PDG que je connaissais ou dont j'avais entendu parler. Une transition bien ordonnée s'impose par respect pour l'individu ; en outre, un processus de succession délibéré est indispensable à une bonne gouvernance, il apporte le calme, la continuité et une direction claire à l'entreprise au moment où elle traverse une période difficile.

Il y a un temps pour tout et, dans ma chambre d'hôtel, je me disais que mon mandat était peut-être en passe de se terminer de façon inattendue et abrupte, pour des raisons qui m'échappaient. Mais je pensais que le conseil me dirait, les yeux dans les yeux, pourquoi la décision avait été prise.

Les administrateurs n'ont pas eu le courage de me faire face. Ils ne m'ont pas remerciée, ni dit au revoir. Ils ne m'ont expliqué ni leur décision ni les raisons qui les y avaient conduits. Ils ne m'ont pas demandé mon opinion, pas plus qu'ils ne m'ont demandé de m'impliquer dans aucun aspect de la transition. J'ai fini par recevoir le coup de téléphone me demandant de rejoindre la réunion et, en descendant les vingt-trois étages qui séparaient ma chambre de la salle de conférences, j'ai pensé à chacun des administrateurs. Je ne savais pas à quoi m'attendre, mais je pensais que je les verrais. Je ne m'attendais pas à entrer dans une salle vide.

Quand j'ai ouvert la porte et réalisé que tout le monde était déjà parti sauf deux administrateurs, j'ai compris que le couperet était tombé. Bob Knowling a pris la parole : « Le conseil a décidé de procéder à un changement. Je suis vraiment navré, Carly. » Je savais qu'il s'était opposé à mon renvoi. Quand Pattie, devenue présidente du conseil d'administration, a précisé qu'ils voulaient faire l'annonce immédiatement, j'ai réalisé que je ne serais pas traitée comme les autres PDG. La réunion a duré moins de trois minutes. J'ai demandé à réfléchir quelques heures et je suis sortie.

Quand je suis revenue dans ma chambre moins de dix minutes après l'avoir quittée, j'avais les mains tremblantes. Les yeux de Frank se sont emplis de larmes. Il n'avait véritablement jamais cru que cela puisse arriver.

Pattie m'avait demandé d'aider le conseil à « positionner » la surprenante nouvelle, ajoutant que le conseil souhaitait que je l'annonce moi-même en disant que c'était moi qui avais pris la décision, estimant que « le moment était venu de passer à autre chose ». Je crois que la vérité est toujours préférable à toute autre chose, quelles qu'en soient les conséquences. Moins de deux heures après avoir quitté la salle de conférences, j'ai envoyé un message à la nouvelle présidente du conseil, disant qu'il fallait dire la vérité : le conseil m'avait congédiée.

Quand nous sommes rentrés à la maison, Frank et moi, nous avons appelé nos familles respectives. Nous ne pouvions pas leur expliquer ce qui s'était passé, mais nous pouvions les préparer à la suite. Ils allaient voir des photos de moi partout, lire et entendre pis que pendre à mon sujet. Et il en irait de même dans le monde entier. La couverture médiatique de mon départ a dépassé de très loin les nouvelles des scandales financiers contemporains ; les PDG mis en examen, couverts de honte, de Tyco, WorldCom, Enron, Adelphia et Qwest n'ont pas eu droit à tant d'honneurs.

J'étais anéantie, mais le soleil s'est tout de même levé le lendemain, la vie continuait. Ce jour-là et les suivants, la souffrance l'a emporté sur la colère. En fait, je ressentais un curieux mélange de chagrin et de soulagement. J'avais travaillé avec un tel acharnement, si longtemps, pensant constamment à HP, me donnant à fond et prenant tous les risques, et voilà que, tout à coup, tout était terminé. J'ai beaucoup pensé à mes coéquipiers, j'aurais voulu les voir, les remercier, leur souhaiter bonne chance. J'ai beaucoup pensé au personnel de HP, que j'avais appris à aimer ; j'aurais voulu pouvoir dire au revoir, évoquer une dernière fois les souvenirs du remarquable voyage que nous avions fait ensemble. On ne m'en a jamais accordé l'occasion.

J'ai été à la fois réconfortée et fière de recevoir des coups de téléphone de PDG et de chefs d'État anciens et en exercice, de ministres et de secrétaires d'État, de personnalités de tout premier plan du monde entier. J'ai appelé pour les remercier les administrateurs qui s'étaient opposés à mon renvoi et avaient voté contre. Les messages d'encouragement que j'ai reçus de personnes que j'avais connues longtemps auparavant, loin de HP, et qui ont pris la peine de chercher mes coordonnées pour me dire que m'avoir connue leur avait changé la vie, m'ont fait un bien immense. Mais ce sont les milliers de courriels que m'ont adressés les collaborateurs de HP qui m'ont permis de traverser les semaines suivantes. Ils me disaient que nous en avions accompli davantage, ensemble, qu'ils n'auraient cru possible. Et cela, à mes yeux, c'est l'essence même du leadership.

Mon renvoi a manifestement inversé l'appréciation du titre, qui s'est mis à monter. Certains investisseurs pensaient que l'entreprise serait peut-être, finalement, scindée. En fait, la rumeur a pris une telle ampleur que le conseil a été contraint de réitérer son soutien à la stratégie en vigueur. Le conseil a annoncé que Bob Wayman toucherait un bonus de 3,5 millions de dollars pour assurer l'intérim de la direction générale. Il a joué ce rôle quarante-cinq jours, après quoi le conseil a recruté un nouveau DG qui venait d'une autre entreprise. Quand la vente de titres par le nouveau DG suscita une controverse, le conseil indiqua qu'il avait identifié, recruté et annoncé le nom de mon successeur en dix jours seulement.

Le titre a continué à grimper à mesure que l'entreprise appliquait la stratégie et le plan 2005, sur lequel nous avions tant travaillé ensemble avant de le présenter au conseil en novembre et en janvier, et à Wall Street en décembre. HP est revenu sur la décision, que Dick et Pattie avaient tenté d'imposer avec un tel acharnement, de regrouper en une entité unique les imprimantes et les PC. Quand Mike Winkler a pris sa retraite, la nouvelle direction a réuni la force de vente et le TSG sous l'autorité d'Ann Livermore, donnant ainsi à cette dernière les hautes responsabilités que Tom et Jay lui avaient refusé avec une telle véhémence au mois de janvier. Shane Robison est resté directeur technique, il ne s'est vu confier aucune responsabilité supplémentaire.

On m'a pressée d'accepter immédiatement un autre poste. J'ai reçu beaucoup d'offres intéressantes et flatteuses. Dans notre société, l'activité est souvent interprétée comme valorisante, et certains me conseillaient de me précipiter. Mais le plus sage était de prendre le temps de redécouvrir la vie. J'ai donc choisi de prendre le temps de la réflexion.

Au fil des semaines et des mois suivants, je me suis demandé à d'innombrables reprises ce qui s'était passé. Y avait-il eu des signes que je n'avais pas vus ? Aurais-je pu dire ou faire quelque chose pour changer le cours des événements ? Malgré les objections de certains administrateurs, j'avais demandé à un consultant de travailler avec le conseil sur les problèmes de communication et les dysfonctionnements évidents. Et si je l'avais fait plus tôt ? Aurions-nous abouti au même résultat si nos deux PDG expérimentés, Sam Ginn et Phil Condit, étaient restés au conseil ? Ou si nous avions réussi à recruter plus vite de nouveaux administrateurs ? Certains administrateurs avaient-ils fléchi sous la pression de la presse négative et de la mauvaise tenue du titre ? D'autres avaient-ils eu peur de perdre leur siège à cause de la fuite ou de l'évaluation, et décidé que c'était moi qui devais sauter ? Et si Tom Perkins n'était pas revenu ? Jay, qui était très émotif et se considérait comme mon mentor, avait-il été si ulcéré de nos désaccords publics qu'il avait voulu ma peau ? Tom avait-il été capable de persuader les autres de me renvoyer comme Jay, tout seul, n'aurait pu le faire ? Ayant compté sur ma force de caractère pour réussir, contre toute attente, une fusion très difficile et la transformation de l'entreprise, les administrateurs m'en voulaient-ils d'en avoir fait preuve pour rejeter leurs suggestions et condamner des comportements inacceptables, comme de divulguer aux journalistes du *Wall Street Journal* les conversations du conseil ? Étaient-ils, tout simplement, parvenus à la conclusion qu'ils n'avaient plus besoin de moi ?

J'ai beaucoup pensé à Jay, Tom et Dick. Tous trois avaient des liens historiques avec les familles Hewlett et Packard. Tom parlait souvent de son amitié intime avec Dave, même si d'autres, sceptiques, levaient les yeux au ciel quand il le faisait. Dick avait siégé au conseil de la fondation Hewlett, mais s'était brouillé avec Walter quand ce dernier s'était opposé à la fusion. Jay avait été ami intime de David Woodley Packard, mais ils s'étaient eux aussi brouillés à cause de la fusion. Dick, Jay et Tom estimaient être les seuls administrateurs à comprendre vraiment comment Bill et Dave avaient travaillé. À la dernière réunion du conseil à laquelle j'ai assisté, ils les citaient encore et parlaient du bon vieux temps, comme ils l'avaient fait à toutes les réunions du conseil.

Je sais que la perte du contact constant avec les familles les préoccupait. Ils en retrouvèrent certains membres à la cérémonie officielle d'inauguration du garage – c'était la première fois qu'ils remettaient les pieds au siège depuis la fusion. Mon renvoi avait apparemment arrangé les choses.

Pendant toute l'année 2005, j'ai été pourchassée par les journalistes de la télévision, des journaux et des magazines, qui me pressaient de donner ma version des événements. J'ai refusé de m'exprimer. Je voulais prendre le temps de réfléchir, attendre que les passions retombent. Je voulais préserver ma dignité et celle de HP. Quel avantage pouvait-il y avoir à se bagarrer à coups de décibels ? Certains administrateurs ont continué à parler officieusement à la presse pour expliquer leur décision. Le conseil se serait réuni en janvier, et même en décembre. Je ne sais pas si c'est vrai, mais j'étais à la fois présidente du conseil et DG et je n'en ai jamais été informée, je n'ai jamais vu les minutes de ces réunions et personne ne m'a raconté ce qui s'y était dit.

J'ai reçu une lettre de Pattie Dunn dans laquelle elle exprimait son admiration pour mon travail aux commandes de HP – « Vous resterez un héros » – et regrettait que son propre rôle ait été « mal interprété » par la presse. Elle ne m'a pas autorisée à publier sa lettre, craignant qu'elle ne soit utilisée « dans un contexte qui donnerait une impression négative d'elle-même et du conseil ». J'ai reçu également une lettre de Tom Perkins, qui, lui, m'a autorisée à la publier :

> Je regrette de ne plus vous voir et j'espère que vous avez bien progressé en vue de votre future carrière. S'il s'agissait d'un poste élu, je serais honoré de participer au financement de la campagne.
>
> Nous ne serons probablement jamais d'accord sur ce qui s'est passé chez HP, mais je tiens à vous dire que, personnellement, je pense que vous avez fait faire des pas de géant à cette entreprise grâce à l'acquisition de Compaq et à la fusion des deux sociétés. Le HP que nous connaissons aujourd'hui n'aurait pas le potentiel qu'il a clairement si vous ne l'aviez pas fait.

Je n'ai jamais eu de nouvelles de Dick Hackborn ni de Jay Keyworth.

L'année 2005 a effectivement vu nos efforts porter leurs fruits, comme je l'avais pensé. L'économie a continué à progresser vigoureusement dans le monde entier. Comme je l'avais prédit, Dell, IBM et Lexmark ont tous connu des difficultés et manqué leurs objectifs. HP a enregistré une performance magnifique et réalisé le plan. J'ai été fière de l'équipe de direction et du personnel. Les résultats 2005 ont finalement démontré que HP avait bel et bien été transformée.

La vie n'est pas toujours juste, et je jouais dans la cour des grands. J'ai fini par comprendre que je n'avais rien à regretter. J'avais achevé mon mandat. J'avais commis des erreurs, mais j'avais fait œuvre utile. Je m'étais totalement investie dans une entreprise et une cause dans lesquelles je croyais. J'avais fait des choix difficiles, et j'en assumais les conséquences – j'avais ma conscience pour moi. Si j'avais de la peine d'avoir perdu mes collègues et dû quitter le navire, je n'avais pas celle d'avoir perdu mon âme.

Épilogue

Le 31 décembre 2005

Il est onze heures et demie du matin, je suis assise au bord de la piscine intérieure de l'hôtel Marriot de West Homestead, en Pennsylvanie, et je regarde ma petite fille Kara jouer dans l'eau avec ses cousins Jacob et Jordan. Ce soir, elle a organisé une petite fête avec ses cousines Jennifer et Marissa. Nous sommes allées acheter tout ce qu'il fallait hier, chez Target. Au total, ce soir, pour le réveillon, nous formerons un groupe turbulent et bruyant de vingt-trois personnes, de dix-huit mois à quatre-vingt-seize ans.

Comme tous les ans, j'ai réfléchi à l'année que je viens de vivre. Il y a un an, Frank et moi étions avec Carole et son mari Greg, ainsi que Judy et Roger Hudson. En préparant le dîner dans la cuisine, Carole m'avait demandé si j'avais un vœu pour l'année 2005. J'avais marqué un temps d'arrêt pour y réfléchir. Quelques semaines plus tôt, Dan Plunkett m'avait demandé : « Qu'est-ce qui manque, dans ta vie ? » Et j'avais répondu lentement : « Des instants de joie spontanée. »

HP m'avait dévorée. Toute ma vie était programmée en fonction de ce qui s'y passait – le moindre moment du calendrier était pris à l'avance. Cela ne me dérangeait pas ; pour moi, HP était devenu, comme je l'avais dit à certains collègues, « plus qu'un job – je travaillais pour le plaisir ». N'empêche que la liberté et la spontanéité avaient été sacrifiées. Il y avait toujours un sujet de préoccupation, et un instant de joie est un moment où l'âme, légère, peut s'envoler librement. J'avais réfléchi à tout cela avant de répondre à Carole : « Je veux juste être heureuse. »

Il y a eu des jours, après mon renvoi, où je devais me forcer à ne pas lire ou écouter ce qui s'écrivait ou se disait à mon sujet. Il y a eu des jours où j'ai dû faire un effort de volonté rien que pour mettre un pied devant l'autre. « Sors du lit, va à la gym, et surtout ne reprends pas de chocolat. » Certains jours, j'y parvenais, d'autres, non.

Il y a eu des jours sombres, où je ressassais indéfiniment, en esprit, les scènes vécues dans la salle du conseil, me demandant et me redemandant pourquoi on m'avait trahie. Il y a eu des jours où je savourais les plaisirs simples de ma nouvelle vie : préparer un dîner pour mon mari et des amis, faire des bouquets. Et il y a des jours où j'éprouve le même sentiment vertigineux qu'en quittant l'école de droit : « C'est ma vie, je peux en faire ce que je veux. »

Je savoure ma liberté. Frank et moi, nous avons loué un camping-car, nous sommes allés à l'autre bout du pays et en sommes revenus. Nous passons davantage de temps avec nos amis et notre famille, nous nous sommes acheté un appartement à Georgetown, dans l'État de Washington, pour être plus près d'eux. J'ai plaisir à faire ce que j'ai envie de faire. Je suis libre de dire non. Je sais que je retrouverai, un jour, une cause à laquelle je me dévouerai passionnément, un groupe de collègues auxquels je m'attacherai. Mais pas encore. Pas aujourd'hui. Pour le moment, je fête ma liberté et le plaisir d'une vie plus modeste et plus calme.

J'aime regarder le soleil se lever et se coucher. Les événements quotidiens me rassurent, je m'émerveille que ce ne soit jamais la même chose. J'aime le rythme plus lent, plus naturel, de ma vie. J'aime m'endormir le soir en sachant que je me lèverai quand j'en aurai envie. J'aime faire des choses en fonction de l'inspiration du moment. J'aime passer une heure à observer un faucon, un pic-vert ou un colibri. J'aime passer une journée, comme aujourd'hui, avec les petits, sans avoir rien de spécial à faire, aucun rendez-vous à honorer.

Je crois que j'ai eu toute ma vie une chance immense. J'en ai pleinement conscience aujourd'hui – j'ai eu de la chance d'avoir toutes ces opportunités, vécu ce que j'ai vécu. D'avoir rencontré les personnes dont j'ai croisé le chemin. De jouir d'une indépendance financière qui dépasse tout ce que j'aurais pu imaginer. D'être aimée de ceux que j'aime. De nombreuses fois, dans ma vie, j'ai prononcé les mots : « Je n'ai pas peur. » Je les ai dits tout bas pour m'en convaincre moi-même, tout haut pour en convaincre d'autres personnes. Et aujourd'hui, enfin, je sais que c'est vrai. J'ai gardé mon âme, je suis en paix.

Ça sent le chlore. Les rires des enfants ricochent sur le carrelage. Ils sautent dans l'eau, qui éclabousse ma page. L'année 2005 tire à sa fin et je sais que j'ai été exaucée. Ma vie est pleine de moments de joie spontanée. Je suis heureuse.

Remerciements

Écrire un livre suppose aussi des choix difficiles. L'un des plus difficiles consiste à décider de qui, et de quoi, on ne parlera pas. Aussi bien pendant la réflexion préalable que pendant la rédaction, des myriades de personnes, de lieux et d'événements me sont revenus en mémoire. De nombreuses heures s'écoulaient parfois avec ces réflexions, et je remerciais silencieusement, une fois encore, les innombrables personnes qui m'ont changé la vie. J'aurais sincèrement aimé pouvoir les nommer toutes, mais un livre n'est pas un journal intime.

Je demande pardon à ceux qui sont déçus d'avoir été exclus de ces pages ; j'espère qu'ils se consoleront un peu en pensant au mal que j'ai eu à rédiger et à me relire à plusieurs reprises – je tenais à préserver l'authenticité de mes souvenirs, mais j'avais conscience que tout ne pouvait pas intéresser le lecteur, même si cela comptait énormément pour l'auteur.

Je n'étais pas certaine, en fait, de vouloir écrire ce livre. C'est la raison pour laquelle je tiens à remercier ceux qui y ont cru dès le début, m'ont encouragée à continuer et ont fait preuve de franchise quand cela s'avérait nécessaire. Frank a lu et relu chaque mot de ce texte. Ma sœur, Clara Sneed, le véritable écrivain de la famille, m'a prodigué de précieux conseils dès le début du processus et a fait une lecture critique du second brouillon. Mes belles-sœurs, Claudia Beyer et Ursula Feldman, m'ont apporté un soutien sans faille. Et Deborah Bowker, Rollins Emerson, Kathy Fitzgerald, Barbara Marcin, Dan Plunkett, Carole Spurrier et Richard Ullman nous ont tous fait cadeau, à ce livre et à moi, de leur attention, de leur sincérité et de leur temps. Finalement et surtout, j'aimerais exprimer mon immense gratitude à Adrian Zackheim, dont j'ai tant apprécié le travail.

Index

A

B

C

D

E

F

G

H

I

J

K

L

M

N

O

P

R

S

T

V

W

Y

Z

Composition : COMPO-MÉCA SARL – 64990 Mouguerre
Achevé d'imprimer : Jouve – Paris
N° d'éditeur : 3463
N° d'imprimeur : 424147A
Dépôt légal : mars 2007

Imprimé en France